カレン・ライビッチ、アンドリュー・シャテー=著　宇野カオリ=訳

レジリエンスの教科書

逆境をはね返す　世界最強トレーニング

THE
RESILIENCE
FACTOR

草思社

THE RESILIENCE FACTOR
Copyright ©2002, Karen Reivich, Ph.D. and Andrew Shatté, Ph.D.
Japanese translation rights arranged with
Karen Reivich, Ph.D. and Andrew Shatté, Ph.D.
c/o Arthur Pine Associates, Inc., New York
through Tuttle-Mori Agency, Inc., Tokyo

Contents

Introduction　イントロダクション……4

Part 1 ｜ 変化に向き合う

Chapter 1　レジリエンスとは、何か？……14
Chapter 2　あなたのレジリエンス度は？……33
Chapter 3　レジリエンスの土台を築く……55

Part 2 ｜ 7つのスキルを身につける

Chapter 4　スキル1　自分をABC分析する……74
Chapter 5　スキル2　思考のワナを避ける……115
Chapter 6　スキル3　氷山を見つける……148
Chapter 7　スキル4　思い込みに挑む……176
Chapter 8　スキル5　大局的にとらえる……204
Chapter 9　スキル6〜7　速攻型：心を静め、瞬時に反応する……223

Part 3 ｜ レジリエンス・スキルを実践する

Chapter 10　大切な人との関係をつなぐレジリエンス……262
Chapter 11　レジリエンスで子育てがラクになる……296
Chapter 12　仕事に活かすレジリエンス……330
Chapter 13　レジリエントな人生を送るために……357

訳者あとがき……378
参考文献……380

Introduction
イントロダクション

　「もうこんなストレス、耐えられない！」「あんなつまんないこと、どうして気にし続けているんだろう？」「人生なんて、しょせんこんなもの？」——。
　先週、あなたは何回、心の中でこのような弱音を吐いただろうか？
　あるいは、万事「うまくいっている」ようでも、何かが足りないとずっと思い続けているかもしれない。あなたがほとんどの人と同じように、朝から晩まで忙しくしていたり、やるべきことをこなすのにただ疲れ切っているようであれば、おそらく最近、こんなことを考えていたかもしれない。
　そんなあなたに必要なものは、ものごとがうまくいかないときにはじっと耐え、適応する「レジリエンス（逆境力）」である。
　誰もがレジリエンスを必要としている。というのも、どんな人生にも必ず逆境があり、避けては通れない日常の煩わしさがあるからだ。
　夕方4時45分にデスクに仕事が山積みになっている。子どもを同時刻に別々の場所に連れて行く必要がある。大切な人といがみ合ってしまった。もしくは失職や人間関係の破綻といった大きな挫折もあるだろう。9.11（アメリカ同時多発テロ事件）は、私たちの人生が大きなトラウマに見舞われ得ることを示した。しかし、レジリエンスを高めれば、人生におけるほとんどの障害は乗り越えられる。
　これはあまりにも重要なことなので何度でも繰り返し言おう。
　誰もがレジリエンスを必要としている。
　50年以上におよぶ科学的研究により、レジリエンスが職場での成功や人生の満足度を決めるカギとなっている事実が力強く示されている。レジリエンス曲線のどこに位置するか、つまり、あなたが本来備えているレジリエンス・リソース（資源）をどう活かすかで、学校や職場でのパフォーマンスや

身体と心の健康、人間関係の質が違ってくる。レジリエンスは幸せや成功を構成する基本的要素なのだ。

　あなたは、どれだけ「レジリエント（逆境力を備えている）」だろうか？
　私たち筆者の研究では、ほとんどの人が自分はかなりレジリエントであると考えていることがわかっている。しかし現実には、ほとんどの人が感情的にも心理的にも、逆境にうまく対処する準備ができていない。これはつまり、自分の問題に勇気や自信を持って立ち向かうことなく、諦めて無力に感じてしまう危険性があることを意味する。あるいは、人生のある状況や特定の分野でレジリエントであっても、他の分野では助けを必要としているのかもしれない。私たちの研究によって、レジリエンスは7つの顕著な能力から構成されていることがわかっているが、そのすべてに秀でている人はほとんどいない。

　レジリエンスを自分で高めることはできるだろうか？　もちろんできる。レジリエンスとは、逆境に対する自分の**考え方**をどう変えるか、ということに尽きる。かれこれ40年以上もの間、心理学者は、思考プロセスがレジリエンスに及ぼす影響や成功時ないしは満足時におけるレジリエンスの役割について調査してきた。私たちは、心理療法士として、科学者として、人々の考え方をどのように変えればさらに揺るぎないレジリエンスを構築できるかについて、重点的に取り組んできた。そして、親たち、カップル、企業の従業員、抑うつの恐れのある子ども、学業成績の悪い大学生を対象にレジリエンスを増進することに大きな成功を収めた。

　この本では、あなたが自分のレジリエンスを測定することで、あなた自身のレジリエンス強度と、あなた自身が伸ばすことのできる分野について示したい。私たちの目標は、15年以上かけて開発してきたレジリエンスの7つのスキルを伝授することにある。7つのレジリエンス・スキルによって、自分がどのように、またどうして、今のような考え方をしているのかを徹底的に理解することになる。自己認識でがんじがらめになっていた何千人もの子ども、大人、親たち、企業の従業員たちは、これらのスキルを使って、自分の人生をもっと幸せで、生産的で、成功に満ち、バランスの取れたものにしてきたのだ。

思考の実験

ここでちょっと、1、2分、時間をいただきたい。次の場面で、自分を主人公として、いきいきと自分を役に投影してもらいたい。まずは、いつもより長時間働いている状況を想像してみよう。自分のかかわるプロジェクトが周期的な危機に見舞われ、事態の収拾に数日間、下手をすると1週間ほどかかりそうなとき、最後の方はもうマラソン状態になる。何週間もの間、途方もなく長く感じられる日が続き、活力は奪われ、疲弊させられる。

今日は特につらい1日だった。困難は、今朝8時にオフィスに到着すると同時に始まった。まず待ち構えていたのは、3本のボイスメールのメッセージだ。1つ目は、数日前にあなたの部署から受け取るはずだった配送品がまだ到着していないという顧客からの苦情。2つ目はアシスタントからで、昨日彼女から受け取り、ほぼ1日かけて自分の主要プロジェクトに織り込んだ図表に「ちょっとした間違いがあった」と意気消沈気味で言ってきたもの。3つ目は上司からで、いつ仕事が完了するのか知らせるよう要求し（まるであなたに念を押す必要があるかのような口ぶりで）、プロジェクトが既に期限を過ぎていて予算オーバーであることを念押しするものだった。これらすべて、朝9時前に起きたできごとだ。

残りの時間も、似たようなものだった。夕方6時半になんとか仕事を終え、自宅へと車を走らせるとき、最愛の家族と一緒に、あの大きくて気持ちのいいソファに身を沈められるんだという空想に心奪われる。一番下の子はもう眠っているだろう。添い寝をしてやれないのは、今週これで2度目だ。それでも、しばらくの時間、息子に読み聞かせをしてやり、少し何か口にして、夫とその日のできごとについて語り合うつもりだった。

でも、現実はそうはならない。家の正面玄関を通り抜けながら、もう緊張感が伝わってくる。一息つく暇もなく、夫が怒ってこう言ってくる。

「確かに、君が今の仕事を続けるのは、君のキャリアにとってはよいことだと互いに合意したよ。でも僕はかなりイライラきてる。家のことはほとんど僕がやってるし、子どもたちだって君がいなくて本当に寂しがってるんだ」

このような場面を経験したとき、あなたの心によぎるものは何だろうか？　あなたはどのような感情を抱くだろうか？　そして何をするだろうか？

　同様に、社内で人員削減のしつこい噂を耳にしたとき、何があなたの心をよぎるだろうか？　あなたはどう感じるだろうか？　そして何をするだろうか？　10代の娘がタバコを吸っているところを見つけたら、どう考え、感じ、行動するだろうか？　自分が統率する社内チームのプロジェクトが納期に間に合わなかったら？　失業したり、大切な人との関係がうまくいかなくなったら？　年老いた両親の体が弱ってきたのに気がついたら？

　あなたはカッときやすいだろうか？　よく罪悪感を抱きがちだろうか？　自分の気持ちや心配事を何も言わずに抑えつけてしまうだろうか？　しばしば打ちのめされたように感じるだろうか？

　この本では、あなたが自分の**思考スタイル**を見つける方法を伝授したい。20年以上、世界中で行われてきた研究では、わが身に起きるできごとは自分のレジリエンスに甚大な影響を及ぼすことが強く示されている。先に想定してもらったような状況にどう反応するかは、1人ひとりの思考スタイルを反映している。思考スタイルは、私たちが世界を見るときのレンズのような役割をする。

　誰もがそのようなレンズを持っている。そして、そのレンズは、私たちの人生に起きるできごとを解釈する上で影響を与える。あなたの思考スタイルは、できごとに対して感情的に反応する引き金となる。逆境に遭遇したときにそれを克服し、乗り越え、立ち直らせる能力であるレジリエンスのレベルを決めるのは、あなたの思考スタイルなのだ。

レジリエンスを築く

　私たちは誰しも、レジリエントな人を知っている。そういう人ほど、私たちを元気づけてくれる。直面する困難やトラウマにもかかわらず飛躍しているように見える。実際、最もレジリエントな人は、困難だがやりがいのある新たな体験を模索する。それは、自分の経験から、苦しみや限界まで自分を追い込むことでしか、自分の視野を広げられないことを学んだからなのだ。

危険を好みはしないが、リスクの高い、危険な状況に直面しても萎縮することはない。

レジリエントな人は失敗が終点ではないことを理解している。成功しなくても恥ずかしいとは思わない。むしろ、レジリエントな人は失敗から意味を汲み取り、その知識を使って、さもなければ到達できなかったようなより高いレベルへと飛躍する。レジリエントな人は自分を奮い立たせ、思慮深く、徹底的に、かつエネルギッシュに問題に立ち向かう「システム」を見つける。レジリエントな人は、誰しもそうであるように、不安を感じたり、疑いを持ったりする。しかし、不安や疑いの気持ちで、自分自身が圧倒されることのないように、それらを防ぐ方法を知っている。レジリエントな人が、一貫性や優雅さをもって脅威に対処しているところを見て疑問に思うかもしれない。「私にあんなことができるだろうか？」と。

答えはイエスだ。あなたのレジリエンス・スキルは、身長のように遺伝的に決められた特性でもなく、またどれくらいレジリエントになれるかに遺伝的な限界があるわけでもない。5キロマラソンでタイムを向上させることができる一方で、あなたの体が俊足な選手向きでなければ、どんなに練習を積んでもオリンピック競技のスター選手になることはできない。しかし、レジリエンスは、訓練によって誰にでもマスターできるのだ。

レジリエンスは、自分でコントロールできるものだ。自分で自分がレジリエントになれるよう教えることもできる。試練にどううまく対処するか、どれくらい熱心に挑戦課題に取り組むか、自分で自分を大きく変えることができる。だからこそ、自分がどうやったらレジリエントになれるのかを学ぶ必要があるのだ。

人によっては、幼い頃からレジリエンスを築き上げる必要のある環境に生まれることもあるが、ほとんどの人は、恐れることなく挫折に直面する術を学ばなければならない。私たちは、争いに巻き込まれたときに、どうしたら敏感に考えることができるか、また挫折や失敗から知識や意味を導き出すことができるかを学ぶ必要がある。そして、自分の考えや内なる声に耳を傾けることで、それがいかに、人生がときおりもたらす大混乱の最中に自分を導いてくれるかを学ばなければならない。

レジリエンスによって、職場で最高のレベルを達成することが可能となり、充実し、愛情あふれる人間関係を築き、健康で、幸せで、成功する子を育てることができる。自分の仕事をきちんとこなしながらも、家族と一緒に過ごす時間と活力を維持できる。レジリエンスによって、職場でも、また自宅でも、危機的な状況から素早く立ち直れるようになる。レジリエンスは、わが子やかつての恋人、新しいパートナーとのストレスフルなできごとをうまく扱える手助けとなる。

　レジリエンスは、混乱の最中に迅速かつ厳しい決断をするときに極めて重要なものだ。さらには、優雅さやユーモアをもって、楽観的に対処する能力を与える。レジリエンスとは変容を促す力だ。苦難を挑戦に、失敗を成功に、無力感を力へと変える。レジリエンスは被害者を生存者(サバイバー)へと変え、さらには生存者がいきいきと生きられるようにする。レジリエントな人は、たとえ大きな挫折でも、それによって自分の人生のコースから外れることを断じて許さない。

　レジリエンスを必要とするのは誰か？　レジリエンスは、苦しんでいる人や、つらい幼少期を過ごした人にだけ必要なのだろうか？

　答えはノーだ。あなたがどれだけお金を持っているかとか、あなたの親がどれだけ面倒見が悪かったかとか思いやりがあったかとか、また、職場や人間関係でどれだけうまくやっているかに関係なく、レジリエンスを高めることはあなたの役に立つだろう。レジリエンスは二者択一の特性などではない。それは連続したつながりであり、あなたが今日、そのつながりのどの部分に位置していようと、根気強さと精神力で明日の挑戦を受けて立つ能力を向上させることができるのだ。

　レジリエントな人になるかどうかは、多くの場合、幼少期に決定される。自分の思い通りにことが運ばなかったとき、そのできごとをどのように分析するかは、一生涯かけて学んできた思考スタイルによって異なるのだが、その思考スタイルは反射的に機能するものだ。レジリエントではない思考スタイルによって、この世界についての不正確な思い込みや、不適切な問題解決法にしがみつくことになり、感情的なエネルギーや、貴重なレジリエンス・リソースを燃やし尽くしてしまうことになる。

Introduction　イントロダクション

さて、どうすればあなたのレジリエンスをもっと高めることができるのだろうか？　私たちは、実験室で、そしてセラピールームで学んだことを応用して、自分自身について、世界について、誰もがもっと正確に考えられるよう、長い歳月をかけて7つのスキルを開発してきた。7つのスキルをマスターすることで、より充実した関係性を築き、より生産的なキャリアを実現し、もっとワクワクして、活力あふれる人生を送れるようになるだろう。

　私たちは、企業のマネジャーや親、子ども、教師、スポーツ選手たちとともに仕事をし、私たちの教えるスキルの効果を実証してきた。この本では、あなたの人生でうまくいっていることをどのように増やし、うまくいっていないことをどのように直していくかについて見ていく。

　どの書店でも、自己啓発書コーナーで本のタイトルを探ってみると、どうやって抑うつを克服するかとか、アルコール依存症の親を許すかとか、子どもの注意欠陥・多動性障害（ADHD）に対処するかといったアドバイスを提供するものが目に入るだろう。こうした本は、治療的なもので、壊れたものを直すことを対象としている。確かに、抑うつやアルコール依存症、ADHDが引き起こすダメージを最小化することは重要だが、人はダメージを抑えようとする生き方に縛られる限り、決して幸せになることはできない。

　この本では、直そうとする考えに縛られてはいない。あなたがここで学ぶ基本的スキルは、弱点とする領域の克服のためだけではなく、それと同程度に重要となる、強みとする領域の強化にも使えるのだ。あなたは自分のレジリエンスをどうやって高め、活力や好奇心、創造性にあふれて生きるためにどのようにしてレジリエンスを使っていくのかを学ぶことになる。

あなたがこの旅に乗り出すことの意味

　誤解のないように言っておこう。この本で伝えるスキルはあなたの人生を変えるかもしれないが、それは手っ取り早い解決策ではない。避けては通れない人生の障害物を一足飛びに乗り越えるのを簡単にする薬や人の心をとらえる言葉、簡単なルールがあるのなら私たちは心からそれを提供したい。

　でも、単刀直入に言おう。現実の世界では、あなたの人生をよりよいもの

に変えるのは本当に骨の折れることだ。この本を置いて、突然、魔法にかかったように、レジリエンスが10倍増になることなどあり得ない。これは、気分を高揚させるセミナーが書籍化されたものではない。

　世界を克服できるかのような気分になってセミナー会場を後にして、その3日後にはそんなことをしようとしていたことすらよく思い出せないといった類のものでもない。私たちは一時しのぎの世界に生きているのかもしれないが、一時しのぎが永続することはほとんどない。私たちの研究に基づき開発した7つのスキルを学び、活用することで、誰もが自分のレジリエンスを永続的に高められることが証明されている。

　レジリエンスを高めるためには、あなた自身の努力も必要だ。そして、あなたが自分を、そして他人をどのようにとらえるかについて正直になることも求められる。そのためには労力とコミットメントも求められる。幸い、レジリエンスのスキルを学ぶことはダイエットのようなものではない。大半のダイエット経験者は、何週間もの飢えとイライラを経験してから、まあまあ満足のいく外見と気分を手に入れる。

　レジリエンスを構築するのはその反対だ。手厳しく、根拠のない自己批判（「自分はものすごく自己中心的だ」「私は子どもたちをダメにしている」「この仕事では絶対に成功しない」）といった、自分のネガティブな思考スタイルを撃退することを学んだ途端、大きな落ち込みに陥っていくことに自分で歯止めをかけることができる。

　そうすればすぐにでも、とてもよい気分になれる。自分のことが好きになり、もっと活力を得て、自分の問題に対処する準備ができる。同様に、あなたが自分の問題について他人や外部環境を責める思考スタイル（「売れないのは自分のせいじゃない、市場が悪すぎるんだ」「彼女がこの**僕**を最優先で考えないから僕たちの関係はうまくいかないんだ」）を持つのであれば、レジリエンス・スキルを使って責任逃れをするのを止めた途端、問題解決に向けて主導権を握ることになる。

　この本では、問題に直面したり、ストレスを感じたりするときに、自動的に自分の頭をよぎるレジリエントではない思い込みや思考を「聞く」ことを学んでいく。また、そうした思い込みや思考が、非生産的な気分や行動を引

き起こすことも確認していく。これらの思い込みや思考は、まるでティッカーテープ（レジでレシート印字に使われる巻き紙）のようにあなたの頭の中を何度も何度もめぐり、あなたが直面した逆境に対する不正確な解釈を強化してしまう。

　このテープをどうやって無効にするかを学べれば、問題がより明確に見えるようになり、問題をより効率的に解決できるようになる。あなたは、知らず知らずのうちに自分のやる気を奪い、自分の成功を邪魔する、非生産的な「生きるためのルール」（「なにごとにも、いついかなるときにも自分は成功しなければならない。そうでなければ自分は負け犬だ」「**彼が**愛してくれなければ、私は愛すべき人間ではないのだ」）をどう認識すればよいかを学べる。自分にレジリエントではない思い込みが生じた瞬間にどう反撃したらよいかを学ぶことで、自分の時間をムダにしたり、活力が枯渇することもなくなる。あなたはどうやってネガティブな感情を最小限にとどめ、ポジティブな感情の経験を増やすのかを学べるのだ。

　端的に言えば、自分のレジリエンスを構築する方法を学ぶことで、自分自身のプライベートと仕事の両面での目標も達成できるようになる。この本を読み、レジリエンス・スキルをマスターした後で、あなたは、自分がどんな人間で、なぜ今あるように振る舞うのかについて、これまでよりもずっと深い自己理解を得られるだろう。

Part 1 | 変化に向き合う

Chapter 1
レジリエンスとは、何か?

　私たち筆者はあなたの自己発見の旅に同行したいと思っている。私たちが何千もの人を助ける上でたどってきたプロセスをあなたと共有するとともに、自分たちのことも助けてくれたいくつかの例を紹介しよう。私たちは、あなたが自分の思考スタイルを理解するように導き、そのスタイルがあなたの人生にどのような損得をもたらしているのかを見極める力を与えよう。あなたには7つのレジリエンス・スキルを身につけてもらいたい。このスキルを活用すれば、あなたの仕事のパフォーマンスは最大限に高まり、重要な人間関係は改善され、健康は促され、新たな経験を受け入れる勇気がもたらされることだろう。

私たちの旅と道のり

　旅のはじめに、第1部では、レジリエンスの定義を明確にしておく。私たちの問題解決能力の基礎となり、根底にあって影響を及ぼすこの性質とは一体何なのだろうか?　まずは、レジリエンスを発達させ、強化する7つの主な要因を明らかにした研究結果をあなたと共有しよう。第2章では、RQ(レジリエンス指数)テストによってあなたのレジリエンスのレベルを測定して、相対的な強さ、弱さを明らかにする。あなたのレジリエンスの弱点を克服し、強みを構築する。柔軟性、順応性、自信を得られれば、人生で避けることのできない障害やあらゆるいざこざにアプローチすることがいかにたやすいことか驚嘆するだろう。第3章では、私たちのレジリエンス・プログラムの哲学と、その哲学の基盤について説明する。

　次には、スキルの概要を示す。第2部では、それぞれのスキルについて説

明し、なぜそれらが必要となるのかを示し、効果的に活用するにはどうしたらよいのかを教えよう。

スキル1．自分をABC分析する　問題や困難に直面したとき、自身の反応の仕方に我ながら驚いたり、もっと違う対応ができればよかったなと思ったことはないだろうか？　状況をよく把握していると思っていたものの、後になって誤解していたと気づいたことはないだろうか？　逆境に直面したとき、頭をよぎった思考が間違っていたとすれば、逆境に効果的に対応する能力は著しく損なわれることになる。私たちは、あなたが困難に直面したときに、自分の考えに「耳を傾け」、自分に何を語りかけるかを認識し、自分の思考が感情と行動にどのような影響を与えるかを理解できるよう教えていこう。

スキル2．思考のワナを避ける　何かうまくいかないとき、あなたは無意識に自分を責めるだろうか？　他人を責めるだろうか？　早とちりするだろうか？　他人が考えていることをわかった気になっているだろうか？　困難な状況に直面すると、人は決まってレジリエンスを妨げる8つの間違いを犯してしまう。私たちはあなたが常習的に犯す間違いを見つけ、それを直す術を教えよう。

スキル3．氷山を見つける　世の中はどのように動くべきか、自分は何者で、どうあるべきかについて誰もが深い思い込みや思考を持っている。私たちはこれを「氷山思考」と呼ぶ。それはたいてい意識の表面下に「浮かんでいる」ため、私たちはその存在に気づいてすらいないからだ。多くの場合、それらの思い込みは、1人ひとりの価値観に忠実に振る舞うよう私たちを導くものだが、ときおり、私たちが望むような人生を送ることを妨害することがある。些細なことに反発する理由となったり、簡単に解決できることをやりにくくする。私たちは、あなたの深い思い込みや思考を確認する方法を教え、それがあなたのためになるのか、それとも害になるのかを明らかにしたい。

スキル４．思い込みに挑む　レジリエンスを構成するカギは、問題解決能力だ。あなたは日々直面する問題を、どれくらい効果的に解決しているだろうか？　役に立たない解決法を続けて時間をムダにしていないだろうか？　状況を変えられずお手上げになっていないだろうか？　望ましい方法ではないとわかったとしても、その解決法に固執していないだろうか？　その思考スタイルが問題の原因を誤解させ、間違った解決法を続けさせているのだ。私たちは、問題に直面した際のあなたの思考の正確さを検証する方法と、有効な解決策の見つけ方を教えよう。

スキル５．大局的にとらえる　あらゆる失敗や問題が大惨事に転じると考えてしまう、「もしかして」思考にとらわれていないだろうか？　起こってもいないできごとに対する不安にかられることで、貴重な時間やエネルギーをムダにしていないだろうか？　私たちはあなたに「もしかして」思考を食い止め、現実の問題や最もあり得そうな問題に対してよりよい準備ができるように導きたい。

スキル６．心を静めてフォーカシングする　あなたはストレスで苦しんでいるだろうか？　感情が急に高ぶって、きちんと考えられなくなることがよくあるだろうか？　「よこみち」思考が集中を妨げていないだろうか？　感情やストレスに圧倒されそうなときに、落ち着きと集中を保ち、目の前の仕事に集中する方法を教えよう。このいわば「速攻スキル」は、スキル７でもたびたび用いる。

スキル７．リアルタイム・レジリエンス　非生産的な思考にとらわれて、没頭したり、目の前のことに取り組んだりするのが難しくなってしまうことがあるだろうか？　特定のネガティブな思考を何度も繰り返していないだろうか？　非生産的な思考をよりレジリエントなものへと素早く変化させ、かつ直接的な結果を得られる力強いスキルを伝授したい。

レジリエンスを高めるのに、毎日すべてのスキルを用いる必要はない。実際に、2〜3のスキルを習得した多くの人がレジリエンスに劇的な変化を見出している。私たちは、あなたのパーソナリティについてRQ（レジリエンス指数）テストのスコアが意味するところを説明し、それぞれのスキルがどのレジリエンスの要素を高めるかを示していこう。それにより、あなたは自分にとって最も望ましいスキルの習得にエネルギーを集中させることができる。
　第3部では、レジリエンス・スキルを、カップルの人間関係、育児、仕事、そして人への働きかけといった人生の主要な領域に応用する。あなたは友人や家族、また親密な人との関係性をより満足のいくものに変えられるだろう。私たちが経営幹部から最前線の営業マンやカスタマーサービスの代表者まで、多くの企業人に提供してきたトレーニングは、あなたにもメリットがあるだろう。
　それは、あなたの生産性を最大化し、仕事と家庭のよりよいバランスをもたらしてくれるだろう。レジリエンスのテクニックは、より効率的に子育てに専心する親になるのを助けてくれるだろう。心身ともに健康を増進させるためのレジリエンス・スキルの使い方も教えよう。そして、深い悲しみや身内との死別、自身の死、人生の意義の創出といった、すべての人が立ち向かわなければならない重要な実存的問題に対処する上でスキルがいかに役立つのかをともに探ろう。

レジリエンスの本質

　レジリエンスについての研究は、心理学者、精神科医、社会学者からなるメンタルヘルスの専門家たちの小グループによって幕が開いた。彼らの研究はもっぱら子どもに焦点を当てていたにもかかわらず、その発見はレジリエントな成人を形成する特色を明らかにするものだった。
　レジリエンスの本質に関する研究は、およそ50年前の、生後から35年にわたる高リスク児童の足跡を追った画期的な研究にさかのぼる。この研究は第3章で紹介する。それ以来、研究者たちは数々の研究計画や統計的方法論を持って、レジリエンスについて広域的な研究を行っているが、レジリエンス

を損なうような変数や、保持するように機能する変数について詳しく説明している。

先行研究によると、成人のレジリエンスを決定するプロセスは動的（ダイナミック）なものであり、子ども時代の外的世界と内的世界における要素の複雑な相互作用であることが示唆されている。母親の栄養不足による低出生体重、幼少期の貧困、両親の離婚、身体的虐待など、早い段階でのレジリエンスに対する外的要因の多くは、過去に起きてしまったことであり決して覆すことはできない。しかし、低いレジリエンスの内的要因は、思考スタイルのように、修正もしくは対抗することさえできるものもある。そして、より重要なのは、一度思考スタイルが変われば、あなたのコントロール外にある幼少期のできごとに起因し、現在まで引き続いているネガティブな影響を無効にできるということだ。

研究により、人は4つの根本的なレジリエンスの方向性を持っていることも明らかになった。家庭崩壊、貧困、あるいは感情的ネグレクト（育児放棄）や身体的虐待といった幼少期の逆境に「**打ち勝つ**」ために、持ち前のレジリエンスを活用しなければならない人もいる。幼い頃に受けたダメージから決別し、各々が望む成人期の形成に責任を持つためにも、レジリエンスが求められる。

私たちは皆、友人や家族との口論や、上司との意見の不一致、あるいは思わぬ出費など、日々降りかかる苦境を「**乗り切る**」ためにレジリエンスが必要だ。人生は、ストレスや困難に満ちているが、あなたがレジリエントであれば、日々の試練に生産性や健康が損なわれることはないだろう。

大人になってからの生活の中で、ほとんどの人が大きくつまずき、人生を変えるようなできごとに遭遇して、進路の変更を余儀なくされることがあるだろう。それが失業や離婚である人もいれば、親や子どもの死である人もいるだろう。そうしたできごとは私たちのレジリエンスに大きな負担を強いる重大な局面である。そして持ち前のレジリエンスによっては、無力さや諦めを抱く人もいれば、「**立ち直り**」、前へ進む道を見出す人もいるだろう。

これら3つのレジリエンスの活用は、本質的に反応性が高いという性質があり、困難な状況に対する私たちの反応の仕方を決定する。私たちは、人々

が自分自身を守るために、自己の願望を超えた次元で活用する４つ目のレジリエンスについても研究している。人生に新たな意味や目的を見出し、新規の経験や挑戦に意欲的であろうとする人は、対象に「働きかける(リーチアウト)」ことにレジリエンスを活用するべきだ。そうすれば、あなたが成し得るすべてのことは達成できるだろう。

克服すること

　私たちがデビーに出会ったのは2000年の夏のことだった。最前線で働く彼女の部下が、社会福祉団体ではよく見られるバーンアウト（燃え尽き症候群）の危険性が高いとして、私たちのレジリエンス・ワークショップに参加してきた。私たちは最初に会ったときから彼女を尊敬していた。この勇ましい女性は困難に負けず、フォーチュン500社に名を連ねる企業の重役として活躍していた。その後、実業界での目標を達成すると、彼女は新たに移民向けの就労支援団体を設立するという夢を叶えるために退職した。彼女は自分の夢をいちから作り上げたのだ。

　デビーのクライアントはコンピュータスキル、アサーティブスキル、そしてプレゼンテーションスキルのクラスを受講している。彼らは面接で何を着るか、自分の適性をどのように表現するか、利益と給与に関してどのような質問をするかを学ぶ。デビーは、クライアントを成功に導くためにスキルアッププログラムを開発した。彼女は卒業生が就職し、勤め続けることを望んでいたが、同じくらい大切なこととして、彼らに威厳と自尊心を持ってほしいと願っていた。

　私たちは、デビーと彼女の達成したすべてを強く尊敬していた。そして、数カ月かけて彼女の生い立ちが明らかになり、彼女が今日までに何を乗り越えてきたかを知るにつれて、私たちの尊敬と賞賛は畏敬の念へと変わっていったのだ。

　デビーは、薬物依存症の両親の子どもとしてフロリダ州マイアミで育った。彼女と、彼女の兄弟は里子に出されたが、デビーはどういうわけか自分が直面したすべての不利な境遇に打ち勝つことができた。混乱し、不安定な

家族関係のもとで困難な子ども時代を送ったにもかかわらず、学業面でも、社会面でも、また精神面でも目覚ましい成果を上げ、最終的に仕事でも多くの成功を収めた。

彼女はそれらの成功に甘んじるよりも、他者に手を差し伸べることを選んだ。デビーは、レジリエンスを用いていかに逆境をはね返すかを体現した模範的な存在だった。そもそも、低いレジリエンスの原因となる典型的なつまずきに脅かされていた子が、一体どのようにして高いレジリエンスを身につけた大人になったのだろうか？

こうした困窮した子の話を聞けば、そのような子どもは後の人生で失敗するリスクが高くなるだろうことが直感的にわかる。研究では、レジリエンスを脅かす幼少期の状況の多くを切り離して扱っていた。低出生体重、社会経済的地位の低さ、母性教育の低さ、不安定な家族構成、そして虐待はすべての子どもを成績不振のリスクにさらしていた。しかし、子どもにはどうにもならないこのような外的要因は、子どもの内的世界に、モチベーションに、成功に、そしてレジリエンスにどのように影響を与えるのだろうか？

いくつかの変数は直接的に影響を与える。低出生体重は多くの場合に脳構造の異常を引き起こす。それは子どもの知的能力を制限し、十分な対処機能の発達を妨げる。間接的に作用する変数もある。子どもが栄養失調に陥るほど深刻な貧困であれば、レジリエンスに対して直接的な影響を与えるだろう。だが、それは同時にもっと微妙な間接的影響もはらんでいる。貧困に苦しんでいる親は、しばしば抑うつ状態になる。抑うつは、親子間の関係を邪魔し、多くの場合、結果的に親としての関与が乏しくなる。つまり、そういう子どもはより自力に頼らなければならず、保護されず、健康な発達のために必要なケアを与えられないということだ。

同じことは夫婦間の不和にも当てはまる。別居や離婚した両親は物理的にも感情面でも不在になりがちだ。自分たちのことで苦しんでいる両親は、子どもに必要な注意力や思いやり、指導をする精神力が欠落していることが多い。離婚をすると、多くの子どもはより感情的になり、いなくなった親に対して怒りを表すようになる。また、悲しみを感じ、家庭で安らぎを得ることが難しくなる。

精神的に消耗した親にとって、子どもの情緒面の要求は耐え難いものである。実際に、研究結果によれば、離婚の事例で子どもがその後どう暮らしていくかを予測する重要な要素は、その後の両親との関係の質によるとされている。離婚後に子どもと同居する親（主として母親）は、子どもとの親密な関係性を維持する努力をする傾向にある。だが、コミュニケーション不足や監督不行届き、愛情の表現不足など、子育てに関する障害がよく見受けられ、かつ程度が激しい。そのため、研究者らは離婚した直後の数年間を「子育て能力減退」期と名づけているほどだ。

　こうした子育て問題を引き起こすものは何なのか？　多くのケースでは、いくつもの要因の相互作用が、親がかつてのように子どもに関与し、注意深くあることを困難にしている。離婚をきっかけに、片方あるいは両方の親がよき養育者であることを妨げるうつ症状の兆しを経験することは少なくない。抑うつという名の悪魔と対峙しているとき、子どもに心から関心を寄せ、愛情と忍耐力を持って接することはほとんど不可能に近い。現実世界の変化は、実際の子育てに変化をもたらす一因になる。

　離婚によって、家族の日常はたいてい変化する。専業主婦だった母親は、職場に復帰しなければならない。もともと働いていた人は、より長時間働かなければならないかもしれない。こうした親のスケジュールの変化は、親が子どもを指導する時間を減らし、ベビーシッターや児童保育提供者が子どもと接する時間を増やすきっかけになり、遊びやしつけの姿勢の一貫性が損なわれたり、全体的な触れ合いの質の低下を招く。要するに、悲しい離婚と、離婚がもたらす生活の変化を切り抜けるためにレジリエンスを総動員しているときには、子どもとの友好関係を保ち、子どものニーズに応えることは難しくなるということだ。とはいえ、デビーが幼少期のネガティブ要素を乗り越えることができたように、ほかの子よりうまく離婚のストレスに対処できる子がいることを研究は示している。

　私たちが育つ環境が重要であるのは明らかだが、子どもたち自身がそれを変える術はほとんどない。だが、デビーのような人が証明してくれたように、すべての人が困難な状況に屈するわけではない。困窮した背景事情であっても、うまくやっていける人もいれば、大成功を収める人さえいる。

Part1　変化に向き合う

では、子どもがうまくやっていけるかどうかを決める具体的な特徴とは一体何なのだろうか？　そのような子どもが教えてくれることは？

　レジリエンスの研究者は、似たような逆境に屈する人が多い中、デビーのような成功者を生み出す要素について研究した。1つの要素としてIQ（知能指数）が挙げられる。IQは、避けられない不利な状況や、最も困窮した状況にさえ打ち勝つための重要な要素として注目された。一般的に、IQが高い人は低い人よりも最終的に成功する。では、デビーは賢かったから成功したにすぎないのだろうか？

　必ずしもそうではない。IQと同じように、他の要素もさらにまた、子どもが望ましく成長し、のちの人生を成功に導く重要な役割を果たしている。ハーバード大学の心理学者、ハワード・ガードナーは、標準化されたテスト（言語的・定量的適性）で測れる知性は、人生の成功を決める可能性のあるすべての要素のうちの20％にも満たないと主張している。たしかに、その種の発見は、心理学者ピーター・サロベイとジョン・メイヤーを、彼らが「感情的知能」と呼ぶものの研究に導いた。これは、自分や他者の感情を観察し、調整し、感情に則した考え方によって行動する能力である。

　感情的知能に関する研究により、従来の知能の要素も重要ではあるが、感情的知能による効果の表れ方は予想外に複雑であることが示された。子どもたちの成長を22年にわたり追跡したある研究では、高いIQを持つ者は、より効果的で成熟した社会的・認知的対処方法を持ち、分別を持って他者を客観視する能力や、自分を成功に導く高い問題解決能力を発揮していることが明らかになった。

　つまり、高いIQ値を持つ子どもが成長してから成功することが多いのは、より洗練された社会的・認知的能力を持つから、いわば感情的知能が優れているから、というのが最適解だろう。

　IQとは異なり、レジリエンスは自分次第で大きく伸ばすことができる。そして、感情的知能の主要な構成要素となっているのがレジリエンスなのだ。私たちが手助けできるのはこの部分である。

　あなたの生まれた環境から貧困を取り払うことはできないし、両親の離婚や標準知能検査の得点を覆すこともできない。また、あなたの幼少期を変え

ることもできない。では、どうしたら、あなたが若いうちに人生の諸々の環境を乗り越える手助けができるだろうか？　私たちは、あなたが幼少期から培ってきてしまった、自分自身と、自分の人生をコントロールする能力についてのレジリエントではない思い込みを分析し、それを変える方法を教えることであなたを助けられると考えている。あなたがたとえ職場や家庭でストレスに直面したときでも、モチベーションや高い生産性、集中力、そして幸福感を絶やさない方法を伝授したい。

　デビーの経験の例からよくわかるように、困難な幼少期から解放されるためには努力と決意が必要だ。それには集中力を保つ能力と、自分のコントロール下にあるものとそうでないものを正しく判別する能力も欠かせない。この本に記した7つのレジリエンス・スキルは、まさにそのような能力を得るためのツールとなるだろう。

首尾よく舵を取り、乗り切る

　あなたは幸福で満足な幼少期を送ったかもしれない。十分な経済力や愛情、よい価値観を持ち、面倒見のよい大人によるサポートと指導があったかもしれない。すべての人が困難に打ち勝つ必要があった過去を持つわけではないが、だからといって、あなたにはレジリエンスが不要だと言えるだろうか？　答えはノーだ。すべての人にレジリエンスは必要である。誰しも、問題やストレス、困難に直面するからだ。それは日常の一部なのだ。

　レジリエントな人は、会議への遅刻、同僚との口論、子どもの慌ただしいスケジュールの管理、増え続けるタスクリストなど、日常の平凡な面倒ごとを処理するのに、閉口しつつ、ネガティブになることなく、内なる力を活用して対処している。レジリエントで、ものごとにうまく対処する人は、人生の急流において首尾よく舵を取ることができ、道を外れることはない。先行研究によると、慢性的なストレス時に「首尾よく舵を取り、乗り切る」ために重要な要因は自己効力感であることが示されている。これは、自分の状況は自分で支配でき、問題発生時に効率的に解決できるという信念である。

　自己効力感の高い人は、問題解決に献身的であり、従来の解決法が機能し

ないと気づいたときも諦めない。彼らは、自分の対処能力に懐疑的な人よりもずっと問題を解決する新しい方法を試み、実行可能な答えを見つけるまで粘り続ける傾向が強い。そして、問題を解決することで、彼らの自信は強まり、次に困難に直面したときにさらに長く耐えられるようになるのだ。

一方、自分には人生によいことをもたらす能力がないと思い込んでいる人は、問題に直面したときや、新しい環境に身を置いたときに、受け身になりがちだ。彼らは、新しい趣味を始めたり、職探しをしたり、社交団体に参加するといった新たな経験を敬遠する。新しい環境がもたらす課題に対処する能力が自分には備わっていないと考えているからだ。

強気なクライアントとの交渉や、コミュニケーションを嫌がる思春期の子どもとの関わりなど、職場や家庭で問題が起きると、彼らは尻込みし、解決を他者に頼る。自力で問題を解決することを強いられれば、自分に自信がないために、困難にぶつかった時点で諦めてしまうだろう。これもまた、自己達成的予言となる。諦めたり、問題解決に失敗したりするたびに、自分には人生のプレッシャーを解決できないという思い込みが強められ、自己不信を募らせる。

ロバートは洞察力に満ちた男性だった。47歳で妻と17歳、15歳そして9歳の3人の子どもがいる。子どもはいずれも扱いが難しい思春期に差しかかり、仕事のキャリアはここ数年頭打ちとなっていた。彼は私たちのもとを訪れたとき、変化したのは自分自身の信念であって、それまでより人生が困難になったり、試練が一層厳しくなったわけではないことを理解していた。彼は人生の「絶え間ない急流」に慣れていた。だが、変わってしまったのは、急流に対処する能力への信念だった。

「どこかで自分に対する自信をなくしてしまった。日々の困難に対処する自分の能力に対する信頼が崩れ去ってしまい、人生で起きるあらゆることが気まぐれであるように思えたのです」

ロバートは、自己効力感の危機を経験し、その結果、首尾よく慢性的ストレスを乗り切るための舵取り能力が失われてしまった。彼は、自分の能力への信頼が失われた具体的な瞬間を明確に把握しているわけではない。率直に言えば、なぜ彼がそのように変化したかを知ることが彼の自信回復の手助け

に必要だとは思えなかった。その代わり、ロバートが現時点で抱えている問題に私たちと一緒に1つずつ取り組むことによって、自分自身に対する信頼感を回復する手助けをすることに焦点を当てた。

　自己効力感を構築する最もまずいやり方は、「あなたならできる」という単調な決まり文句を注入することである。自尊心を高めるとされるスローガンや鼓舞するような会話をしても何にもならないだろう。最悪の場合、実際に、レジリエンスや効果的な対処能力がさらに蝕まれていくことになる。

　なぜだろうか？

　自尊心とは、困難に対処し、問題を解決し、奮闘し、諦めないことによって、人生がうまくいった場合の副産物だからである。あなたは、自分が世間でうまくやれたら自分自身に満足するだろう。それこそが健康的な自尊心だ。しかし、多くの人、そして多くのトレーニングプログラムでは、格好いいフレーズを唱え、自分自身を強く、そして頻繁に褒め、心に決めたことは何でもできると信じるよう奨励することで自尊心を直に高めようとする。このアプローチの致命的な欠陥は、ただ単純に正しくないということだ。何度となく自分自身が特別で素晴らしいかを自分に言い聞かせ、そうなろうと決心したとしても、私たちは人生の望みを達成することはできない。

　カレンは、残りの人生をノーベル物理学者になることを夢見て過ごし、アンドリューはオリンピックの100メートル走で金メダルをとることを夢見ることだってできる。だが、たとえ私たち筆者が、残りの人生をこれらの目標を達成するために捧げたとしても、きっとうまくいかないだろう。私たちの才能は他のところにあるからだ。

　問題を解決して小さな成功体験を積み重ねれば、誰しも自然に自己効力感が身についていくことは知られている。自己効力感を構築することは、自尊心を注入することよりも難しく、時間のかかる作業だ。私たちのレジリエンス・トレーニングが効果的なのは、私たちが指導するスキルによってあなたが人生の問題を解決し、直面する困難に対処するツールを身につけられるからだ。

　ロバートの自己効力感が失われた理由はわからなかったが、彼がそれを取り戻すためにどのようなスキルを習得し、訓練する必要があるのかはわかっ

ていた。そこで、私たちはロバートと一緒に取り組みを開始した。その後2カ月間、彼に定期的に会い、7つのレジリエンス・スキルを教えた。そのうちのいくつかはロバートにとって既になじみのあるもので、「無意識に発揮していた能力」だった。

私たちの目標は、ロバートが既に持っているスキルに気づかせ、より効率的に、計画的にそれを使えるようにし、彼のレジリエンス・スキルを向上させることだった。彼にとってなじみのない新たなスキルは、彼の「レジリエンス」ツールキットに追加された。最後にロバートと話したとき、彼はこう語ってくれた。

「自分を取り戻したように感じます。私の人生は、困難やストレスがあっても、多くの問題が相変わらず残っていても、豊かなものです。私は問題に直面しても、その都度対処しています。今から5年後に、仕事で達成していたい目標を把握し、その到達点にたどり着くための計画を立て、日々、子どもたちや妻のジーニーとうまく接することができるよう模索しています」

精神的強さやレジリエンスのおかげで、ロバートは再び船長になり、日々の困難な状況に首尾よく対処できるようになったのだった。

レジリエンスは問題に対応するだけの力ではない

私たちが親たちや企業のマネジャー、CEOたちにレジリエンスについて講演をするとき、レジリエンスが逆境に対処する上で必要なものであることはほとんどの人が理解している。彼らは、レジリエンスが、逆境やトラウマに直面したときに健全に、かつ生産的に反応する能力であり、日々のストレスを管理するのに重要であることを知っている。しかし私たちは、同じレジリエンスのスキルが、挫折から立ち直ることと同じくらい、人の人生の幅を広げ、豊かにするためにも重要であることを認識するようになった。私たちはいかにしてそれを認識したか？

それは、レジリエンスのスキルを教えた人たちからの報告の中に見出されたのだ。レジリエンスについて取り組んできた生徒や親たち、企業クライアントたちと、彼らが人生で経験した変化について話し合ってみると、彼らは

問題に直面しても驚くことが少なくなったということから話し始める。

　彼らは自分たちの「皮」がより厚くなったように感じ、より強く、もっと自信が持てるようになったと言う。だが話はそれにとどまらない。彼らはまた、他者と深くつながっているように感じ、新しい経験を積極的に望み、リスクをいとわなくなったとも伝えてくれた。ある女性は「私の人生がただもう大きくなったように感じるのです」と語った。

　レジリエンスの重要性が、挫折からの回復にとどまらないことを納得してもらえたらと思う。同じ7つのスキルを、あなたが自分自身の人生をより豊かにすることにも適用できるのだ。

　レジリエンスは、新しい経験を探索し、人生を発展途上のようにとらえられる考え方（マインドセット）だ。レジリエンスは、探検家の精神でポジティブな姿勢を創り出し、維持することを可能とする。仕事で新しい責任を負ったり、よく知りたいと思う人にアプローチして恥をかくリスクを負ったり、自らをもっとよく知り、他者とより深くかかわることを試される経験を積極的に求めたりする勇気を授けてくれる。

　私たちは、レジリエンスのこれらの効能を「働きかけ（リーチアウト）」と呼ぶ。働きかけることで、あなたの人生は豊かになり、他者とのかかわりは深くなり、世界は広がるのだ。

働きかけること

　狭い世界に生きている人もいる。7時に起床し、エアロバイクに乗って運動し、9時までに仕事を始め、1時に昼食（サンドウィッチとサラダ）、6時までに帰宅し、夕食、1時間のテレビ鑑賞、電話を何本か折り返し、20分の読書、そして就寝といった、決められた習慣に従って日常を送っている。彼らはそんな日課がスムーズに進めば心地よく、ともすれば幸福である。このような人にとっては、予測可能で、既に見知ったものが続く人生がベストなのだ。たいてい、彼らは不平不満を言わないし、好機を逃しているとも感じない。おそらくあなたはこのような人を知っているだろう。いや、もしかしたらあなた自身かもしれない。

Part1　変化に向き合う

一方で、何でも食べることのできるビュッフェのように人生にアプローチしている人もいる。皿を片手に行ったり来たりしておかわりをし、あれやこれやと少しずつ試してみる。キャビアに出会うこともあれば、あまりに長い時間強い照明のもとに置かれていたマグロのキャセロールに遭遇することもあるだろう。

だがマグロでめげたからといって、次のものを試すのをやめようとはしない。彼らは他者と触れ合い、新しい経験を探すことに楽しみを見出しているのだ。彼らの秘密は何だろうか？　レジリエンスはネガティブな人生経験に打ち勝ち、ストレスに対処し、トラウマから回復するのに必要であるのと同じように、人生の意義を豊かなものにし、他者との関係性を深め、学びや新しい経験を探求し続ける上でも必要なのだ。

ジョアンは60代半ばで、家中に14人の孫の写真を誇らしげに飾っている。彼女は、ときにうまくいかなかったとしても、新しい経験を楽しんでいた。彼女には、スキューバダイビングも、スキーも、サルサダンスも向いていないとわかった。だが、彼女は新しいコンピュータの操作が上達したことを喜び、瞑想教室に通うことを愛し、数年前のアラスカ旅行は素晴らしい冒険だったと感じている。

ジョアンはリスクを恐れない人ではない。実際に、ジョアンはかなり閉鎖的な子ども時代を過ごした。彼女の両親は、戦時中にヨーロッパ系ユダヤ人に起きたことに恐怖を抱き、いまだはびこっていた反ユダヤ主義におびえていたことから、その街での娘の交友関係を仲間のユダヤ人たちの小さなグループに限定した。ジョアンは大学を卒業し、1カ月後に結婚するまで同じ家に住んでいた。

「幸い、夫が外国留学のための奨学金の審査に合格したため、私たちはロンドンに引っ越せたのです」とジョアンは語る。「その引っ越しは私の人生を変えました」

ジョアンは、多くのアメリカ系ユダヤ人にとって困難な時代に育った。彼女の両親は、娘を狭い世界に隔離することで保護しようとした。だが、大人になってから、彼女は幸運にも自分の世界を広げる機会を与えられ、それをありがたく受け入れた。彼女は、旅を通して世界中の人々とつながりを持て

ることを発見し、つながりが大きくなるにつれ、自分自身への自信も持てるようになった。ジョアンは言う。
「大人になってから、自分の人生の境界線を押し返す方法を学び、新しいことに挑戦したり、初めての人たちと出会うときにも、安心と信頼を感じるようになりました。それは私にとって容易な道ではありませんでした。始めは不安でしたが、新しいことに取り組んでいるうちに自分に自信をつけることができたのです」

　旅することによって、ジョアンと世界とのつながりは深まった。積極的に行動することで、自分がとても深くつながっていると実感できる世界を形作る機会が与えられた。彼女はまた、あらゆる人にとって安全な世界を作ることに自らの人生を捧げた。彼女は人権活動家として活躍し、核兵器に反対するデモを催した。現在、彼女は、地雷に対する社会の認識を喚起し、その使用を禁ずるための地方活動をコーディネートしている。

　多くの人は、ジョアンのような人はただ幸運で、人生に目的を見つけ、人との親しい関係を築ける能力や向学心が何らかの形で生まれつき備わっているのだと思うだろう。変わらない性格の一部をほのめかす表現として、「人間関係に向いていない」「根っからの出不精」などといった言葉を何度耳にしたことがあるだろうか？

　確かに、少々突っ込まれるような基本的気質の違いは個人差があるものの、劇的な変化を遂げるという可能性は低い。例えば、内向的な人を社交的に変えるというのはあり得ない話だ。しかし、新しいことに挑戦するジョアンの意志は自然に養われたものではなかった。彼女は、人生を意義ある豊かなものにしようと懸命に努力したのだ。

　私たちの研究により、人生に働きかける力を構成する核となるものは、意欲とスキルの組み合わせに基づくことが示されている。私たちは、親密な関係性に対する意欲や、新しい経験に対する情熱をあなたに教え込むことはできない。だが、あなたが望むなら、それらを得るために必要なレジリエンスの開発を手伝うことはできる。そして、あなたがより一層レジリエントになったと気づいた途端、人生に働きかけることへの関心が生まれるのに気づくことすらあるかもしれない。

ジョアンのように、人生に働きかけることのできる人は、次の異なる3つのことに長けている。「リスクをうまく見極めること」「自分自身をよく知ること」、そして「人生に意義と目的を見出すこと」である。

　1つ目のリスクを的確に判別できる人は、健全な判断力を持っており、その判断力によってリスクが妥当なものかどうかを区別している。彼らは現実に即して楽観的だ。先々起こり得る潜在的な問題を正確に予想でき、問題の発生を避けるために、問題が発生したときに対処できるように戦略を立てる。リスク判断と問題対処の能力への自信は、新しい経験を求め、新しい関係性を築きやすくする内面的セーフティネットとなる。あなたが不確実なものに対応する能力に自信があれば、働きかけることはそれだけ容易になる。

　2つ目の自分自身に対する鋭い感覚を持っている人は、自らの考えや気持ちを表現することをいとわない。こうした誠実さは、他者への洗練された配慮や、自分の人生がどのようなものであるのかを学びたいという純粋な意欲と結びついたものだ。ジョアンのように、彼らは社交的であり、初対面の人にも気後れしない。これは何も彼らが、次から次へと交友関係をわたり歩き、初対面でいきなり個人的な身の上話をあけすけに打ち明けるような社交家であると言っているわけではない。馴れ馴れしさと親密さを混同してはいけない。働きかける人は、自分自身を他人に押しつけたり、不適切な暴露話を探り出したり、駆り立てたりもしない。彼らは自らの感受性を活かして、他人の心の動きの機微を汲むことができる。彼らの磨き上げられた対人関係スキルは、つぼみの状態にある人間関係を花開かせることができる。

　働きかける人は、続けるべきときとやめるべきときを知っておく必要がある。自分がどういう人間で、自分が経験していることが「真に合っている」かを判別できなくてはならない。ジョアンが次に説明するように、彼女が経験したすべての活動が彼女に合っていたわけではない。

　「私は雪上スキーも水上スキーもスキューバダイビングもアイススケートも試しました。自分をアスリートのように思いたかったけれど、私が好きなスポーツはウォーキングとニュージャージーの海岸でのミニゴルフだということがわかりました。無理をしてどれも上達するように努力できたかもしれないけれど、運動能力はもともと持っていないスキルだから、もっと自分に合

う他の活動をする方が有意義だと思いました」

　ジョアンは自分のことがよくわかっており、ありのままの自分を受け入れているから、試みがうまくいかなかったときに恥じたり、失敗したという感覚に襲われたりもしなかった。働きかけることにおいて、引き返す能力は、前に進む能力と同じくらい重要だ。レジリエンス・スキルは、そのどちらかを選ぶ判断を下す手助けになる。

　3つ目の豊かな人生を生きている人は、自分の努力に意義と目的を見出しており、自分の持っているものや、自分の経験について感謝している。人生に意義を見出すことには、「今、ここ」に焦点を当てることと、多くの人に欠落している気づき（マインドフルネス）が必要であり、全体像を見極める能力と結びついている。ジョアンは、進展がゆっくりだったにもかかわらず、彼女がいかにして自分の使命を貫くことができたのかについてこのように語っている。
「私は自分の取り組みが『世界平和』をもたらさないことは知っていたし、ときどき自分が無力に感じることもありました。でも、私は、自分の取り組みの意義深さを自分に想起させる2つの方法を学んでいたのです。1つ目は、現在にずっと意識を集中させること、できる限り今この瞬間を生きること、自分のやっていることに何か当面の価値を見出すこと。だから、私が地雷の危険性について講演しているときも、自分にこう言い聞かせていました。『この講演はよいもので、価値のあることなのだ』と。私が意義を見出した2つ目は、大きな視点でものごとを見ること。世界中の何百万という人も、私と同じことに関心を持っていると思います。私は、正義に対する価値観と、よりよい世界の創造に対する個人的な責任感を共有できる人たちとつながっていると感じており、私の人生には目的があると感じられるのです」

　働きかけることはリスクを伴う。新しい人と出会うこと、新しいことを始めること、意義ある行動を追求することに積極的であることは、とてつもない勇気と精神的強さを必要とする。あなたが誰かに心を開くたびに、あなたが新しいことを学び始めるたびに、拒絶されたり失敗したりするリスクがあり、恥をかいたり悲しみを味わったりするリスクがある。

　何かに働きかけるたびに、自分をリスクにさらす。けれど、レジリエンス

Part1　変化に向き合う

はあなたを精神的に強くする。レジリエンスのスキルは、リスクを判別する能力や、潜在的問題の対策を立てる能力を向上させる。それらはあなたの感情認識力や対人関係スキルを深める。そして、今この瞬間に意識を集中し、人生に意義を見出す能力を向上させる。7つのレジリエンス・スキルを身につけることで、あなたが望むのであれば、自分にも周りにも働きかけることができる。

　デビーに貧しい子ども時代を乗り越えさせたものは何か？　どの強みを備えていればとてつもない喪失を人道的な成功へと転換させられるのか？　そして、なぜジョアンは新しいことを習得する機会を探し、自分の理想を追い求め続けているのか？　彼らは皆、元からレジリエンスを備えていた。そして、数十年におよぶ科学的研究のおかげで、私たちはあなたに備わっているレジリエンスの見つけ方を教えることができるのだ。

まとめ

- IQと異なり、レジリエンスは自分次第で大きく伸ばすことができる。
- 7つのレジリエンス・スキルのうち、いくつかを習得するだけで劇的な変化が生み出せる。
- レジリエンスは挫折から回復することだけにとどまらない。
- 自分自身と他者に働きかけることで、レジリエンスはさらに高められる。

Chapter 2
あなたのレジリエンス度は？

　マイケルとメアリーは1995年、カウアイで、同じ年に同じ場所で生まれた。カウアイは、山々、熱帯雨林、きれいなビーチがある熱帯の島で、ハワイ諸島の北端に位置している。その名前自体が、釣りやハイキングや水泳をして過ごした牧歌的な子ども時代のイメージを心に呼び起こす。1950年代半ばにそこで生まれた多くの子どもにとってはそうであったろうが、マイケルとメアリーにとっては違っていた。

　マイケルは早産の赤ん坊だったので、生後3週間を当時10代だった母親と離れて病室で過ごした。父親は、彼が2歳のときまで軍の仕事で不在だった。8歳の誕生日までには、3人の弟妹がいたが、両親は離婚し、母親はカウアイを出ていき、家族の結びつきのすべてが壊れてしまっていた。メアリーは、未熟な農場労働者の父と精神を病んだ母の間にできた娘で、貧困の只中に生まれ5歳から10歳までの人生は肉体的・精神的虐待の繰り返しだった。母親が精神疾患で入院したときだけ、彼女の虐待は中断された。

　ふたりには不幸な日々だったが、18歳の誕生日まで、マイケルとメアリーは学校では人気があり、うまくいっていた。彼らには確固としたモラルがあり、自分たちの将来に楽観的だった。このふたりの子どもはいかにして混乱した幼少期から脱け出し、レジリエンスを身につけたのだろうか？

　マイケルとメアリーは、ふたりの著名な発達心理学者、エミー・ワーナーとルース・スミスによる、ある大がかりで画期的な研究に参加していた。

　私たち筆者が第1章でも示唆したこの研究は、レジリエンスを形成する子ども時代の要因についての現代の研究の幕開けとなった。1955年、カウアイでは833人の子どもが生まれたが、ワーナーとスミスはそのうちの698人の子どもの足跡を出生前から30歳の誕生日まで追った。彼らの目的は、なぜ同じ

ような経験をしているのに成功する子どもがいる一方で、不利な状況に苦しめられる子どもがいるのかを突き止めることだった。彼らが集めたこのデータは、私たちがレジリエンスを構成する要素を理解する助けとなった。

ワーナーとスミスが追跡調査を行った子どもの多くは、砂糖とパイナップルの栽培場で働くためにカウアイへとやってきた東南アジア系の血を引いていた。彼らは、3人に1人の子が不利な環境に生まれていたことを発見した。そのような子は、第1章で述べたような、本人の意思が及ばない社会経済的・家庭的な要因など、数多くの理由により「脆弱」であった。彼らの親は、高校を卒業しておらず、低賃金労働者だった。こうした脆弱な子どもの家庭は特に貧しく、家庭生活では両親のケンカや離婚が目立った。多くの親がアルコール依存症で、高い確率で精神疾患を持っていた。

脆弱な子どもの3人に2人は、レジリエンスを摘み取られており、早期にネガティブな影響が現れる。彼らは深刻な学習障害に脅かされ、多動性障害やアクティング・アウト（行動化）といった行動障害が10歳までに現れる。この子どもの集団が18歳になるまでには、逮捕、妊娠、深刻なメンタルヘルスなどの問題を引き起こすのが一般的だった。幼少期の環境は子どもからレジリエンスを奪い、学業成績が下降の一途を辿り始め、その悪影響を大人になっても引きずることになる。

だが、3人の子どものうち1人は、マイケルとメアリーのように、自信に満ち、多くのことを達成し、人とつながることのできる大人へと成長する。こうした子どものレジリエンスは何らかの方法で保護され、子ども時代の困難な環境を乗り切ることができたのだった。実際に、ほとんどの研究から、貧困や未熟な両親、精神疾患の遺伝といったいくつかの危険因子にさらされている子どもでさえ、ダメになってしまうのは半分にすぎないことが示されている。もう半分の子どもたちはうまくやっているのだ。

ワーナーとスミスは、脆弱な子どものうち高い割合の子どもが人生で成功していることを発見した。私たちがレジリエンス概念の視点から、そのような子どもたちを面接して分析した結果、第1章で紹介した4つのレジリエンスの活用法のすべてを適用していたことがわかった。彼らは幼少期の貧困や精神疾患や虐待に打ち勝ち、両親の不在という長く続く逆境を乗り切り、両

親の離婚のトラウマから立ち直り、人生の冒険や新しい経験に向けて働きかけるに足るレジリエンスを備えていた。研究参加者のひとりは、最後の面接でこう述べている。

「私は、自分に生きる力と強さを授けてくれ、今の自分にしてくれた神に感謝しています。ただ、私がもう30歳若かったら、もっといろいろなことができたと思うのです……60代から70代にかけてでは、自分がやりたいことすべてをこなすことはおそらくできないでしょうから」

どうすればレジリエンスに影響を与えられるか？

　ワーナーやスミスらによる研究によって、ひとりの人間の幼少期の環境が、成人に達してもレジリエンスに影響を及ぼすことが明らかになった。なぜこれらの影響はそれほど長続きするのだろうか？　それは、幼少期の環境が子どもの思考体系や能力を形成し、これらが大人になっても安定して残り続けるからだ。私たちは第1章で、いくつかの人格特性や思考、能力が、人がレジリエントになる手引きをしていると述べた。また私たちは、レジリエントな人は自分の感情を察知して調整でき、他者の感情の状態をも察知できることを発見した。

　デビーのように、彼らは問題解決に意識をずっと集中させ、それに没頭する。逆境においてコントロールできる側面とそうでない側面とを正確に判別することができる。ロバートのように、彼らは自己効力感が高い。自分を取り巻く環境に打ち勝てると確信しており、行動に移す自信を持っている。ステイシーのように、レジリエントな人は、他者と強いつながりを持つことができ、苦境にあっては助けを求めてそうしたつながりに頼ることができる。そして、ジョアンのように、働きかけができる人は、試練を好機とみなし、人生を豊かにするためであればリスクを負うのをいとわない。レジリエントでない人はこれらの能力や思考が欠如している。

　繰り返しになるが、私たち心理学者や研究者がかかわるのはこの部分なのだ。いくつか例を挙げると、貧困、離婚、精神疾患を持つ両親などといった、子ども時代の環境要因はいずれも過去のことだ。そうした要因は変えられ

ものではないが、思考は変えることができ、能力は高めることができる。レジリエンスとは、理解が困難な、漠然とした概念だ。とすれば、私たちはどうやって人々のレジリエンスを高めるという課題に取り組めばいいのだろうか？　私たちの研究から、レジリエンスの本質は、**感情調整力**、**衝動調整力**、**共感力**、**楽観力**、**原因分析力**、**自己効力感**、**リーチアウト力**という７つの能力で構成されていることが示されている。これら７つの具体的な要因については、測定し、教え、向上させることができる。

　私たちは、その人の現在備えている７つの能力と全般的な**レジリエンス指数（RQ）**を測定するRQテストを開発した。このテストは、多種多様な職種や、あらゆる階層にある何千人もの人々が回答し、現実世界での成功を高い確率で予想することが証明されたものだ。

　例えば、ある大手通信会社では、最前線で働く社員と昇格したマネジャーのRQを比較した。その結果、得点はマネジャーの方が著しく高かった。ある投資会社では、入社間もない金融コンサルタントのRQを測定し、クライアント獲得数における職務遂行能力(パフォーマンス)と、彼らの管理下にあるドル資産を追跡調査したところ高いRQ得点を記録した者がいずれも優れていた。

　私たちが開発した７つのスキルは、７つの能力を高められるように構成されており、研究はその効果を証明している。フォーチュン100社企業のカスタマーサービス部門や営業部門の責任者を対象に、第２部で紹介する７つのレジリエンス・スキルのトレーニングを行ったところ、３カ月後には、彼らは４つの最も重要な職務遂行能力評価でそれぞれ対照群の同僚の評価を上回っていた。

　私たちがあなたを旅へいざなうと約束したことを思い出してほしい。あなたはそのスタートラインに立っている。最初のステップは、あなた自身のRQを測定することだ。自分が７つのレジリエンス・スキルのどれが強いかがわかることで、自分にとってどのスキルが最も必要かをよりよく知ることができるだろう。

RQテストを受ける

以下の56項目に回答してほしい。全体で10分程度で完了した方がよい。

RQテスト

次の各項目について、どの程度自分に当てはまるかを5段階で評価してみよう。

1 = まったく当てはまらない
2 = やや当てはまる
3 = どちらかといえば当てはまる
4 = たいてい当てはまる
5 = とてもよく当てはまる

( ) 1. 問題を解決しようとするとき、本能を頼りに最初に思いついた方法を試してみる。
( ) 2. 上司、同僚、配偶者、子どもと議論しようとして前もって計画していても感情的になりがちだ。
( ) 3. 将来の健康が心配だ。
( ) 4. 目の前の仕事の邪魔になるようなことを遮断するのは得意だ。
( ) 5. 最初の方法がうまくいかなくても、効果的な方法が見つかるまで繰り返し違う方法を試し続けることができる。
( ) 6. 好奇心が強い。
( ) 7. 仕事に集中するのにポジティブな感情をうまく生かせない。
( ) 8. 新しいことに挑戦するのが好きなタイプだ。
( ) 9. 大変チャレンジングで難しいことよりも、自信が持ててリラックスできることをやりたい。
( ) 10. 相手の顔色を見れば、その相手がどんな気持ちでいるかがわかる。
( ) 11. ものごとがうまくいかないとき、投げ出そうとする衝動に負けてしまう。
( ) 12. 問題が生じたとき、解決しようとする前に可能な解決方法をたくさん考え出す。

（　）13. 逆境に襲われたとき、自分の感情をコントロールすることができる。
（　）14. 他人からどう思われても自分の行動には影響しない。
（　）15. 問題が発生したとき、最初に頭に浮かんだ考えを意識する。
（　）16. 自分ひとりで責任を負っていない状況が最も心地よい。
（　）17. 自分の能力に頼らなければならない状況より、他人の能力に頼れるような状況を好む。
（　）18. たとえ必ずしもそうでないとしても、自分で問題をコントロールできると信じていた方がよいと思う。
（　）19. 問題が生じたとき、解決しようとする前に、まず原因を注意深く考える。
（　）20. 職場や家庭での自分の問題解決能力に自信がない。
（　）21. 自分でコントロールできない問題については考えないようにしている。
（　）22. 変化のない単純なルーチンワークをこなすのが楽しい。
（　）23. 自分の感情によって自制心を失う。
（　）24. 他人の気持ちを理解するのは苦手だ。
（　）25. 自分が考えていることと、それが自分の精神状態にどのように影響するのかを十分に自覚できている。
（　）26. 誰かに心を乱されたとしても、落ち着いて議論できるようになるまで待つことができる。
（　）27. 誰かが問題に過剰に反応したとき、たいていその人がその日たまたま機嫌が悪いのだろうと考える。
（　）28. 自分はたいていのことはうまくやれると思う。
（　）29. 人はよく、問題を解決する手助けを私に求めてくる。
（　）30. 人がなぜそのように反応するのか理解できずに途方に暮れる。
（　）31. 自分の感情次第で、家庭や学校や職場でやるべきことに集中力が発揮できるかどうかが左右される。
（　）32. ハードワークはいつも報われる。
（　）33. 仕事をやり終えたあと、ネガティブな評価を受けないだろうかと心配になる。
（　）34. 誰かが悲しんだり、怒ったり、とまどっているとき、その相手が考えていることを思いやることができる。
（　）35. 新しく挑戦することが好きではない。

(	)	36.	仕事や学業や金銭面において、前もって計画を立てない。
(	)	37.	同僚がうろたえていたら、それがなぜなのか察することができる。
(	)	38.	結果的にうまくいかなくなるとしても、前もって計画を立ててやるよりも自然発生的にものごとに取り組むのが好きだ。
(	)	39.	困難の多くは、自分がコントロールできない状況が原因となっていると思う。
(	)	40.	チャレンジすることは、自分にとっての学びであり、自分を高めることだと思う。
(	)	41.	できごとや状況を誤解していると言われてきた。
(	)	42.	誰かが私に対して怒っていたら、反応するよりもまずその人が何を言っているかを聞く。
(	)	43.	自分の将来について考えろと言われたときに、成功している自分をイメージするのは難しい。
(	)	44.	問題が生じたとき、早とちりすると言われてきた。
(	)	45.	初対面の人に会うのは落ち着かない。
(	)	46.	本や映画に没頭して「我を失う」ことがよくある。
(	)	47.	「転ばぬ先の杖」という古いことわざを信じている。
(	)	48.	多くの場合、問題の本当の原因を明らかにすることが得意だ。
(	)	49.	自分は対処能力が高く、ほとんどの困難にうまく対応できると信じている。
(	)	50.	私は、大切な人や親しい友人に、彼らのことを理解していないと言われる。
(	)	51.	既定のルーチンをこなすのが最高に心地よい。
(	)	52.	問題を完全に理解するのを断念してでも、できるだけ早く問題を解決するのが重要だと思う。
(	)	53.	困難な状況に直面しても、何とかうまくいくという自信がある。
(	)	54.	私は同僚や友人に、彼らの話を聞いていないと言われる。
(	)	55.	何かがほしいと思ったらすぐに買いに行く。
(	)	56.	同僚や家族と「ホット」な話題について議論するときに自分の感情を調整できる。

© Adaptiv Learning Systems 不許謹製

5つの尺度を用いて、各項目に自分がどれくらい当てはまっているかを評価したら、次は7つの能力を測定してほしい。

感情のコントロールとレジリエンス

感情調整力とは、プレッシャーのもとで落ち着きを保つ能力だ。レジリエントな人は、感情や注意力や行動をコントロールできるようなスキルをうまく活用している。

自己調整は、親密な関係性を築いたり、仕事で成功を収めたり、身体の健康を維持する上で重要だ。自分の感情を調整するのが苦手な人は、家庭で自分のパートナーを感情的に疲弊させたり、職場でうまく協業できなかったりする。感情調整力が欠如している人は、友人関係を構築し、維持するのに苦労すると先行研究は示している。

なぜそうなるのかについては多くの理由があるだろうが、最も基本的なネガティブ要因としては、相手をうんざりさせることだろう。誰しも、怒りっぽい人や不機嫌な人、心配性な人とは一緒にいたくない。感情は、他人を疲弊させるだけではなく、伝染する。怒りっぽくて不機嫌で、心配性な人と付き合えば付き合うほど、あなたも同じように怒りっぽく、不機嫌で、心配性になっていく。

もちろん、すべての感情を修復し、コントロールする必要があるわけではない。私たちは、すべての怒り、悲しみ、不安、罪悪感を最小化し、管理し、抑えるべきであるとは考えていない。むしろ、ネガティブなものであれポジティブなものであれ、感情の表出は健康的で建設的なものだと考える。実際に、適切な感情表出はレジリエントであることの一部だ。しかし、感情を完全に隠し続けておくと人生の輝きが鈍るのと同様に、感情にとらわれることはあなたのレジリエンスの妨げになり、周囲の人々のレジリエンスをも弱めてしまう。

人より多大な不安や悲しみ、怒りを経験しやすく、一度取り乱したらコントロールを取り戻すのに苦労する人もいる。そのような人は自分の怒りや悲しみ、不安に縛られやすく、逆境に対処したり、問題解決能力が弱い。彼ら

感情調整力

以下の項目に関する あなたの得点は?		以下の項目に関する あなたの得点は?	
項目13	_____	項目2	_____
項目25	_____	項目7	_____
項目26	_____	項目23	_____
項目56	_____	項目31	_____
ポジティブ合計	_____	ネガティブ合計	_____

ポジティブ合計 － ネガティブ合計＝ _____
これがあなたの感情調整力の得点です。

平均以上：14点以上 ／ 平均：6〜13点 ／ 平均以下：6点未満

は、自身の感情にとらわれているとき、他者に働きかけたり新しい経験に挑むことはほとんど不可能だと思っている。

　ある通信会社で管理職にあるベスについて考えてみよう。ベスは子どもの頃、情緒不安定で、一度その感情に心を占められたら気分を変えられなかった。彼女の不安定な気性は、成長して大人になっても和らぐことはなかった。ベスが率直に表現したように、ジェットコースターのような感情の起伏の激しさは、彼女がよき母たらんとするのを損ねる要因となっていた。
「私には10代の娘がふたりいますが、彼女たちが自分たちの問題について私と話し合うのを嫌がっているのを知っています。私が自分の感情の反応を抑えられず、そのせいで彼女たちが感じていることを解決する代わりに自分の感情に溺れてしまうことを彼女たちが心配しているのも知っています。私は落ち着きを保って彼女たちの話を聞く姿勢を見せようとしているのですが、実際には本当に苦しんでいます。私の情緒不安定さが、よい母となる妨げとなっているのです」

ベスの話に共感する点があるならば、あなたが伸ばす必要のある能力はおそらく感情調整力だろう。だが、いかにして自分の感情を調整すればよいのだろうか？　怒っているときには心を落ち着け、悲しいときには気分を高揚させ、不安な気持ちを静めるための有効なテクニックは多種多様で、それらの多くについては第9章で扱っていく。私たちは、感情を調整する多くのテクニックのうち、逆境に対する考え方を変える効果のある、最も有効な戦略を見出した。それは、問題が発生したときのあなたの実際の思考であり、感情の源泉でもある。

　あなたが感情の調整に取り組む必要があると思うのであれば、スキル1とスキル6がとりわけ有効であることに気づくだろう。「自分をABC分析する」ことで非生産的な感情を生み出す思い込みを見つけ、「心を静めてフォーカシングする」ことでリラクゼーション反応を呼び覚ます手段が得られ、感情を調整できるだろう。

衝動のコントロールとレジリエンス

　『EQ　こころの知能指数』の著者であるダニエル・ゴールマンは、1970年代に興味深い研究を成し遂げていた。7歳前後の子どもを1人ずつ、別の研究者の待つ小部屋に入れる。研究者はそれぞれの子どもに、自分は数分席を外さなければならないが、その前に子どもにマシュマロをあげたいと説明する。子どもは今マシュマロを食べてもよい。だが、子どもが食べるのを我慢し、自分が戻ってくるまで待っていたら、もう1つマシュマロをあげると説明する。

　10年後、ゴールマンはこの実験に参加した子どもを追跡調査した。子どもたちは高校3年生になっていた。当時衝動をコントロールできた子、つまり2つのマシュマロを得るために1つのマシュマロを食べる満足感を先延ばしにすることのできた子は、社会的にも、また学業面でも顕著な優秀さを見せていた。

　衝動調整力の欠如は、35歳の大学教授であるルイスをトラブルに巻き込んだ。彼は同僚の多くに好かれており、同僚は彼を面白くて陽気な人だと感じ

衝動調整力

以下の項目に関する あなたの得点は？		以下の項目に関する あなたの得点は？	
項目4	_____	項目11	_____
項目15	_____	項目36	_____
項目42	_____	項目38	_____
項目47	_____	項目55	_____
ポジティブ合計	_____	ネガティブ合計	_____

ポジティブ合計 − ネガティブ合計＝ _____
これがあなたの衝動調整力の得点です。

平均以上：1点以上 ／ 平均：−6〜0点 ／ 平均以下：−6点未満

ていた。だが、彼は頻繁にジョークのネタにもされていた。ある日、彼は教職員の会議中、頭の中で思いついたことを一部始終うっかり口走ってしまい、不適切な発言をしてしまった。彼は素早く謝罪したが、同じくらい素早く再び過ちを犯した。社交的に飲みすぎたり食べすぎたりして、同僚には彼と学生たちとの関係を心配する者もいた。ルイスは、イド（無意識の本能的衝動）が肥大化しており、超自我が足りなかった。つまり、彼の本能の快楽主義的な願望が理性を何度も何度も上回ってしまうのだ。新しい計画に興奮して全速力でそれに飛び込むが、急に興味を失って完全にその計画を中止してしまうというのが彼の典型的なパターンだった。

　ルイスはこのように述べている。
「私は12歳の少年のようなのです。私生活でも衝動的だし、仕事上でも衝動的なのです。私は自分の感情をコントロールするのに苦労しているし、自分にノーと言うのにはもっと苦労しています。私は何かに興奮してそれを全速力で追いかけますが、興味を持続させることができないのです」

直感的に、感情調整と衝動調整が密接に関係していることはわかる。私たちの分析もこれを裏づけた。RQテストで衝動調整力が高い人は、感情調整力も高い傾向にある。私たちは、これらの領域には関係性があると考えている。それらは人間の思考体系に類似したものに触れるからだ。

　すなわち、自分の衝動をコントロールする力が低ければ、状況に対する自分の最初の衝動的な考えを正しいものとして受け入れ、それに応じて行動するだろう。これは多くの場合に、レジリエンスを阻害するようなネガティブな結果を生み出す。感情の調整と同様に、衝動を調整する最初のカギとなるスキルは「自分をABC分析する」なのだが、それについては次章で紹介しよう。

　ABCは、自分の思考が、感情や行動をどのように決定するのかを突き止める。ABCを習得すれば、「思考のワナを避ける」スキルに進むことができる。それにより、自分が普段受け入れている衝動的な考えを見つけることに加え、それが自分のレジリエンスをいかに狂わせているかがわかるようになる。そして「思い込みに挑む」スキルに到達したら、衝動調整力を高めてよりよく感情を調整でき、さらに正確な思考を生み出せる。結果としてよりレジリエントな行動が可能となる。

楽観性とレジリエンス

　レジリエントな人は楽観的だ。彼らはものごとをよい方向へ変えられると確信している。彼らは未来に希望を持ち、人生の方向をコントロールできると信じている。悲観論者と比べて、楽観主義者は身体的に健康で、抑うつにも脅かされにくく、学校でもうまくやり、仕事でも生産的で、スポーツでも勝利しやすい。これらは、適切な対照を置いた何百もの比較実験が証明した事実である。

　楽観力とは、言うまでもなく、未来を比較的明るいものとしてとらえることを意味する。楽観性は、将来的にどうしても起きるであろう逆境に対処する能力が自分にはあると信じているということでもある。そして、言うまでもなく、楽観力は自己効力感を反映している。自己効力感とは、自分の問題

楽観力

以下の項目に関する あなたの得点は?		以下の項目に関する あなたの得点は?	
項目18	_____	項目3	_____
項目27	_____	項目33	_____
項目32	_____	項目39	_____
項目53	_____	項目43	_____
ポジティブ合計	_____	ネガティブ合計	_____

ポジティブ合計 ー ネガティブ合計＝ _____
これがあなたの楽観力の得点です。

平均以上：7点以上 ／ 平均：－2～6点 ／ 平均以下：－2点未満

を解決したり、自分の世界を管理する能力に対する自信であり、レジリエンスの重要な能力の1つである。

　楽観力と自己効力感は、多くの場合に連携しているということが私たちの研究により判明している。真の自己効力感と結びついているとすれば、楽観性はその恩恵だといえる。楽観性は、解決策を模索したり、自分の状況を改善するために懸命に努力し続けたりする意欲を駆り立てるものだからだ。抑制のきかない楽観を抱いている人にはそのご利益がまったくないことは特筆しておくべきだろう。実際に、非現実的な楽観は、彼らが構える必要のある本当の脅威から目をそらさせてしまう。

　楽観主義のポリアンナは、深刻な病気と診断されても、「ああ、たいしたことじゃないわ。体調はそれほど悪くない。私は元気よ」と自分に言い聞かせてしまう。これでは回復の可能性を高めるために取るべき行動を起こせない。レジリエンスと成功のカギは、自己効力感と連結した現実的な楽観力を持つことだ。

これからこの本で見ていくように、自己効力感とは問題解決に成功した結果、高まるものだが、「思い込みに挑む」スキルと、「大局的にとらえる」スキルとを活用することで、同じく飛躍的に高めることができる。この2つのスキルは、自分のコントロール下にある自身の内的要因に対して制御感を得られるようにする。

原因分析とレジリエンス

原因分析力とは、人が自分の問題の原因を正確に特定する能力である。問題の原因を正確に見極めることができなければ、同じ失敗を何度となく繰り返すことになる。

私たちの師であるマーティン・セリグマンと彼の同僚は、「説明スタイル」、つまり思考のスタイルが原因分析に際して特に重要であることを発見した。これは、自分に起きたよいことや悪いことを説明する習慣的な方法だ。すべての人の説明スタイルは3つの特質によってコード化される。個人的(「自分」vs.「自分ではない」)、永続的(「いつも」vs.「いつもではない」)、広汎的(「すべて」vs.「すべてではない」)の3つである。

「自分・いつも・すべて」型の人は、無意識的かつ反射的に自分がその問題の原因で(自分が)、それが変化せず続き(いつも)、それが自分の人生のすべての側面を蝕む(すべて)と思い込む。以下が「自分・いつも・すべて」型の2つの思考である。

1.「息子の学校の成績が悪いのは、彼が宿題をやっているか確認するのに十分な時間を取らなかった私のせいだ。私は悪い母親だ」
2.「私が昇進できなかったのは、私があまりに内気で人との接し方が下手だったからだ」

問題が発生したとき、「自分ではない・いつもではない・すべてではない」型の人は、問題は他者あるいは環境が引き起こし(自分ではない)、一時的で変わりやすく(いつもではない)、自分の人生にはそれほど影響しない(すべて

原因分析力

以下の項目に関する あなたの得点は?		以下の項目に関する あなたの得点は?	
項目12	_____	項目1	_____
項目19	_____	項目41	_____
項目21	_____	項目44	_____
項目48	_____	項目52	_____
ポジティブ合計	_____	ネガティブ合計	_____

ポジティブ合計 ー ネガティブの合計＝ _____
これがあなた原因分析力の得点です。

平均以上：9点以上 ／ 平均：0〜8点 ／ 平均以下：0点未満

ではない)と考えている。そのような人は、同じ状況でも「自分・いつも・すべて」型の人とはまったく異なる解釈をする。

1. 「息子の学校の成績が悪いのは、彼が最近勉強していなかったからだ」
2. 「私が昇進できなかったのは、私がどれだけ貢献しているか彼らが理解していないからだ」

　説明スタイルがレジリエンスにおいていかに重要な役割を果たすかは、次章で再び取り上げる。第7章の「思い込みに挑む」では、あなたに自分の説明スタイルを分析する機会を与え、その説明スタイルが表す決まりきった思考スタイルの型から抜け出すプロセスを導いていこう。
　私たちは、説明スタイルがいかにパフォーマンスに深い影響を及ぼすかを目の当たりにしてきた。キャシーとレンは中年の夫妻で、私たちが共同授業をしていた異常心理学の夜間クラスの生徒として出会った。私たちは、レン

とキャシーの洞察に満ちた質問と、私たちが提示した理論に対して批判的に挑んでくるときの手ごわいながらも敬意に満ちた振る舞いに感銘を受けた。私たちは、最初の試験の前に、彼らはふたりともクラスで最高点のグループに入るだろうと予想した。だが、驚くべきことに、キャシーの成績はB（5段階評価の4）で、レンはC（5段階評価の3）だった。彼らが試験結果について話にきたとき、それぞれ異なる課題を持っていることが明らかとなった。

キャシーの方がよい成績だったにもかかわらず、彼女は明らかにレンよりも狼狽していた。これは彼らの説明によってうなずけた。キャシーがBを取ったのは、彼女が言うにはこういうことらしい。「私は心理学を学ぶほど賢くないからです」。レンは対照的にこう言った。「私がCをとったのは、ベストな試験の準備方法がなかなか見つからなかったからです」。キャシーの「自分・いつも・すべて」型は彼女を落胆させたのに対し、レンのスタイルは彼を解法の模索へと導いたのだ。

説明スタイルが原因分析にいかに影響するかは容易に理解できる。「いつも・すべて」型で問題の原因にばかり思いをめぐらす人は、状況を変える方法を見つけられない。彼らは無力になり、絶望する。「いつもではない・すべてではない」型の原因に意識を向ける人は、行動的で、実行可能な解決策を生み出す能力がある。

だが、最もレジリエントな人のほとんどは、柔軟な認知力を持ち、特定の説明スタイルにとらわれることなく、直面する逆境についてその主な原因をすべて特定することができる。彼らは現実的なため、永続的で広汎性のある要因を無視しない。彼らは、自尊心を守ったり、罪悪感から逃れたりするために、自分の失敗の責任を反射的に他者に負わせたりもしない。また、自分にとってコントロール範囲外のできごとや状況について思いをめぐらすことで、貴重なレジリエンスの蓄えをムダにしたりもしない。自分の問題解決能力を自分がコントロールできる要因に向ける。

そして、徐々に起きる変化を通して打ち勝ち、乗り切り、立ち直り、働きかけることを始める。衝動調整力と楽観力を向上させる必要を感じている人と同様に、あなたが原因分析力を向上させる必要を感じているなら、「思い込みに挑む」スキルはあなたを最も助けるスキルとなるだろう。

共感力

以下の項目に関する あなたの得点は?		以下の項目に関する あなたの得点は?	
項目10	_____	項目24	_____
項目34	_____	項目30	_____
項目37	_____	項目50	_____
項目46	_____	項目54	_____
ポジティブ合計	_____	ネガティブ合計	_____

ポジティブ合計 ー ネガティブ合計＝ _____
これがあなたの共感力の得点です。

平均以上：13点以上 ／ 平均：3～12点 ／ 平均以下：3点未満

共感性とレジリエンス

　共感(エンパシー)に関する得点は、他者の心理的・感情的状態を示す手がかりをどれだけうまく読み取ることができるかを表している。私たちの中には、心理学者が他者の顔の表情や声のトーン、ボディランゲージなど、非言語的情報と呼んでいるものを解釈し、人が何を考えて何を感じているかを巧みに判断できる人もいる。一方で、そうしたスキルを発達させていないために、相手の立場で考えられず、その人が何を感じているかを推測し、またその人が何をしようとしているか予測することができない人もいる。

　非言語的な手がかりが読みとれないと、ビジネスでは損をする。序列による出世街道を歩むには、たいていは人脈づくりのスキルが必要である。また、マネジャーの仕事は、いかにベストな方法で部下のやる気を起こさせるか、にある。さもなければ、理解され、評価されていると相手に感じさせる

Part1　変化に向き合う

必要のある人間関係においても損をすることになる。**共感力**の低い人は、善意だったとしても、レジリエントではない。決まりきった型通りの行動を繰り返し、他者の感情や意欲を破壊する「ブルドーザー」として有名になってしまう。とはいえ、共感力の得点は上げることができる。

第2部では、この世界で自分の生き方を模索する意欲を駆り立てているものは何かを理解するために、「自分をABC分析する」スキルと、「氷山を見つける」スキルを活用する方法を学ぼう。これらのスキルは、他者とうまくやっていくことにも適用できる。

あなたの部下が大切なプロジェクトをぐずぐずと先延ばしにしてしまうのはなぜなのか。また、あなたの10代の息子が内向的で陰気になってしまったのはなぜなのかについてよりよく理解すること、そしてあなたが愛する人とよりよい関係性を築くことにも適用できる。

自己効力感とレジリエンス

自己効力感とは、世界において自分は有能であるという感覚のことだ。それは、これから起きるであろう問題を解決できるという信念と、自分を成功に導く能力への確信を表している。

自己効力感に関しては既に十分議論をしてきたので、それが実際の状況でどのように用いられているかを示そう。仕事において、問題解決能力に自信を持っている人がリーダーとして頭角を現す一方で、自己効力感が持てない人は、自分が大衆の中に埋もれてしまっているかのように感じる。彼らは何気なく自己不信である様を言いふらし、それを同僚たちが聞いてやる。そうやって他者の助言を求めるようになる。

リンとグレッグは、フォーチュン500社に名を連ねる通信会社の同じ部署で働いている。彼らはともに新入社員であり、似たような教育や研修トレーニングを受けている。彼らがその配置に就いて6カ月後、ふたりは異なるキャリアを歩んでいた。

グレッグは小さな成功を重ねていたが、いずれの成功も彼がその仕事に見合うだけの能力があることを確信させるものではなかった。彼はいまだに、

自己効力感

以下の項目に関する あなたの得点は?		以下の項目に関する あなたの得点は?	
項目5	_____	項目9	_____
項目28	_____	項目17	_____
項目29	_____	項目20	_____
項目49	_____	項目22	_____
ポジティブ合計	_____	ネガティブ合計	_____

ポジティブ合計 − ネガティブ合計＝ _____
これがあなたの自己効力感の得点です。

平均以上：11点以上 ／ 平均：6〜10点 ／ 平均以下：6点未満

自分に求められているプロジェクトを仕上げることができるという確信は抱けなかった。一方のリンは、小さな成功でさらに自信をつけていた。小さな成功は、彼女が仕事の環境をコントロールするために使える真の才能とスキルを持っているという認識を強めた。

　この違いは、リンとグレッグが普段の業務にどのように対応しているかにある。自分に問題解決能力があるというリンの自信と信念は、仕事上の避けられない厄介ごとを乗り越える力を与える。

　対照的にグレッグは、似たような試練に受け身で対応する。彼は自分に解決策を生み出す能力がなく、他者が提示してくれる解決策を実行する能力も備わっていないと感じている。

　リンのレジリエンスは、結果として上司の目にとまった。彼女は、より責任のある仕事を任され、上級の研修セミナーに参加する機会を与えられた。そのセミナーはそれほど高額ではなかったが、出世街道に乗った人向けの特別な研修だった。リンのレジリエンスが彼女のキャリアを前向きな軌道に乗

せる一方で、グレッグの自己不信と無能感は、彼が遭遇するかもしれない困難の難易度を上げた。

　第2部では、問題の原因に対する思い込みを防ぐための「思考のワナを避ける」スキルと、問題解決能力の精度を高めて「思い込みに挑む」スキルによって、あなたの自信を構築し、自己評価を向上させる方法を教える。あなたがこれらのスキルを活用すれば、仕事や人間関係がうまくいくようになり、人生が向上することで新たに芽生える自信や自己効力感を得られるようになるだろう。

働きかけとレジリエンス

　ここまでで、逆境に直面してもレジリエントでいられる6つの能力について説明してきた。だが、これまで見てきたように、レジリエンスは単に困難な状況において打ち勝ち、乗り切り、立ち直るためだけの機能ではない。レジリエンスはまた、人生のポジティブな側面をも高めることができるのだ。レジリエンスとは、**リーチアウト力**（働きかける能力）の源泉なのだが、驚くほど多くの人がそうできないでいる。

　なぜ働きかけることを恐れる人がいるのだろうか？

　幼い頃に、恥ずかしい思いをすることは何としてでも避けるよう学んだ人もいるだろう。たとえそれが平凡な人生を意味するとしても、公衆の面前で失敗をさらし嘲笑されるくらいなら自分の殻に閉じこもっていた方がよいと考える人もいる。

　あるいは、第8章で述べるように、それが、未来に生じるであろう逆境を大げさにとらえる傾向を反映している場合もある。そして、第5章で述べるように、人は多くの場合、関与することの罪を過大評価し、関与しないことの罪を軽視する。つまり、行動しなかったことよりも、行動して失敗したことの方が大きな損害だという誤った見方をするのだ。

　働きかけることは、自分の能力の真の限界が暴露されてしまうという恐怖にさらされることだ。セルフ・ハンディキャッピングと呼ばれるこの思考スタイルを持つ人は、潜在的に自分の能力の限界を定めてしまう。

リーチアウト力

以下の項目に関する あなたの得点は?		以下の項目に関する あなたの得点は?	
項目6	_____	項目16	_____
項目8	_____	項目35	_____
項目14	_____	項目45	_____
項目40	_____	項目51	_____
ポジティブ合計	_____	ネガティブ合計	_____

ポジティブ合計 − ネガティブ合計＝ _____
これがあなたの
リーチアウト力の得点です。

平均以上：10点以上 ／ 平均：4〜9点 ／ 平均以下：4点未満

「何もやらないで成功しなかったら、自分が本気でやらなかったから失敗したのだといつも自分に言い聞かせることができる。自分に能力がないかもしれないという事実と向き合うよりもその方がよい」

　このような人は、試みが失敗したら壊滅的な事態を招くという危険性を高く考えすぎだ。あなたがリーチアウト力を高めたいなら、私たちが教えるスキルがきっと役に立つだろう。人と親密な関係を築いたり、新たな試みをすることに尻込みさせている深い思い込みを邪魔するものを取り除くため、「氷山を見つける」スキルの活用の仕方を示そう。

　また、あなたが前提としていることをチェックするため、「思い込みに挑む」スキルの使い方を示し、働きかけることへの不安を抑えるために、ものごとを「大局的にとらえる」スキルを教えよう。そして、レジリエントではない思考が生じても、それに抵抗できるように、「リアルタイム・レジリエンス」スキルを紹介しよう。

まとめ

・レジリエンスは56項目のレジリエンス指数（RQ）テストで測定できる。
・RQ テストでは「感情調整力」「衝動調整力」「楽観力」「原因分析力」「共感力」「自己効力感」「リーチアウト力」というレジリエンスの本質となる７つの能力が自己診断できる。

Chapter 3
レジリエンスの土台を築く

　この本を購入するにあたり、あなたは重要な宣言をしたことになる。あなたは、自分の運命を変え、形作ることができる、つまり自分の行動をコントロールして人生を導くことができるという信念について宣言をしたのだ。私たち筆者はその信念を共有している。だが、7つのスキルを持って自分のレジリエンスと人生に変化をもたらす前に、7つのスキルすべての背景にある歴史についてよく考えてみることは有益だ。そのため、この章では、私たちの研究が築かれた土台について紹介していくことにしよう。

　私たちの仕事は、レジリエンスについて、レジリエンスを損なわせる変数、レジリエンスを保護する要因、損なわれたレジリエンスが後々の成功に与える影響などについて、何十年もの年月をかけた研究に基づいている。だが、いろいろな意味で、私たちは、昔の科学者とは異なる星を頼りに航海し、異なる針路をとってきた。

　では、研究の基礎となった4つの原則、すなわち、レジリエンス・スキルの基盤を提供する、研究に基づく4本の柱を紹介しよう。私たちの長年にわたる講演会での発表を通して、レジリエンス・スキルの習得に全力を傾ける前に、基礎を成す理論を復習したいという参加者もいることを知ったからだ。この章では、私たちの哲学を「簡単にチェックする」ことにしよう。理論にあまり興味がなく、早くレジリエンス・スキルを使いたいと思っている人は、この章を読み飛ばし、第2部に移ってもらっても構わない。

　私たちの研究を振り返ってみると、今まで旅してきた行程は、少なからず避けられなかったのではないかと思う。科学者として、私たちは自分たちの哲学が科学的データによって形作られるべきだと信じている。また、私たちは自分たちの研究分野における発見によって、4つの原則に辿り着いた。そ

して、一度それらの原則に到達すると、私たちの使命は定まった。その使命とは、より正確な思考によってレジリエンスを促進させる、実生活に役立つプログラムを開発し、有効性を検証することだった。

第1の柱──人生は変えられる

　既に述べたように、人は誰でも人生を変えることができるという信念を共有したい。これはとても力強い概念だが、現代的なものだ。人間は幼少期からの影響に縛られ、支配されるものではなく、人生のどの時点でも行動を変えることができるという考え方は、今日ではある人々にとっては自明の理であるかのようだ。だが、歴史的には、永続的な変化など不可能だと人々は信じてきた。また、今日でも、生後の最初の数年間が、その人自身と、その人の未来のすべてを決定づけるものだという考え方に固執している人は多い。
　1900年代初め、おそらくは現代心理学の「父」として知られているジークムント・フロイトが、人間の人格というものはおよそ5歳までにその大部分ができ上がってしまうと主張し、自らの能力でそれを変えることについては悲観的な見解を示した。フロイトは、トマス・ホッブスの合理主義哲学に大きく影響を受けていた。ホッブスは人類に対して否定的で、人間というのは本来意地悪で利己的で、人の人生は野蛮で短いと非難した。さて、私たちは、この利己心を超えて、名誉を回復することはできるのだろうか？
　ホッブスによれば、答えはノーだ。人間の人格は生まれつきのもので、既に決められたものであるため、どうやっても後天的に変えることはできない。フロイトは、長年にわたり高額で時間のかかる治療を行った後、いくつかのポジティブな成果が得られたことを自ら認めて譲歩した。だが、人間は自分ひとりで変わることは無理であり、自己啓発本は私たち全員の抱える病理に対して何の効果ももたらさないというのがフロイトの見解だった。
　心理学では、過去80年にわたり、人間の本質についての論争が繰り広げられた。フロイトは、人間の行動を形成する力とはどのようなもので、それはコントロールできるのかという重要な問いをめぐり沸き起こった議論に参戦していた。導き出された答えは、人間とは何であるのかという問題の核心を

決定するものだった。

　1920年代までには、心理学者の間で、フロイトの唱える説に対する不満の声があちらこちらで聞かれるようになっていた。ポスト・フロイト派の人々は、ジョン・ロックとジャン＝ジャック・ルソーの唱えた経験主義に基づき、人間はタブラ・ラーサ、つまり「白紙」の状態で生まれてくるのであって、生来の利己心や強欲さではなく、生後の経験によって形成された刻印が打たれるのを待つまっさらな紙の状態であると提唱した、フロイトの説とはかなり異なる哲学を支持した。彼らは、学習が私たちの人間性や行動を形成するのと同様に、過去を乗り越えるために新しい学びを方向づけることもできると結論を出した。一度学んだ知識は捨て去ることができるのだ。

　このアプローチによると、人間は祖先や過去による宿命論的な被害者ではない。だから、動機と意欲があり、適切なスキルを身につけていれば、いつでも自由に人生を変えることができるのだ。

　私たちが自らの運命の主人であるというのは、現代的な考え方に合った解放の哲学でもある。また、研究データも、人は前向きに、永続的に変わることが**できる**ことを示している。私たちは、スキルの基盤として、この原則を第1の柱として採択した。

　おおよそ1920年代から1960年代までの、この極めて重要な40年の間に何が起きのだろうか？　学習によって人間が変われることを主張したロックとルソーの楽観的な信奉者たちは、もう1つの根本的な問題についてもフロイトに異論を唱えた。フロイトは偉大な思想家であり、哲学者ですらあるが、科学者ではなかった。彼は、科学的な方法が流行りだす前に、彼の理論の多くを発展させた。新しいタイプの心理学者は、心理学の領域に科学的な実践を取り入れることを望んだ。

　科学者は実験を行う。当時の教義に反してガリレオが信じていたのは、重さに関係なく物体は同じ速度で空中を落下するということだった。これをテストするために、彼はピサの斜塔（当時はまだ傾き始めておらず、真っ直ぐの塔だった）の頂上まで登り、異なる重さのいくつかのボールを落下させ、地上に落ちるまでの時間を計った。系統別に、彼は環境の1つの条件を変え、結果を観察した。これこそ正に科学的な方法だ。心理学が科学であるために

は、科学的な専門用語を使って言えば、心理学者は観察可能な変数を1つずつ系統的に変える、または「操作する」ことができなければならない。

フロイトの理論はこのような方法でテストされたものではない。未解決の葛藤を実験的に操作することはできない。無意識的なエゴの防御は事実上観察できないのだ。新しい心理学によれば、心理学が唯一使える本物は、目に見えない感情や精神状態ではなく、唯一観察可能である行動である。そういうわけで、新たな潮流は「行動主義」と呼ばれた。

だが、唯一適切な研究水準としての行動がさらに極端なまでに強調されるようになった結果、心理学者たちは行動主義学派に幻滅するようになった。その状況は、ジョン・B・ワトソンという、同学派のリーダーによって増幅されたと言ってほぼ間違いない。ワトソンは、アメリカの行動主義の第一人者であるが、精神状態や情動状態に関する一切の研究を心理学から追放してほしいと思っていた。もうひとりの行動主義学派の提唱者であるB・F・スキナーは、同様に非人道的な顔を見せた。実際、彼は、赤ん坊の世話をする人が一緒にいる必要もなく、あらゆる子どもの必要性に応えられるようなベビーベッドを開発し推奨している。これは、彼が四六時中にわたる赤ん坊の世話を面倒な雑用ととらえていたためだった。初期の頃のテレビインタビューで、スキナーは次のような質問をされている。

「究極の選択をすれば、あなたのお子さんと本、どちらを焼きますか？」

これに対し彼は、自分は子どもを焼くだろうと即答している。その理由というのが、彼の遺伝子よりも、彼の仕事を通しての方が社会の未来のためにはるかに貢献できるからということだった。

21世紀的な視点から見ると、一部始終何と奇妙な考え方だろう。だが、1920年代、30年代、そして40年代と、行動主義の後に心理学がまっしぐらに突き進んでいったのは、国中に実験施設を建設することだった。これは、ラット、犬、鳩を使って強化と罰に関する研究を行うことで、人間の行動についてのすべての謎を解き明かすことができるだろうとの仮定に基づいた計画だった。感情や精神状態、心についてのすべての言及は心理学の舞台から排除された。モートン・ハントは優れた心理学史家だが、当時の気の利いた評論家の言葉を引用している。「心理学というのは、ダーウィンにその魂を手渡

し、ワトソンにその心を譲った」

　もしかすると、思考や感情の研究に比べて、行動の研究に科学を応用する方が簡単かもしれない。だが、行動の原動力になるのが思考や感情だとすると、科学的方法がより応用しにくいとしても、レジリエンスも含めて人間を理解するためには、思考や感情も研究されるべきだろう。行動主義について、心理学者の間で伝えられている古いジョークがある。

　行動主義心理学者が車のキーをなくし、必死になって駐車場の中を捜し始めた。明るい頭上の電灯に照らされて、地面に這いつくばってキーを捜している彼を見つけた同僚が、彼に助けを申し出る。30分ほど一緒に捜した後、助けに来た同僚が、「君は本当にこの場所でキーをなくしたのか」と尋ねた。行動主義心理学者は「いや」と答えた。「実は、あそこの暗い裏通りでなくしたのに違いないと思う。でもここの方がずっと明るいものだから」

　科学の灯りを行動に照らすことは簡単かもしれないが、レジリエンスを強化するためのカギが思考である限り、私たちが研究すべきは思考なのだ。

第2の柱──思考がレジリエンスを引き上げる

　1960年代には、感情と思考の研究に再び関心が高まっていた。この静かな革命はロードアイランド州プロヴィデンス出身の実直な精神科医、アーロン・ベック博士によってもたらされた。ベックは、お爺さんのような風貌だった。彼の外見や振る舞いには、彼が心理学の実践を事実上覆した革命家であることを示すものは何もない。ただ見事な白髪と明るい色の蝶ネクタイが彼に改革者の風格を与えている。だが、間違いなく彼は心理学界に革命を起こしたのだ。

　1921年7月にベックが誕生したとき、フロイトは自らのキャリアの頂点にいた。アーロン・ベックは1942年にイェール大学の精神医学課程に入学し、この伝統ある精神医学の世界に足を踏み入れた。ベックは精神科の研修医として、それまでに自らが訓練を受けた精神分析学のモデルに従おうとして、治療室で患者の持つ幾層もの防衛を取り除き、無意識の中から、抑うつや不安の原因とされる固着エネルギーを解き放つことをしていた。だが、精神分

析のテクニックを使い続けたところ、彼の患者たちは「奇妙な」反応を示した。ほとんどの患者にとって、自分の夢や母親について自然に語り出すようにはならない。彼らは、自分の**今現在**の暮らしの中で起こっていることや、なぜ治療に来たのかについて語りたがった。そして、自分のこと、自分の世界のこと、自分の未来のことについて自分が考えていることを語ってくれた。「私は何も正しくできない」「私の人生は収拾がつかなくなっている」「誰も私のことを愛してくれなかった」と。

ベックは、こうした思考、または**認知**が、患者たちの感情と密接に関係していることに気づいた。長年にわたる膨大な研究から今確認できることは、認知が感情を引き起こし、レジリエンスのある人とない人の違いにおいて重要なのは感情であることを認めた。

ベックは認知療法と呼ばれる治療法を開発した。これは、患者が抑うつや不安に打ち勝つために自分の思考を変えられるようにするためのものだ。認知療法は世界的な名声を得、ベックはペンシルベニア大学に認知療法センターを設立した。私たちはそこで心理療法士として訓練を受けていたのだが、ジョーが治療を受けにやってきたのはそのときだった。

ジョーがセンターにやってきたのは、フロイト派精神分析で8年間失敗し続けた後でのことだった。彼は懐疑的で、疲弊し、幻滅を感じていた。自分の人生で何かを変えるにも、自分の能力に対して非常に悲観的になっていた。筆者のひとり、アンドリュー・シャテーに対する彼の初めての言葉は、忘れられないほど不吉なものだった。

「僕はこの認知療法に本当に効果があるなどとは思っていません。でも、自分もお金をかけているので、あなたが前回の医者よりも早く失敗してくれるだけで嬉しいですよ」

ジョーのは厄介な症例だった。彼は無気力で絶望的になっており、よく自分の欲求不満をぶちまけていた。彼の心理療法が始まってから最初の数週間は嵐のようだった。治療部屋にペンやその他のものを投げつけるのは珍しいことではなかった。あるときなどは、自分の大きな体格を使ってアンドリューのオフィスの壁から本棚を引きはがした。だが、彼のレジリエンスを引き上げるのに必要なスキルを身につけた途端、驚くほど短い時間で自分の人生

を取り戻すことができ、再び人間としての務めを果たせるようになった。

　ジョーは、自分が以前の診療所でやめてきたばかりの精神分析療法と、今回の私たちとの心理療法がどのように異なっていてほしかったかという点をとてもはっきりと示してくれた。「精神分析療法では、僕は事故の犠牲者のような気持ちでした」と彼は言った。
「僕は不安やうつ病がまるでトラックのように自分にぶつかってきて、負傷した状態で道端にある溝に横たわっているように感じていました。前回の医者は8年もの年月を診察に費やしたのです。まさに溝に横たわったままです。医者は僕の体の折れた骨や破裂した臓器、腫れ物、あざについて事細かに教えてくれました。でも彼女は何も変えてはくれなかった。骨を治すのでも、痛みを和らげてくれるのでもなかった。その医者は僕を溝から引っ張り出してくれさえしなかった。僕はもうそれ以上、自分がどれほど傷ついているかなんて知りたくもなかった。僕は自分を治す手助けをしてくれる人を探していたのです」

　不安や落ち込みを感じたジョー自身の記憶は幼稚園にまでさかのぼる。彼は、人生の中で自分が本当に幸せだと感じた瞬間をほんの数回しか思い出すことができなかった。30代前半には、状態は悪化し始めていた。彼には本格的なパニック障害のあらゆる兆候が見られた。突如襲ってくる不安の発作に苦しみ、そこに同時に激しい恐怖や発汗、痙攣、心臓の動悸、息苦しさ、自分はこのまま死ぬのではないか、気が狂ってしまうのではないかという執拗な考えがもたらされた。

　ジョーは職場でも息が苦しくなるようになってしまった。そしてこれが販売員としての彼の業務遂行能力(パフォーマンス)をひどく妨害していた。彼はさらに、慢性的な症状と根拠のない生の不安を特徴とする全般性不安障害と診断された。彼は多くの時間をうつ状態で過ごし、絶望や無力感を覚え、特にはっきりとした理由もないのによく泣き崩れた。

　ジョーは友人の勧めで認知療法に切り替えた。認知療法は、心理療法士とクライアントとの間の対話形式で進められる。彼らはクライアントの不正確な認知、つまり信念体系や思考についてともに取り組んでいく。それはクラ

Part1　変化に向き合う　　61

イアントができるだけ早く普通の状態に戻れるようにするためのスキルを素早く、かつ効果的に身につけさせることに重点を置いた、スキルベースの、期限つきの療法である。「今、ここにある」ことに意識を集中させ、子ども時代の両親との関係性や、排泄訓練(トイレトレーニング)に関する突拍子もない話を掘り下げることには、ほとんどもしくはまったく時間を費やさない。認知療法は、人が自分の人生をよりよいものへと根本的に変えられる能力について楽観的である。そして、数週間か数カ月のうちに、本物の、永続的な変化をもたらす効果があると考える。

アンドリューとジョーは、ジョーの合併症状の経歴に取り組み始め、最先端の認知行動療法テクニックを全面的に取り入れた。ほんの数カ月で、ジョーの症状は改善され、職場に復帰し、彼が覚えている限りで今までにないほど優れた精神状態となった。2、3の集中セッションを終え、ジョーがスキルを習得したことは明らかだった。そして、彼とアンドリューはお互いに別れの挨拶を交わした。

ジョーがそうだったように、認知療法はほとんどの人に対して効果がある。認知療法が不安や抑うつに対して効果的な治療法であるということは膨大な研究が証明するところとなっている。ポスト・フロイト派の楽観主義は正当化されたのだった。人は、正しいツールさえ見つかれば、自分の人生に真の変化をもたらすことができる。これらのツールはジョーにとっては効果があった。それは彼が、自分の信念体系や思考、感情において、本当に大切なことは何かということに意識を向けたからである。認知療法の成功は私たちの多くが既に疑っていたことを浮き彫りにした。それは、思考や感情こそが、自分という人間の核心であり、本質的な人間性を象徴するものだということだ。認知療法のスキルは、この本の7つのスキルの根底を成している。

第3の柱——正確な思考がカギとなる

大変長い間、精神的健康(メンタルヘルス)は現実に対する正確な把握力により予測されるものだというのが心理学における基本的前提とされてきた。この見解に従えば、精神的に健康である人のお手本は、自分の強みと弱みを正確に査定で

き、リスクとその結果を正確に判断でき、問題の真の原因を正確に特定でき、自己と他者を正確に評価できる人物となる。現実的思考が重要であるという観念は、初期の認知療法の理論家たちによって強化された。理論家たちは、人は通常、科学者とまったく同じように世界とかかわるものだと主張した。言い換えると、人は無作為の方法でデータを収集し、論理的な方法でデータを統合してから、正確かつ経験的に支持された結論を出すものなのだ。

　もちろん、現実世界の人間の認知はそれほどきちんとしたものではない。自分自身や他者、状況を評価するとなると、私たちはまったくいい加減な科学者なのだ。不完全なデータを収集し、偏った評価へとつながる近道を使ってデータを処理し、たいてい自分にとって好ましい仮説を支持するような解釈をするという過ちを犯す。ある心理学者は次のように述べた。
「純真な科学者が真実を探求するためにこの世界に足を踏み入れる代わりに、いわば自分の既存の信念に最も都合のよいデータを捏造しようとするあからさまなペテン師像を目にするのです」

　確かに、妄想や幻覚などの現実の極端な歪みが、統合失調症や双極性障害のような重度の精神疾患の特徴であるということは誰もが認めている。同様に、バスケットボールで、簡単なレイアップができず、ほとんどのフリースローを外し、ドリブルすると決まって自分自身がボールにつまずいてしまうといった状況であるのに、断固として自分はスター選手だと主張する男性が、自分にも、また他人にも嘘をついているということについては、おそらくほとんどの人が同感してくれるだろう。私たちは、彼の現実を見る目がおかしいことに気づき、彼の精神的健康状態に疑問を呈することだろう。だが、心理学者の中に、正確さや現実主義の重要性をもう一度見直し始め、実際に現実を把握することにどれくらいの正確さが必要であるかを問い始めた者がいた。

　ふたりの心理学者、シェリー・テイラーとジョナサン・ブラウンは、精神的健康における正確さの意義について心理学界で新たな関心事を呼び起こした貢献者だ。彼らは、人は多くの場合に「ポジティブな幻想」を引き起こす形で世界に対応しているのだと主張している。ポジティブな幻想とは、非現実的なほどポジティブな自己評価や誇張された制御感、非現実的な楽観を引

Part1　変化に向き合う

き起こすような、普遍的かつ永続的な勘違いや偏見（バイアス）の型のことだ。テイラーとブラウンは、ほとんどの人がポジティブかネガティブかの評価においてバランスよくあることからは程遠く、尺度の上でポジティブな側への偏重が非常に大きい形で自分を認識していると報告している。さらに重要なことには、こうした幻想が実際に精神的健康を改善する可能性があるとテイラーとブラウンが提唱していることだ。健康な人ほど、環境に対して自分が持つ制御感の度合いを過大評価しがちであり、自分自身のことを過度にポジティブな光で見がちであり、未来について非現実的なほど楽観的になりがちであると彼らは主張している。

だが、私たちはこの主張に対して議論を挑みたいと思う。私たちは、圧倒的な量のデータが、楽観的な幻想には明らかに危険性があり、いわゆる「現実的な楽観」には明らかな利点があることを示していると考える。例えば、非現実的な楽観主義者である人は、自身の健康問題のリスクを過小評価しがちであることが先行研究により示されている。また、まったく有益ではないところで、「自分には起こり得ない」といった態度が、予防処置なしですませることにつながってしまうことが別の研究により示されている。

ガンに対する1人ひとりの感受性を信じていない喫煙者は、喫煙をやめる傾向があまり見られない。そして彼らはたいてい、喫煙という経験を楽しみ続けるために、自分を騙すというテクニックを使う。結局、タバコの煙を吸い込むたびに、自分の肺が黒ずみ、肺や喉のガンによる死のリスクは現実のものだという考えに意識を向けてしまったら、タバコの味を楽しむことが非常に困難となってしまうのだ。同様に、自分が性感染症にかかったり、妊娠したりすることなどないと信じる若者ほどコンドームを使う傾向があまりなく、症状が出てきたときでも治療を受けに行く傾向があまり見られない。

非現実的な楽観はまた、ストレスに対する抵抗を減少させることが発見された。ある研究では、自分の健康状態に関して非現実的な楽観主義者である人の方が、生理的な症状として測定される心拍数の上昇や拡張期（最低）血圧などのストレスに対して、真の健常者やさらに重要なことには健康問題に悩みを抱える人に比べて実際に抵抗力が弱いということが発見された。同様に、自分のネガティブな感情を抑制し、ポジティブな感情にのみ意識を向け

ようとする人は、より現実的で、自分のネガティブな感情を受け入れている人に比べてストレスに対する生理的反応が強い。

　現実的な楽観とは、現実を否定することなくポジティブなものの見方を保持する能力であり、ネガティブな側面を無視せずに状況のポジティブな側面を積極的に認めることである。すなわち、ポジティブな成果を当然の結果とは見なさず、そのような成果を熱望して期待し、そのような成果に向けて働きかけていくということだ。現実的な楽観は、よいことが自動的に起きるとは想定されていない。よいことが起きるかもしれないし、それは追求する価値があるが、そうしたよいことをもたらすためには、努力や問題解決、計画が必要であるという信念なのだ。

第4の柱──人間の強みに再び意識を向ける

　アンドリューの患者だったジョーが抑うつと不安から解き放たれて心理療法を後にしてからおよそ1年経ったある日、アンドリューは電話でジョーのバリトンのように低い声を聴いた。「先生、私の溝の話を覚えていますか？」アンドリューが忘れるわけがなかった。「先生は私が再び歩く手助けをしてくれました。でも、私が走る手助けはしてくれるでしょうか？」

　ジョーは、彼の人生のほとんどを悩ませていた不安と抑うつの症状から解放された。彼はもう、不意に泣いたり、仕事中に息苦しくなったり、愛する人たちと離れ離れになったときに不安を感じたりすることもなくなった。だが、それでは足りなかった。彼はもはや「病気」ではなかったが、幸せではなかったのだ。

　電話の最後で、アンドリューはジョーと翌週に会う約束をしながら、本棚に並んだタイトルに目を走らせた。ヘンリー・デイヴィッド・ソローの『ウォールデン　森の生活』があった。不安や抑うつの騒音は既にジョーの人生では減っていた。今では彼の抑うつはおとなしいものとなっていた。今や彼は、自分のすべての毛穴を血流で満たし、自分の車輪を全開にしたがっていた。だが、アンドリューが自由に使えるあらゆる臨床のテクニックをもってさえ、ジョーを「よい人生」へと導けるような術は持っていなかった。だが

すぐにそれを手に入れることとなる。

　認知療法により、ジョーは「打ち勝つ」ためのレジリエンスを得て、子どものときから取りつかれていた恐れを払いのけることができた。また、「乗り切る」レジリエンスによって、職場や家庭における日々の心配事に対処することができるようになった。認知療法で「立ち直る」レジリエンスも得たことにより、姉のガンに対する彼自身の恐れに対処することさえできるようになった。だが、レジリエンスはそれ以上のものだ。ジョーは「働きかけて」いなかったのだ。

心理学の新たな使命は、働きかけること

　私たちの研究分野はいつも病気と治療の学問というわけではなかった。確かに、精神疾患の診断と治療は紀元前5世紀のヒポクラテスの時代から心理学の主要な部分とされてきた。だが、第二次世界大戦前、心理学は2つのさらなる重要な使命を掲げた。並外れた才能の育成と、あらゆる人の人生の満足感と充実感の促進である。

　しかしながら、1946年、アメリカ退役軍人管理局の出現により、開業医らは「病人」を治療することで生計が立てられるようになった。1947年にはアメリカ国立精神衛生研究所（NIMH）が設立された。研究所では、精神疾患を研究対象分野とするという条件で、心理学者の研究に莫大な助成金を与えた。そのようなわけで、助成金の範囲を狭く規定してしまったことにより、心理学の取り組みは、人生のポジティブな側面からネガティブな側面に関するものへと大いに転換した。

　第二次世界大戦後、心理学は大きく様変わりし、現在、やっと、その爪痕から立ち直ろうとしている。心理学者はもっぱら精神疾患の記録者となり、ますます熱意を持ちながら、あらゆる種類の精神疾患を調査したり、精神疾患の複雑なカテゴリーを開発するようになっていた。

　1952年、アメリカ精神医学会は初版の『精神障害の診断と統計マニュアル』を出版したが、これは診断医のバイブルとなった症状のチェックリストである。初版は100ページであった。1994年に出版されたDSM-IVという改訂版

は900ページを超えている。心理学者らは代々、この病理モデルに夢中になってきた。それはつまり、臨床医らが診断の方法論や治療に関する知識で学生時代に教育されてきたことを意味する。

　1998年、当時のアメリカ心理学会会長であったマーティン・セリグマン博士は、心理学において重要な地位を占めるべき2つの忘れ去られた使命を復活させる絶好のチャンスが到来したことを知った。終戦直後の時代状況と同様に、恐怖もしくは損失という状況下にある社会では、自然な傾向として人生のネガティブな側面に意識が集中する。だが、20世紀も終わりを迎えていたアメリカは、先例のない繁栄を経験していた。冷戦はほとんど終焉しており、経済指標は空前の最高値を記録していたことから、今や「治療の先に」進むべきときだった。

　技術革新によって、精神疾患の測定や分類、神経学的基礎の調査が可能となり、効果的な治療法の創出にもつながった。セリグマンは、今までと同じ方法論について、例として勇気や対人スキル、合理性、現実主義、洞察、楽観、誠実さ、忍耐、快適さの経験に対する能力や、厄介ごとを大局的に見てみることや、未来志向や目的を見出すことなどを含む人間の強みや市民道徳にも関係させることができると主張した。セリグマンは、忘れられた2つの使命をテーマに扱う学問領域として、新しい科学と実践を構築すべく協力を呼びかけた。

　ポジティブ心理学と名づけられたこの新しい社会科学は、最適な人間の機能に関する実証的な知識体系を構築することを目的としている。ポジティブ心理学の活動には2つの基本的目標がある。1つ目は、上記のような強みを測定するための分類法や方法の開発を通して、人間の強みに関する理解を増やしていくことだ。2つ目は、実験参加者の弱みを修正するのではなく、強みを築くためにデザインされた効果的なプログラムや介入に対してこの知識を吹き込むことだ。

　私たちがこの世界の中でいかによく機能しているかということは、マイナスとプラスの数値の書かれた目盛り盤で考えることができる。ジョーが心理療法に初めてやってきたとき、きちんと仕事をし、愛情のある人間関係を見つける彼の能力を阻害していた重度の症状と闘っており、明らかにマイナ

スの位置にいた。若い頃、心理療法は自分の役に立たないと確信したも同然となり、自分の長年の度重なる情緒不安や苦痛を眺めてみては、ひどく絶望したように感じていた。彼はよく、自分で自分の人生を終わらせることを考えていた。

　認知療法はジョーをマイナスからゼロになるように目盛りを動かしたが、彼は人生を最大限に活かしておらず、勇気や決意を持ってチャンスを追求してもいなかった。うまくプラスへと目盛りを動かすためには、「働きかける」レジリエンスが必要である。ジョーとアンドリューが再び会ったとき、彼らはジョーの強みを育成するための緻密な計画を練った。ジョーは何を達成することを望んでいたのだろうか？　彼らはもちろんのこと、どんな思い込みがジョーを引き止め、ポジティブ度の低い状態に押しとどめているのかを考えた。だが、より重要なのは、ジョーが既に無意識のうちに「働きかける」レジリエンスを活用する人生の領域に注目したことだ。そして、そうした教訓を適応させながら、彼が尻込みしてしまっている領域へと手を広げていった。ジョーが新たな計画を実行することを決意したところで、彼らはもう一度別れた。

　数年後、アンドリューはジョーから、人生の近況について書かれた1通の手紙を受け取った。彼らが最後に互いに顔を合わせて以来、ジョーはガールフレンドと結婚し、家を購入していた。彼は職場で長らく打診されていたものの、失敗への恐れからずっと避けてきた昇格を受諾していた。彼は自分の家族との関係をやり直し、友人の輪を広げていた。彼と彼の妻は、数多くのいろいろな趣味に挑戦し、週末は家をリフォームし、アンティークの家具を購入しては家に備えつけていた。ジョーは幸せだった。

　以上のようなわけで、レジリエンスは基本的な強みであり、人間の感情的・心理的構造におけるすべてのポジティブな特徴の基礎を成すものだと言える。レジリエンスの欠如はネガティブな機能の主な要因である。レジリエンスがなければ勇気も持てず、合理性も洞察も生まれない。レジリエンスは他のすべてのものが依拠している根幹なのだ。私たちの中には、ネガティブにならないようにするためだけにもっと多くのレジリエンスを必要とする者もいる。また、ジョーのように、幸せになるためにもっと多くのレジリエン

スを求める者もいる。この本で学ぶスキルは、あなたがそのどちらもできるようになるための手助けとなる。

レジリエンスへの道

　私たちは互いに、何百もの心理学の学術雑誌のページを埋めるためだけに研究するのではなくて、実際の個人の人生に影響を与えるような研究をすることにいつも興味を持ってきた。私たちが協業するときはいつもある原則にこだわった。

　世界に関する理論を開発したら、実験室の中ではなく世界の中で試してみること。私たちは研究から、思考スタイルはその人のレジリエンスを決定し、レジリエンスはその人が人生でどれくらいうまくやれるかを決定するということを確信した。思考スタイルを修正する介入手法を開発することができれば、人のレジリエンスを増大させ、この世界でのパフォーマンスを改善することが可能だとわかった。人々の人生を充実させるための大きな可能性に気づいたのだった。そこで、数々のプログラムを作り、学校や大学や職場など、実社会の現場でそれらを試してみたのだった。

学校の児童と大学生の抑うつを予防する

　抑うつの割合は流行病の比率で加速度的に上昇している。西欧諸国では、20世紀で2世代にわたる抑うつの発生率が10倍にも増加するのを目の当たりにしてきた。そして、この病気は、だんだんと若い世代の人たちに襲いかかってきている。私たちが大学生だったときには、アメリカ人の10％が人生で少なくとも一度は臨床的うつ病を患っていることや、初めての発症はたいてい20代後半か30代前半に見られると教授たちに教わった。今では、私たちが演壇に立ち、アメリカ人の20％は臨床的うつ病になり、この流行病は学校に通う児童たちにまで襲ってきている、と残念ながら報告している。

　メンタルヘルスの専門家が何とかしなければならないのは明らかだ。私たちにとって、抑うつを予防する方法を見つけることは、発症した後で抑うつ

を治癒するよりもよいように思われた。そこで、1990年代前半、セリグマン博士と彼の大学院生の幾人か（カレン・ライビッチもそのうちのひとりだった）は、抑うつの危険性が高いと思われる児童のために、「ペン・レジリエンシー・プログラム」（PRP）として知られる抑うつ予防プログラムを開発し始めた。アンドリューは当時、オーストラリアで予防プログラムに取り組んでいたが、1992年に PRP チームに加わった。このとき、PRP チームは、子どもに関する2年間の追跡研究の結果を待ち望んでいたところだった。

　このプログラムは驚くほど成功した。レジリエンス・トレーニングを受けた子どもは、抑うつの症状がすべてのテストの段階において対照群より著しく少なかっただけでなく、その効果も時間が経つにつれ大きくなっていったのだ。その2年後、集中セッションなしで、このプログラムで教えられたスキルを身につけた子どもは、トレーニングに参加しなかった子どもたちに比べて抑うつ発症率が半分に抑えられた。

　次の8年間では、私たちはアメリカ国立精神衛生研究所から助成金を受け、いくつかの学区の教員、カウンセラー、ソーシャルワーカー、看護師と一緒になって、読み、書き、計算の基本的スキルの指導と同時にレジリエンス・トレーニングを導入すべく取り組んだ。最初の研究とまったく同様に、レジリエンス・スキルを習得した生徒は対照群に比べて抑うつが低く抑えられた。私たちはそれ以来、PRP ファシリテーターとして何百人もの教員やカウンセラーを対象にトレーニングを実施した。彼らは、アメリカの都心部や郊外、オーストラリアの田舎、北京などを含む、国内外の20以上の現場で PRP を実施した。

　学校の児童を対象に取り組んでいたとき、私たちは同僚たちと一緒に、危険性のある思考スタイルを持つ大学生に対して抑うつや不安を予防するための類似のプログラムを開発した。そのプログラムを実施してから3年後、実験参加者らは、同様に危険性があったもののレジリエンス・スキルを習得しなかった同級生らと比べて、不安や抑うつの著しい減少を示し、身体的に健康であった。

親たちにレジリエンスを身につけさせる

「あなたが子どもたちのためにこのプログラムを提供してくださるのは素晴らしいことです。あなたが私どもの教員にこれらのスキルをトレーニングしてくださることで、教員が生徒にスキルを教えられるようになるという点も気に入っています。ですが、父兄たちについてはどうなのでしょうか？」

学区の教育長で、自身が親でもある人物が、学校が保護者の橋渡しをして、1つのチームとして機能するように奮闘している様子を話し続けた。彼は、例えば仲間同士による仲裁や断るスキルなど、薬物の使用を減少させるために学校で実施している他のプログラムについて話をしてくれた。だが、これらのプログラムは、保護者を組み込んでいないため、彼の言葉で言うと「持久力」を欠くものだった。彼が話している最中から、観衆の何人かの頭がうなずいていた。

私たちは賛同し、2000年秋、ニュージャージーのチェリーヒル学区で親向けプログラムを試験的に実施した。保護者たちは6週間の親向けプログラムに参加し、子どもたちはPRPに参加した。その6カ月後、彼らがどうしているかを見てみると、対照条件下にあった子どもたちの33％が中程度から重度の抑うつ症状を報告したのに対して、親とともにレジリエンス・トレーニングに参加した子どもたちからは、同程度内での症状としてはわずか10％しか報告がなかった。

企業社会もレジリエンスを必要としている

1994年夏、私たちは、フォーチュン100社に名を連らねる医療関連企業の研修ディレクターから電話をもらった。この会社の従業員は職場で危機的な逆境に直面していた。従業員にとっておそらく最もストレスとなっているのは、絶えず人員削減の恐怖がある中でつきまとう収益責任と個人の説明責任だった。従業員は、足並みを揃えようとするムダな試みのためにやむを得ず長時間職場で過ごしていると考え、その結果、職場と家における責任のバランスを取るのが困難になっていた。ディレクターが構築した伝統的なトレー

ニングはもはや現代の職場へのニーズや需要には合わなくなっていた。従業員はもっとレジリエンスを必要としていた。

　こうしたニーズに応えて、私たちはアダプティブ・ラーニング・システムズという会社を設立した。この会社を通して、企業向けのレジリエンス・トレーニングも行っている。アダプティブ社では、業種を問わず多種多様な部門で働く何千もの参加者に対するトレーニングを実施してきた。そこには、電気通信産業の最前線で働くカスタマーサービス担当者、保険・小売り・資産運用会社の営業担当者、行政や教育・研究機関のマネジャー、フォーチュン1000社クラスの企業経営者などが含まれる。私たちは彼らのレジリエンスを引き上げることに成功したのだが、その成功は彼らの収益増として数値化されたのだった。

　私たちの研究のすべて、コンサルティングのすべては、レジリエンスに対する真のニーズへの応えを表したものである。当初の目標は、危険性のある子どもに対する抑うつ予防だった。私たちはほどなく、そのための最善の策が子どものレジリエンスを引き上げることであるとわかった。このことが、レジリエンスには抑うつ予防よりもっと広い合意があるという発見につながった。そして、こうした多様なニーズに応えながら、統一テーマがレジリエンスであることに気がついたのだ。目標が抑うつの克服であるにせよ、もっと保険を売り込むことであるにせよ、他者との関係性を強めることであるにせよ、レジリエンスがカギとなっている。

まとめ

- レジリエンス研究には、「人生は変えられる」「思考を重視する」「適切な思考を導く」「人間の強みに意識を向ける」という原則がある。
- 児童の抑うつ症状を改善するためのレジリエンス・トレーニングが劇的な成果を生み、成人、企業人と幅広く適用されている。

Part 2 ７つのスキルを身につける

Chapter 4
スキル1――自分をABC分析する

　私たち筆者は、7つのレジリエンス・スキルを2つのカテゴリーに分けてみた。「自己発見スキル」と「自己変革スキル」である。3つの「自己発見スキル」は、あなたの心の仕組みをよりよく理解する指針となる。このスキルはあなた自身をもっと深く認識する上でも役立つ。
「自己発見スキル」――自分をABC分析すること、思考のワナを避けること、氷山を見つけること――は、あなたの考え方や感じ方、行動の仕方、そしてそれらがどのように相互にかかわっているかの案内図となってくれる。これらの3スキルをマスターした後では、あなたが自分自身と世界をどのように理解しているのか、また、なぜ今のようにできごとに反応するのか、よりよい洞察が得られるだろう。
　ものごとを洞察することは、変化を起こすための第一歩となるが、それだけでは十分ではない。アンドリューの患者だったジョーの物語を思い出してほしい。彼は8年間という年月を洞察療法（洞察主体の心理療法）に費やし、自己認識にかけては最高のレベルに達したが、それでも相変わらず、自分の人生の著者として新たな章が書き出せずにいたのだった。多くの人にとって、変わることが依然として難しいのは、洞察や内省だけでは足りないからである。
　だからこそ私たちは、自己発見スキルを学んでもらった後で、4つの自己変革スキルを伝授したい。問題の本当の原因を見つけて、その問題をどこまで自分で解決できるか、またはその問題からどれくらいの回復が見込めるかを正しく自己評価する力を身につける。その上で、問題の意味合いを正しくとらえ、レジリエントではない自分の思い込みとリアルタイムで闘う方法を学ぶことになる。

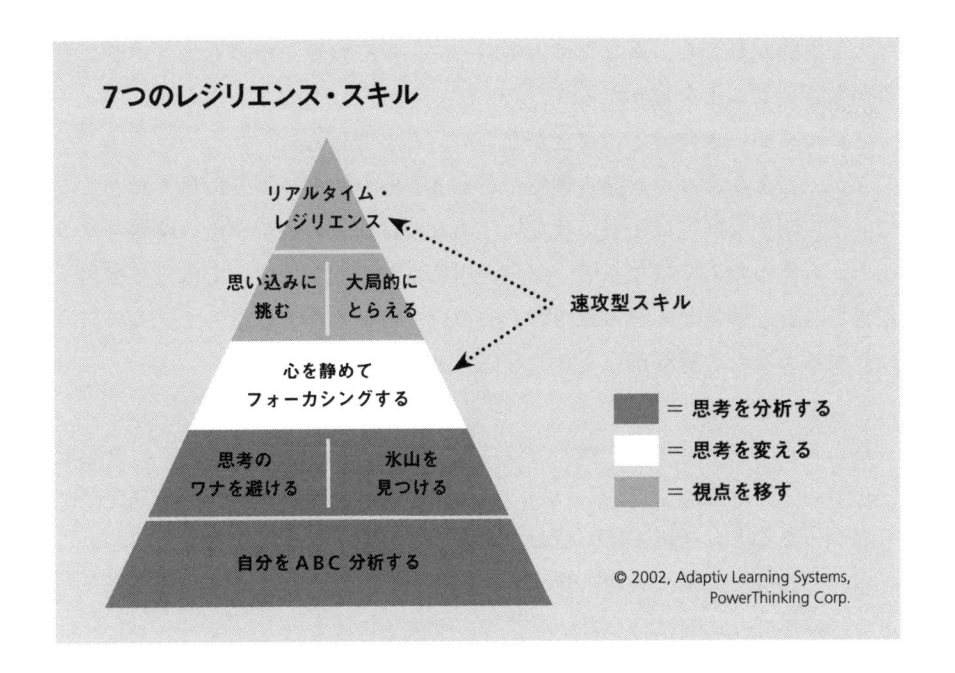

7つのレジリエンス・スキル

- リアルタイム・レジリエンス
- 思い込みに挑む
- 大局的にとらえる
- 心を静めてフォーカシングする
- 思考のワナを避ける
- 氷山を見つける
- 自分をABC分析する

速攻型スキル

■ = 思考を分析する
□ = 思考を変える
■ = 視点を移す

© 2002, Adaptiv Learning Systems, PowerThinking Corp.

あなたは自分が思った通りの人

　7つのレジリエンス・スキルの基礎は、私たちの感情や行動はできごとそのものから生じるのではなく、できごとに対する私たちの解釈の仕方によって生じるものであるという、はっきりとした認識から成り立っている。

　第1のスキルは「自分をABC分析する」だ。具体的には、あなたが最もレジリエントではなくなり、かつ何度も繰り返し起きる状況をより深く理解できるようにしていく。ABC分析によって、あなたが逆境の最中にあるときに、自分の思い込みに気づくスキルと、そのような思い込みがもたらす感情的な影響を理解するスキルを身につけることができる。

　あなたには次のようなことがどれくらい起きるだろうか？

　長い1日、仕事で疲れて帰ってきて、おまけに夫は自分より早く帰宅しているのに、夕食がまだ用意されていないことに気がついたことは？ そのときあなたはどのように反応しただろう？ 怒る？ がっかりする？

　ここでもし誰かに、その瞬間、あなたをそのような気持ちにさせたのは何

なのかと聞かれたら、あなたは何も載っていない食卓を指差して、いかにもわかりきったことを言うだろう。
「とにかく頭にきたのよ。夕食がないの。また今日も」
　だが、たとえあなたが怒る理由がわかりきったことのように見えたところで、その明快な回答は正解ではない。あなたは自分の夫が夕食の準備をサボったから怒ったのではなくて、夕食が用意されていないことで自分の権利が侵害されたと解釈して怒ったのだ。夫の行為そのものではなくて、夫の行為に対するあなたの**解釈**が、あなたを怒らせた。

　私たちは誰しも、ABCモデルの「A」、つまり「困難なできごとや逆境（Adversity）」を経験する。この例の場合、あなたの逆境とは、夫が夕食を作らなかったこと。逆境とは、私たちからある反応を引き起こすできごとのことだ。それは、失職、失恋、愛する人の死といった大きなできごとの場合もある。締め切りに間に合わなかったり、友人と口論したり、ミーティングに遅刻したりと、比較的小さなできごとの場合もある。
　ほとんどの人が、逆境はそのまま「感情的、行動的結果（Consequense）」（ABCモデルの「C」）につながると考える。できごとに対してどう感じたか、またどう行動したか、ということだ。この例におけるあなたの「C」は、怒りか悲しみである。一見すると、この世界はA（できごと、逆境）−C（結果）で動いているというのが正しいようにも見える。何かよいことが起きると、私たちはポジティブな感情を経験する。昇給、デートの約束、ものごとがうまくいく日は誰だって幸せで、誇らしく、楽しく感じることだろう。何か悪いことが起きると、私たちはネガティブな感情を経験する。タイヤのパンク、ぺしゃんこになったスフレ、まとわりついてくる小さな子どもなどには、誰でも困り果て、機嫌が悪くなり、気がふさいでしまうものだ。
　ところで、これらはロジカルに見えるかもしれないが、まったく正しくない。実際に、私たちの感情や行動を引き起こすのは、私たちの身に起きたできごとではない。私たちの考え方がそうさせるのだ。これは、私たちの感じ方や行動の引き金となるできごとについての「思い込み、思考（Belief）」（ABCモデルの「B」）と呼ばれている。

世界はA（逆境）-C（結果）で動いているのではなく、A（逆境）-B（思い込み、思考）-C（結果）で動いているのだ。

ぺしゃんこにつぶれたスフレは、「確かにぺしゃんこよね。何とかグリルドチーズサンドが作れればラッキーかな」と思う人にはがっかりさせられる対象だろう。ところが「この料理雑誌はバカげてるわ。完璧にレシピ通りにやったのにぐちゃぐちゃになって。この雑誌の編集者は自分たちのレシピを試してみようともしなかったに違いないわ」と思う人には怒りの対象となるだろう。あるいは、「わぁ！ おしゃれなホットケーキ！ 子どもがきっと大喜びするわ。夕食の席ではみんなで大笑いできそう」と思う人には喜びの対象にすらなるのだ。端的に言えば、ほとんどの状況において、私たちの思考が、感情や行動を引き起こすのだ。

A. 逆境―私たちの「プッシュボタン」を刺激するものは？

ほとんどの場合、私たちは、人生におけるできごとに対して適切に、かつ生産的に対応することができる。危機的状況に際してうまく対処し、挫折や達成にもときおりうまく対応し、ときに優雅に対応しさえする。だが、ある種のできごとは、そうした優雅さをも奪い去ってしまう。そのようなできごとは、私たちにとって一触即発の逆境なのだ。

ABC分析スキルの第一歩は、あなたのレジリエンスが試されるような逆境を見つけることだ。逆境の種類は、それに続いて起きるネガティブな感情や行動の程度によって異なる。私たちからどれくらいレジリエンスを奪うかによって異なるのだ。ある人にとっての逆境は、他の人にとってはポジティブなできごとであるかもしれない。大半の人にとって、独りきりになる時間を見つけることはめったにない、喜ばしいできごとだ。大半の人にとって、職場で昇格することは大きな恩恵だ。

しかし、人によっては、独りきりの時間が大きなストレッサーとなり、自己不信や悲しみを募らせることもある。また、昇格しても喜びを感じず、不安に陥るクライアントの数は驚くほど多い。

次に、起こり得る逆境に関する一覧表の一部をご紹介しよう。

＊仕事と家庭のバランスを保つ
＊いくつかの課題を一度にこなす
＊ひどい失恋から立ち直る
＊人の怒りに対処する
＊パートナーと家事・雑事の責任について話し合う
＊失職する
＊ディナーパーティを主催する
＊深刻な病気と診断される

　私たちは逆境が起きないような日々であればつつがなく過ごすことができる。例えば、車で割り込みされて怒りを爆発させたアンドリューを見てみよう。朝のカレンの姿はどうだろう。4歳半の双子が、2歳半の弟と一緒になって耳障りな声でぐずっている（心理学者だって、自分のプッシュボタンとなる逆境に苦しむのだ）。プッシュボタンの逆境に直面するとき、私たちの思考は混乱し、問題解決はぱっとしないものとなり、調子が狂う傾向が強くなる。ただただドアをバタンと閉めて、肘掛け椅子に身をうずめたくなる。誰もが自分のプッシュボタンを刺激する逆境を持つ。レジリエンスはそのような逆境に対して私たちを強くしてくれるのだ。

　右頁の表を見て、列挙されたさまざまな状況や感情に対処するのがどれくらい困難か、1から5段階の尺度で評価してみよう。1はその状況や感情が自分にとってまったく困難ではないことを指し、5は極めて困難であることを指す。4か5の評価となった状況については、その状況に対する自分の反応が自分に対して望ましくないと感じたときの具体的な場面について思い出してみよう。

　4か5の得点は、それが自分にとって逆境となるできごとであることを示す。表から、自分にとっての逆境のパターンが見つかるかどうか、少し考えてみよう。プライベートでも仕事でも、自分の人生において特に逆境の多い領域はあるだろうか？　いざこざや、タイムマネジメント、上司との付き合いなど、自分にとって特に厄介になる特定のテーマはあるだろうか？　ポジ

あなたにとっての逆境とは?

1 = まったく困難ではない　　2 = やや困難である
3 = どちらかといえば困難である　　4 = 困難である
5 = 大変困難である

職場の同僚とのいざこざ	1	2	3	4	5
職場の上司とのいざこざ	1	2	3	4	5
家族とのいざこざ	1	2	3	4	5
友人とのいざこざ	1	2	3	4	5
ポジティブなフィードバックを受ける	1	2	3	4	5
ネガティブなフィードバックを受ける	1	2	3	4	5
成功	1	2	3	4	5
失敗	1	2	3	4	5
ひとりで時間を過ごす	1	2	3	4	5
自分のための時間が十分にない	1	2	3	4	5
職場で新たな責任を引き受ける	1	2	3	4	5
超多忙なスケジュールを管理する	1	2	3	4	5
複数のタスクを一挙に引き受ける	1	2	3	4	5
変化に適応する	1	2	3	4	5
付き合いに顔を出す	1	2	3	4	5
ワークライフ・バランスを図る	1	2	3	4	5
人のネガティブな感情に対処する	1	2	3	4	5
人のポジティブな感情に対処する	1	2	3	4	5
自分の感情に対処する	1	2	3	4	5
怒り	1	2	3	4	5
悲しみ	1	2	3	4	5
不安	1	2	3	4	5
困惑	1	2	3	4	5
罪悪感	1	2	3	4	5
退屈	1	2	3	4	5
苛立ち	1	2	3	4	5
羞恥心	1	2	3	4	5
幸福感や満足感を深く味わう	1	2	3	4	5

© 2002, Adaptiv Learning Systems

ティブかネガティブか、自分にとって特定の感情が弱点となっていないだろうか？　自分にとって困難なできごとの表を見て、そこに共通の特徴は見つかるだろうか？

レイチェルは、私たちがレジリエンス・トレーニングを行っていたアイビーリーグ大学（アメリカ東海岸にある、世界屈指の名門私立大学8校からなる連盟）のHR部門で働いていた。彼女はシングルマザーで、私たちの多くがそうであるように、家族を養いながら満足のいくキャリアを続けるのに苦しんでいた。レイチェルは、自分の逆境について考えを深めながら、そこに共通点を見出した。そのほとんどがいざこざと怒りに関係していた。彼女にとって、職場でのいざこざ、特に、職場の同僚との間で作業を公平に分担することをめぐるいざこざへの対処が最も困難なことだった。

だが、子どもたちとのいざこざも同様に、彼女の気持ちのバランスを崩しているように感じた。自宅では、夕食の時間、お風呂の時間、就寝の時間など、1つの行動から次の行動へと移行するときに起きるいざこざがレイチェルを最もイライラさせた。彼女は、夕食時や就寝時の子どもたちとのいざこざに圧倒されてしまう自分自身の傾向が、子どもの面倒を見るのを助けてくれるパートナーがいないことで彼女がときどき感じる怒りに関係しているのではないかと考えていた。

どの逆境があなたに最大の問題をもたらすかに気づき始めたら、そこに見られる共通点に注目してみよう。すると、なぜ、他のどの逆境でもなく、その逆境が、ひどく自分の気に障るのか、その本質が見えてくるだろう。

B. あなたの「今、その瞬間の」ティッカーテープ思考

いったん、自分のA（できごと、逆境）を見つけたら、次はB（思い込み、思考）に集中してよい。私たちは、レイチェルと、このトレーニングに参加している同じ部署の同僚たちに、ドアが閉められた状態でオフィスに座っている状況を想像してもらった。突然、ドアを叩く大きな音がして、同僚が怒りで顔を真っ赤にして入ってきた。その同僚は紙の束を揺らしながら、こうわめき散らすのだ。

「私に確認しないでこの報告書を提出するなんて信じられないわ！　私が最初からこのプロジェクトを手がけているの、知っているでしょ?!　発送する前に私がこの報告書を見たいかもしれないとは思わなかったの？　ただのケアレスミスだって思おうと最大限頑張っているんだけど、それはすごく難しいと言わざるを得ないわ。ねえ、本当に説明してくれない？」

それからレイチェルたちに、次の３つのこと、「どのように感じるか」「何をするか」そして「これを聞いた瞬間に何を考えるか」を書いてもらった。

この世界がA-Cで動いているのだとすれば、レイチェルたちが逆境にどう反応したか、そこには共通項が見出せるだろう。同僚の痛烈な批判は、身体感覚として、怒りや不安といった決まったパターンを引き起こすはずだ。そして、これらの感覚に対する意識が、別の人においてもまた同じような感情を生み出すはずだ。ところが、私たちはそうではないことを発見した。

レイチェルと彼女の同僚に、この状況で何を感じるかと聞いてみたところ、「怒り」「罪悪感」と答えた人がそれぞれ数人、「困惑」「悲しみ」と答えた人がそれぞれひとりずついた。この状況で何をするかと聞いてみたところ、こちらもまたいろいろな返答があった。

何人かは「叫び返す」と答えた。また何人かは「何度も繰り返し謝る」と答えた。そしてひとりは「なるべく早くオフィスから出て行く」と答えた。レイチェルは「怒りを爆発させる」と答えた。彼女は、自分が激昂してオフィスから飛び出す様を想像した。

私たちはレイチェルに、想像上で自分の同僚たちといざこざを起こしている最中に何を考えていたかを尋ねた。彼女は、「うわっ、怒ってる。でも、こんなふうに言われる筋合いはないわ。失礼な人ね」。私たちは彼女の発言を聞き、これは彼女の考えの表現方法を変えたものかもしれないが、真の思考とは思えなかった。

私たちは、彼女の考えたことが即座にティッカーテープから読み取れるような感覚で、彼女の「今、その瞬間に」考えたことが知りたかったのだ。少し躊躇しながら、レイチェルは純粋に感じたことを言ってくれた。

「一体こいつは自分を何様だと思ってるの？　このバカ、私のオフィスに飛び込んで来てわめき散らせば私がおとなしく受け入れるとでも思ったのかし

Part2　7つのスキルを身につける

ら?! 第一、誰に向かってそんなふざけたことを言っているの？ あの報告書を仕上げるのに一生懸命やってきたのは私なのに、いつも自分は何の苦労もせずに、自分の手柄のようにして！ ああもう、好きにするがいいわ！」

　私たちはこれで、レイチェルの、生の、修正なしのティッカーテープ通りの考え方、つまりあの瞬間に自分に対して言ったことをひそかに知ることができた。レイチェルは、同僚に向かって叫び声を上げて、オフィスから飛び出すと予想していたが、彼女のティッカーテープ通りの考え方であればその可能性も高かっただろう。

　ティッカーテープ思考とは、あなたの頭の中をさっとよぎる思考のことで、ときに意識外で起きる。それは、逆境や試練、または新たな経験の最中で、あなたの感じ方や行動の仕方を決定するものだ。ティッカーテープ思考は、ほとんどの場合、レジリエンス・スキルを使うときに重点的に取り組むものだ（もっと根深い思い込みである「氷山思考」については、第6章で扱う）。ティッカーテープ思考によって、あなたは感情や行動の決まった経路を一直線に辿ることになる。そのような感情や行動は、状況に対処する能力を促進するか、または挫折する原因として作用する。つまり、逆境に反応しての感情や行動に直接的に影響するものだ。

　あなたは自分のティッカーテープ思考にどれくらい気がついているだろうか？ この本を読んでいるときのあなたのティッカーテープ思考とはどのようなものだろうか？

　自分のティッカーテープ思考の流れに既に注意深く耳を傾けることができている人であれば、次のステップは、そのような思考に由来する特定の感情や行動を発見する能力を開発することだ。その流れにあまり耳を傾ける時間を持っていない人であれば、もっと頻繁に耳を傾けるようにする必要がある。毎日毎分、耳を傾ける必要はない。それは、あなたのメンタル・リソース（心の資源）を浪費してしまうことになるからだ。逆境に対応する能力を高めたければ、自分に対して自分が何を言っているのか、自分の声が生じたときに耳を傾ける必要がある。

ビーパー・ワーク

「ビーパー（ビープ音）・ワーク」は、自分のティッカーテープ思考に対する意識を高めるのに有効な方法だが、やり方はとても簡単だ。自分の腕時計かコンピュータに、ランダムな間隔（またはランダムにできないようであれば毎時間）でビーッと音を発するように設定する。ビープ音を聞いたら、自分の考えていることに注意を向けて、その瞬間に自分の脳裏にある一切のことを記録する。最初のうちは、自分のティッカーテープ思考の単調さに驚くかもしれない。この「ビーパー・ワーク」をやってみたある大学生は、こんな感想を残してくれた。

「へえ、自分の思考ではあまり何も起きていないんだな、と思いました。ただ、腹減った、つまんない、腹減った、つまんないな、という1本のティッカーテープがぐるぐる回っているだけで」

ところが、自分の声に耳を傾ける能力が身についてくると、最初に気づいたものよりもっと多くのことが起きていることに気づくだろう。ただし、この能力を身につけるには少し時間がかかるかもしれない。ビーパー・ワークを週に2、3回、あまり無理をしなくても自分のティッカーテープ思考が聞こえるようになるまでやる計画を立ててみよう。

だんだんうまくできるようになってきたら、ビーパー・ワークはやめて、逆境に直面するたびに自分のティッカーテープ思考が聞けるように練習してみよう。あなたにとっての逆境が職場でのいざこざであれば、いざこざが起きるたびに、「今、自分は何を考えているか？」を自問してみよう。自分の思考にもっと耳を傾けることができるようになれば、残り6つのレジリエンス・スキルがマスターしやすくなる。

「なぜ」思考と「次は何」思考

「なぜ、このできごとは起きたのか？」

レジリエンスを高めるときには、特に2つのカテゴリーのティッカーテープ思考について理解しておくことが重要だ。原因を探る思考（「なぜ」思考）と、予期するときに働く思考（「次は何」思考）だ。

ジェニファーとウィリアムは、ともにコンピュータ・ソフトウェア会社の

プログラム開発者として、多くのプロジェクトに協力し合ってかかわってきた。残念ながら、いつもは有意義だったふたりの協力関係は悪化してしまった。多くの時間が意地を張ったいがみ合いに浪費され、意味論上の問題で口論となり、彼らのあらゆる意思決定上の費用対効果について延々と議論が繰り返された。彼らが私たちと会ったときには、ふたりの協力関係はキャリア上の障害となってしまっていた。

ジェニファーとウィリアムの両人にとって、職場でのいざこざが逆境となっていた。私たちは彼らにそれぞれ、自分のティッカーテープ思考、つまり互いに言い争っている瞬間に自分が何を考えていたのかを教えてもらった。ジェニファーのティッカーテープ思考には「なぜ」思考が含まれていた。「ウィリアムはわざと反対意見をぶつけてきている。上司が彼の最後の案を却下したことに激怒して、それで私に八つ当たりしているんだわ。彼は自分と同じくらい私を嫌な気分にさせようとしているのよ」

彼女の思考は過去に向けられたものだった。要するに、彼女のティッカーテープ思考は「なぜこんなことが起きたのか？」「何が問題の原因なのか？」といった問いに答えるものだった。ジェニファーの頭の中では、一緒に働くのがつらい状況なのは、ウィリアムが自分の苛立ちを彼女にぶつけているからだと思ったのだった。そしてこの思考が彼女を怒らせたのだった。

私たち人類は、自分たちに襲いかかってくる逆境の原因を探るよう、進化論的に導かれているのかもしれない。原因を正しく見極めることは、有効な解決策を見つけるためには必要不可欠だ。そして、進化の過程で解決策に従って行動した者が優位に立ってきたのだ。

問題が起きたとき、例えば、成功すると予想しながらも失敗したり、欲求が満たされなかったりなど、特に結果が予想できないようなときに、私たちは自然に「なぜ」という問いかけをすることが研究により示されている。問題の原因や、予期しないような結果について理解しようと努めるのは理に適っていることだ。それは、そうすることで状況が改善され、自分の目標に到達できる可能性が高まるからだ。ジェニファーが「なぜ」と自問しなかったとすれば、どうしたらウィリアムとの協力関係を改善することができるかわ

からずに途方に暮れてしまったことだろう。
　「原因帰属」について研究する主要研究者のひとり、マーティン・セリグマンは、「なぜ」の問いに対するすべての答えが３つの特徴から説明できることを発見した。３つの特徴については先述したが、個人的（「自分」vs.「自分ではない」）、永続的（「いつも」vs.「いつもではない」）、広汎的（「すべて」vs.「すべてではない」）とセリグマンが名づけたこと、また、人々が「なぜ」の問いに対して、何度も繰り返し同じ方法で答えようとすることについて覚えておくとよい。
　自分の「なぜ」思考に耳を傾け始めると同時に、そこにパターンを見つけるようにしてみよう。逆境が襲いかかってきたとき、あなたは自分を責めるか、または他人を責める傾向にあるか？　問題の原因について、それを永続的ととらえるか、または一時的ととらえるか？　問題の原因が、自分の人生のその他の部分もすべて台なしにすると思うか、またはその１つの逆境だけに特定されていると思うか？　自分の「なぜ」思考の特定と分類がうまくなるほど、逆境に対処する自分の能力を阻害するような思考を容易に変えられるようになる。

「次に何が起きるのだろう？」

　ウィリアムのティッカーテープ思考は、彼とジェニファーがいがみ合っていた理由にではなく、そのような状態が将来的にふたりにとって何を意味するかに意識を集中していた。これを私たちは「次は何」思考と呼ぶ。
　「最近、まったくうまくいっていない。このままお互いの関係の修復を図れないようであれば、プロジェクトは絶対に実現しないし、ふたりのキャリアは失墜してしまう。俺たちのプロジェクトにはチームワークが必要だ。ジェニファーと一緒にやっていけなかったら、他の誰かとどうやって一緒にやっていけばよいのかもわからない」
　彼のティッカーテープ思考は未来へと向けられており、今の状況から推測される未来についての彼の考えが表現されている。この場合、未来は暗いため、当然ながら不安が生じる。「なぜ」思考のように、「次は何」思考にも進化論的な優位性がある。危険な兆候を予期できなかった祖先は、本当の危険

に直面したときには著しく無防備の状態だった。物陰に隠れていた略奪者など予期しなかったために、一族の焚き火場から離れすぎたところで散策していたかもしれない。だが、私たちの多くが、破壊的で、ほとんどありそうもない「次は何」思考を経験する。本物の危険に備えるところではなく、このような思考が引き起こす不安は、あなたの問題解決への努力を妨げ、レジリエンスを弱めてしまうものだ。

あなたのパターンは何？

　ティッカーテープ思考は、「なぜ」思考でも「次は何」思考でもないこともある。例えば、こんな感じだ。
「マイクと私はまたケンカしている。今日はこれで5回目の言い争いだ。ただもう、ケンカ、ケンカ、ケンカという感じ」
　この説明では、問題の原因に対処していないし、未来についても言及していない。この一連の思考は、単に起きたできごとを叙述（ナレーション）しているにすぎない。またあるときには、私たちのティッカーテープ思考は評価になる。
「こんなことでジュリーとケンカするのにほとほと疲れた。もうこれ以上やっていられない。こんなふうに言い争うのはもう我慢できない」
　人によっては、ティッカーテープ思考はその人の思考の寄せ集めである。評価がいくつか、叙述がいくつか、「なぜ」についての心当たりがいくつか、予測がいくつか、といった具合だ。ところが、人はその大部分のところで支配的な思考スタイルを持つ。ティッカーテープ思考とは、ほぼ例外なく、問題の原因またはできごとの意味合いに焦点を合わせるもので、主に実際に起きたできごとの実況中継のような細かい説明である。
　もし、ティッカーテープ思考が、ほとんど実況中継的な説明だったり、単にある状況に対する自分の気持ちを評価するものだった場合には、逆境についての原因とその含意を自分で考えるよう訓練する必要がある。レジリエンスには、過去を振り返ることと、未来に備えることとのバランスが求められるからだ。
　第7章と第8章では、あなたの「なぜ」思考と「次は何」思考によってレ

ジリエンスが削がれず、むしろレジリエンスが高まっていることを確認するにはどうしたらよいのかを教えていく。今は、自分のティッカーテープ思考に耳を傾けて、そこに一定のパターンがあるかどうかに気づくことが大切だ。あなたの傾向として、「なぜ」に意識を集中させるだろうか、それとも「次は何」に意識を集中させるだろうか？　あなたが最も内省したのは叙述だろうか、それとも評価だろうか？　今日、あなたの課題としてもらいたいのは、自分がどう考えるのかについて、自分の理解を深めていってほしい、ということだ。思考をいじくり回すプロセスは後からついてくるものだ。

C. 結果は感情と行動である

　これで、あなたはＡ（自分のプッシュボタンを刺激する逆境）とＢ（逆境に直面したときに自分の頭の中を駆けめぐる思い込み、思考）について考え始めたことだろう。思考は重要だ。それは、あなたの「結果」（Ｃ）、つまり逆境や試練の**まさにその瞬間**にあるときのあなたの感じ方や振る舞い方において、感情の質や強度を形づくり、行動に影響を与えるからだ。

　なぜここまでして感情や行動にこだわるのだろうか？　感情や行動にこだわるのはとても簡単な理由による。職場や人間関係、心の健康、そしてかなりの範囲で身体の健康面でもうまくいくというのは、それらが自分の気分や行動の要素から成るものに他ならないからだ。レジリエントな人は自分の感情を調整し、自分の行動をコントロールできるため、いかなる状況に対しても適切に反応できる。目標は、いつもよい気分でいたり、決して諦めない姿勢を養うことではない。目標は、自分のティッカーテープ思考に対して反射的な行動を取るのではなくて、むしろ感情や行動を生産的なものにして、状況の示す事実に適切に反応できるようにすることだ。

　少し時間を取って、自分の「その瞬間の」感情と、挫折や試練や新しい経験に対する反応について考えてみよう。自分の感情がマンネリ化していないだろうか？　怒りや後ろめたさ、困惑を感じるとき、そのように感じるのをやめるのは難しいだろうか？　自分の人生における感情面でのあり方は窮屈なものだろうか？　1週間にわたり、あなたの感情を集計してみると、例え

ば怒りや悲しみ、不安といった1つの感情が圧倒的に多くはないだろうか？または、1つのネガティブ感情に縛られることはないかもしれないが、振り返ってみると、ポジティブ感情をあまり経験していないことに気づくかもしれない。

行動面では、例えばものごとを先延ばしにしたり、強引すぎたり、いとも簡単に諦めてしまったりと、方略がうまくいっていないのに、同じミスを何度も繰り返しているということはないだろうか？ あるいは、問題を効率的に扱いながらも、自分の安全地帯から一歩踏み出すことをためらっているということはないだろうか？

自分が受講するつもりだったワイン試飲クラスに登録することを「忘れる」。息子の幼稚園のママ友を招待してコーヒーを飲む時間を作ることができない。秋の紅葉がピークを迎えても、用事を足すために走り回る間にしか紅葉の色を観賞することができない。たとえそうであっても、レジリエントになれば、人生で避けては通れない障害を克服できるようになる上に、新しいことを学び、人生を楽しむことができるようになる。

B（思考）−C（結果）の組み合わせ

ここまでで、感情や行動が決定される上で、思考が大変重要な役割を果たすことについて述べてきた。誰にとっても、心の中の対話には独自の韻律や言語があるのだが、それぞれ違いがあるにもかかわらず、思考は分類することができる。

私たちが名前をつけた各思考に対して、どの感情や行動が伴うかを予測することができる。私たちはこれを「B（思考）−C（結果）つながり」と呼んでいるが、両者はいつも組になっている。これら思考−結果の組み合わせは普遍的なものであり、後述するが、進化論的な視点からも非常に合点のいくものだ。

これから、さまざまな思考と感情の種類について詳しく見ていくとともに、感情が引き起こす反応についても見ていこう。右頁のB−Cつながりに関するリストにおける5つのC（結果）すべてがネガティブであることに気づ

B（思考）—C（結果）つながり

思考	結果
自分に対する権利の侵害	怒り
現実世界の喪失、または自尊心の喪失	悲しみ、落ち込み
他人に対する権利の侵害	罪悪感
未来の脅威	不安、恐れ
他人とのネガティブな比較	困惑

© 2002, Adaptiv Learning Systems

いただろう。

　幸福感や自尊心、静謐さといったポジティブ感情はどこにあるのだろうか？　もちろん、私たちが生きていく上で、ポジティブ感情は重要な部分を占める。しかし、レジリエンスにおいては、ポジティブ感情はネガティブ感情に比べてそれほど重要ではない。レジリエンスにおいて重要なのは、一般にネガティブな感情につながる逆境にどのように対処するかである。

自分に対する権利侵害は怒りにつながる

　怒りという感情の仲間について、少し名前を挙げるだけでも、不快感、苛立ち、辛辣さ、憤慨、激怒、憤怒とあるが、それは誰かがあなたの権利を意図的に侵害し、あなたを傷つけようとしたという思考により引き起こされる。心理学者のドルフ・ジルマンは、怒りの引き金となるものについて研究し、多くの場合、自尊心に対する侮辱が、傷つけられ、自分の権利が侵害されたと感じる原因となることを発見した。怒りは、自分が不公平に扱われたときや、目標達成の途上で妨害されたと思うときに生じるが、どんなにバカげていたとしても、妨害するのが無生物の物体であるときですら怒りは起き

るのだ。「このクソ車！　エンジンすらかかろうとしやしない」。または状況に対してもそうだ。「ただの悪意で雨が降ってやがる」

　通常は、他人が自分に対して害を及ぼす主体であるとみなし、その人物の行動はコントロールされたものだったと考えるものだ。駐車場で、自分が止めようと目をつけていた場所に、自分の目の前で誰かが車を突進させたと想像してみよう。どう思うだろうか？
「彼は私があの場所が空くのを待っていたのを知っていたのに奪ったんだ」というのが、「権利侵害思考」と私たちが呼ぶものだ。あるいは、自分の子どもに食卓を準備するのを手伝うよう言ったところ、子どもが自分を無視したと想像してみよう。そのとき、「子どもは僕のことを自分の召使いだと思っている」と考えたとすると、それは「妻は子どものしつけを一切自分に任せっきりにしている。不公平だ」と考えるのと同じく、権利侵害思考である。これらそれぞれの例において、次の2つの考え方が説明されている。

＊自分に向かってくる障害は他人のせいだ
＊あの人は他の行動が取れたはずだ

　それぞれの例において、怒りに先立つティッカーテープ思考が「なぜ」思考であり、「なぜこのできごとが私に起きたのだろうか？」との問いに答えるものとなっていることに注目してほしい。あなたは「なぜ」タイプの人間だろうか？　もしそうであれば、そして、特に他人を巻き込む形で、自分が遭遇する問題の外的要因に注目する傾向があるようであれば、あなたは人生において多くの怒りを経験する可能性が高くなる。

　進化論的な視点からすると、権利侵害思考の原始的な形とは、敵が存在するという認識が中心となった思考である。私たちの祖先で、敵や、そこに現れた潜在的な有害性に素早く気づいて反応した人は、そこにあった危険について解釈できなかった人に比べて、生き残るチャンスが高かった。これは何も、すべての怒りが有益であると言っているわけではない。これから見ていくように、危険に対する認識を誤ったり、実際はそうではないのに自分の権利が侵害されたと考える人は、レジリエンスに欠け、かなり苦しめられるこ

とになる。すぐに怒り、衝動をコントロールする能力の低い人は、自分の人生や自分の周囲の人の人生をめちゃくちゃにする。

　アリストテレスの言葉を言い換えると、怒るのは易しいことだが、正しい人に、正しいときに、正しい方法で怒ることは難しい、ということだ。レジリエントな人はアリストテレスからの課題をマスターした人たちなのだ。

現実世界の喪失や自尊心の喪失は、悲しみと抑うつにつながる

　おそらく、あなたはそれほど頻繁には怒らないけれども、自分が望むよりも頻繁に悲しい気持ちになったり、落ち込んだり、意気消沈したり、うつになったりするかもしれない。大切な人間関係や仕事、愛する人といった具体的な形のあるものや、自尊心のような形のないものを失ったときでも悲しみや抑うつが引き起こされる。

　例えば、自分がよい書き手であると自負していると想像してみよう。数々の雑誌に原稿を送っては、いずれも掲載拒否されたとする。そのとき、「自分は結局、才能がなかったんだ」と思うと、悲しい気持ちになる。もしくは、職場の同僚と仲よくなったと想像してみよう。その同僚が、職場の他の人たちを自宅に招いたのに自分だけ招いてくれなかったことに気づいたとしよう。そのとき、「私が慕っていたほど彼女は私のことを慕っていてくれなかったんだ」と思えば、傷ついたり、悲しく思ったりする。

　生存の観点から見たときの悲しみの価値とは何か？　表面的には、悲しみや抑うつは、確かに不利益なように見える。悲しみは、泣くことやエネルギーの消耗、身体の不調をもたらす。受け身となり、集中することが難しくなり、死や死ぬことを考えるようになる。なぜ進化はこうした行動に味方したのだろうか？

　進化心理学者たちは、悲しみの機能とは、愛する人の死など、見捨てられることに対する適応力を促進することであると提唱している。内省と退行は、喪失の中で意味を探求し、将来に対する計画を立てる機会を与えると考えられている。悲しみは不快な感情であり、人生における誤りを改善するよう促すことで、その過程において悲しみが減る。

エネルギーの消耗があったからこそ、悲しみに沈み、認知的に障害のある（ゆえに最も脆弱な）人が家の近くにとどまることで、危険から逃れられたのかもしれない。泣くことと受動性とが、他の親族から育児行動を引き出したのかもしれず、そのことが最終的に家族の絆を強化したかもしれない。ゆえに、悲しみ（おそらくは抑うつも）の進化論的な利点は、喪失や見捨てられた経験に引き続いて起きる、1つの集団の他のメンバーによる支援的で防衛的な反応を生み出すことにあるのかもしれない。

今、あなたが答えるべき問いは、「私のティッカーテープ思考の本質は何か？」ということだ。自分は、感情が喪失感に集約されるタイプの人間だろうか？　すべてが自分のせいではないかもしれないときでさえ、自分の問題について自分で自分を責めてしまう傾向があるだろうか？

「なぜ？」に向きがちな人や、問題の内的要因に意識を向ける人は、何かものごとがうまくいかなくなったときには悲しみや抑うつを感じる可能性が高い。抑うつほど、レジリエンスをあっという間に蝕むものはない。本当にないのだ。

他人に対する権利侵害は罪悪感につながる

私たちは大学生に、1日じゅう、自分の感情的側面を観察するようにと依頼した。驚くことではないかもしれないが、最も一般的なポジティブ感情として報告されたのが幸福感だった。一方、最も一般的なネガティブ感情は罪悪感だった。学生たちは、寮のルームメイトのシャンプーを使い切ってしまったり、両親に電話連絡しなかったり、自分のボーイフレンドやガールフレンド以外の人と浮気していることなどで罪悪感を感じていたのだった。

また、運動をしていなかったり、暴飲暴食をしていたり、自分の両親のお金をムダ遣いしていることなどについても罪悪感を感じていた。罪悪感に関する別の研究で、研究者らが20代の成人に、1週間、プログラムされたデジタル腕時計を身につけさせた。腕時計がビープ音を発するたびに、被験者はその瞬間の自分の感情や思考、活動について記録した。罪悪感は広範囲にわたっていた。研究者らが自分たちの発見から推測し、一晩に8時間の睡眠を

取ることを許したところ、データは平均して、1日あたり39分間、大人が中程度の罪悪感を感じることを示唆した。それは大層な罪悪感だ。私たちが大学生から聞いたのとまったく同様に、こうした若い成人たちから罪悪感を引き出す状況は、2つのカテゴリーにきれいに分けることができる。

* 自己調整に反する行為（ものごとを先延ばしにすることを含む）、食べすぎや飲みすぎ、運動しないこと、お金の浪費
* コミットメントを破る行為（不貞を含む）、家族と十分な時間を過ごさないこと、友人からの要求を無視すること

　あなたは毎日何分、罪悪感を感じながら過ごしているだろうか？　また、何について罪に感じているだろうか？
　あなたの人生における感情的側面が罪悪感に支配されているとしたら、あなたはその感情にエネルギーを浪費しすぎている。とは言っても、すべての罪悪感が悪いというわけではない。ある罪悪感はよいものなのだ。罪悪感が進化したのは、人間が取るべき行動指針を変え、行動を改める助けとなるためかもしれない。過食やものごとの先延ばし、お金の浪費といった状況から罪悪感が生じるときは、自己制御が機能していないことを示す信号となる。罪悪感はある種の内的ブレーキとして作動し、自分がやっていることで罪悪感を感じるようなことに無理やりにでも気づかせる力がある。罪悪感は、私たちが立ち止まり、自分にコントロール感を取り戻す機会を与えてくれる。私たちは誰でも、「内的ブレーキ」としての罪悪感の機能を経験している。
　最近、スポーツジムに行くのをサボったのはいつだっただろうか？　飲みすぎたのは、ぜいたくしすぎたのはいつだっただろうか？　罪悪感やそれに伴う良心の呵責や後悔こそが、私たちの重たい身体をルームランナーの上に運び、バーテンダーにチップをやってバーから出たり、ウィリアムズソノマ（高級キッチン用品店）のレジカウンターに、400ドルもした鋳鉄製の調理器具セットを、恥ずかしい思いをしながらドスンと置いて、返金をお願いしたりさせる。罪悪感というのは、私たちを強力に動機づける感情なのだ。
　罪悪感の有益な機能の1つは、罪悪感を生じさせるどのような行動であ

れ、それをやめさせることができるということだ。もう1つには、行動を改めるよう動機づけるということだ。他人を傷つけたことに罪悪感を感じるとき、私たちは謝罪し、壊れた関係を修復するよう試みることができる。これは、生存のために他者に依存している生き物として、進化論的にも堅実な戦略なのだ。

　もちろん、理想的なのは、バカなことをやったり言ったりする**前**に罪悪感を経験すれば、壊れた関係性の修復のために自制心を取り戻す必要もなくなる（結局、謝罪をしても、それがいつも受け入れてもらえるとは限らない）。そう言いながら、私たちは事実そうしている。私たちの誰もが、たとえ実際には何も悪いことはしていなくても、罪悪感が広まったり、どんどん大きくなったり、忍び寄ってきたりする感覚は知っている。

　もしかするとあなたは、仕事が終わって車で帰宅する途中で、ぐずぐずうるさいよちよち歩きの子どもや散らかったキッチン、夫との煩わしい就寝時の日課などを置き去りにして、自分の家をそのまま運転して通りすぎてしまうことを空想するかもしれない。または、深夜のテレビを観ているとき、職場のあの魅力的な人に、みだらな視線を返してみたらどんなに面白いことだろうと空想にふけったりするかもしれない。

　さらには、かなり長い間、ダイエットと運動の日課をきちんと守っているとしても、ちょっと立ち寄ってクリスピー・クリーム・ドーナツを1つ、いや2つ、つまむのは素晴らしいことではないだろうか？

　これらの場合、ただ罪なことを**考える**だけでも、心理学者が「罪悪感の予期」と称するものを引き起こすのに十分である。自分の運転する車がドライブウェイを通りすぎる前に、誘惑するような視線を返す前に、チョコレートのかかったドーナツ1ダースを食べ尽くしてしまう前に、罪悪感を感じるものなのだ。いつもではないが、多くの場合、罪悪感の予期だけで十分に不快であるため、私たちは一歩間違う前に自制する。

　ちょうど青色と緑色が基本色であるように、怒りと悲しさは基本感情であると考えられる。かなり小さな子どもでさえ経験する感情だ。だが、罪悪感が発達するまでには時間がかかる。今まで見てきたように、罪悪感は具体的な行動または罪に対する懸念に関係する。

罪悪感を感じているとき、「悪いこと」をしたという感情か、よいことができなかったという感情に駆られている。大人であれば、誰か別の人（または自分自身）を故意に傷つけたか、他にやりようがあったかもしれないのに悪いことをしてしまったと考えることで罪悪感を感じるのだ。認知された外的要因（「なぜ」）によって引き起こされる怒りとは違って、罪悪感は、原因に関する内的な思考により引き起こされる。

　例えば、あなたの上司が今日じゅうに報告書を提出しろと要求したため、自分の子どもの学校でのお遊戯会に間に合わないと想像してみよう。あなたが、「上司に断って、明日の朝一番に報告書を持参するからと言えばよかった。娘はきっとすごく怒るわ」と考えたとすれば、あなたはわが子を感情的に傷つけたと思い、また、上司にノーと言うことで違う方法も取れたかもしれないと考え、罪悪感を感じるだろう。それに加えていくらか悲しみも感じることに気づくだろうか。それはよき親としての自分のイメージを失ってしまったからである。

　罪悪感と悲しみは、内的な側面で重なり合う。代わりに、あなたのティッカーテープ思考が「この仕事にはほとほとうんざりしている」というものだとしよう。「仕事と家庭のバランスを尊重しようなんて、口先では上手いことを言うけれど、本当に口先だけだわ」と思えば怒ることになる。問題を、外部の、意志に基づく理由に帰属させているからだ。上司は自分が言ったことにこだわることもできたのに、そうしないことを選んだのだ、と。

　罪悪感には近しいいとこがいることに触れておきたい。私たちが、罪悪感について、典型的な経験を話すように、と学生たちに依頼したとき、羞恥心について耳にすることが多かった。テストでカンニングしたこと、友人の秘密を暴露したこと、恋人を裏切ったことなど、罪悪感と羞恥心の物語はともに、人々が取り消したいと望んでいることだった。

　ところが、両者の違いは、「なぜ」思考の次元で明らかとなった。罪悪感に先立つティッカーテープ思考は、悪いことをした、間違ったように振る舞った、という点に意識が向いていた。対照的に、羞恥心は、自分が悪い人間であるという考えと関係していた。つまりそれは、行為よりも人間性に意識を向けた、先行する思考だった。

先行研究は、一部の人は罪悪感と羞恥心の両方を経験するが、多くの人はそのどちらかを感じやすいと指摘する。羞恥心を感じやすい人は、性格の弱さや人間的な欠陥が、自分が犯す罪のほとんどの原因であると考えている。罪悪感を感じやすい人は、行為のレベルを超えたところを見ない傾向がある。あたかも、「私は悪いことをしたけれども、悪人ではない」と考えているかのようである。

　あなたは罪悪感を感じやすい人だろうか、それとも羞恥心を感じやすい人だろうか？　羞恥心は有害であるため、自分自身についてこの点を知っておくことが重要である。私たちが既に述べたように、罪悪感は修復を促進するように機能する。実際、罪悪感を感じやすい人は、特に人間関係の領域で適応力が高いように見える。「羞恥心のない」罪悪感のテストで高い得点だった人（罪悪感は経験するが、侮辱感は経験しない傾向にある人）は、人間関係においてより共感的であり、羞恥心をより多く経験した人々に比べても建設的なアンガー（怒り）マネジメントの手法を使っていた。

　対照的に、羞恥心を感じやすい人はなかなか共感的になれない。そうした人は怒りっぽく、敵対的で、自分の怒りのコントロールをそれほど効果的に行うことができなかった。また、一般的に、そのような人は抑うつに陥りやすかった。羞恥心の致命的な本質とは、おそらく、そこに生まれる無力感によって最もよく理解してもらえるだろう。人は、どのように自分の行動を変えられるかは知っているけれども、自分の性格を変えることに対しては無力に感じるのだ。羞恥心に伴う無力感やどうしようもなさは、優れた自己コントロールや謝罪の念を促すのではなく、逃避して、自分自身を消し去るように促してしまうのだ。

未来の脅威が不安と恐れをもたらす

　あなたはどれぐらいの頻度で不安を感じるだろうか？　その不安は、状況にうまく対処するあなたの能力の妨げとなっているだろうか？　それとも、あなたが訓練して備えることを促すだろうか？　誰もが不安を経験する。ある人には、それはときおりやってくる穏やかな変調である。仕事のために、

または土曜日の夜のディナーパーティのためにクレームブリュレを作る練習をするためにちょっと遅くまで起きている程度のものだ。またある人には、不安は大打撃となる。

　カレンの患者のひとりだったカーラは、熟練の歌手だった。ここ1年の間に、パニック障害を経験したためセラピーにやってきた。最近、ソロで歌おうとしたときに不安に襲われたのだった。

「私はかつて、歌うことが大好きだったのですが、何かが変わってしまいました。今や、ソロで歌おうとすると、不安で圧倒されてしまうのです。ステージに立ち、聴衆を見渡すと、自分の声が震えて、すべての音階をきちんと歌えないのではないか、と不安が始まるのです。すると、私の心臓は高鳴り始め、自分の手が震えるのが感じられるのです。胸がとても苦しくなり、歌の最初の歌詞さえ思い出せないのです。私は聴衆をかろうじて見ることができました。聴衆を見ると、私に向かってあざけったり笑ったりしているように思えたのです。ただ歌い始めるべきだとわかってはいるのですが、私は凍りついてしまった。完全に凍りついてしまったのです。少し歌えるようになると、本当に、自分の声が締めつけられてぺしゃんこになったように聞こえるのです。さらに状況を悪化させてしまったのは言うまでもありません」

　不安や恐れは、私たちの身体のほとんどすべての系統に影響を及ぼす。それは生理学的な反応だ。不安は心臓血管系における障害を引き起こす。心臓の動悸や血圧上昇（または低下）、そして脈拍の乱れだ。呼吸器系が影響を受ける。私たちの呼吸は浅く、速くなり、窒息しているように感じるかもしれない。事実、ラテン語の「angere」は「息が詰まる」「窒息死する」の意味であり、「不安（anxiety）」の語源はまさにこの後者の徴候を指す。

　消化器系も不安の影響を示す。私たちは食欲を失う。腹痛を感じて、食べるときは、胸やけを起こす。神経筋肉組織が変化を起こす。私たちの驚愕反応は高まり、目蓋はけいれんし、四肢はよろよろして震え、筋肉はけいれんし、うろうろする。泌尿器系まで影響を受ける。尿意をもよおして、数分に1回、トイレに駆け込まなければならないかもしれない。

　こうしたことが大した障害ではなかったかのように、私たちの行動や思考

もまた変化する。話し言葉は流暢さを失い、服のコーディネートはセンスが悪くなり、姿勢が崩れる。頭はぼんやりとし、世界が非現実的に感じられ、ますます自意識過剰になり、物忘れがひどくなり、気が散り、支離滅裂になり、恐れや不安が増大する。今までにひどい不安に苦しんだことがある人であれば誰でも、それは地獄だと言うだろう。

　アーロン・ベックのような認知療法家が注目を集めるまでは、思考は不安の徴候としてだけではなく、より重要なことには、不安の原因であると受けとめられたことはなかった。ベックおよびその他の認知療法家は、たとえ身体がおかしくなっても、不安の中心的な機能は実のところ人の考え方、特に脅威や危険に対する考え方であると主張した。

　不安を感じやすい人は、「次は何」思考に偏る傾向にある。「なぜ」思考の人は振り返り、原因を考察する。「次は何」思考の人は前を見て、不安を感じた場合には、危険が差し迫っていると考える。あなたが「次は何」思考の人であれば、自分の思考によく注意を払ってみよう。未来を想像して、楽しくて安全だと思うか、それとも恐くて圧倒されそうだと思うか？　もちろん、不安は後者の場合に生じる。

　あなたが経験する不安のレベルが軽度だとしても、その感情を引き起こした「次は何」思考に気づくことを学ぶことはできる。スタッフミーティングの部屋に足を踏み入れながら不安に感じるとき、あなたは自分に対して何を言っているだろうか？　たぶん、「このミーティングはよい方向には進まないな」。もしくは「また彼は何か別のプロジェクトを私たちに押しつけようとしているな。どうやってもこれ以上引き受けることは絶対にできないぞ」

　デートの支度をしながら不安に感じているとき、自分の考えをとらえるようにしてみよう。「彼は私が退屈な子だと思うだろう」、または「彼女はきっと、『あなたじゃないの、私なの』というあのセリフを僕に言うんだろうな」

　ポイントは、練習によって、不安を引き起こす考えをとらえることができることだ。一度やってみると、それらはすべて、差し迫っている何らかの未来の脅威についてだと気づくことだろう。

　不安が、多くの場合にエネルギーを消耗させるものであるならば、不安にはどんな進化論的な利点があったと考えられるだろうか？　ベックは、不安

と恐れが、過度に不注意な行動に対するチェック機能として働いていた可能性を示した。例えば、攻撃的な行動は探検や競争力における必要な部分だが、ともに種の生存のためには役に立つ。これらの行動がチェック機能なしに放置されたとすると、ケガと死につながるかもしれない。

仮にスロッグとドレッグという、石器時代の祖先で、洞窟に住むふたりを想像してみよう。スロッグは探検への熱意を持っている。ある日、彼がまだ足を踏み入れたことのない地域を横断して旅していると、何らかの状況が彼にこう考えさせた。「剣歯虎がいるかもしれない」。スロッグにとって、こう考えることが不安の身体的なサインをもたらし、その不安への反応は不快感と嫌悪感だった。彼はその不安に終止符を打ちたかった。スロッグは、その警告のサインに注意しながら、より安全で、既に知っている地域へと引き返すことで不安をなくすことができる。

だが、もし思考と、身体的反応の間のつながりがなかったらどうか？　ドレッグが、虎がいるのには感づいているけれども、何の身体的徴候の反応もなかったと想像してみよう。彼は不快感をまったく経験しない。彼には、潜在的な危険に対する内的サインがない。そのため、彼は危険な道をそのまま進んだ。ほぼ間違いなく、『サバイバー』（アメリカのテレビ番組で、挑戦者たちが厳しい自然の中でお互いの生存を競い合うゲーム）の最初の回となるだろう話だが、スロッグはドレッグより長く生き残るだろう。それは彼が、脅威に対する認知的評価と、不安に対する自らの身体的経験の間に強いつながりを持っているからである。ドレッグはたぶん滅びるだろう。それは彼が脅威の可能性に考慮しながらも、身体はいわば幸福の笛を吹いたままだからだ。

つまり、いくらかの不安は、生存のために価値があるのだが、第8章で述べるように、あまりに不安が強いと順調な生活の妨げとなる。あなたが未来の脅威の前に身動きが取れなくなってしまうとき、あなたが習慣的に「大惨事」思考（実際には存在しないのに、差し迫った危険を認めること）をしているとき、絶対に起きないような悪いことを心配することに時間とエネルギーを浪費しているのみならず、レジリエンスの妨げとなり、自分のパフォーマンスや心の健康に大きな打撃を与える不安のレベルを経験することになる。

Part2　7つのスキルを身につける

自分を他人とネガティブに比較することが羞恥心を引き起こす

　ぺしゃんこのスフレの話を覚えているだろうか？　あなたが友人を夕食に招待したと想像してみよう。あなたは飲み物をすすりながら、料理に最後の仕上げを加えてキッチンで物語を共有している。すべてが完了し、メイン料理をオーブンから取り出すために扉を開けると、スフレがぺしゃんこになって焦げているのを友人と一緒に発見した。その瞬間、あなたはどう感じるだろうか？　次に、あなたが同じ、ぺしゃんこで丸焦げのスフレを発見したとして、ただ今回は誰も一緒にいないと想像してみよう。発見した瞬間、あなたはどう感じるだろうか？

　感情研究の第一人者であるアンドレ・モディリアーニは、羞恥心は自尊心の急速な喪失であり、行動を問わず（ふわふわのスフレを作るのに失敗したなど）引き起こされるのではなく、むしろその行動が他人に見られ、ネガティブに評価されたという自覚によって引き起こされる、と主張した。羞恥心には他人の目が伴う。だが、他の研究者らは、その人個人の基準と一致しないやり方で行動したときに、ときおり羞恥心が起きることを示した。

　機敏さや精力的な活動性、自由主義、創造性などはすべて、個人的な基準の例である。他人の前で個人的な価値観に反するのは（会社のソフトボールの試合で、同僚の目の前で三振する選手）、羞恥心を強めてしまうことかもしれないが、その社会的側面は必要条件ではない。羞恥心について、個人に帰属させる説明が正しければ、自分がオーブンの扉を開けたときに他人がいようといまいと恥ずかしいと思うはずだ。

　個人的な基準という概念は、なぜ羞恥心を引き起こす状況に大きな多様性があるかを説明するのに役立つ。ある人にとって羞恥心を引き起こすものは、他の人の平静さを妨害しない。それは、私たちが全員、同じ個人的な基準を持っているわけではないからだ。自称美食家であるピーターは、ぺしゃんこのスフレに羞恥心を感じるだろう。彼のティッカーテープ思考は「これで自分を料理人と呼べるかよ！　明らかに料理人じゃないだろう！」となるだろう。その一方で、冷凍食品ファンのリンは、羞恥心など感じない。彼女にはそのような「有能な料理人」という基準がないからだ。

羞恥心における他人の存在の役割についての議論は続く。ある人にとっては、ひとりでいるときさえ羞恥心を感じるというのはおそらく真実だろう。だがそれは、ひとりでいて失敗したときでさえ、他の人が自分の行動を目撃したらどう反応しただろうかと想像するかもしれないということだ（文字通り、失敗の例を挙げてみよう。しくじった途端、あなたはすぐに何をするだろうか？誰かが見ていたのではないかと周囲を見渡すことだろう）。しかし、明らかに、羞恥心は社会的比較にその原因がある。他人の存在の前で、私たちは最大の羞恥心を感じるのだ。

　レジリエンスの文脈で最も重要なのは、自分のアイデアが作業チームに拒否されるとき、友人の前で懲罰を受けるとき、職場の上司があなたのパフォーマンスには失望させられると伝えてくるときなど、社会的な交流のときにあなた自身がどう反応するかである。羞恥心を感じる瞬間に、人のティッカーテープ思考に耳を傾けてみると、大体決まって他人への言及が含まれる。それは、大切な人の目の前で面目を失うという不安を中心として成り立っている。

どのようにB-Cつながりを使うか

　B-Cつながりに関する知識は自己認識における基礎である。あなたのティッカーテープ思考に耳を傾けることで、どの感情と行動が伴うのかが理解できるし、また予測さえできるかもしれない。そして、これから見ていくように、残る6つのレジリエンス・スキルそれぞれがABCを形成している。

　B-Cつながりには2つの重要な用途がある。自分のプッシュボタンを刺激する逆境に直面したときに経験する、入り交じった感情を解きほぐすこと。つまり、ある特定の感情に「とらわれて」しまう原因となる考え方を見つけたり、自分の反応の仕方に対する理解を深めたり、最もストレスフルな状況にあっても自分の方向を見失わないようにすることだ。

あなたの感情をほぐす

　私たちの感情はいつも単一であるわけではないが、ときおり、目まいがす

るほどごちゃごちゃになるようである。感情のごちゃまぜは、特に、大きなストレスを受けてよく見られるものだ。ポールが発見したように、B-Cつながりは、感情の混乱を解きほぐすのに役立つ。

ポールは、マンハッタンにある大手法律事務所に職を得て、妻と赤ん坊とともに都会に引っ越した。彼がこの事務所を選んだのは、事務所が家族の大切さを認めており、従業員が仕事と家庭のバランスを見出すことができると多くの弁護士から聞いたからだった。勤め始めた最初の半年間は、ポールは職場でうまくやっていると思っており、他の弁護士たちとも親密な仲間意識を感じていた。その頃、ポールの娘メアリーは、生後13カ月目で、次から次へと呼吸器感染症を患い始めていた。彼の妻ジョディは、娘を医者の診察に連れて行ったり、娘の体調が悪すぎて託児所に預けられなかったりで、仕事を何日も休まなければならなかった。

ある日の朝、ジョディは職場にいるポールに電話をし、メアリーを医者に連れて行ってくれないかと聞いた。彼女の上司が、早退や遅刻を何日も繰り返す自分に苛立っているのではないかと心配になったからだ。ポールが、同僚のひとりに、娘を医者に連れて行くために早退しなければならないと伝えると、同僚は、「それを習慣化するな」と意地悪そうに言った。ポールは、あらゆる感情が湧き起こるという反応を示した。彼は、怒りや罪悪感、後ろめたさ、羞恥心までのあらゆる感情の入り交じりを感じた。そして、自分の反応の複雑さに狼狽した。

「私は自分がかなり単純な人間であることを誇りに思っています。『ご覧の通り、表も裏もありません』といった感じの男です。いつもは、自分の感じ方についてよく察しがつきますし、自分は結構レジリエントではないかと思います。でも今回は面食らいました。なぜ、皮肉を込めたひと言が、そんなに多くの感情を引き起こすのかが理解できず、そして打ちのめされたようになったのです。実際、早退して、メアリーを医者には連れて行ったのですが、自分が思ったよりもずっと長いことイライラしていました」

ポールは非常に多くの感情に圧倒された。彼は、その日の残りの時間はずっと集中できずに苦しんだ。気が散り、イライラした。ポールは、自分に意見した同僚に問いただそうと決意した。そして、自分が落ち着いて冷静に対

処したければ、まずは自分自身の感情をほぐす必要があることを理解した。B-Cつながりに関するポールの知識は、そのときの状況に対する彼の考えを明確にするのに役立った。自分の思考プロセスを明確にすることによって、彼を圧倒していた感情を認識し、コントロールすることができた。

「私が怒ったのは、同僚の言葉が、組織全体の偽善の表れと思ったからでした。私が今の事務所に入った理由の1つは、事務所が家族へのかかわりを謳っていたから。私はそれまで早退したことはなかったので、同僚がいい気になってそう言ったときはバカにされているように感じたのです」

同僚の言葉について、ポールは自分の権利が侵害されたと解釈した。まだ求職活動中だった当時、会社が自分を欺いたと思ったのだった。

「私は、自分が早退することで何か悪いことをしているとは思いませんでした。だから、最初は、どうして自分が罪悪感を感じているのかわからなかった。実際に何も悪いことをしていないのであれば当然謝りたくありません。その後、私は、自分が早退したことで罪悪感を抱いているのではなく、それが自分の父親としての役割と関係していることに気がついたのです。事務所を後にしながら、私は、自分たちの娘の病気に対してもっと助けてやりたいと考えていたことを思い出していました。そして、この会社に勤めるという私の決意は、実際にはそれほど助けてあげられないということと同義だったのかもしれないと思いました。早退したいという私の最初の申し出がそんなに反感を買うのであれば、これから先々の申し出が受け入れられることはありそうにない。私は、妻と娘をがっかりさせているとも思ったし、だから罪悪感を感じていたのだと思うのです」

自分が家族に迷惑をかけているというポールの考えが、罪悪感をもたらしたのだった。ポールはまた、彼の狼狽を引き起こしたティッカーテープ思考を正確に示すことができた。

「職場を出るときに時計を見上げたら2時14分でした。私は直ちに、同僚の誰が私の早退に気づいているかチェックするために、部屋をくまなく見渡しました。もちろん、私が早退するのを見たとしても、同僚たちにはその理由は皆目検討もつかなかっただろうし、気にも留めなかっただろうと思います。でも私は、『私が早退するのを見たら、同僚たちはきっと、自分たちほど

には私が会社への忠誠心を持っていないと考えるだろうし、きっとそれで私を軽蔑するに違いない』と思ったのです」

ポールの狼狽は、周囲に見られていると勝手に思い込んで反応した結果だった。ポールはそれぞれの感情を引き起こした思考を体系的に特定することで、同僚の何気ない言葉から表面化された多くの問題を明確にすることができた。このプロセスは、彼の雇用主たちと議論すべき問題（彼らの偽善について）と、彼自身の個人的な問題とを区別することに役立った。ポールは、B–Cつながりのワークに取り組んだ10分間で、何時間も反芻したり、さらには上司や同僚たちに不適切なやり方で反応してしまうことからも救われた。彼は、自分の問題解決について知識を得るために、B–Cつながりのワークで促された自己認識を使って、いざこざをより効果的に乗り越えることができたのだ。

あなたをとらえた思考を特定してみよう

B–Cつながりは、人間が自分の世界を理解し、適切に反応する手助けをするために発達したのだが、ときおり、人はバイアスをも発達させ、特定の思考に偏ることもある。そのような人は、クッキーの抜き型のようにこれらの解釈を適用し、すべての多義的な状況を同じ型にくり貫いてしまう。B–Cつながりについて考えるもう1つの方法は探知機である。ある人は、おそらくは幼児期の経験によるのだろうが、次に自分が傷つくかもしれないものを探すために世界をくまなくチェックする。そのような人は「未来の脅威」探知機を持ち、多くの時間を不安のうちに過ごす。

「権利侵害」探知機を持つマークは、人生の大半の時間を自分が被害者だと考えながら過ごしていた。自分が仕事に遅刻したのは、都市設計家らが非常識で、自分の通勤時間に道路工事を計画したせいだと考えた。彼は、母親が自分のプライバシーを尊重しなかったからと、母親と口論になった。彼は、同僚が先輩である自分を認めようとしなかったからと、優先度をめぐりケンカをした。マークの傾向は、自分に対する権利侵害、つまり、他人が自分を困らせ、蝕み、裏切ろうとすると考えることだった。そのために、自分の人生のほとんどの時間を怒りながら過ごしていたのだった。

一方、ジョイは、いつも危険を探していた。彼女の不安は、低音のブンブン音と耳をつんざくようなクレッシェンドとの間を行き来するような感じだった。友人が彼女に折り返し電話をしなければ、ジョイは自分が何らかの形で友人を傷つけたのではないかと不安になった。2回目の電話で折り返し連絡がないときには、ジョイは友人が怒っており、もうこれ以上彼女とかかわりたくないと思っているのだとひとり合点した。友人が、数日後に電話をしてきて、仕事で町を離れていたと説明されると、ジョイは友情が壊れてしまったのではないかと心配してものすごくエネルギーを浪費してしまった事実に困惑した。

　最初の子どもが誕生した後では、ジョイの不安はさらに悪化した。息子の健康と安全に対する心配という、まったく新しい世界が開かれたのだ。どこにでも脅威と危険を探してしまうというジョイの傾向は、彼女の結婚生活にストレスをもたらした。そして、息子が成長するにつれて、息子は母親の過干渉から自立するのに一層苦しむこととなった。

　人は、ネガティブな感情だけを引き起こす思考にとらわれることはない。ビバリーは自信に満ち、幸福で、教養のある人物だったが、自分のプライドにとらわれてしまうことがあった。一見すると、誰かがポジティブな感情に「とらわれる」と表現するのは少し奇妙であるように思われるだろう。だが、いつも怒っているか不安に感じるときに問題が生じるのとまったく同じように、根拠もなく一定のポジティブな感情を感じるときにも問題は生じるのだ。契約交渉がうまくいった、ミーティングが効率的で円滑に進んでいる、ソフトボールチームが優勝したなど、ビバリーはものごとがうまくいっているときはいつでもその成功を自分の手柄にした。

　彼女のバイアスは、自分がよいできごとを実現したと思い込み、他の人たちの貢献を蔑ろにしてしまうことだった。最初のうち、周囲の人はビバリーに惹かれた。彼女の陽気さや自信に満ちた姿勢は、一緒にいて心地のよいものだったからだ。だが、人々が彼女に幻滅を感じるまでにそれほど長い時間はかからなかった。同僚は彼女のことを横柄で高慢だと思い、「自分を鼻にかけるいやな奴」という悪評が高まっていった。ビバリーのバイアスは、彼女自身をよい気持ちにさせるものだったかもしれないものの、仕事とプライベ

ートの両面で問題を生じさせた。

　おそらく、あなたは不安で怒ったり、圧倒されるようなことはないかもしれない。あるいはビバリーのように、不適切すぎるほど自らを誇ることもないかもしれない。だが、自分の人生で起きるよいできごとや悪いできごとをどのように解釈するかについてバイアスを持っているかもしれない。もしそうであれば、あなたは自分のレジリエンスを弱めていることになる。あなたのバイアスによって、その状況における事実を見ることができなくなっているからだ。

　マークはときどきは正しいかもしれない。ときに、人は他人に危害を加えようとするものだ。また、ジョイは、突然現れる現実の危険に必ず気づくことができるだろう。だが、バイアスがかった思考スタイルは、自分があるできごとを正しく解釈することよりもずっと頻繁に、そのできごとの意味を誤って解釈してしまう。マークは想像上の敵に、またジョイは想像上の危険に反応することにあまりに多くの時間を費やしすぎている。ビバリーの友人が彼女にうんざりしているため、彼女の人間関係は損害を被っている。バイアスがかった思考スタイルのせいで、それぞれが、自分たちのやることでそれほど効果を上げておらず、それほど幸せでもない。

感情記録をつけて、自分が行き詰まったら調べてみよう

　B-Cつながりについての自分の知識を用いて、自分の人生の感情的側面を制限してしまっている思考パターンを特定してみよう。来週、自分の感情を記録し続けてみよう。強い感情を感じたり、突然感情が変わる経験をしたら、そのときはいつでも自分の感じたこと、その感情がどれほど強烈なものであるかをメモしてみよう。1週間の終わりに、自分が経験した感情について、怒り、悲しみ、罪悪感、不安、羞恥心の「グループ」に分類してみよう。

　厳密な決まりがあるわけではないが、自分の感情があらゆる感情のグループに分布しているか、ある1つのグループに凝集する傾向にあるかに注目してみよう。自分の感情が同じグループに凝集している場合、自分の思考スタイルはバイアスがかっており、例えば「権利侵害の思考」や「他人とのネガティブな比較」思考など、5種類の思考のうち1つに過度に意識を集中させ

ている傾向がある。特に、あなたの「プッシュボタンの逆境」が引き起こす感情に注意を払ってみよう。それが、あなたのレジリエンスが最も高められなければならない状況を示している。人は、プッシュボタンの逆境に遭遇することが比較的少ないときは人生の感情的側面が広がり、多様性に富むものになる一方で、ストレスの多い状況に直面したときには、感情的側面が1つの感情に支配されることに気づく。レジリエンスの「変容」スキルを学ぶにつれて、自分の人生の感情的側面を支配している思考について、それらのスキルを活用して意識を向けてみたくなるだろう。

あなた自身の人生におけるABCの使い方

　逆境に対する自分の反応について混乱が生じるとき、または、自分の反応がいつも非生産的であるときには、いつでもABC分析スキルを使ってみよう。ABCの目標は、あなたの経験をA、B-Cへと分けて説明することである。あるできごとに対する自分の考えと、そのできごとの事実とを区別してから、これらの事実と、できごとに対する自分の反応とを区別してみるまでは、自分の非生産的な思考を変えるワークができない。自分の思考を吟味するためにはまず、それらを区分しなければならない。

　あなたが最近、うまく対処できなかった逆境について考えてみよう。最初のステップは、A（逆境）を説明することだ。これは、頭の中の思考訓練としてやることもできるが、紙に書くか口に出してみるのがよいだろう。108頁の「自分のABCを知るワークシート」をテンプレートとして使ってみよう。逆境について客観的に説明できるかどうか確かめてみよう。そのできごとに対する自分の解釈が、できごとに対する自分の説明にバイアスを与えないように注意しよう。状況については、ただ、「誰が」「何を」「いつ」「どこで」について焦点を絞ってみよう。例えば、こんな風だ。

「上司と私は、著作権侵害で私たちの資料を流布させているかもしれないとの疑いのあるクライアントに、私がどのようにアプローチすべきかをめぐり意見の相違があった。私はその人物に直接電話をしたかったけれども、上司はまず私が手紙を送るべきだと考えた」

自分のABCを知るワークシート

1. 自分にとって困難なできごとや逆境（A）を客観的に（誰が、何が、いつ、どこで）説明して、ここに書き留めてみよう。「著作権を侵害して私たちの資料をばらまいている疑いのあるクライアントにどうアプローチすべきかをめぐり、上司と私との間で意見の衝突があった。私はそのクライアントに直に電話したかったが、上司は私がまず手紙を送るべきだと考えている」
2. 結果を特定し（逆境における自分の感情と行動）、C欄に書き留める。
3. 逆境における自分のティッカーテープ思考を特定し、B欄に書き留める（くれぐれも検閲しないこと！）。
4. 必ず、それぞれの結果（C）に対して思考（B）を特定すると同時に、それぞれの思考（B）に対して結果（C）を特定すること。

B：ティッカーテープ思考	C：結果（感情と行動）
彼女は私が電話で攻撃的になりすぎ、事態をさらに悪化させると思っている。また、私がきちんと冷静に対処するとは絶対に信じてくれず、いつも私の立場をないがしろにする。	私はとてもイライラする。上司を怒らせるようなことを言ってしまった。
私たちが間違っていたとしたらどうだろうか？ クライアントはものすごく腹を立てるだろうし、私たちに対して騒ぎを起こすかもしれない。	私は少し不安を感じる。結論を先延ばしてしまった。

© 2002, Adaptiv Learning Systems

　これが、逆境についての明確で客観的な説明である。次は少し違う。
　「上司と私は、著作権侵害で私たちの資料を流布させているかもしれないとの疑いのあるクライアントに、私がどのようにアプローチすべきかをめぐり意見の相違があった。私はその人物に直接電話をしたかったけれども、上司は私が電話では過度に攻撃的で、問題を一層悪化させると考えた。彼女は決して、私がプロフェッショナルにきちんと対応するとは信じてくれず、いつも私の立場を蔑ろにする」

後者の説明の問題点は、あなたの思考が混ざっている点だ。それは重要だが、ここでの目標は、状況における事実と、事実に対するあなたの考えを区別することにある。あなたの考えとは、あなたがどのようにできごとを理解しているかである。これについてはこのあとすぐに見ていくことにする。

　2つ目のステップは、自分のC（結果）を特定することである。できごとが展開するにつれ、あなたは何を感じ、どのように反応しただろうか？　あなたの感情と行動の両方を特定してみて、その感情の強度に注目してみよう。あなたの感情は軽度、中程度、重度のいずれであっただろうか？　差し当たり、A（逆境）からC（結果）に飛び、B（思考）を省略する理由は、現実の世界の流れを経験するのにほとんどの場合がこのようなやり方によるからだ。

　できごとが起きる。そして、次のできごとに対する自分の感情や反応に気づくのだが、それは、自分に対して何を言ったか（自分のB、つまり思考）に気づく前に気づくものだ。私たちのB（思考）は反応ほど顕著ではない。そこで、例を続けて見ていくと、これがC（結果）についてのよい説明である。「私はとてもイライラして、少し不安に感じました。私の最初の反応は、挑発的な発言をするというものでしたが、これはもちろん、うまくいかなかった。それから私はものごとを先延ばしにし始めました。私は、考え得る限りの他のすべての仕事をしましたが、手紙に取り組むことだけはできずにいました」

　3つ目のステップは、「点と点をつなぐ」のメンタル版だ。A（逆境）とC（結果）に注目した後の課題は、AをCにつなげる思考について理解することだ。このような感情や行動が引き起こされたとは、私は何を考えていたのだろうか？　覚えておいてほしいのは、実際に考えた思考を特定することが目標なのであって、あなたがもっと好ましいと考える思考へと変換することではない、ということだ。

　あなたのティッカーテープ思考（まさにそれで構成されている言葉）は、そこにある言葉が、あなたができごとに付与する意味をとらえている点で重要である。そのため、実際のあなたのティッカーテープ思考が、「彼女は自分の自信を打ち砕く人だ」となり、それを「彼女は乱暴だ」と翻訳するのであれば、あなたが彼女の動機や人間関係の力学をどのように理解しているのかについ

て、重要な情報を失うことになる。先の例では、中程度から極度のイライラという2つの感情と行動がその状況から生じたわけだが、それはあなたが挑発的な意見を述べたり、ものごとを先延ばしにすることと相まって軽度の不安を感じるという結果となった。

　あなたのロジックに関するメンタルチェックを行うために、あなたのB-Cつながりの知識を用いてみよう。権利侵害思考に伴い怒りが生じること、また、差し迫った危険思考に伴い不安が生じることは既にわかっている。あなたに生じた思考がこれらのカテゴリーに当てはまらないのであれば、それはまだあなたが自分の思考をはっきりと特定できていない証拠だ。89頁にあるB-Cつながりがいつも起きることを覚えておいてほしい。万が一、最初にテストがうまくいかなかったならば、ここでもう一度試してみよう。先の例がABCワークシートでどのようになるか、やってみよう。

　人生における数々の状況でABC分析を当てはめる練習をするのと同時に、そこに現れるパターンを探し始めてみよう。あなたのティッカーテープ思考にはある特定のテーマがあるだろうか？　あなたは「次は何」思考よりも多くの「なぜ」思考を持つ傾向にあるだろうか？　権利侵害、喪失、他者との比較など、ある特定の種類の思考が優位にあることに気づくだろうか？

　より多くのパターンを探し出せるほどよい。パターンを探し出すことは、あなたがレジリエントではない反応を予期し、後に予防することを可能にするものだからだ。あなたがABC分析を当てはめる練習をするにつれて、C（結果）のリストが長くなっていくか、最初に思っていたよりも自分のティッカーテープ思考が複雑であることに気づくかのどちらかだろう。それはよい徴候だ。それは自己認識能力が高まってきていることを示すものだ。

　ABCの最後のステップは「クロスチェック」することだ。あなたが特定した個々の思考は、感情と行動とにつながっているべきで、個々の感情と行動は思考とつながっているべきである。あなたのB（思考）とC（結果）は連動しているべきなのだ。

　もしあなたが、つながりのないBまたはCを持っているようであれば、少し時間を取って、すぐには気がつかなかったがずっとくすぶっている感情や、あまりに声が小さくて聞き取れなかった思考についてチェックしてみよ

う。ほとんどのスキルがそうであるように、どんどんうまくできるようになるはずだ。ABCを練習する際、最初のうちの数回は、あなたの地元のコミュニティセンターで開催される独身者向けの集いで見かけるよりも少ないB−Cつながりしか見つからないかもしれないが、驚く必要はない。

あなたがこのスキルを効果的に活用できたかどうかを知るにはどうしたらよいだろうか？ それは、あなたにいわゆる「わかった！体験」が訪れたときである。あなたは自分に向かって「へえ、道理で自分はそんなふうに感じていたわけだ。やっとわかった」と言うはずだろう。あなたは、自分が何を感じているのか、また、なぜそのように感じているのかを理解できるようになるだろう。一度、「わかった！体験」をすると、自分の反応を突き動かしていた思考についてより深く学ぶための準備ができたことになる。それによって「思考のワナ」に陥っていないことを確かめることができるのだが、このプロセスは次の章で探究していこう。

例外的なABC

ときおり、あなたの思考はまったく重要ではないことがある。

このとき、自分が自分に対して矛盾していることになる。場合によっては、できごとや逆境があまりに深刻であるため、あなたの反応が、逆境についての思考ではなく、逆境そのものに突き動かされることがある。愛する人が亡くなったとき、それに続いて起きる感情は主に悲劇そのものから生じるのであって、その人の悲劇に対する解釈から生じるのではない。9.11のような惨劇の後の数時間か数日間は、その逆境の規模の大きさが人の思考を支配する。その思考の正確性や有用性を問うことには特に効果はない。

この事実は、悲劇の衝撃から癒えることについて人の思考がまったく役に立たず、ABC分析スキルが役割を果たさないということではない。それどころか、あなたの思考とレジリエンスが、大きな経験に続いて起きる感情や行動に対してどれほど素早く、また容易にコントロールを取り戻すかを決定づける。

ABCモデルが当てはまらないという別の例がある。あなたは「扁桃体ハイ

ジャック」という言葉を聞いたことがあるだろうか？　次の物語について考えてみよう。バーブとジムは2年間付き合っていた。バーブの誕生日にジムはプロポーズし、翌夏に入念な結婚式を計画した。結婚式の3カ月前に、バーブは、ジムが同じ職場の女性と浮気をしたことを知ってしまい、婚約を破棄した。バーブは彼の電話に応えず、彼が訪ねてきても家のドアを開けなかった。3週間、彼女は彼に会わず、また彼と話さなかった。ある日の夜、彼女の友人に説得されて、仕事の後で飲みに行くことになった。彼女はバーで立ったまま、店内をくまなくチェックすると、そこにジムが彼女に背中を向けながら、魅力的な女性とテーブルに座っているのを見かけた。バーブは手に飲み物を持ったまま、そのテーブルに猛然と歩いて行った。彼女は彼の名前を呼び、彼が驚きながら振り返ったとたん、彼の顔に飲み物を引っかけた。それが「扁桃体ハイジャック」だ。

　扁桃体とは、脳幹の上部に位置し、脳のそれぞれの側に半分ずつあるアーモンド形の神経構造である。それらは辺縁系の一部であり、主に感情の機能を司って感情を生み出し、感情の記憶を蓄え、人生に感情的意味を与える。扁桃体がなければ、喜びや悲しみ、恐れや怒りをまったく経験しなくなり、感情や熱情のない人生となる。海馬（辺縁系の別の構造体）は、できごとの事実の記憶を司る。バーブにとって、海馬は、彼女が何を飲んでいたか、どこに立っていたか、バーで恋人に遭遇したときに彼が何を着ていたかなどを記号化する。対照的に、扁桃体は、感情的側面を記憶する。恋人が別の女性といたときに感じた激怒、彼の浮気を知ったときに自分が感じた恥辱などだ。

　ある状況において、扁桃体は、信号伝達細胞や知覚、認知機能を司る大脳の新皮質を抑え、感情を思考よりも優先させる働きをする。ほとんどの状況において、神経経路は視床を経て新皮質へと走るが、信号はそこで処理されて、対象物に関する情報（それが何なのか、何を意味しているのか、その価値は何かなど）は明らかになる。残りの脳の部分では、新皮質から信号を受け取ることで、身体が最終的に反応する。だが、ある状況においては、扁桃体により受け取られた信号は警報器として作用し、新皮質がその処理を完成させる前に脳の残りの部分が動く。

　バーブにとっては、ジムの姿を目にしたことが、扁桃体の警報器を始動さ

せる引き金となった。刺激の複雑な処理過程を経ず、バーブはジムに会い、激怒をもって反応した。彼女の扁桃体は、本質的には「危険！　危険！」と叫び、彼女の身体が反応したのだった。

　扁桃体が反応する速度には、明らかな生存上の価値がある。視床から扁桃体へと直接伝達される信号は、視床から新皮質、そして扁桃体へと長い経路で伝達される信号よりも数ミリ秒速く伝達される。よい点は、緊急事態においてはこうしたミリ秒が重要性を持つということだ。悪い点は、新皮質が回路から外れるときに、重要で詳細な情報が失われるということだ。敏捷性と徹底性の間のこのトレードオフは、ある状況においては人間にとって有利に機能するが、別の状況においては不利になる。確かに、本当に危機が迫るときには、敏捷性は徹底性よりも重要である。対向車の製造元やモデルはさほど重要ではないように。

　しかし、数多くの状況で、感情が思考に優先するとき、新皮質によりもたらされる豊富な情報は本来有利に働いた可能性がある。バーブは、ネイビーシャツを着た男性が、茶色の目をして、イアリングなどするのであれば裸を見られた方がよいといったジムとは違って、青色の目をして耳にピアスをしている男性であることに気がついたときにひどくきまりの悪い思いをすることから免れることができただろう。扁桃体は私たちを助けることができる一方で、大きな代償を伴うものなのだ。

　往々にして、扁桃体ハイジャックについて初めて学ぶ人は、人間は自らの感情の奴隷であり、「思考」レベルでの介入はどんな種類でもムダだと間違った結論を出す。これは事実にまったく反している。こうした扁桃体のあり方は例外的で、そこに規則性はないと覚えておくことが重要だ。私たちが経験する感情のほとんどは、私たちの前の刺激に対する解釈を含む、新皮質からのより広範囲な処理過程に従う。

　バーブのように、私たちはときおり、ほとんど考えなしにカッとなることもあるが、これは人によってはめったに起きないか、起きても極めてまれなことだ。それよりも、反芻することで不安や怒りの状態に陥るとき、または、大切な人との最後のケンカについて、その細部を凝視することで悲しみがどんどん増すといった経験の方が一般的だ。あるいは、現在の状況に対して、

バイアスがかってはいるが、思考を伴う分析に続く反応として、怒ったり、狼狽したり、罪悪感を感じたりするという経験もよくあるだろう。

　ある状況では、感情が思考を曇らせるという、まさにその事実が、（より少なくではなく）より多くの理性が必要であることを示唆している。確かに、感情が最高潮にあるとき、状況を正確に分析することはさらに難しくなるが、そうすることは可能であり、必要でさえある。重要な介入のステップにより、扁桃体モードから、より理性的な思考モードにシフトすることが可能となる。あなたの感情の噴出が速すぎて強すぎるとき、最も効果的な手法はあなたの身体を静めることだ。すると、あなたの理性が優先的に働く。第9章では、「心を静めてフォーカシングする」スキルを教える。そうすれば、あなたの脳が自身にとって不利なように働いているときでさえも、自分のレジリエンスを取り戻すことができるようになる。

まとめ

- 7つのレジリエンス・スキルは「自己発見スキル」と「自己変革スキル」の2カテゴリーに分かれる。
- 人の感情や行動（C）は、できごとや逆境（A）からではなく、できごとに対する個々人の解釈の仕方、思い込みや思考（B）によって生じる。
- B-Cつながりの知識があれば、他者への共感を強め、助けとなることもできる。

Chapter 5
スキル2――思考のワナを避ける

　ウィリアム・シェイクスピアのハムレットには、人間としての知性の力と、理性的に考え行動することにおいて、この上なく自信があった。実際に、知性と論理について、ハムレットは、「我々人間は神のようだ。他の動物たちを越えてはるか上をいく存在に違いない」と信じていた。しかし、コメディアンのジェリー・サインフェルドはこれに反論していることは特筆すべきだろう。サインフェルドが言うには、「例えば、宇宙人が宇宙船で地球に降り立ったときに初めて見た光景が、人間が犬のフン拾いのスコップを片手に、犬の後ろをついて歩く姿だったと想像してみよう。彼らは、犬と人間、どちらがこの地球の支配者だと確信するだろうか？」
　これはとても的を射た指摘。私たちは、果たしてハムレットが主張するような「動物種のお手本」なのだろうか、それとも知性の力はその辺のペットよりも劣っているのだろうか？　ハムレットとジェリー、正しいのはどちらだろう？
　もちろん、人間が地球上で一番賢い存在であるのは事実だ。私たちは大きな脳を持ち、他種に比べて進化論的にも優勢だからだ。とはいえ、ハムレットもまた間違っていた。私たちの知的能力を過大評価していた。私たちの能力は決して無限大ではない。実際に、測定できる程度に有限であり、脳は約1500立方センチメートルほどの処理能力しかない。にもかかわらず、私たちの五感は、脳が計算するよりも多くの情報を処理できる。これを可能にするため、情報を活用する前に、目や耳から絶え間なく飛び込んでくる情報を簡素化する必要がある。より優れた知覚処理をするために、思考の過程を端折ったり、近道をしたりするのだ。
　これはつまり、私たちがこの世界のあらゆるものを直接的には処理してい

ないがために、思考や信念において間違いを犯しやすいということだ。結局のところ、私たちはこの世界についてきちんと理解しようとするときに、かなり予測可能な間違いを犯してしまう。これから述べる8つの思考のワナは、そのままレジリエンスを阻害し、日々の生活の中での挫折やストレスにも直接的に影響するものである。

8つのよくありがちな思考のワナ

　認知療法の「父」であるアーロン・ベックは、7つの思考のワナについて明らかにし、これらのワナが特に抑うつにつながりやすいものだとした。私たち筆者の研究では、これらのワナは抑うつに加えて、より一般的にはレジリエンスの妨げにもつながることが示された。また、私たちは、「外面化」というもう1つのワナを追加したのだが、これは抑うつを防ぐ説明スタイルである一方で、問題解決能力を妨げたり、人間関係を面倒なものにすることでレジリエンスを奪うものだ。

　次に、8つの思考のワナについて説明するが、最近あなたが個々のケースに陥ったときのことをそれぞれ思い返してみてほしい。私たちのほぼ全員が、いつの時点でかこれらすべての思考のエラーを起こしたことがあると思われるが、個々人では2つか3つのワナに最も陥りやすいとされている。

思考のワナ1：早とちりする

　ジョンは、この半年の間、同じ上司の下、同じポジションで働いている。これまでジョンと上司はとてもよい関係を築いてきた。彼の上司はこれまでもジョンを公平に評価し、彼の仕事のいくつかの点でパフォーマンスを向上させるために具体的かつ詳細な情報を与えるのと同時に、ジョンが期待通りの、または期待以上の働きをしたときには積極的に賞賛した。彼らは強い緊張感の張り詰める環境の中で仕事をこなしており、厳しい納期を守るためにいくつかの重要なプロジェクトを掛け持ちしている状態だった。

　ある朝、ジョンがチェックしたところ、上司からたった1行のメールで、「なるべく早く電話するように」とあった。彼はすぐに、「自分が何か間違い

を起こしたに違いない」と考えた。

　ジョンがこのとき、どのような思考のエラーを犯したか何となくわかっただろうか？　彼は何の客観的データもなしに、何か大変な事態だか問題だかが起きて、上司が憤慨しているか何かのネガティブな理由でメールをしてきたと確信したのだ。一見、これは自然な仮説のように見える。今どきの職場はプレッシャーを生み出しやすく、間違いが起きやすく、問題がたびたび生じて、それらを解決するために上司がよく部下にメールするものだ、というように。

　しかし、これは単なる「決めつけ」なのだ。ジョンの考え方の問題点は、彼が「上司がメールしてきたということは、何かよくないことが起きたに違いない」と**自動的**に、また**確信**を持って信じてしまったことにある。確かに、彼は間違いを犯したのかもしれない。それでも、他の理由である可能性もまたあるのではないだろうか？　上司はもしかすると、新しいタスクか、既存のタスクよりも優先すべき新規オーダーが入ってきたことを単に知らせたかっただけかもしれないのだ。

　適切なデータなしにこのような仮説を作ってしまう思考のワナは「早とちりする」と呼ばれている。これは本当に包括的に起きるエラーで、あらゆる思考のワナが何らかの仮説をでっち上げることに加担していることによる。ジョンがまた、第2の早とちりをしたことにもお気づきだろうか？　彼は「何か間違いが起きた」とすぐさま仮定しただけでなく、無意識に「彼自身が」間違いを起こした張本人であると信じた。確かに間違いは起きていたかもしれないが、他の誰かが起こした問題で、上司はジョンにそれに対処するようメールしただけで、彼を責めているわけではない可能性もある。それでもジョンは「彼自身の」間違いであると認識したわけだが、これは「個人化する」と呼ばれるワナとして、この章の少し後で詳しく見ていく。

　さて、ジョンが早とちりしたことで、実際にどのような影響があったのかを検証してみよう。ジョンは「なるべく早く電話するように」という上司からのメールを見るなり、「何か自分が間違いを犯したに違いない」と自分に言い聞かせた。ここで、前掲した5つのB-Cつながりを使ってみた場合、ジ

ョンがそのように思い込んだときにどのように感じると考えられるだろうか？　まずは思考タイプにラベルづけをし、その思考に従って起きた感情と行動とを検証してみよう（必要に応じて89頁の図を参照のこと）。

　「何か自分が間違いを犯したに違いない」という思考は「喪失思考」だ。そこには、ジョンが自分で思っていたよりも有能ではないという思いが含まれている。彼が少々悲しい思いをして落ち込むだろうことが予想できる。そして十中八九、不安も感じることだろう。なぜか？

　ティッカーテープ思考がきちんと一文にまとまったものであることはまれだ。ほとんどは多くのものが次々と連続して起きる。いったん自分が何か間違いを犯したと早とちりしてしまうと、次に何が起きるかと予測することはまったく自然なことだ。彼のティッカーテープ思考は、「上司は私に本気で怒るに違いない、本気で雷を落とすに違いない」といったものになるだろう。これらは、「未来の脅威」思考なのだが、この思考は不安を呼び起こす。ジョンは我を失い、自分の思考のコントロールが利かず、そして感情のコントロールも失っているのだ。

　例えばジョンが「間違い」を認識するとしよう。その時点で、彼は自分が最新プロジェクトの予算の計算を間違えたから上司がメールをしてきたのだと推測するかもしれない。彼はどうやって上司に言い訳したらよいものかとリハーサルを始め、謝り方を考えたり、仮想上の問題について可能な限りの解決方法を見出そうとするかもしれない。あるいは、彼が実際に犯した間違いが見つからないとしたらどうだろうか？　ジョンはもっと不安で混乱するはずだ。「一体私が何をしたというんだ？　何をしたというんだ？」と。

　彼は緊張して、自分が上司と話す準備ができるまで話したくないと思うことで報告業務が遅れてしまうかもしれない。このシナリオがどのように展開したとしても、ただ1つ確かなことは、ジョンが上司からのメッセージの意味を早とちりして、彼の思い込みによる結果があたかも正しいものであるかのように行動してしまったことで、起きたことに対して効率よく反応できなかった、ということだ。ジョン自身の自己達成的予言によって、彼が最も恐れていた結果を引き出してしまったのだ。自分が間違いを犯したという仮説が正しいかどうかにかかわらず、彼のＣ（結果）、つまり彼の感情と行動が、

その仮説を「負けのシナリオ」としてしまったのだ。

　あなたは、自分自身がこの「早とちりする」思考のワナに陥ったときのことを思い出せるだろうか？　振り返って考えてみて、あなたのティッカーテープ思考（B）と、後に続いて起きる感情と行動の結果（C）について思い出してみよう。あなたは**どの時点で**早とちりしてしまったか気づいただろうか？　この間違いがよく起きるのは、特定の人や特定の人生の領域においてなのだろうか？　ジョンのように、権威ある人との意思疎通や他人から見てのあなたの評価がどっちつかずの場合など、最もこのワナに陥りやすい特定の状況があるだろうか？

　ジョンは「自分が責められる」と思ったが、あなたの場合は他人をあまりに性急に責めやすい傾向にあるのかもしれない。ジョンの結論は悲しみと心配をもたらしたが、あなたに他人を責める傾向があるとすれば、怒りの感情を頻繁に持つことになるだろう。要するに、習慣的に早とちりしてしまう人は、状況に衝動的に反応してしまう。十分な情報を得ないうちから行動を起こしてしまうからだ。

　この思考のワナについて説明するにあたり、何も直感が悪いことだと述べているわけではない。私たちが状況に対して持つ直感は、特にそれが危険性に関係したものであるときには多くは価値のあるものだ。それ以外にも、まず行動ありきで、後から考えが追いつく方がロジカルだという状況もある。例えば、あなたが暗い駐車場でひとりで車に向かって歩いているときにひとりの男が近づいてきたとしたら、最もレジリエントな反応は、自分の感じている恐怖に従ってその場から逃げ出すことだ。直感は、私たちが生き残るために価値あるものなのだ。

　一方で、ほとんどの直感は緊急行動を伴う必要はない。ほとんどの直感は、いわゆる仮説のようなもので、より多くの情報を集めることで生きてくるものだ。実際に、直感に従うことと早とちりをすることを同じように扱ってみるとよい。つまり、直感も早とちりも、ぜひ真剣にとらえてみた上で、事実としてではなく理論として扱ってみることだ。それらはともに検証されるべき仮説だ。また、私たちが仮説を検証するときには過去の経験を考慮するのが効果的だ。

例えば、過去にジョンの上司が、彼の過ちを指摘するためにだけ連絡をしていたのであれば、彼にとっては今回も上司がそのような理由でメールをしてきたのかもしれないと推測するのは妥当だろう。思考のワナというのは、結論を支持する証拠がほとんどない場合、あるいはジョンが、自分の仮説があたかも100％正しいかのように上司に対して反応する場合などを指す。

では、ジョンはどのようにしたらもっとレジリエントに反応できたのだろうか？　彼はほんの1、2分で、昨日の仕事で何かうっかり間違いを犯さなかったかと心の中で確認し直すこともできただろう。しかしながら、自分が間違いを犯したと確信する前にもっと客観的なデータを収集する必要があるのではないか。ジョンはすぐにでも上司のメールに返信すべきだ。そして、上司に電話をする前に、自分にこう言い聞かすべきだ。

「よし、ジョン。今の時点で確かなことは、上司が電話を1本入れてほしい、ということだけだ。電話をする前から自分が何か間違いをやらかしたと決めてかかってしまったら、電話で柔軟に対応できないし、声も緊張して聞こえてしまうではないか。結果的に、自分が間違いをやらかしていたとわかったら、ベストな方法は落ち着いて、頭をクリアにすることだ」

このように、思考のワナに反論することで、ジョンは自分の感情をコントロールし、衝動も抑えられることになる。彼はもう何が起きても、よりよい態勢でレジリエントに反応できるようになる。

思考のワナ2：トンネル視（視野狭窄）

スーは会議室の長いテーブルの先頭に立っている。金融系企業でミドルマネジャーを務める彼女は、自身が率いるチームプロジェクトの進行具合について、管理職レベルの同僚たち6人ならびに取締役に報告している。スーに、あらゆる感覚情報に注意を向け処理する無限の能力があれば、会議中に同僚たちが見せる多彩な行動に気づくことができただろう。デイヴとマーガレット、それにスティーブは会議中、彼女とアイコンタクトをずっと保っている。マーガレットともうひとりの同僚のブライアンは、しっかりと彼女の話の内容に集中していることを示すために、それぞれ質問をする。

会議が中盤に差しかかった頃、マネジャーのひとりであるレイチェルが携

帯電話に出るために退室し、そのまま戻らなかった。残るふたりのマネジャー、ジムとトリーシャは、会議が進行する間、頻繁に意見を交換し合っている。取締役は終始内容に耳を傾けながら、うなずき、ところどころで所見も述べる。ひととき、彼女はあくびをした。会議が4分の3程度に差しかかろうとしたところでスーを支配している考えはこうだ。
「このプレゼンは失敗だ」

　私たち誰もがそうであるように、スーもまた、自分の周りで起きるすべてのものごとを処理することはできない。彼女は自分の目の前に広がるすべての情景に注意を払うことができず、脳が自動的に近道をして、厳選した光景や周囲の状況の詳細を抽出したものだけを認識するようになっている。彼女が機会均等的にものごとを抽出できる人であれば、これは彼女にとってプラスになっていただろう。ところが彼女はそうではなかった。
　彼女には、自分の置かれた状況の否定的な部分に意識を集中させてしまう傾向がある。ジムとトリーシャがこそこそと話していることに選択的に意識を向け、きっと自分の悪口を言っているのだろうと思い込んでしまう。なぜレイチェルが会議を退出してしまったのかとくよくよ考え、取締役のあくびから目をそらすことができない。
　スーは共感のうなずきや、関心の眼差しや、アイコンタクトや、真剣な質問などを体系的に無視してしまうのだ。スーは、ものごとのマイナス面しか見ない「トンネル視」（視野狭窄）の被害者なのだ。彼女は自分の置かれた環境を偏った視点でとらえてしまうため、自身のプレゼンがうまくいっていないという間違った結論を導き出してしまうのだ。
　なぜこのような思考のワナがスーのレジリエンスを弱め、彼女を目標達成から遠ざけてしまうのだろうか？　彼女はこの会議について、取締役に自分のやる気を証明する絶好の機会だと認識した上で、準備に何時間も費やしてきた。しかし、プレゼンは失敗だと結論づけた瞬間、彼女の考えは瞬時に他のティッカーテープ思考へと結びついてしまった。この思考は彼女を消耗させるものだった。「この会議は私が望んでいたのとは正反対の結果になるのに違いない。私は有能などころか、準備不足の上、プロジェクトリーダーと

して失格だと取締役に判断されてしまうだろう。これでもう大事な仕事を任されることもなくなってしまうかもしれない」

こうした考え方が及ぼす影響について、ABC分析スキルならびにB-Cつながりの観点から見てみることにしよう。スーのように「未来の脅威」思考を持つと、そこに不安が生まれる。このレベルの不安は、必ずと言っていいほどパフォーマンスに悪影響を及ぼす。スーのトンネル視は、彼女が最も恐れる結果そのものを導き出してしまうのかもしれないものだ。

トンネル視はネガティブな対象をとらえることが多い。多くの場合、思いがけない幸運に見舞われることは、予期せぬ逆境に比べて生存を脅かす脅威とはならないからだ。とはいえ、中にはトンネル視でポジティブな対象に目を向けるような思考スタイルを開発する人もいる。そして、そのような人は、例えばスーが陥りやすい不安や寂しさのようなネガティブ感情をABC分析で回避できるようになっている。一方で、ポジティブなトンネル視もまたそれはそれで問題を生み出す。

フォーチュン500社に入る大企業で副社長を務めるリチャードのケースを見てみよう。彼は持ち前のエネルギーと楽観性を発揮して大出世し、今のポジションに上り詰めたのだが、数カ月前からぶち当たっているという解決できない問題を相談しに私たちの元を訪れた。彼の会社は現在、組織横断的な業務改革を実施しており、今までのように地域ごとではなく、業務ごとにプロジェクトチームを再編成し、業務内容もすべてコンピュータが管理するようになったのだという。この新たな取り組みを成功させるためにも、役員たちに進捗状況を知っておいてもらい、意思決定にかかわってもらうことが重要だとリチャードは考えていた。しかし、彼が気づいたことには、毎週の会議では彼の提案に全役員が賛成するものの、実際には多くの役員が仕事を遂行しようとしない。何がうまくいってないのだろうか？

私たちはリチャードと数週間にわたり、一連の役員会議について抽象的な形で話し合ったが、進展が見られなかったため、実際にその役員会議を視察する必要があると考えた。会議が進むにつれ、リチャードがここまで出世を果たしたわけがわかった。彼は的確かつ明快に自分の描く組織像を発表し、達成に向けて必要な項目を説明した。彼のプレゼンは人にやる気を起こさ

せ、鼓舞するものだった。

　会議が終わり、最後の役員が会議室を退出したのを見届けてから彼は私たちの方を向き、「僕の言ったことが理解できたでしょう？　役員たちの大きな賛同は得たのですが、彼らの少なくとも半数は実行に移さないのです」と言った。私たちはリチャードのプレゼンに感心したが、彼のいう「大きな賛同」がどういうものなのかは正直、理解できなかった。

　確かに、会議室のテーブルで彼の最も近くに座っていた9人のうち4人の役員は、会議中うなずいたり、賛同する意見をささやいたりしていたし、中には、少なくともプレゼンをきちんと聞いていることを示すためにノートを取る者もいた。しかし一方で、ときおり2、3人の役員が窓の外を眺めていたのにリチャードは気づかなかったのだろうか？　3、4人の役員が二度にわたりゆっくりと、わずかに首を横に振っていた場面を彼は見逃したのだろうか？　あるいは、役員のふたりが椅子をそっと後ろに反らせて、目を見合わせて呆れた顔をしていたのにも気づかなかったのだろうか？

　いや、彼はそれらすべての情景を目撃していた。少なくとも、文字通りの意味では見ていた。情報を含んだ光は彼の目の網膜に届き、神経細胞の働きにより視覚は機能していたはずだ。ところが、彼のトンネル視は、それらすべての細やかな点に集中せず、役員が発信していたノーのサインを処理することもできなければ記憶として蓄えることもなかった。

　反対に、彼は、うなずきやノートを取る役員の姿など、会議が成功しているという自分の考えとかみ合う行動に意識を向けたのだった。だからこそ、彼のトンネル視のお陰で、彼の前向きな姿勢や自信が損なわれなかった一方で、賛同とはほど遠い役員たちの態度に気づくことができず、自身の部署と会社での自分の立場を危機にさらすことになり、それに対する解決策を見出せずにいたのだった。

　スーとリチャードを見てきてわかったのは、それぞれが自分や自分を取り巻く状況について一貫した信念を持っているということだ。スーは自分が口下手で、プレゼンで相手にされていないと思い込んでいた。リチャードは自分が説得力のあるプレゼンターで、誰もが自分の任務にやる気を起こしてくれるだろうと信じていた。そしてふたりとも、自分たちの考えと一致する情

報だけを取り入れ、一致しないデータは無視していたのだった。

思考のワナ3：拡大化と極小化

　エレンとは私たちが実施しているレジリエンスの子育てプログラムを通して知り合った。自己紹介の際、彼女は自身のレジリエンスが最低ラインまで落ちていると話してくれた。彼女は4歳半の娘アニーと、もうすぐ2歳になる息子マックスの子育てに専念するため、ミドルマネジャーにあった警備会社を退職し専業主婦になったのだという。仕事を辞めたのは自分の人生で最善の決断だったとしながらも、最近、自分の存在価値が日々すり減っているような気がすると話す彼女の声は寂しさと苛立ちに溢れていた。彼女は次のように話してくれた。

「ほぼ毎日、1日が終わりに近づくと、自分が失格人間のような気がするのです。私は子育てに全力を注ぎ、自分の役割を全うしようと努力しているのに何もかもうまくいかず、毎日落ち込んで空っぽになるのです。マックスがスーパーのレジでかんしゃくを起こしたり、アニーのために取り寄せた本の受け取りにてこずったり、マックスが友だちに噛みつこうとしたときなど、悪いできごとにばかりに1日じゅう悩まされ、もう母親でいるのは疲れたと感じている自分に気づいています。自分が本当に無理をしたときにだけ、よい瞬間について思い出します。アニーが庭で転んだマックスを助けに飛んで行ったときの光景や、本の読み聞かせの最中にマックスが笑い転げたことなどを思い出し、母親としてうまくやっているという実感が湧くのです。ときには実家の母が電話で励ましてくれて、やっと母親としての自信を取り戻せることがあります。どうして私はもっとものごとをバランスよく見ることができないのでしょうか？　よかったできごともすべて失敗話に埋もれてしまうため、いつもみじめな気持ちになるのです」

　私たちはエレンの話を聞きながら驚いた。ネガティブな部分に支配され、ポジティブな部分を無視してしまう多くの人は、自分が思考のワナにはまっていることを理解していない。トンネル視を持つ人とは違い、ものごとを拡大化する人、極小化する人は、ほとんどのできごとを認識して記憶できるも

私たちが特定の情報に偏るのはなぜか?

　人が体系的に重要な情報を無視してしまうのはなぜか? 自分に与えられた情報の一部だけに偏ってしまう傾向があるのはなぜか? このワナは、自分や、自分を取り巻く世界に対する自分の見解を強固なものにする証拠を好む習慣に起因している。

　次のパズルをやってみよう。これは、決定理論家のP. C. ウェーソンによって初めて提案された。カードが4枚ある。それぞれのカードには片面にアルファベットの文字が書いてあり、別の片面には数字が書いてある。

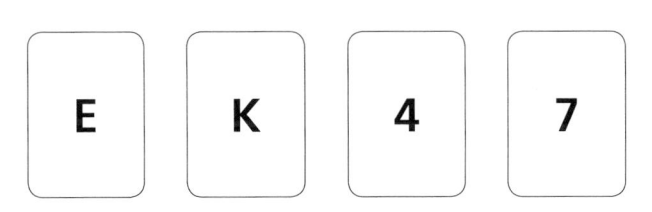

E　K　4　7

　ここでの課題は、次のルールの真偽についてどのようにテストするかを決めることだ。カードの片面に母音 (A、E、I、O、U) の表記があれば、もう片面には偶数がある。カードを名づけて、それらのカードだけ、法則性を試すためにひっくり返す必要がある。あなたはどれに決めただろうか?

　この課題を行うように言われた多くの人が、Eと4のカードをひっくり返すと答えた。あなたはどうだっただろうか? これは、世界について自分が持つ理論を裏づけることのできる証拠に対する自分の強い嗜好を見事に示すものだ。Eのカードをひっくり返すというのはよい決断だ。そうすることにより奇数が現れ、その法則性が不正確であることを知るわけだが、偶数が現れた場合には法則性に対する裏づけが支持される。

　ここで、4のカードひっくり返すのではまったく自分の助けにならない。母音、子音のどちらが現れるとしても、その法則性はまだ正しい可能性がある (カードの片方が偶数であれば、もう片方は必ず母音であるという法則性はまったくない)。とはいえ、あの法則性を裏づけるために、4のカードの裏面は母音であってほしいと思うものなのだ。心理学者はこのような、個々人の世界についての理論を裏づける証拠に対する嗜好のことを「確証バイアス」と呼ぶ。よき科学者として私たちがすべきことは、法則性が間違っていると証明しようと試みることだ。そして、その唯一のやり方は、Eと7のカードをひっくり返すことなのだ。

のの、できごとに自分の中で重要度をつけ、過大評価したり過小評価したりする傾向がある。これは私たちがペンシルベニア大学で学生たちを指導しているときにも見受けられる。中には、大学2年の1学期に成績表に1つ「C」（5段階評価の3に相当）がついたせいで大学院に進学できる見込みは薄いと思い込んでいる4年生がいる。まるで世界中に見られているかのように、成績表にあるそのたった1つの「C」に望遠鏡が固定され、その他の優秀な成績はまるで望遠鏡が逆向きにされ、遠い場所からものすごく小さく見えるだけの粒になってしまったかのようだ。これがまさにエレンが陥ってしまったワナなのだ。ネガティブを拡大しすぎるため、ABC分析でもネガティブ寄りになってしまい、レジリエンスが減っていくというわけだ。

　反対に、よい記憶を膨らませ、悪い記憶を最小限に留める人もいる。そのような人は、ネガティブなできごとの重要性を退けてしまうかもしれない。例えば友だちとケンカをしても「いずれ丸く収まるだろう」と考え、職場で低評価を受けても「今期は目標に達することができなかったけど、前はよい結果を出せたし、今後も出せるだろう」と軽くあしらう。ときには「血圧とコレステロール値は高いけど、大事なのは減量して、医者が喜んでくれたこと」と病気のサインをも排除してしまう。ポジティブを拡大化させ、ネガティブを極小化する人は、トンネル視の持ち主であるリチャードのように、自分の生き方を変える本当の必要性を過小評価しているのかもしれない。

　あなたの日常を考えてみよう。仕事を終えての帰宅途中、あるいは1日のできごとを家族と夕食時に話すとき、その日に起きたポジティブなできごとよりもネガティブなできごとの方が多く頭に浮かぶことはあるだろうか？このような思考のワナは仕事での成功や人間関係を徐々に蝕んでいく。ネガティブを拡大化し、ポジティブを極小化することでネガティブな感情につながり、人生から意気込みを奪ってしまう。不運なできごとや困難な状況にばかり意識を向けていては、仕事や交友関係、新しい趣味などにも楽しみを感じられなくなる。ネガティビティは機嫌を損なう要因となり、ネガティブな感情は気力や効力感までをも弱らせる。

　拡大化、極小化の思考のワナにはまってしまうと、多くは仕事上の関係にも傷がつくことになる。私たちは数え切れないほどの作業チームの相談に乗

ってきたが、その中で最もよく寄せられるのが同僚のネガティビティに関する悩みだった。いつも気が滅入るようなことばかり言う同僚との仕事を嫌がる人は多い。彼らは不愉快なだけでなく、発想力を弱め、問題解決を遅延させ、個人にもチーム全体にも悪影響を及ぼす。人は怒りや悲しさを抱えているとき、明瞭さや柔軟性、効率性に欠ける考え方をする。同僚たちはネガティビティを抑制できない人を避けるようになる。そうやって、この思考のワナは多く人を自己達成的予言に導いてしまう。

　友情にもヒビが入ることがある。機嫌は伝染するため、いつも陰うつだったり、怒っていたり、悲しんでいれば、それが周りの友人にも伝わってしまう。ひょっとすると最初のうちはあなたを励ましてくれ、ポジティブな方に導こうとしてくれる友人も、何度試してもダメな場合には、諦めてどこかよそへ行ってしまうかもしれない。ネガティブな人は概して自己陶酔しており、他人との緊密な関係を保つために必要な思いやりに欠けているため、ネガティブな人のもとから去るのは賢明な判断かもしれない。あなたの友人が問題を抱えてやって来て、夫婦ゲンカの話を始めたとしよう。あなたは絶えずうなずきながら、友人がその問題についてさらに具体的に考えられるように正しい問いかけを続けることだろう。

　彼女の夫が何を、どんな感じで言ったのか。前にも同じようなことがあったのかどうか。あなたに質問されるにつけ、友人は自分を理解してもらえたと喜び、感謝するだろう。ところが、その問題に対して彼女がもっとバランスの取れた考え方をしようとして、夫に思いやりがあることや、ディナーをともにしたときの楽しい思い出など、よい場面について語り出そうとする。彼女の前であなたが豹変するのはそのときだ。あなたは会話をよいできごとから遠ざけて、悪いできごとへと戻そうとする。それは共感ではない。あなたは決して故意に意地悪をしているわけではない。ただ、まるで蛾が光に惹きつけられるように、あなたの思考のバイアスによって自然とネガティブに向いてしまうのだ。

　または、ネガティブを拡大化するのではなく、極小化する人もいる。あなたは自分の意識からネガティブ要素を追い出し、いいことだけに注意が向いたりするだろうか？　ポジティブなことにだけ集中すれば、一時的に陽気な

気分を味わえるが、いずれは否定した現実に引き戻される。そうなったときの準備ができていないのだ。仕事でも困難な状況やミスを軽く見て、うまくいっているプロジェクトにだけ注力する傾向がある。自分の強みを活かすのは大切だが、目の前の問題に向き合わなくなってしまっては元も子もない。ある女性は私たちにこう話してくれた。「私は問題が起きてもそれを重要だと認識せず、他のことに集中することで問題を避けてきましたが、それで困ったことになってしまったのです。そうこうするうちに問題は何とかなるという程度の失敗から、手に負えない危機的な状況へと膨らんでいってしまったのです」

ポジティブの拡大化とネガティブの極小化は人間関係を傷つけるのと同じくらい健康に悪影響を及ぼす。人間は現状を正しく判断することができてはじめて成長し、変わることができる。肥満体質で、1日1箱タバコを吸う人は、自分の健康へのリスクを軽視している以上、禁煙しようとは思わないだろう。結婚生活でうまくいっている側面にだけ意識を向け、夫の不満に気づこうとしない妻は、朝起きたら自分のベッドの隣が空っぽだという場面にいずれ遭遇するだろう。レジリエンスは現実を正しく認識する能力に基づき成り立っているため、極度の悲観主義者も、極度の楽観主義者も、同じように苦しむこととなる。

思考のワナ4：個人化

ジョーイの両親は、フィラデルフィア郊外で私たちが実施している「青少年レジリエンス・プログラム」に彼を入会させた。子どもがプログラムに入会すると、研究者たちが子どもたちに一連の質問紙を説明する。これらの質問紙には、子どもの説明スタイル、自尊心、ティッカーテープ思考の本質、不安、抑うつの程度など、私たちの情報となるものが含まれている。すべての資料が、ジョーイはうつ病の大きな危険にさらされていることを示していた。ジョーイは、11歳という年齢でありながら、ほとんどの同級生よりも高い抑うつの兆候を見せており、彼の考えの大部分はネガティブなものだった。説明スタイルのテストにおける彼の答えでは、ジョーイは人生の逆境において自分自身を責め立てる傾向のある、とても「個人的(パーソナル)」な気質であるこ

とがわかった。

　質問紙から判明したことがらは、プログラムが進むにつれ裏づけられていった。第3章で取り上げた説明スタイルについて思い出してみよう。人生で起きるできごとに関する習慣的で反射的な考え方、そして「個人的」または「自分」スタイルは抑うつの危険因子として知られていた。それゆえにジョーイのとても強い「自分」スタイルからして、彼が既に高度の抑うつ症状を見せていることは驚くことではなかった。本プログラムにおける訓練法の1つは、子どもに自分のティッカーテープ思考を特定させることだ。この訓練では、仮想のできごとを描き、子どもたちに自分の「なぜ」思考を把握する練習をするよう指示する。

　例えば、近所の人が旅行に出かけている間にあなたが植物に水をやる約束をして、その植物が枯れてしまったとする。植物はなぜ枯れてしまったのか？「間違った家のカギを渡されたから」「どのくらいの水をやればいいか言われなかったから」「子どもに頼んだのがいけなかった」さらには「あの植物は弱すぎたんだよ」というように、反射的に他人や周囲の状況のせいにして責任逃れをする子どももいるだろう。

　ところがジョーイはそれをしなかった。彼の反射的反応は、「それがどれだけ大きな仕事だったか自覚をしなかった」とか「ぼんやりしてやるべきことをやらなかった」など、自動的に自分を責め立てるものだった。それどころかジョーイは、どの問題においても原因が自分のみならず、自分の深刻な人格的欠陥にあると考えていた。植物が枯れたのは自分が信用できないから。姉は誕生日に自転車をもらったけれど、自分はセーターをもらった。それは彼が姉ほどにいい子ではないから（「みんなそう思っているんだ。ママとパパでさえも」）。自分は算数ができないが、それも自分が「バカ」だから、というように。

　ジョーイがはまってしまったこの思考のワナは「個人化」と呼ばれ、問題が起きると自分のせいであると反射的に反応する傾向をいう。この思考のワナをABCのレンズを通して、B-Cつながりから見たときに、なぜこの典型的な自尊心を失う思考スタイルが悲しい気持ちにつながるかがわかる。友人

や愛する人たちと対立したときに、個人化は他人の権利を侵害しているという思い込みにつながり、また罪悪感にもつながる。悲しみと罪悪感、この２つの感情は、ジョーイにとってはあまりにおなじみのあるものだった。

　個人化の利点を認識することも大切だ。ほとんどの場合、問題の原因が自分にあると考えることができれば、問題解決能力が自分自身にあるものと認められる。ふたりの心理学者、バーナード・ワーナーとジュリアン・ロッターは、互いに研究をしていたが、ふたりとも個人化とコントロールについて多大な貢献をした。ロッターは、人が自らの人生をコントロールする力が自分の内にあると考えるか、それとも他人や運や状況といった外的な力にあると考えるかで区別をしている。コントロール力が自分の内にあると考える人は明らかに、より高い自己効力感やレジリエンス、問題の解決策を求めて行動を起こすやる気を多く持ち合わせている。

　だからと言って、問題に対して責任を取ることが、いつでもよいことで、レジリエントであるということになるのだろうか？　ジョーイは11歳で、自立せず、自信のない子どもそのものだった。それどころか、彼は抑うつの危険に大いにさらされていた。彼は、問題に直面すると、頑張って解決しようとはせず、受け身になって諦めてしまう。どうしてだろうか？　その答えは「正確さ」にある。レジリエンスは、自分の人生のできごとをコントロールできる力、必要な変化を起こすことができる力があると信じることによって生まれるが、**同時に**、その信念が正確でなくてはならない。

　問題の原因が自分の内にあるものと考えるときに、レジリエンスが向上しない場合が２つある。第１に、個人化をする人のように、問題の内的要因**のみ**を考えて、体系的に外的要因を無視した場合には、その人のレジリエンスは弱くなる。同僚と共同作業をすると想像してみよう。ある大企業のテクニカル・サポートで働くこの同僚をスチュワートと呼ぶことにしよう。スチュアートとあなたが、顧客とのインターネット上での通信の改善策に関する提案書の作成を依頼されたとする。提案を共同で発表した結果、受けがよくなかったとする。ここで私たちは（あなたを除き）問題点について十分に理解しているとする。

＊あなたが提案書で書いた箇所は、結論を支持する証拠が不十分だった
＊スチュワートが提案書で書いた箇所は明確さを欠いており、肝心なアドバイスが何であるか聞き手は理解に苦しんだ
＊あなたとスチュワートは、口頭でのプレゼンの最中、互いに話を何度か遮って、聞き手を混乱させた
＊聞き手は自分たちが懸念する点に対して、スチュワートが真剣に取り組んでいないと受け取った

　ここで起きている状況に対する評価は、あなたが個人化をすることから偏ったものとなる。あなたは、提案書で自分が書いた箇所が十分な説得力を持たなかったと認めるだろう。あなたはスチュワートに、プレゼンの最中に遮ってしまって悪かったと謝るだろう。一方で、スチュワートが問題に関与した部分、つまり、**彼**が明確に書かなかった提案書の箇所と、彼の真剣さが足りなかった点には気を払っていない。あなたの思考スタイルのバイアスによって、あなたが状況に関与した部分については見えるものの、彼の関与した部分は見えなくなるのだ。どうしてこれが問題なのだろうか？
　それは、効果的な共同作業を行うには、そして失敗の後で回復するには、何が間違ったのかを十分かつ正確に分析する必要があるからだ。あなたが個人化をすることで、問題の原因のうち自分のせいではない部分を見落として、例えば、スチュワートと誠実な会話をすることなど、間違いを訂正するステップをとらないのだ。レジリエンスには正確さが求められるのだ。
　2つ目に、自己効力感、そしてレジリエンスは、その問題に内在する原因を自分で変えられると信じるかどうかによって左右される。問題に直面したときには、ジョーイはいつでも自分自身について振り返ってみる。しかし、彼が問題の原因であると思うところは、実はなかなか変わらない彼自身のいくつかの側面なのだ。ジョーイはテストで成績が悪かったときに、勉強の習慣といったような、自分で変えられる具体的な行動には注目しない。代わりに、すぐさま反射的に「僕はバカなので成績がCだった」と自分の人格を非難する。勉強の習慣は変えられるが、バカは治しにくいものだ。
　個人化をする傾向にある人は、自分の思考を注意深く辿ってみて、問題の

Part2　7つのスキルを身につける

原因について、自分でコントロールできて変えられる行動だと考えがちか、あるいは変わらない、深く根ざした人格的な側面によるものだと考えがちか見極めてみよう。問題の原因が自分に関することで、かつ変えられないものだと考える組み合わせは二重苦であり、レジリエンスを蝕むものだ。今の段階では、自分のティッカーテープ思考に注意を向けてみよう。これはとても重要なことだ。

思考のワナ5：外面化

　外面化とは個人化の反対だ。個人化はレジリエンスを弱めるものだが、だからといって何か間違いがあるたびに単に他人のせいにすればいいというものではない。この思考のワナ、外面化には欠点もある。私たちは12年以上にわたっていくつかの業界の営業部門で働く人たちの調査を行ってきたが、彼らの思考スタイルの中に明らかなパターンが見られた。それは、「ほとんどの問題が自分の責任ではない」というものだ。
「この市場では誰も売ることはできない」「こんな粗悪品は誰も売ることができない」「営業部に光沢のあるパンフレット作成の予算があったら」——。こうした思考スタイルは営業部員の自尊心を守り、自己不信を寄せつけない。当然のことながら、自己不信は営業にはとりわけダメージを与えるものだ。しかし、反射的な外面化にも不都合な点がある。
　外面化する人は、逆境の要素として、それが純粋に自分の行為によるもので、自分でコントロールできる範囲内のものとして認めることができない。問題は、売り文句や戦略、あるいは自ら作成した顧客リストにあるのかもしれないのだが、いずれも見逃してしまうのだ。これは、彼らが原因の所在を外的要因に限定しているからだ。そして、再びABCのレンズを通して見ると、外面化する人たちは悲しみと罪悪感から逃れる代わりに、怒りに駆られやすい気質を持っていることがわかる。

思考のワナ6：過剰一般化

　マーガレットと10代の娘サマンサは最近特によくケンカをしている。少なくともマーガレットの目から見れば、サマンサが学校にどんな服を着ていく

か、友人との外出から何時頃家に戻るかといったことなど、問題の大部分はささいなことだった。けれども、ここ数ヶ月間のふたりのケンカは確実に激化し、回数も増えていた。極めつけは、昨日サマンサが数学の成績で「D」（5段階評価の4）を取ってきたことだった。マーガレットは怒り狂った。彼女がサマンサに一生懸命勉強しろと再三警告したことは徒労に終わってしまった。自分自身が教師であるマーガレットとしては、自分がサマンサをダメにしていると考えていた。マーガレットは口ゲンカの最中に、サマンサが一生懸命勉強もせず、門限を守らないことに怒りを感じたことは事実だ。しかし、マーガレットの頭の中では、「私は悪い親だ」という考えがティッカーテープのように繰り返されていたのだった。

　マーガレットは娘との口ゲンカについて、自分が悪い親であるためだと説明する。欠陥のある人格特性はすぐ簡単に修正できるものではない。つまり、彼女は自分自身についての説明として、「いつも」「すべて」という、先に触れた二重苦に陥っているのだった。もっと客観的な観察者であれば、最近の口ゲンカについていくつか可能な説明を見つけることができるだろう。マーガレットには関係なく、もっとサマンサにかかわる要因もあるだろう。「サマンサは10代の反抗期に入っている。すべての子どもと同じように」。もしくは、「サマンサは最近気分屋さんね」といったように。そのままマーガレットの責任が問われることもあるだろうが、ふたりの関係性のとても具体的な側面にのみかかわる要因に責任が問われることだろう。「マーガレットはサマンサの学校の成績が悪いことに我慢できない」。もしくは「サマンサがマーガレットを無視して門限を破って外出するとき、本気でマーガレットの怒りのボタンを押してしまう」
　マーガレットは自分の持つ思考スタイルのためにそれらの原因を見出すことができない。この場面でABCを考えてみよう。次の機会に、マーガレットがサマンサから宿題の手伝いを頼まれたり、10代の厄介な悩みごとについて相談に乗ってほしいと言われたり、親として10代の子に与える自由に制限を設けるよう求められたりした場合、彼女が自分は悪い親だという思い込みを持っているとすれば、娘に多かれ少なかれかかわる可能性というのはどう

なるだろうか？　また、自己達成的予言によって自分の責任から手を引いてしまうことで、彼女は自分の最も避けたいと願っていること、つまり、まさに悪い親となってしまうのだ。

　当然ながら、過剰一般化は自己に限定されるものではない。個人化するのと同時に過剰一般化する人は、自らの人格を暗に殺してしまう。それに対して、外面化するのと同時に過剰一般化する人は、他人の人格を暗に殺してしまう。あなたが、あなたの大切な人とケンカしたとき、「彼はいつもとても自分勝手だわ」と考えるか、それとも「彼は私の欲求を考えていなかったのかしら？」と考えるか。あなたの従業員が時間通りにタスクを終わらせられなかったとき、「彼らは怠け者でやる気がない」と考えるか、それとも「彼らはうまく時間を管理できなかったのだろうか？」と考えるか。自分の子どもと口ゲンカするとき、「嫌な子だ」と考えるか、それとも「最近、あの子は機嫌が悪いな」と考えるか。

　いずれも前者のような考え方があなたの思考スタイルであれば、それは「外面化と過剰一般化」と分類される。あなたは、問題の原因が他人の**行動**ではなく**人格**にあると理解する。これはやる気が起きる勝ちの戦略ではない。他人の全体的な人格を過剰一般化するとき、少なくともあなたの思考の中では、個人化と過剰一般化の組み合わせが自分に対するコントロールを奪うのとまったく同様に、他人のコントロールを奪っているのだ。次の機会に、あなた自身がこのうちのいずれかの二重苦に陥っているのに気づいたときは、自分自身に問うてみるとよい。そこに、自分自身、または誰か他人の行動で、この問題を引き起こす原因となった可能性のあるものはないだろうか？　もしあれば、それこそが、あなたが自分のために変えたいと思う行動なのだ。

思考のワナ7：マインドリーディング（思考察知）

　1996年の夏、私たちはフォーチュン500社の1つであるコンピュータ関連会社と仕事をしたのだが、その際に開催したワークショップでルイーズと会った。彼女はとても輝かしい存在だった。率直な人で、自分の意見を持ち、正真正銘の扇動者で、私たちは初日の早いうちから彼女に好印象を持った。各ワークショップの前に、すべての参加予定者に対して質問紙を実施し、彼

らの強みや弱みについて、職場や家庭、またその両立において出くわした逆境について回答してもらうのだが、ルイーズの回答は記憶に残るものだった。
　その回答は、彼女が力強く、意欲的で、賢い女性であることを示しており、同じ会社で8年間も働きながら低いレベルのポジションに留まっていたことはなおさら驚きだった。ワークショップ中、彼女は課題シートの1つに取り組みながら、組織内で自分の昇進を妨げているのは偏見であるという自身の考えを明かした。
「私はここで働いている間、5回か6回、昇格を申請したのです」と述べ、「私がそれらのポジションに適任であることはわかっていますが、アフリカ系アメリカ人の女性はどうやっても昇進できないのです」と続けた。
　記録の残るところで、偏見のない企業など存在しない。これは、真剣な解決策を必要とする真剣な問題だ。一方で、私たちは同時に、特にこの企業ではアフリカ系アメリカ人の女性が高い地位に昇りつめていることも知っていた。そのため、私たちは彼女に、できるだけ包括的に、典型的な面接がどのように繰り広げられ、その面接の1つひとつの過程で、彼女の頭の中を通りすぎていった考えを正確に示してほしいとお願いした。
　言い換えれば、私たちは、彼女の最近の面接をABC分析するようお願いしたのだった。彼女は次のように説明した。
「私は万全の準備をして臨みました。黒人女性として、その面接が簡単にはいかないことはわかっていました。だから、彼らにつけ込まれないように、めざす仕事のあらゆる側面をしっかりと理解して臨んだのです。面接官が誰になるか、その部屋に誰が座っているかは知っていましたが、それでもどういうわけか、その構成員がどれほど『白人』だらけなのかを知ってショックを受けたのです。面接の最初の方はうまくいきました。私のティッカーテープ思考は、『今回こそ、私はブレークスルーを起こす』というもので、世界を制することができそうな気持ちになったものです。でも、突然、脱線したように感じたのです」
　私たちはルイーズに、突然ターニング・ポイントが訪れたその直前、何が起きていたのか正確に思い起こすよう尋ねた。すると彼女はこう言った。
「ああそうだ、ふたりの面接官が互いにひそひそと話し始めたとき。そうだ

Part2　7つのスキルを身につける

わ。間違いないわ。マイク・シモンズが、クライアントがクレームを突き立てたとき、どのように対処するかという質問をして、私が答えたとき、ロンダ・ジェンキンスとボブ・キャサマティスがお互いに何かをささやいたのです。私は彼らが何を言っているのかは聞こえなかったし、彼らは私の方は見なかったので表情は見えませんでした。ただ、そのことで、私はこの仕事には受からないと悟ったのです」

　私たちはなぜ、そう確信したのか尋ねた。

「なぜかって、彼らは何かにつけて、私をこの仕事から退けようとしているのを知っているからです。おそらく何か私の印象が悪くなるような無理難題を突きつけようとしているのでしょう。私は、全員か、またはほとんどの面接官が、黒人女性にはこの仕事を与えたくないことを知っています。面接はただ形式的にやっているだけ。彼らは私と面接しなければいけないからやっているにすぎない。会社は、面接で私を落とすことで十分に人種差別的なのです。もちろん面接を行うことには同意してくれたけれども、手に入れたい職はどうやっても得ることができないのです。私にはただ、彼らが考えていたことがわかるのです」

　彼女はさらに続けた。

「彼らが何やらひそひそとささやくのを目にした瞬間から不安を感じ始めました。この会社に私の未来はないと悟らされたからだと思うのです。そこから、この一連の面接で、なんという時間をムダにしてしまったのかと思いました。私は無力に感じて、すっかりやる気を失った。その後で、いくつかの疑問が浮かんできたのを覚えています。あの人たちが私の未来へのカギを握っているとは、なんて不公平なんだろうと。ものすごい怒りがこみ上げてくるのを感じました。面接の終わりで、彼らに向かって『いいですか、私のことはすべてその履歴書に書いてあります。どうせすべてがただの時間のムダなのに、どうしてわざわざこんな質問をしなければいけないんでしょうか？ただ履歴書を読めばいいだけですよね？』」

　私たちは、人種差別は企業内の昇進決定において要因とはならないと言っているわけではない。そういう場合もあることは理解できる。しかしなが

ら、ルイーズが引き起こしてしまった自己達成的予言に注目してもらいたいのだ。面接官の人種差別のせいで自分は昇格させてもらえないという彼女の思い込みこそが彼らに怒りを向けさせ、企業に憤りを向けさせ、面接を途中で退席するか、少なくとも自分には人種差別があることはわかっていますよという明確なサインを送るべく、そのような言葉を述べることを望ませたのも無理はない。

　当然ながら、面接官が人種や性別などにはまったく左右されない人たちであっても、彼らが公平で責任ある態度で振る舞っていたとしても、ルイーズの露骨な怒りは、彼女が新たなポジションを得られないことを保障してしまったようなものだった。彼らが人種差別主義者であるという彼女の考えは正しいのだろうか？

　確かに正しいかもしれないが、彼女が引き出したデータの結果は疑わしい。ふたりの面接官の間でささやかれたというコメントを聞き取ることはできなかった。ルイーズは彼らが何を考えているか知っていると思い込んだ。つまり、彼らは彼女にこの仕事を与えない方法を考えていると思い込んだのだ。ルイーズはマインドリーディングをしたのだった。

　私たちの多くはマインドリーディングを行っている。私たちは周りの人々が考えていることを知っていると思い込み、それに応じて行動する。マインドリーダーの中には、自分が何を考えているかを他人がわかってくれていることを期待する人たちもいる。職場で長くつらい1日を過ごした後で家に帰ったのに、伴侶に思いやりがないと不満を募らせたという経験がどれくらい頻繁にあるだろうか？　これはおそらく、パートナー関係にある人たち、特に子どものいる人たちが、最も陥りやすいワナの1つだ。

「なぜ彼は夕食を外で食べようなんて言うのかしら？　私にとって今日はとてもひどい1日で、ただ私の望むものはあったかい長風呂とほんの少しの安らぎと静けさだって、どうして彼はわかってくれないのかしら？」

「僕に子どもを公園に連れて行ってくれと頼むなんてどうかしている。地獄のような1日を過ごしてきたというのに、僕がさらに別の雑用をすませるまでリラックスする時間も与えてくれない。彼女は僕が今日1日の仕事で疲れ切ってイライラしていることがわからないんだろうか？」

そう。おそらく、彼女はあなたが疲れ切ってイライラしていることに気づいていない。彼はあなたがひどい1日を過ごしたことなど知らない。

人間はマインドリーダーではないが、私たちはたびたび他人にそうであることを期待してしまう。個人化することと過剰に一般化することが同時に起きやすいように、マインドリーディングも共時的に起きやすい。マインドリーディングをする人は早とちりしやすい。ゲーリーの物語は、それら2つの思考のワナが共時的に作用していかに彼のリーダーシップを弱めたかを示すものだ。

彼は、医学校の精神科のマネジャーだ。彼は7人のフルタイム従業員と3人のパートタイム従業員の直属の責任者でもある。ゲーリーは、仕事が落ち着いているときには慈悲深く、温かく、また公平な人だ。彼はよい聞き手で、彼の下で働いている人は皆、彼のチームの一員であることを喜びに感じている。仕事はもちろんいつも平穏なわけではない。ゲーリーのオフィスに助成金申し込みの締め切り日となる数週間前の9月終わりごろに立ち寄ったとしたら、オフィスでの緊張感の高まりはかなりのもので、それを肌身で感じ取れるほどだ。助成金申請の時期はゲーリーにとって逆境であり、彼の最もよくないものを引き出してしまう。

ゲーリーと彼のスタッフは、20もの億単位の助成金のために、異なる予算をめぐって熱狂的な状態で働いていた。日中に学科長からメールを受け取り、当初の予定よりも1週間半も前倒しで、明日の正午までにいくつかの予算の情報が必要だと知らされる。ゲーリーは、校舎の向かい側にある場所でのミーティングに出席するために、いつもより早く出勤する必要があった。そのため、彼はそれぞれの従業員に対して、今日の残りの日でどのような働き方をしてほしいか、明確な指示を書いてメールをした。

翌朝、ゲーリーはオフィスに出社して、状況報告のためにそれぞれの従業員と個別に会った。マリアの番になったとき、マリアは気弱な声で、自分のタスクリストを何1つ完了できていないことを彼に伝えた。ゲーリーはすぐに、「彼女は時間がほとんどないことは知っていた。なのに、そのことをまったく気にしていないなんて信じられない！」と思った。彼は怒り狂い、彼の感情はコントロール不能になり、その様子を見せてしまった。

はたしてマリアは時間が差し迫っていることを知っていたのだろうか？ ゲーリーは当初の予定が変更になったことは知らせていなかった。彼のメールには明記されていなかった。彼はマリアが、彼の思考を察しなかったことを怒っただけだ。ゲーリーがいったんマインドリーディングの思考のワナに陥ると、早とちりするのは至って容易なことだ。ゲーリーのティッカーテープ思考は続いた。「私の依頼したタスクがこなせなかったのは、彼女が明らかにこのオフィスに貢献していないということだ。私はそんな人間とは一緒に働きたくない」

　ゲーリーは、普段はよい聞き手であるものの、そのときは彼女にほとんど話をさせなかった。彼女が自分の行動について説明しようとしたとき、それは彼女自身のメンツを保つための嘘だと見なし、明らかな嫌悪感を示しながら彼女を退けてしまった。彼自身の思考のエラーによって、彼は自分の権威を傷つけるような形で衝動的に行動してしまったのだった。

　ゲーリーの思考のエラーはマリアにとっては不公平なものだった。同様に深刻だったのは、その思考のエラーが彼の問題解決を妨げたことだ。ゲーリーはマリアに対して怒り、不信感を抱いたため、マリアからの情報を得ることなく、既に仕事の負荷がかかっていた他のメンバーにタスクを振った。

　ゲーリーが落ち着いて、何が悪かったのかをよく考えることができていたら、マリアが学校で具合が悪くなった息子を迎えに行くのに職場を早退する必要があって、タスクを完了しなかったことがわかっただろう。マリアは、この仕事を終わらせるのにあと１週間半はあるという想定のもと、週末に出勤して仕事の遅れを取り戻そうと考えていた。彼女は、喜んで遅くまで働き、仕事をできるだけ終わらせるつもりでいたかもしれないのに、ゲーリーが他のメンバーに仕事を振り、彼女に大変無礼に接したため、彼女は誤解されたまま、チームプレーヤーとしてのやる気を失った形で、5時に職場を去った。

　これまで、思考のワナに陥り、他人にひどく接したり、結果として思わしくない状況に陥ったということはあっただろうか？　今度、誰かがあなたのマインドリーディングを誤ったり、あなたが誰かのマインドリーディングを誤ったことで激怒するようなことがあったら、冷静になり、コミュニケーシ

ョン障害がどこで起きたのか、他の人に明示してもらうとよい。ゲーリーが単純に、「マリア、私は困るよ。私たちには今、時間がないことがわからないのかい？」と聞くことができていたら、仕事への打撃はコントロールできただろうし、うまく折り合いもつけられていたはずだ。

思考のワナ8：感情の理屈づけ

　私たちは、1999年の冬に行われた企業研修でウェンディに出会った。当時、彼女は通信ネットワーク企業の営業部門でマネジャーをしていたが、トレーニング中、彼女は会社での仕事の進め方が最近悩みの種となっていると相談してくれた。彼女は自身の営業方針がいかに有効であるかを他人に納得させる能力に長けており、それが彼女の生き甲斐でもあった。説得力は彼女の最大の強みであり（現に私たちもトレーニング初日、彼女の言う通りに研修の終了時間を早めることに同意してしまった）、彼女は優秀な営業成績を収めていた。
　ウェンディは営業部の統括責任者など、営業方針を決定する人たちとの会議で使う戦略を説明してくれた。彼女によると、今まではそれでたいていは成功していたのに、最近はなぜかうまくいかないのだという。
　「プレゼンでは手応えを感じるのに、後になって私の案は採用されなかったと聞かされるのです。最近になって上司に、他の人の案になってしまって驚いたと打ち明けてみたところ、私の案を推す者は少なかったと聞いてショックを受けてしまいました」と彼女は話してくれた。ウェンディの疑問は、「これが私の考え方のせいなのであれば、どこが間違っているのか？　何かおかしいのか？」ということだった。

　私たちはまず、ウェンディの問題はトンネル視なのではと考えた。もしかしたら彼女はリチャードのように不同意のサインを見落としているのではないかと。あるいは不同意のサインを認識していてもそれらを極小化し、うなずきやひそひそ話での同意を拡大化しているのでは、とも考えた。ところが、会議中のウェンディの思考回路を辿るにつれて、彼女の思考のワナはリチャードやエレンのものとは大きく異なることに気がついた。
　最近、会社でのウェンディへの期待度が高まりつつあった。彼女の昇進が

検討されているという噂が社内に広がっており、実現すれば会社が実施している最も大きな広告キャンペーンの責任者になるという大出世だった。彼女は何としてでもこの昇進を勝ち取ろうと意気込んでおり、営業部長らへのプレゼンをホームランのチャンスと心得ていたが、同時にプレゼンがストライクアウトにもなり得ると理解していた。彼女は会議が近づくと、新人以来経験したことがなかった緊張感に襲われるようになった。それでも彼女のプレゼンは素晴らしく、会議が終わりに近づくにつれて緊張感も解け、ストライクアウトではなかったと安堵の気持ちに包まれるのだった。

　彼女の思考のワナが明らかになったのは、会議終了後、なぜそんなによい気持ちになったのかという私たちの質問に対して、彼女が「上司たちをほとんど説得できたと思ったから」と答えたときだ。私たちはその答えの信憑性を疑った。私たちはウェンディに当時抱いた感情について詳しく思い出してもらい、私たちに伝えてくれるよう頼んだ。彼女は私たちの目を見つめ、にっこりと笑ってうなずきながらこう言った。
「そうね。確かに、私は会議が無事終了してとにかく安堵したんだったわ」
　ウェンディは失敗を避けられたことでポジティブな感情を経験していた。上司から難しい質問もされず、全員関心を持ってくれたように見えた。それどころか、何人かの上司は彼女の案に感激さえしているようだった。ところが彼女は、自分のポジティブな感情は上司がプロジェクト案に賛成してくれたことからきているものと思い込んでいた。つまり、彼女は「私は上司たちに自分がプロジェクトリーダーとして適任だと説得することができたからとてもいい気分なのだわ」と考えているのだ。
　この考え方に論理的なエラーがあることにお気づきだろうか。実際に上司たちを説得できたのであれば、当然いい気分にもなるだろう。しかし、このようなシナリオでは満足感につながる要因が他にもあるのだ。もしかすると失敗することなくプレゼンを終えられたから彼女は満足感を感じたのかもしれない。ウェンディは結果的に、自分の感情に基づく間違った結論を導き出しており、その思考のワナ、**感情の理屈づけ**が彼女を悩ませていたのだ。
　もっとわかりやすい感情の理屈づけの例は私たち自身の経験から引用できる。アンドリューの大学生時代、スカイダイビングにとても熱心な親友にマ

ークという人がいた。マークは技術的にも優れており、他の３人のメンバーとともにオーストラリア代表チームとして世界選手権で金メダルを取ったばかりだった。アンドリューのような初心者からしてみれば、飛行機から身を投げ、空中で演技をし、その発想力や難易度が採点対象となり、地上までなんとか無事に着地する競技など、狂気の沙汰にしか思えなかった。

　マークはよくアンドリューをドロップゾーンまで降りて来るよう誘ったが、名前からして縁起でもないと感じたアンドリューはいつも断っていた。これは大学で法律を勉強していたマークたちとは違い、永遠に職に就けないといわれる哲学を専攻していたアンドリューはもうこれ以上人生においてリスクを負うことはしないと決めていたからかもしれない。ところがある晩、酒の力を借りたマークはふたりの共通の友人、ピーターにスカイダイビングに挑戦するよう説得に成功し、それから１カ月間、準備が始まった。

　ふとピーターがしぶしぶ同意したことに興味を持ったアンドリューは、「君がスカイダイブをして死ぬ確率はどれくらいだと思う？」と質問した。ピーターは平静を保ったまま一瞬間をおいてこう口を開いた。「まあ、年間1000万回ダイブが行われているとしよう。そのうち死者が出るのは多分１、２回だろうから僕が死ぬ確率は500万分の１ぐらいじゃない？」

　彼の論理は優れたものだった。それから１カ月ほど経った頃、ダイブの前夜、３人はまた会うことになり、そこでまたアンドリューは同じ質問をした。「明日君が死ぬ確率はどれくらいだと思う？」このとき、ピーターは「うーん。まあ１万人にひとりくらいかな」と答えた。

　１万人にひとり。１カ月前の答えは500万人にひとりだったのに、一体何があったのだろう？　スカイダイビングの危険度が突如上がったのだろうか？　いや、そんなはずはない。ならばなぜピーターのスカイダイビングに対する危機感は急激に高まったのだろうか？

　第４章で見たように、不安は未来の脅威に対する懸念から生まれる。私たち人間は、その状況の危険度、本当にその状況が現実となる確率、そしてそれが起きるであろう時期の３つの要素で危機レベルを分析する。例えば、喫煙は高い確率で体に悪影響を及ぼすかなり危険性の高い行為だが、喫煙者の多くが危機は遠い先に起きることだと思っているため、不安を持たず、禁煙

しようとも思わない。ピーターの場合、1カ月の間に危機感が切迫してきたため、スカイダイビングの日が近くなればなるほど不安が募り、実際より高い確率で脅威が迫っているという間違った考えを導き出してしまった。つまり、彼は感情の理屈づけのワナにはまってしまったのだ。

アンドリューはマークとピーターと一緒にドロップゾーンに行くこともなければ、飛行機に乗り込むこともなかった。それでも、自分がそこにいる場面を想像した。マークが飛び込むよう「励ます」なか、翼の支柱に必死につかまるピーターが目に浮かんだ。ここでピーターに、「君が死ぬ確率は今どれくらいだと思う？」と聞けばどう答えるか考えた。きっと地上を見下ろしながらピーターはこう言うだろう。「ふたりにひとりぃぃぃぃぃ！」

最終的にはピーターもマークも無事だったが。

思考のワナを避けるスキルを実生活で使う

マインドリーディングをするマネジャー、ゲーリーがマリアと衝突した後で、どのように「思考のワナを避ける」スキルを実践したかを模範として紹介してみよう。ほとんどの人が、逆境の真っ只中ではなく、ことが起きた後でこれらのスキルをマスターし始める。他の新しいスキルを学ぶのと同じように、このスキルの習得には学習曲線がある。多くの場合、自分の感情が落ち着き、少し時間が経ってから実践する方が簡単だ。

いきなりラッシュアワーの高速道路で運転の練習をしないのと同じで、感情で圧倒されているときにスキルを習得しようとすべきではない。事後にスキルの習得を何度も繰り返し試してみてから、逆境が過ぎ去った直後にスキルを適用し始めることをお勧めする。数週間以内にはほぼすぐ自分の思考のワナを見つけることができるようになるだろう。

ほとんどのレジリエンス・スキルは状況をAとBとCに分けることから始まる。最近自分の人生や仕事で起きた逆境を選んでみて、ゲーリーの例を参考にして取り組んでみるとよい。まずこのスキルを使い始めるときには、ペンと紙を用意してみよう。第9章では瞬時に使えるスキルの習得について紹介する。話をゲーリーに戻そう。彼は次のように書いた。

A（逆境）：翌朝仕事に戻り、ちゃんと仕上げておくようにと前日メールで頼んだ仕事をマリアが1つもやっていなかったことを発見した。［これはAのよい描写例だ。客観的で具体的で、彼の考えが入り込んでいない。自分の逆境を大げさに描写したり、自分の思考によって実際の状況の客観的な描写に手を加えたりしていないか確認してみよう］

B（思考）：マリアは私たちが時間のプレッシャー下にあることを知っていたが、そんなことお構いなしだったのだろう。彼女がこんなに無責任であることが信じられない。彼女は明らかにこの仕事に誠実ではなく、打ち込んでもいない。彼女は私が一緒に仕事をしたいタイプの人間ではない。［これは彼のBのよい描写例だ。真実味があって、検閲で訂正されてもいない。自分のティッカーテープ思考が、カッとなった瞬間に実際に自分に言ったことで、不適切な部分を削除していないかどうか確認してみよう］

C（結果）：私は信じられないくらい怒りを感じて、彼女が弁解しようとするたびに彼女の言葉を遮った。彼女がどんどん動揺しているのがわかったが、正直なところそんなことはどうでもよかった。5分ほど彼女に怒りをぶちまけてから、この仕事はジャニスに仕上げてもらうと伝えた。その日、私は彼女を1日じゅう無視したのだが、彼女が大変つらい思いをして、オフィスの全員が彼女の味方であることがわかった。結局のところ、それは自分のとてもまずいマネジメントの好例だった。［ゲーリーは感情と行動のCをともにうまく描写した。さらに、彼の思考がオフィスの他の人たちにどう影響したのかも描写した。自分がどのように感じたかを明確に思い出すのが難しい場合には、B-Cつながりの知識を使って、おおよその感情の結果をつかんでみよう］

　ゲーリーはその状況のABCを分析した後で、彼の思考にもっと目を凝らしてみることにした。彼は思考のワナのリストと照らし合わせて自分のティッカーテープ思考を検証した。スキルを練習するにつれて、このようなリストを手元に置いてすぐに使えるようにしておくとよいだろう。ただ、ほとんどの人が、このスキルを使い始めて数週間で自分が陥りやすい2、3の思考

のワナを見つけ、それらにだけ注意するようになってしまう。

　ゲーリーが思考のワナのリストを見直したとき、彼は3つのワナに陥っていたことに気がついた。あなたにはそれらを見つけることができるだろうか？　当然、彼はマリアが自分の心を読んでくれることを期待した。この点は既にこの章の前半で触れた。マリアは新しい締め切りを知らなかった。彼はマリアに知らせていなかったにもかかわらず、この情報を念頭に置いて行動することを期待したのだった。

　私たちはまた、彼の早とちりについても話し合った。マリアが仕事をやらなかったことについて、彼は彼女が誠実でなく仕事に打ち込んでいないと結論づけたのだ。もしかするとあなたは彼の早とちりに組み込まれている3つ目の思考のワナに気がついたかもしれない。彼がマリアの行動を誠実さや責任感の欠如といった人格上の欠陥と結びつけたことに注目してみるとよい。彼は、具体的で、変えることのできる理由、例えばタイムマネジメント能力の低さや指示に従う能力などは考慮しなかったのだ。この状況におけるこの時点ではゲーリーはことの真相を何も知らないにもかかわらず、彼の思考は自動的かつ反射的に彼女の人格を殺してしまったのだ。彼は過剰一般化をしたのだ。あなたの実生活では、どのような決めつけや判断を自動的にくだしてきたのだろうか？

思考のワナを回避する簡単な質問

　あなたはこの本の後半で、自分の思考の正確さをテストし、その有用性を評価することによって思考のエラーを正す方法を学んでいく。しかし、そうしたスキルを学ばすとも、自分にいくつかの簡単な質問をすることで自分の思考のワナから抜け出すことができるのだ。

　あなたが早とちりしがちであるなら、そのスピードが敵だと知っているはずだ。目標はスローダウンすることだ。そして、一体何を根拠にその結論を出したのかを自分自身に問うてみるとよい。その結論は確かなものだろうか、それとも自分の憶測なのだろうか？

　自分がトンネル視になりやすい瞬間を振り返るときには、全体像を見るこ

とに注意を向け直す必要がある。自分に問うてみよう。全体的に状況を見ての公平な判断とは何だろうか？　全体像はどのようなものだろうか？　この1つの側面は全体像にとってどれぐらい重要なものだろうか？　これらの質問は、自分の視野を広げ、トンネルの向こう側へと抜けるのに役立つことだろう。

　自分が過剰に一般化することに気づいたら、関連するその他の行動についてもっと注意深く見てみることが必要だ。自分に問うてみよう。今、自分が正しいと信じていることよりももっと範囲を狭めた説明ができるだろうか？　この状況を説明する具体的な行動は何かあるだろうか？　自分の（もしくは他の誰かの）人格を否定することを後押しするものは何だろうか？　この具体的なできごとに基づいて、自分の（もしくは他の誰かの）人格そして／または価値を非難することは理に適っているだろうか？

　悪いことを拡大化し、よいことを過小評価することがあるだろうか？　そうであればバランスを取る努力をする必要がある。自分に問うてみよう。何かよいことが起きたことはないだろうか？　自分がうまくやったことはないだろうか？　逆に、ネガティブなことを簡単にやり過ごしてしまう癖があるのなら、自分に問うてみよう。問題を見過ごしてはいないだろうか？　ネガティブな要素で、その重要性を見落していることはないだろうか？

　あなたが個人化をする人であれば、ものごとを外向きに見ることを学ぶ必要がある。自分に問うてみよう。自分以外の誰か、あるいは何かがこの状況に加担したということはないだろうか？　問題のどれくらいの部分が自分によるもので、どれくらいの部分が他人によってもたらされただろうか？

　一方で、あなたが習慣的に外面化する人であれば、自分自身に責任を持ち始める必要がある。自分に問うてみよう。自分はどれくらいこの状況に加担しただろうか？　問題のどれくらいの部分が他人によるもので、どれくらいの部分が自分によってもたらされただろうか？

　あなたがマインドリーダーであれば、自分から意思表示をして、他人に質問することを学ぶ必要がある。しかし、まずは自分に問うてみよう。自分はこの思考または感情を直接、明確に相手に知らせただろうか？　関連するすべての情報を伝えただろうか？　自分の必要性や目標を他人が必死になって

わかってくれると期待しているのではないだろうか？

　最後に、あなたが感情の理由づけに陥る人であれば、事実から感情を切り離して考える練習をする必要がある。自分に問うてみよう。今までに、自分の感情が状況における事実を正確には反映していなかったことはあっただろうか？　事実を知るためにはどのような質問を自分にするべきだろうか？

　あなたが思考のワナに陥るときというのは、多くの場合に切羽詰まった逆境に対処しているときだということは覚えているだろうか？　影響を受けやすいストレッサーに直面したときには自分の思考によく耳を傾けてみることだ。これから数週間、自分の思考のパターンを見つけると同時に、自分の感情と行動に対して思考のワナがどう影響しているのかに気づくことを目標としてみるとよいだろう。自分の思考のワナをうまく感知できるようになったら、その場で思考のエラーをとらえる練習をし、ワナを見極めたらすぐに先ほど示したいくつかの自分自身への問い掛けをしてみるとよいだろう。これらの思考のワナをうまく避けられるようになるにつれて、レジリエンスに打撃を与える間違った思い込みを抑えやすくなっていくだろう。

まとめ

- 8つの思考のワナは、レジリエンスを妨げる危険性を持つ。
- 思考のワナの特徴を知り、自分のティッカーテープ思考にどの思考のワナが存在するかを見極めることが大切である。
- 思考のワナは、簡単な問いを自分に投げかけることで回避できる。

Chapter 6
スキル3――氷山を見つける

　罪悪感を少しだけ感じるというよりも激しく感じたり、少しだけ悲しいというよりもものすごく落ち込んだりと、自分の感情が強烈すぎると思われたときはあっただろうか？　または、自分の感情が適切ではないように思えて驚いたことは？　罪悪感を感じるべき状況で怒りを感じたり、怒りで顔が真っ赤になるべきときに恥ずかしさで顔が真っ赤になったということは？　おそらく、あなたの**行為**が調子に乗りすぎたり、協調性がないように映ったときがあったかもしれない。ある友人がグループの皆の前であなたをからかい、あなたはその友人と何日も口をきかなかったとか、自分の夫が台所の流しにお皿を置きっぱなしにしていることで夫に激怒したときに、それはもうどうしようもなかったのだ、と思ったことは？
　ときに、ティッカーテープ思考は、ある状況に対するあなたの反応の強さについては説明しない。そのような場合、それはあなたの**根底にある思考**、つまり、世界がどのように動き、その世界の中で自分がどのように動くべきと感じるかについて、深く固持された思考に影響されているという「信号」なのだ。「根底思考」の例としては、「私がやると決めたことはすべて成功するべきだ」、または「感情的になるのは弱さの印だ」といったことを含む。こうした、より深いところに潜む動機や価値観は、多く私たちを突き動かし、どのように逆境に反応するかを決定する。そして、これら根底思考、または私たちが「氷山」と呼ぶものは、通常は自分の意識の外、意識の表面下深くにあり、それらを探り当てるには特別なスキルが必要である。
　「氷山を見つける」スキルをマスターすることは、あなたの感情表出の制御や、共感や、あなたのRQテストの点数に働きかけるときの重要なステップである。より重要なのは、このスキルはあなたの人間関係を大いに良くする

ということだ。職場で起きる「人間的な」衝突のほとんどは、「氷山思考」の違いに起因している。こうした思考はまた、カップルの間の多くの不仲の原因となっている。「氷山を見つける」スキルを活用することで、自分自身ならびに自分の人生で大切な人々のコアの価値観や動機についてよりよく理解することができるようになる。

表層思考 vs. 根底思考

　ティッカーテープ思考が、逆境に対するあなたの「その瞬間の」思考であり、感情や行動を突き動かすものであることについては説明した。ティッカーテープ思考はあなたの意識の表層に浮かび上がるものであるから、ティッカーテープ思考は**表層的な思考**であると考えることができる。どんな瞬間であっても自分のティッカーテープ思考に気がつかないとしても、比較的容易にその思考に注意を向け、自分が自分に対して何を言っているのかを特定することができる。ただし、表層について、それを見せかけだけの、または無関係のものと混同してはならない。ほとんどの状況において、あなたがなぜ今のように反応するのかについて、表層思考がカギを握っているからだ。

　しかしながら、ときに、自分のティッカーテープ思考は自分の反応を説明**してくれない**。その場合には、あなたが反応しているのは自分のティッカーテープ思考に対してではない。自分の根底思考、つまり、根本的で、深く根ざした思考であり、自分が何者なのかについて、また、この世界での自分の立ち位置についての考え方に対して反応していることを意味する。根底思考とは、この世界がどうあるべきなのか、また、この世界の中で自分がどう機能すべきなのかについての一般法則である。根底思考は一般法則であるために、数多くの異なる逆境に当てはまる。そして、一般法則であるために、一度あなたが根底思考を特定し、そこに挑戦すれば、人生の数多くの領域においてもっとレジリエントに対処できるようになるだろう。

　「氷山を見つける」スキルを活用して、自分の根底思考を表面化することで評価できるようになり、また、本質的に、あなたを「動かす」動機を見つけ出すことができる。一度それが済んだら、自分の今までの根底思考がまだ有

効かどうか、あるいは、違った、もしかするともっと有益な世界観の方がより幸せで、より生産的になれるかどうかを見極めることができる。

氷山思考

　いくつかの根底思考が適応能力として働く。根底思考とは、成功と幸福を促す方向で行動する手助けをしてくれる。「敬意と威厳をもって他人に接することが大切である」「正直であることは私にとって重要なことだ」「困難な状況になってもすぐには諦めない」。これらはあなたにとって有用な根底思考だろう。とはいえ、すべての根底思考が有用であるわけではない。多くの思考が、逆境に対処するための私たちの有効性を最小化するばかりか、深刻な心理的障害を引き起こしさえするかもしれない。マーク（別称「怒れる人」）は、深い思考を持っている。

　「人は信用できない。あらゆる機会を狙って私を利用しようとする」という根底思考は、できごとに対する彼の解釈をバイアスがかったものにし、彼の多くの表層思考を形成している。私たちはこのような根底思考を「氷山思考」と呼んでいる。氷山思考とは、固定化し、凍結された思考であるので、普段よく意識的には考えないものだ。また、意識の表面下に潜んでいるため、あなたを沈めてしまうこともある。氷山思考は目の前の状況に当てはまる以上に、人生の一般命題や原則となっている傾向がある。「この世界は危険な場所だ」「人々はいつも私を尊敬すべきだ」「女性は親切で、協力的であるべきだ」「男性は感情を人に見せるものではない」などは、氷山思考の例である。事実、多くの人は、達成、受容、コントロールという、3つの一般的カテゴリーまたはテーマのうち1つに当てはまる氷山思考を持つ。

達成

　次のような思考であなたがその通りだと思えるものはあるだろうか？「成功こそが最も重要なことだ」「失敗は弱さの印である」「私は決して諦めてはならない」。もしあれば、あなたはおそらく達成指向の人だろう。達成指向の人は、成功は人生の中で最も重要なものであるという根底思考を持つ傾向

がある。当然ながら、成功への強い願望を持つ。自らに高い基準を課し、自らのミスや不完全さに過度に意識を向ける。

　私たちのクライアントで、地区担当支店長だったスチューは、「失敗するほど最悪なことはない」と考えていた。この氷山思考は、彼の仕事をほぼ犠牲にするところだった。いかなる犠牲を払ってでも成功したいという彼の欲望が、実際には彼を指導力のないリーダーにしていた。彼は地区担当支店長として、忍耐力とリーダーシップの模範となり、社員たちのスキル開発を手助けすることが期待されていた。スチューは自分のチームが順調なときには協力的だったが、不調に陥ったときには、失敗に対する彼の恐怖が彼の障害となった。事態が悪化したときには、何が間違っているのかを理解して修正するようチームメンバーを促し、助けるのではなく、怒り、批判的になった。彼らと一緒になって事態を改善しようとするのではなく、自分ひとりでプロジェクトを引き継いでしまった。それが、成功を保証するために彼が知っていた唯一の方法だったからだ。

　だがもちろん、その戦略は彼の職務とは相容れなかった。自分のチームが発展し、成長する手助けをしていなかったからだ。むしろ彼は介入し、人々を脇に押しやってしまった。スチューは失敗を脅威に感じるあまり、リーダーとして失敗する運命にあったのだった。

　完璧主義にまつわる氷山思考はまた、達成指向の人々に共通したものであり、思考のワナの1つであるトンネル視にしばしば苦しむことになる。私たちがコーチしていたローラというペンシルベニア大学の大学生は、「完璧ではないものはすべて失敗だ」と考えていた。大学で立派にやるという彼女の野望や欲求は、ほとんどの時間を自分の研究や宿題に取りかかるのを先延ばしにし、避けるために費やしていた。プロジェクトに取りかかり始めた後でさえ、彼女のトンネル視の傾向が障害となり、プロジェクトを続けることが困難となった。自分が書いた論文の最初の草稿が気に入らなければ、その論文に取り組み続けることはほとんど不可能だった。

　彼女が注視したのは、何がうまくいかなかったかということだけで、うまくいったことにはまったく目を向けなかった。そのため、彼女は衝動的に、途中で投げ出してしまうのだった。これは成功の方程式ではない。実際に彼

女は、2年生の終わりまでに、自分の成績表に2つ、「保留」の評価がついてしまった。彼女の完璧主義は、頑張ってクラスを受講し続けるのではなく、諦める方に駆り立てたからである。ローラは自分の行為に混乱し、大学がなぜ彼女をそんなにひどく責め立てるのかが理解できなかった。私たちはローラに、彼女の課題である歴史の論文を書き始めるときに、自分のティッカーテープ思考を話してみるよう伝えた。彼女はこう言った。「私は本当にすごい論文を書きたい。ウィリアムズ先生によい印象を与えて、クラスで一番優れた論文を書きたい」

　ローラは、そのような欲望が、どうやったらそんな、書くことを避けるためだったら自分は何でもするといったような強烈な不安をもたらすのかが理解できなかった（課題を先延ばしにすることの唯一の利点は、キャンパス一よく整理された洋服ダンスを持っていることだと彼女は言っていた）。ローラの混乱はもっともなことだった。彼女の表層の思考、ティッカーテープ思考は、彼女自身の感情や行動を説明するものではなかったからだ。私たちはローラに「氷山を見つける」スキルを活用するよう教えたのだが、「完璧ではないものはすべて失敗だ」という彼女自身の氷山思考に気づいた後では、彼女を麻痺させていたものをよく理解できるようになっていた。この理解が備わってからというもの、ローラは問題をよく掌握できるようになった。

受容

　次のような思考にあなたはどれぐらいなじみがあるだろうか？　「人生において最も重要なのは人に愛されていることだ」「人々を喜ばせて幸福にすることが自分の仕事だ」「人々にいつも自分の最高の状態を思ってもらいたい」。これは、受容欲求の問題、つまり人から好かれ、受け入れられ、賞賛され、仲間にされたいという欲求をめぐる思考だ。受容への根底的な欲求に支配された人は、対人関係における軽視やいざこざに人一倍よく気づき、また過剰に反応する傾向にある。受容指向の人は、早とちりし、マインドリーディングをする傾向にある。挨拶をしない上司とか、電話を折り返してこない友人など、あいまいな状況においては、自分が嫌われたと思い込み、それが氷山思考をますます強くする。

ジェームズはカスタマーサービスで働いているのだが、「自分が誰かに好かれないならば、それは自分に何か非常に悪いところがあるということだ」という氷山思考を持つ。あなたはここに、最悪の事態が起きることが想像できるだろうか？　人に拒絶されることが我慢できないカスタマーサービス担当者は、競争するのを嫌がるプロのアスリートと同じくらい悲惨である。ジェームズは、顧客がひどくあたってくるときには、自分が何か悪いことをしたと思い込み、顧客を説き伏せようとして多くの時間を浪費してしまう。ジェームズは、サービスを売ることよりも、自分が好かれることに意識を向けるため、彼の電話での接客には効果がないのだ。

　顧客は最初のうちは、彼ののんびりした、独自の接客スタイルを楽しむのだが、彼が顧客に気に入られようと冗談を言ったり、顧客をもっとよく知ろうとして個人的な質問をするなどしてよりくだけた感じになり、不適切な態度になるにつれて、顧客は我慢できなくなって電話をガシャリと切るのだった。人に好かれたいという彼の切実な欲求は、結果的に人に嫌われてしまうように振る舞うよう彼を突き動かしてしまうのだ。

　シェフであるキャロルは、「自分のやることは賞賛されるに値する」という根底思考に突き動かされている。そのため、自分の成果について自慢し、自己陶酔的に自分に意識を向けている。街中にある、洒落た新しいレストランで働くよう採用されたとき、キャロルは彼女の友人1人ひとりに、採用をめぐる会話を1つ残らず詳しく話して聞かせた。キャロルの説明によると、友人たちは最初のうちは自分と一緒に盛り上がってくれたけれども、次第に彼女の成功に嫉妬し、それについてもう話すのを断ってきたという。彼女の友人から見ると、キャロルと純粋に喜びを分かち合ったけれども、彼女が何度も同じ話をひっきりなしに繰り返すことに飽き飽きしたのだった。同じように、承認と賞賛に対するキャロルの執拗な欲求が、彼女の人間関係に重たくのしかかっていた。

　私たちがキャロルと会ったときには、彼女と同居するボーイフレンドが引っ越す最中だった。彼は言った。「彼女は温かい人柄でカリスマ的な魅力もあって、彼女が僕との関係をやり直したいというのもよくわかるのですが、彼女が求めるものをただ与えてあげることはできないんです。僕が100％、い

つでも彼女が望むときに彼女に注意を向けていないと、彼女はすねて、部屋に閉じこもります。友人たちがただ一心に『キャロル様のショー』に付き合う代わりに自分たちのことについて話そうとすると、彼女は激しく非難して、自分に嫉妬しているんだと食ってかかるんです。彼女はもう、自分の欲求が僕たちみんなを追い払っているのかがまったくわかっていない」

キャロルの人間関係は長く続かない傾向にあった。

コントロール

次のような思考をあなたは持っているだろうか？　「弱い人たちだけが自分の問題を解決できない」「助けを求めるのは、自分自身に責任を持っていないことの表れだ」「自分をコントロールできないのは弱虫だ」。コントロール指向の人は、できごとに対して責任を持ち、コントロールする重要性についての根底思考を持つ。コントロールに関する強い氷山思考を持っている人は、自分が責任を持たない経験や、結果を変更することができないことに対する高度な感受性を持つ傾向がある。ほとんどの人は、自分がコントロールできないと感じるのを不快に思うものだ（ジェットコースターに乗っているときや、セックスをしているときのような短い時間を除いては）。

「何でもコントロールしたがる人」とときおり言われるような人にとって、そうした経験はとんでもないものであるはずだ。コントロールできないことを個人の失敗に帰するからだ。私たちが話をしたフィラデルフィアの消防士は、ニューヨークのツインタワー崩壊後の数週間で十分に人々を助けられなかったことに強烈な罪悪感を感じると話した。彼とワークをやってみると、彼に罪悪感をもたらした2つの氷山思考が現れた。「私はいつも責任を持たなければならない」「活動的でないのは、弱さと臆病さの印だ」――。

これらの氷山思考があらゆるやり方で彼を突き動かしていた。確かに、彼の職業選択は、彼のコントロールすることに対する強い欲望によって部分的に特徴づけられていた。私たちのほとんどが無力感に陥り、非力に感じてしまうような状況に対して、彼の場合は、消火活動にあたることによって、状況に責任を持ち、コントロールできると感じられた。当初、テロ攻撃のあった後、コントロールをめぐる彼の思考は、救援活動で他の地元の消防士たち

を組織化するのに役立った。グラウンド・ゼロで救援にあたったにもかかわらず、彼はまだ自分が十分にやっておらず、それが自分の人間的な欠陥を示すものだと考えた。ローラのように、その消防士は自分の反応に混乱していた。彼の職場の多くの人は、悲劇で震撼し、人を助ける方法を見つけなければならない気持ちに駆られた。多くの人がニューヨーク市を去ったときに根底から罪悪感を感じた。一方、彼にとっては、罪悪感は広がりを見せ、深いものだった。彼は夜ずっと眠らず、集中力は妨げられた。彼は疲労困憊した。ほとんどの氷山思考がそうであるように、その消防士は真面目すぎて、その真面目さが彼を助けるよりも彼を傷つけ始めていた。

　氷山思考の費用対効果を評価することが重要である。実際に、あなたの氷山思考を特定した後で、自分で自分に問うてみなければならない基本的な問いは、次のようなものだ。この思考に伴う犠牲は何だろうか？　この思考はどのように私の役に立っているだろうか？　負担を減らし、利益を増やすために、私はどう変わることができるだろうか？　これらの問いが示唆するのは、すべての氷山思考がいつも非生産的で有害なものとは限らないということだ。それらはときおり、あなたの人生のいくつかの領域では極めて有効であるが、その他の領域では阻害要因となる。

　部長のジルがこのよい例である。ジルは自分のオフィスをきちんと整理整頓している。彼女の「乱雑にしているのは悪い人間性の印だ」という氷山思考は、彼女にとってはうまくいくものだった。彼女は仕事で秀でていた。彼女の仕事は、氷山思考がもたらす行為と同じ行為を可能とするからだ。それからジルは、母親になるという、2番目の仕事に就いた。汚れたオムツ。汚れた指でペタペタとそこかしこを触りまくる。あまりも目まぐるしく変わる日課に、もはや日課とは呼べないくらいだった。幼児がもたらしためちゃくちゃと大混乱ぶりは、乱雑さについてのジルの氷山思考と相容れず、既に生活が厳しく、死に物狂いの母親としての数カ月間を一層困難なものにした。私たちは、彼女の秩序に関する価値観を取り去ろうとせず、むしろその価値観を微調整する手助けをした。

　乱雑ぶりは本当に悪い人間性と同義なのだろうか？　ジルは、数多くのコントロール指向の人々と同じく、過剰一般化の思考のワナに陥っていたのだ

った。自分ではコントロールできないと感じたとき、コントロールできないことがあたかも彼女自身が欠陥のある人間であることを示すかのように振る舞っていたのだった。私たちは、ジルが自分の氷山思考のロジックを評価するのと同時に、彼女の持つ他の価値観についてもはっきりと表現するよう手助けをした。例えば、彼女が冷静で愛情深い母親であるためには、乱雑であることに対する高度な忍耐力が必要とされるかもしれない。ジルは、「私はものをきれいにきちんとしておくのが好きだ。同時にもっとリラックスして、子どもといる時間を楽しみたい。だから私は完璧にではなくて適度にきれいにするようにしよう」というように、彼女の価値観の書き直し、つまり氷山思考を作り替えることができた。私たちは読者のあなたにも同じことをお願いするが、赤ん坊はしっかりと抱きとめておきながらも、風呂の水を捨てるようにとジルに挑戦課題を与えたのだった。

氷山はどのように形成されるか?

　もしかするとあなたは、自分の氷山思考がどこから生じているものなのか、疑問に思っているかもしれない。それはどのように形成され、また、なぜ自分はコントロール指向の思考を持つのに対して、自分の配偶者は達成指向の思考なのだろうか、と。私たちはともに、心気症の人に会ったことがある。心気症とは、自分は病気だと思い込んでいるものの、本当の医学的な疾患の徴候はない、というものだ。私たちが見てきたいずれの事例でも、こうした人々はある特定の共通した経歴を持っていた。いずれの人も、病気の親族のいる家庭で育っていた。おそらく、末期症状にあった祖父母が同居するためにやってきたのかもしれない。あるいは両親の片方が、長期にわたり大がかりな医学的検査を受けたのかもしれない。小さい頃から、両親らが絶えず病気の徴候をチェックして、新たな治療法の開発に目を光らせていた様をよく見ていたのだろう。その結果、大人になってから、絶えず自分たちの健康状態をチェックし、実際には存在しないものの、あらゆる疼きや痛みを病気の徴候として見つけ出すことに過敏になったのだろう。

　心気症患者が自分たちの親からこうした行動を学び取ったのと同じよう

に、私たちも皆、子どものときに自分たちの家族から氷山思考を形成する。私たちは世界観、つまり自分たちの親の中心的な価値観を遺伝的に受け継ぐというよりも学び取るのだ。子どもは、自分がどう振る舞うべきか、また世界がどうあるべきかについて、周囲の人々からメッセージを吸収する。自分の親が、特に他人への敬意の問題に意識が高いと想像してみよう。親は、年長者を敬うことを継続的に奨励し、あなたにほんのちょっとでも失礼な点があると、あなたはいつでも罰せられた。

結果的に、あなたは一種の「敬意」探知機を開発したのかもしれない。周囲の環境を見渡して、尊重されるべき権利が侵害されている実例を見つけては、その都度怒る。あるいは、年老いた祖父母を最もよい形でどのように世話をするかという議論をひそかに知り、介護の質が確保できないことで両親が感じた深刻な罪悪感を自分でも感じ取る。このような子どもが大人になると、他人の権利を侵害することに過敏になり、多くの罪悪感を経験するかもしれない。

あるいはおそらく、子どものときに、自分の父親が何かを完璧に成し遂げられなかったとイライラしている場面を頻繁に目にしたため、何かを完璧に成し遂げられないとそれは失敗であるという氷山思考を作り上げたのかもしれない。万が一外で事故に遭って、救急処置室に搬送されてはいけないからと、出かける前にきれいな下着を着けておくようにとしつけるような家で育っただろうか？　いつ何時でも家名を守るように、家族を困らせるような行いは断じて許さない、といったメッセージを頻繁に受け取りながら育ったようであれば、自分の基準に見合わない場面に対して特別に敏感な感受性を持つという事実が家族に由来していることがわかる。結果として、あなたは失敗や恥をかくことへの恐れから、機会をとらえることに失敗するかもしれない。

氷山思考があなたをどのように傷つけることがあるか

氷山思考では4つの問題が生じる可能性があるが、それぞれにあなたのレジリエンスを徐々に蝕む力がある。

＊氷山思考は、予期しないときに作動することがあるが、それが感情と反応との不調和につながる
＊氷山思考が作動すると、それほど極端ではないかもしれないが、状況に不適切な感情と行動が引き起こされることがある
＊矛盾した氷山思考は、意思決定に困難をきたすことがある
＊氷山思考が非常に硬直したものである場合、同じ感情パターンに何度も繰り返し陥ることがある

問題1と2：氷山思考はB-Cつながりの断絶を引き起こすことがある

「あなたの濡れたマグカップが私の良質な木製テーブルの上にある。あなたにはあそこのコースターの山が見えなかったの？　ガイ、私にはわからないわ。あなたがなぜコースターを使わずに濡れたマグカップを私の木製テーブルの上に置くのか、私に理解できるようにしてちょうだい。ねえ本当に、理解させてちょうだいよ！」

このようなセリフは、ほとんどの場合、法廷もののメロドラマで使われるもので、そこには嫌味な知的好奇心が伴っている。話し手は、冷静さを保つべく葛藤しているのだが、苛立っていた。ガイは、彼の婚約者の猛烈な攻撃の前に押し黙ってしまった。丁寧な言い方ではないのだが、あの瞬間、カレンは頭がおかしくなっていた。

この不名誉な「コースター事件」は10年前に起きたのだが、以来、私たちが「B-Cつながりの断絶」と呼ぶものを説明するのにお気に入りの例の1つとなっている。このとき、ティッカーテープ思考は、あなたの感情と行動の強烈さを説明することはできない。この状況においては、間もなくカレンの夫となる人が、コースターを使わずに、彼女の木製テーブルの上に自分のコーヒーマグを置いたことが逆境（A）だった。それを見たとき、彼女は怒りに駆られ、彼が口もきけなくなり、不安になるほどの勢いで尋問を始めた。自分の婚約者に仰々しく説教をしたため、ある段階から彼女は婚約者同様に狼狽し、混乱するのを感じた。ABC分析によると、彼女のティッカーテープ思考（B）は結果（C）、つまり彼女の手厳しい非難演説を説明すべきものである

はずだ。ところが、自分のティッカーテープ思考（彼は私が人にコースターを使ってもらいたいのを知っている。彼はコースターが目に入っているのにまだ使ってくれない。これはもうただ間違っている）に耳を傾けたとき、彼女に聞こえたのはあまりに元気のないもので、彼女の反応の強烈さを説明するものではなかった。ティッカーテープ思考には明らかな権利侵害の本質が盛り込まれていた。それがイライラや困惑をもたらしたに違いないのだが、それでは猛烈な怒りは説明されなかった。

　B-Cつながりの断絶においては、感情は不調和なように見え、行動は不適切なように見え、自分のティッカーテープ思考を特定した後でさえ、自分の反応に当惑したままだろう。このような状況が生じた場合、それは氷山思考が作動し、侵害されたからである。

　私たちが「氷山を見つける」スキルについて企業のセミナーで教えるとき、驚くことではないが、自分が不適切に行動したときの例について人前で共有するのをためらう人たちがいる。幸いにも、たいてい、誰かひとりが自分自身の例を率直に話してくれる。そして、最初の人が自分にとっての「コースター事件」を話してくれた途端、参加者の話が流れ出す。

　私たちがワークショップで、誰も発言してくれないあの決まりの悪い瞬間にちょうど差しかかっていたとき、フォーチュン500社でコンサルティング会社のシニアマネジャーのジョンがその空白を埋めてくれた。ジョンは教養が高く、意欲的であり、洗練された人物だったが、彼には自分が当惑し、イライラしてしまうようなしつこい逆境があった。ときおり、彼の妻が、水漏れする蛇口の修理や、ペンキの繕い塗りなど、家の周りの雑用仕事をしてくれるよう夫に頼む。彼は大工用ツールベルトを腰に巻いて、まるで小さな子どものように熱中して顔を輝かせた。ところが、ほとんど必ず、笑顔は消え、ジョンは自分の仕事、自分自身、および自分の妻に対してどんどんイライラすることに気がつくのだった。ジョンは、2週間前の日曜日に起きた典型的なできごとについて私たちに話してくれた。

　「妻が私に、ゲストルームにブラインドをいくつか取りつけてほしいと頼んだんです。簡単な仕事のように聞こえました。私は、巻き尺と水準器を手に作業し始めて、ネジを差し込む場所に慎重に鉛筆で印をつけて、ドリルで穴

を開けました。それが終わると、脚立を下りて、数歩下がって、自分の手仕事を賞賛しようとしたんです。ちょうどそのときに妻が部屋に入ってきました。すぐに、ブラインドがまっすぐではないのが目に入りました。左側は右側よりかなり低く、妻の目にもそれは明らかなことはわかりました。彼女は私を見て、微笑み、よくやってくれたと言ってくれたのですが、彼女の表情がすべてを物語っていました。彼女はそのでき栄えにがっかりし、私にもがっかりしたのです」

　ジョンの逆境とは、ブラインドが水平ではなかったことだった。私たちは彼に、彼が妻の表情に気づいたときの彼のティッカーテープ思考について話すように頼んでみた。

「私は自分で思いました。こんなことをする必要はない。妻のために仕事を引き受けてやるよりも自分がリラックスした方がいい。彼女は少なくとも礼儀として感謝すべきじゃあないかと」

　このティッカーテープ思考に対して、あなたはジョンが何を感じ、何をすると予期できるだろうか？　B-Cつながりの点から、彼の思考をどのように分類するだろうか？　彼は、自分の妻が恩知らずで失礼だと考えているのだが、両方とも権利侵害思考である。そのため、私たちは彼が怒ったのだと考えた。だがここで、ジョンがどのように自分の反応について説明したのかを見てみよう。

「私は土曜日はほぼ毎週働いています。だから日曜日だけが夫婦で本当に一緒に過ごす時間のある日なのです。でも、ものすごく落ち込んでしまって、妻のことをそのまま見ることができませんでした。彼女のがっかりとした表情を見た途端、その場を逃げ出すしかなかったのです。私はガレージに向かい、そこで古い車をいじくり回しました。そして妻を避けるためにその日の残りの時間をそこで過ごしました。ただもう、自分が感じた屈辱を拭い去ることができなかったのです」

「コースター事件」においては、氷山思考（まだ私たちが打ち明けていなかったもの）が作動し、カレンの反応の強烈さという点ではB-Cつながりの断絶につながった。ジョンの状況においては、氷山思考が作動し、彼のティッカーテープ思考と、彼が経験した感情の質（怒りよりも恥辱感を感じた）との間で

B-Cつながりの断絶が起きた。「氷山を見つける」スキルは、こうした状況をともに評価し、避けるために活用される。

問題3：氷山思考の衝突は意思決定を難しくする

　私たちはここまでで、1つの氷山思考が作動し、人の感情と行動にネガティブな影響を及ぼす状況について探究してきた。だが多くの場合、複数の氷山思考が作動するように状況が展開し、しばしば氷山思考は衝突を起こす。ジェーンは、達成指向の氷山思考が受容指向の氷山思考と衝突したときに起きる「意思決定麻痺」の例について説明してくれる。

　ジェーンは大きな都市学区の高校の校長であり、ふたりの幼い子どもがいる。ジェーンが助けを求めてきたのは、彼女が重要な意思決定ができずに、落胆し始めていたからだった。私たちはジェーンに、その状況について話してくれるよう頼んだ。

「私たちの今の教育長が来年退職となるのです。そのポジションに申し込むようにと勧められているのです。皆、私がそのチャンスに飛びつくかと思っていましたし、私自身もそう思っていました。でも、私が申し込むべきなのかどうか、どうしても決心がつかないようなのです。朝には必ず申し込もうと確信しているのに、1日の終わりには申し込まないと確信しているといった具合なのです。ものすごく疲れます！　それに、その他の問題に私が対処しなければならないときに必要なエネルギーを奪い取られます」

　ジェーンは最初、この決定をそんなに複雑にしているものについて、はっきりと示すことができなかった。ところが、私たちが彼女とやり取りを続けるなかで、2つの氷山思考が同時に作動したことが明らかになったのだった。ジェーンは、男性と同じくらい、女性もまた平等な機会を求めてキャリアアップすべきだという核となる考えを中心に自分の職業人生を築いてきた。この考えは、彼女の人生における意識的な力というわけではなかったものの、彼女の過去における職業上の決定について詳しく検討し、彼女の決定を左右する思考に焦点を絞るにつれて、「女性は男性と同じくらい、野心を持って成功すべきである」という氷山思考が作動することを発見した。彼女は、強い意志を持つ、キャリア志向の女性のいる家族で自分が育ったと説明

してくれた。

　ジェーンの母親は、成功を収めた生化学者で、研究者として有名になった人物だった。彼女の祖母は、不意に夫が死んだときには、自ら食料雑貨店ビジネスを引き継いだ。その祖母のリーダーシップのもとで、食料雑貨販売業は街角の１店舗から郡全体のいくつかの地域に数店舗を展開するまでに成長した。ジェーンの家族の中の女性たちは緊密な関係にあり、その家族の中のひとりの姉妹を除く女の子たちは全員、人生を輝かしいものにするための最も確実な方法は、学校で優秀な成績を収め、女性にとっては非伝統的な機会を捜し求めることであると学んだのだった。

　野心に関するジェーンの根底思考は、彼女自身のキャリアの軌跡について明らかにしただけでなく、なぜときに、パートタイムの仕事や伝統的に女性の職業とされている仕事で満足しているかのように見える自分の姉妹や、近しい女性の友人たちを酷評したりするのか、その理由についても明らかにしてくれた。

　女性と仕事の問題をめぐって彼女の氷山思考が作動することは、自分が教育長のポジションに申し込みたいとして感じる魅力についてよく説明するものだ。では、彼女がためらうことはどう説明されるだろうか？　ジェーンは、自分の母親や祖母が、伝統的には男性のものだった分野で成功を収めたことについて大いに敬服しているが、また同時に、子どもとして寂しさを感じ、彼女の母親ともっと多くの時間が過ごせることを深く待ち望んでいた。彼女は、自分の兄弟姉妹たちと一緒に、学校から誰もいない家へと歩いて帰ったことを覚えている。

　ジェーンの母親はいつも彼女にメモを残し、夕食をどのように温めるか、何時に自分が帰宅するかを説明し、そのメモの一番下には母親を示す棒線画が、娘を示す棒線画の手を握る挿絵が添えられていた。母親はまた、そのメモの締め括りとして、どれほどジェーンを愛しているかを伝え、その週末には一緒に何か特別なことをしようと書いた。ジェーンはすべてのメモを箱の中に保存した。ママを恋しく思ったときには、メモにある棒線画を見て、土曜日に観る映画について考える。彼女がこうした記憶について私たちに話すにつれ、もう１つの氷山思考が明らかになった。「私の子どもが最優先される

べきだ」。私たちはやっと、彼女のジレンマが理解できたのだった。

「女性は男性と同じくらい、野心を持って成功すべきである」「わが子が最優先されるべきだ」というこれら2つの氷山思考が、名誉ある仕事を申し込むという機会をきっかけに作動したのだった。ジェーンは前者の思考によって、その仕事の数多くのエキサイティングな側面や、教育の方向性を形成するのに大きな権力を握ることに意識を向けた。また、後者の思考によって、自分が教育長となったときの、自分の家族、特に自分の子どもたちに招くだろう犠牲に意識を向けた。

ジェーンはさらに長い時間を仕事に費やし、頻繁に出張し、夜も家には居合わせられないほどの長いミーティングに出席しなければならなくなるかもしれない。新任の教育長として受けるだろうたくさんのストレスが、自分の親業にも影響するかもしれないことを理解していた。ジェーンが意思決定できないでいたのは、いずれの決定も自分のいずれかの中心的な価値観に矛盾するからだと彼女には思われたからだった。ジェーンにとって衝突する氷山思考とは、仕事 vs. 家庭についての彼女の信念を中心としていた。これは、私たちが見る、最も一般的な衝突の1つで、特に女性に限らないものの女性によく見られるものだ。

問題4：氷山思考はある特定の感情を過剰経験として引き起こすことがある

氷山思考についての最後の問題は、氷山思考が同じ感情を何度も繰り返し経験させることで、それはそんな感情を必要としない状況においても同じということだ。つまり、氷山思考はある特定の感情を過剰な経験として引き起こし、その他の感情はあまり引き起こさないということだ。感情的にレジリエントな人々はすべての感情を経験する。レジリエントな人は、怒り、悲しみ、孤独、幸福感、罪悪感、自尊心、困惑、喜び、嫉妬、興奮、これらすべてを、適切なときに、適切な程度で感じる、ということなのだ。レジリエントではない人はある1つの感情に縛られる傾向にある。さらには、逆境に対して生産的に反応する能力を弱める傾向にある。

マークはあまりに頻繁に腹を立てる。彼は、「たいていの奴は信用できない」という氷山思考によって動いており、それが怒りを引き起こすティッカ

ーテープ思考をもたらす。彼が怒れば怒るほど、職場での効率が落ち、彼を愛している人たちには、彼を愛し続けることが難しくなるくらいだった。

　マークの典型的な1日は次の通りだ。朝食のとき、彼は、妻が処理しておくべきだった請求書の未払いの通知に気がついた。おそらく、夜によく眠れなかったからか、または朝早くからのケンカの余韻からか、マークの「人は信用できない」という思考はすぐに作動する。彼の思考はまた、妻のミスに対する解釈の仕方にも影響を与える。彼は、「何をするにも彼女は信用できない」と考える。マークは、イライラしながら仕事に出かける。彼の氷山思考は、いったん作動したら、周囲の環境をくまなく精査して、自分の思考に反する他の事例を見つけ出す検知機となる。これは意識的なレベルで起きるものではない。それどころか、検知機は巧妙に、ひそかに機能する。

　マークは行きに交通渋滞に巻き込まれながら、午前9時の同僚とのミーティングに間に合うように急いで職場に向かった。彼は、ちょうど9時に到着したが、同僚からの留守電で、街中で足止めされて20分遅刻すると言っているのを発見した。マークの「人は信用できない」という検知機がビーッと警告音を出し始める。彼のティッカーテープ思考はこう読める。「自分は時間通りに到着するように大急ぎで来たのに、奴はのんびりとほっつき歩いてやがる。そんなの断じて正しくない」。別の日であれば、マークは遅刻を大したことではないと考えているかもしれない。ところが今日は、彼の氷山思考が朝早くから作動し、この20分の遅刻という些細なできごとを積極的な侵害だと解釈する準備ができ上がっていた。それで遅刻が明らかな侵害として検知されてしまったのだ。

あなたの氷山思考の見つけ方

「氷山を見つける」の目標は、次のような氷山思考に気づくことだ。

＊無意識のうちに過剰反応するか、または自分のティッカーテープ思考が予測するところとは違うように反応する（カレンのように）
＊自分の意思決定力を徐々に蝕んでいく（ジェーンのように）

＊ある特定の感情を過剰に経験させる（マークのように）

　なぜこれらの氷山思考に気づくことが重要なのだろうか？　あなたが自分の行動を駆り立てている思考を特定するまで、その思考を評価したり、必要ならば変えたりすることも何もできないからだ。いくつかの特定のできごとに対する自分の反応の仕方について気がかりであっても、自分の反応を突き動かしていないようなティッカーテープ思考であれば、そんな思考を変えるスキルを適用しても何の意味もなさない。自分の反応を引き起こすものが何であるのか、その洞察が得られるようになるまでは、自分の感情や行動をコントロールし、レジリエンスを高めることもできないのだ。覚えておいてほしい。自己発見スキルの目標は洞察を得ることだ。だがここでは、その洞察を効果的な変化に向けて適用していこう。

　このセクションでは、あなたが自分の氷山思考について意識的にわかるようになるよう手助けをする目的で作られた一連の質問に答えてもらうことになる。各質問の目的は、あなたのABCつながりを分析したときよりもさらに表面下を掘り下げていくことである。深く掘り下げていけばいくほど、あたかも本当の大きさが水面下では見えない氷山のように、思考が明らかになっていく部分がますます大きくなり、広がっていくことがわかるだろう。このレベルでは、あなたの思考は、ますます手近な状況に特有のものではなくなり、生きるための基本的な価値観や原則のように聞こえ始める。質問はあなたの思考の正確性を試すものではないが、あなたにとっての思考の意味や重要性を明らかにするよう導くために作られている。これは重要な点だ。後にあなたは、自分の氷山思考の正確度と有用性を試すために、スキル4と5（「思い込みに挑む」と「大局的にとらえる」）を活用することになる。目下の目標は、自分の氷山思考を自分で明確化することだ。

　私たちとしては、「氷山を見つける」が最もチャレンジングなスキルの1つであると警告しておくべきだろう。私たちのセミナーでは、この課題でもがき苦しむたくさんの人がいるのを目にしているし、私たちがスキルを説明し、参加者に課題を課した後は留守電をチェックする必要性が増えるのだ。事実、私たちが参加者に自分のティッカーテープ思考を教えてほしいと頼ん

> ## 氷山を見つけるワークシート
>
> **第1部**：逆境とあなたのティッカーテープ思考、その結果を書き出してみよう。
>
> **逆境（A）**：コースターが自分の目の前にあるのに、ガイはコースターを使わずに自分のコーヒーカップをテーブルの上に置いた。
>
> **ティッカーテープ思考（B）**：彼は私がコースターを使ってほしいと思っていることを知っている。コースターが見えているのにそれでも使おうとしない。絶対に間違ってるわ。
>
> **結果（C）**：私は今までにないほど怒った。1から10までの尺度だったら11くらいの怒りだった。10分ほど怒鳴り散らして、アパートを出て、自分の気持ちを落ち着けるために街を歩き回った。
>
> © 2002, Adaptiv Learning Systems

だところ「自分の氷山思考を知りたいかどうかよくわからない」といったような声を聞いた。「おそらく、何らかの理由があって、自分の氷山思考に気づいていないのだと思うのです。だから水面下にあるままにしておくべきなのではないかと」。深いところに保持された思考を探究することは多くはぞっとするような体験だ。ぞっとするのだが、しかし必要なのだ。私たちのワークショップの参加者は、出だしの抵抗感にもかかわらず、これが今まで自分たちが学んだスキルの中で最も強力なスキルの1つだと言ってくれる。自分の価値観を明確化し、自分の、また他人の根本的な思考について探究し、そして最終的には、長い間自分を混乱させていた自分の行動について理解する手助けをしてくれたと言ってくれるのだ。

　最近、あなたが本当に過剰反応したか、ささいな瞬間によってその日1日をダメにしてしまったようなできごとを考えてみよう。次の「コースター事件」に関する分析をあなた自身の自己評価のためのモデルとして使ってみよう。現実には、あなた自身が過激に反応し始め、ことを大げさにしだしたら、すぐにこのエクササイズを実行してみよう。

　氷山思考を見つけるための最初のステップは、ABCについて説明するこ

とである。すべてのスキルについて、まずは自分の経験を状況上の事実として分析することから始めて、ティッカーテープ思考をリストアップして、そしてその瞬間の感情と行動を特定する。いつものように、自分の思考が生じるたびに記録をつけられるようにこの情報を書き留めておくべきである。カレンが記録するだろう事柄は次の通りだ。

ABCについてはっきりと書き出してみた後で、B−Cつながりについてチェックしてみよう。注意すべき問題が3つある。

1．あなたのC（結果）がB（思考）と不調和になっているかどうかチェックしてみよう
2．あなたのC（結果）の質がB（思考）のカテゴリーと不釣り合いになっているかどうかチェックしてみよう（ティッカーテープ思考が怒りを示しているにもかかわらず自分自身は悲しく感じる、ティッカーテープ思考では人を傷つける方法が示されているにもかかわらず、自分自身は恥ずかしく感じる、など）
3．一見したところ単純な意思決定だが、自分が苦しんでいるかどうかチェックしてみよう

以上のいずれかの状況が実際にあれば、「氷山を見つける」スキルを活用するのに適切なタイミングである。これらいずれの状況も見当たらなければ、「氷山を見つける」思考についてはワークをやる必要はない。あなたはもう既に、なぜ自分が今のように感じたり振る舞ったりするのかを知っているからだ。事実、このスキルを活用するにあたって人々が最も多く直面する問題点は、氷山がないところで氷山思考を明らかにしようとしてしまうことだ。この場合には、ティッカーテープ思考が反応について適切に説明してくれる。自分のB（思考）がC（結果）と調和しているのであれば、それ以上深く探る必要はない。

このスキルを活用する必要性があることを認めたときには、自分自身に次の質問を問うことから始めてみよう。

＊それは自分にとって何を意味しているのだろうか？

＊自分にとって一番頭にくるのはどの部分だろうか？
＊自分にとって最悪なのはどの部分だろうか？
＊それは自分について何と言っているのだろうか？
＊それがなぜそんなに悪いのだろうか？

　これらがすべて、「なぜ」の問いとは対照的に、「何」の問いであることに気づいただろう。「何」の問いは、私たちの思考の意味をもっと全体的に説明するよう導いてくれる。対照的に、「なぜ」の問いに対しては、私たちは身構える傾向にある。ほとんどの人が、なぜあなたはそのように感じるのかとか、なぜ自分のやっていることを信じているのかと聞かれたときには、責められているか、試されているように感じるものだ。結果的に、自分思考や感情を理解しようと努めるのではなくて、それらを防御するために必死に戦うことになってしまう。氷山思考を特定するためには、「なぜ」の問いからは離れて、「何」の問いに注意を向けることが重要である。

　あなたのティッカーテープ思考から始めてみよう。この場合には「彼は私が人にコースターを使ってもらいたいのを知っている。彼はコースターが目に入っているのにまだ使ってくれない。これはもうただ間違っている」である。ここでは、「何」の問いの1つを自分自身に問うてみよう（質問の順序は重要ではなく、すべての質問を使う必要もない。これがよいと思えるものを選んで、それを探究してみよう）。カレンの心の中の会話を例に取りながら、このエクササイズにどのような効果があるのかを示してみよう。

質問：つまり彼はコースターを使わなかった。それはあなたにとって何を意味するのですか？
カレン：それは、私が彼にコースターを使ってほしいかどうか、彼は気にも留めていないということです。
質問：そうですか。あなたのコースターの要求を彼が気にも留めていないからってそれがどうしたというのですか？　どうしてそれがそんなに悪いことなのですか？
カレン：自分たちのものを大切に扱うことは私にとっては重要なことで、彼

もそれは知っています。私は自分がちょっとコントロール欲が強いことは知っていますが、彼はコースターを使わないことで、私の要求を尊重するつもりがないこと、私の変な癖に付き合うつもりもないことを示しているのです。

質問：彼があなたの要求や変な癖を尊重していないと仮定すると、それの最悪な部分とはどのような部分でしょうか？

カレン：最悪な部分というのは、私たちがまさに結婚しようとしていることです。夫が私をサポートしてくれて、私を理解してくれることを期待しています。ガイがコースターを使うよう気を遣うことさえできないならば、彼が大きい問題で自分をサポートしてくれるなどどうやって信用できるというのでしょうか？

質問：大きい問題をめぐって彼を信用できないと仮定すると、それはあなたにとって何を意味しているのでしょうか？

カレン：それは、私がまさに大きな過ちを犯そうとしていて、彼が言葉で言っていたのとは違う人だということを意味します。彼が私のこと、私の欠点や弱点を含めて愛していると言ったことは、結局、私はそのままの私ではOKではなくて、私のことを変えたいと思っているということです。

質問：その最悪な部分とは？

カレン：最悪な部分は、彼が私をドライブに連れて行ってくれて、その間中ずっと私を騙し続けていたということです。私は私として、今の私のままで愛されるに値する人間です。

これでわかった！　カレンが怒りで圧倒されたのは、ガイがコースターを使わなかったからではなくて、彼女がその状況について、ありのままの自分で愛されるという基本的権利を否定されたことを意味すると解釈したからだ。「私は私として、今の私のままで愛されるに値する人間です」という彼女の氷山思考が、彼の小さな侵害によって作動したのだ。いったん作動したら、それは礼儀など吹き飛ばす裏切りにふさわしい感情を生み出した。根底思考を特定した途端、カレンの反応はかなりつじつまの合うものとなった。思考が正確で有用であるかどうか、まだよく見極めないといけないが、彼女の反応を駆り立てていた思考が認識されたため、今からそれを決定すること

Part2　7つのスキルを身につける

ができる。

　私たちがこのスキルを初めて教えるとき、参加者はペアになってワークを行い、ペアの片方のメンバーがもう片方のメンバーを誘導して、氷山思考を明らかにするようにする。このスキルを試してみる場合、信頼の置ける友人に質問してもらうようにすると助けになることがわかるだろう。そうすれば、役割を交代する必要もなく、自分の答えを探究することに集中できる。最初、このスキルの活用について学ぶときには、すぐ脱線しやすく、自分の思考をより深く探究するのではなく、すぐ思考を正当化しようとし始める。

　次の記録は、ジョンが初めてこのスキルを試したときのものだ。私たちは、彼がより深く動いたのではなく、水平方向に動いたことを指摘した。そして、彼のパートナーがどのように「なぜ」の問いを用いて、彼を正しい方向に戻すとよいかを指摘した。

質問：あなたのティッカーテープ思考は何でしたか？
ジョン：それは「もうこんなことやっていられない。彼女のために家周りの仕事をやってやるよりもリラックスする方がどんなによいか。彼女はマナーとして感謝くらいしてもよかったはずだ」と。
質問：それで、あなたはどのように反応したのですか？
ジョン：私は屈辱を覚えて、悲しくて、その日の残りの時間はずっと彼女を避けました。
質問：OK。それでは彼女が感謝していなかったと仮定しましょう。どうしてあなたはそれでそんなにイライラするのですか？
ジョン：私が忙しい中、彼女のために時間を取ってこの仕事をやってあげたのに、私のやったことに彼女ががっかりしていたのがよくわかったんです。
[ジョンはより深く動いている。彼は、妻ががっかりしたと思ったということを特定した]
質問：あなたは彼女ががっかりしたと言いますが、それは確かですか？　もしかするとブラインドが完全にまっすぐではないことには気づきさえしなかったかもしれませんよ。彼女が気づいたと、どうしてそう確かなことが言えますか？　[この質問がどうやってジョンを正しい道筋に引き戻したかに注

目してみよう。質問により、このできごとに対する彼の認識の意味を探究するのではなく、その認識を正当化するよう導いた］

ジョン：私は彼女が気がついたと確信していますね。彼女は完璧主義者で、自分自身も他人も非常に高い水準から見ているのですよ。実際、私は彼女のそういうところは好きなのですが。

質問：それでは、彼女ががっかりしたと仮定して、それはあなたにとって何を意味していますか？［この質問はジョンを再び正しい道筋に引き戻す助けとなる］

ジョン：私がブラインドを取りつけるというような簡単な仕事ができないと彼女が思い込むことを意味しています。

質問：OK。仮に彼女がそう思い込んだとして、そのことで最悪の部分というのは何でしょうか？

ジョン：最悪の部分は、私の妻が、家を円滑に維持していくために家周りでやる必要のあることに対処する私の能力を信頼していないということです。男性がやるべき仕事を私が引き受けることに彼女が信用を置いていないことを意味します。［ジョンは氷山思考に近づいている］

質問：まあまあ、ジョン。あなたは自分に厳しすぎるのだと思いますよ。なぜあなたは彼女が、少しばかり曲がっているブラインドを見て、男性がやるべき仕事にあなたが対処できないなんて一般化すると思うのですか？　［この質問は、ジョンが自分の思考の正確性を評価することを促すものだが、まだタイミング的に早すぎる。彼は自分の反応についてまだ理解していないからだ。この時点では彼は、妻の思考ではなくて、自分の思考に注意を向ける必要がある］

ジョン：あなたが正しいかもしれません。彼女は多分そこまでは考えないでしょう。私は批判的すぎたかもしれません。

質問：OK。仮にあなたの奥さんが、あなたが引き受けるべき仕事をやることに対して信頼してくれないとして、それはあなたにとって何を意味しますか？

ジョン：それは私が、彼女が私と結婚したときに考えていたような種類の人間ではないということを意味します。またそれは、自分が生まれ育った通り

Part2　7つのスキルを身につける　171

の人間でもないということです。［ジョンはより深く動いており、今、自分の妻からの期待だけではなく、自分に対する自分自身の期待について注意を向けている］

質問：そのことで、あなたが最もイライラする部分はどの部分ですか？

ジョン：私が生まれ育った家庭では、ある一定の期待が男性にかけられていました。父は、大小どんな問題でも世話を引き受けたような男性でした。車の修理や配管工事、電気系統の問題で、誰かを雇う必要が一度もなかったことを自慢していました。父は、私も、また私の兄弟も同じようになるように育てたのです。月並みな言い方に聞こえるかもしれませんが、そこに込められた明確なメッセージは、よき男、本物の男は、自分の家の面倒を見る、ということでした。もしかするとそれが、要するに、もし私が本物の男であるならば、ブラインドをまっすぐにぶら下げることができただろうという私の考え方につながったと思うのです。［これがジョンの氷山思考である］

　この方程式について、やっと理解できるようになった。ジョンが屈辱を覚えて、妻を避けたのは、自分がブラインドをまっすぐにぶら下げられなかったことで本物の男ではないことを暴露してしまったと思い込んだからだった。彼のティッカーテープ思考は権利侵害に関するものだったが、根底思考は彼の妻も目撃したところの自尊心の喪失に関するものだった。これが彼の屈辱感につながり、その後、妻の顔を見ることもできなかった理由だった。

　このスキルについて最も多く聞かれる質問は、「どのタイミングで切り上げたらいいのか？」ということだ。このプロセスを始めるにあたり、事実、果てしなく自分に質問をし続けることができるように感じるものだ。とはいえ、明らかに終点はある。あなたに「わかった！体験」が訪れるとき、あなたの反応がもはや不調和ではないとき、あなたの感情の質が意味をなすとき、あなたの意思決定がなぜそんなに困難なのかを理解できるとき、そのときに切り上げるタイミングがわかる。

他の人の氷山を見つける

　氷山を見つけることは、共感や社会的なつながりを向上させる有益なスキルである。ずっと昔、ある木曜日の夕方のことだったが、アンドリューは山のような厳しい締め切りに果敢に立ち向かっていた。研究費のための助成金申請の締め切りが、ワシントンで次の日の午後5時に迫っており、作業するのに残り数時間しかなかった。書類を完成させるには夜通しかかるだろう。彼は既にイライラしており、カフェインを過剰摂取していた。まだ夜は早かった。間もなくゴミ収集車が、かなりゆっくりと、キーキーというブレーキ音と騒々しい圧縮油圧の音を立てながら通りを上ってくるのが聞こえた。アンドリューの恋人であるベロニカもその音を聞いた。彼女も聞いたとわかったのは、彼が聞いた次の音が、彼女が2階のオフィスへと階段を上がってくる足音の上で、部屋に入り込んで怒りながらこう言ったからだった。「ゴミ収集車よ。ゴミを出すのはあなたの番よ」
　アンドリューは無理やり笑みを浮かべ、うなずいたものの、彼の机から動くつもりはまったくなかった。彼女は去った。彼は自分の感情の反応にすっかり驚いてしまった。彼は激怒していた。彼の怒りのレベルは1から10までの尺度で言うと10だった。ベロニカは彼の締め切りについて知っていたことから、彼女が自分でゴミを出すこともできたはずだ。
　アンドリューは、なぜ彼がそんなに怒りを感じたのかを知るために、「氷山を見つける」スキルを用いた。質問を使ってワークをやってみたところ、彼は自分の氷山思考が反応を刺激していることに気がついた。アンドリューにとって、それは要するに敬意の問題だった。彼は、深いレベルでは、ベロニカが彼の邪魔をすることで、彼の仕事を尊重していないことを示しているのだと考えた。彼にとっては仕事が極めて重要であるため、彼女が彼を尊敬しないことを意味したのだった。今や、彼は自分の反応を理解した。ところが、彼は彼女の反応については理解しなかった。
　アンドリューは、自分が感じているすべてのプレッシャーや、家の中を漂う緊張感を考えると、ベロニカにわかるように説明するのは待つ方がよいのではないかと思った。翌日の晩、少しくつろいだ雰囲気になったときに、彼

は彼女にそのことについて話を切り出してみた。会話は次のように進んだ。

アンドリュー：昨晩、君が僕にゴミを出すように言ったとき、結構イラっときたんだ。君もどれほど怒っているか僕にはわかった。君はどうして自分でゴミを出さなかったんだい？

ベロニカ：その通りよ、私はすごく怒っていたわ。あなたが忙しくしていたのは知っていたけど、数カ月前に私たちが話し合って決めたこと、覚えている？　あなたはあの、働く女性についての記事を読んでいて、女性が男性と同じくらいの時間働いても、家に帰ってきてほとんどの家事をするようどれだけ期待されているかって。そんなことは私たちの間では起きないって、ふたりして言ったのよ。あなたの仕事の１つは、ゴミを出すことだったはずよ。

アンドリュー：うん、それは知ってるよ。でも僕にはまだ、なぜ君がそのことであんなに怒ったのかがわからないんだ。

ベロニカ：あなたにゴミ収集車の音が聞こえていたのはわかっていたわ。でもあなたが階下に降りて来なかったから。

アンドリュー：つまり、僕が階下に来なかったとき、僕のことをただ嫌な奴だと思った？

ベロニカ：まあ、あなたが私たちの取り決めを守っていないと思ったわね。

アンドリュー：だから君はキレたんだね。

ベロニカ：ええ。あなたがこの家で私の分担以上のことをやらせようとしているように思えたから。

アンドリュー：やっとわかったよ。それは公平さの問題だったんだね。

ベロニカ：ええ、ある程度だけど、あなたが私を大切にしていないように感じたのよ。

　彼女が憤慨し、怒りのあまり階段を駆け上ってきたのはそのような理由によるものだった。ふたりが自分たちの表層思考だけを使って議論を導いていたら、ケンカが収まったとしても、ケンカの根本原因は残り続け、また別の一見小さなできごとをきっかけに再浮上するのを待ち構えることになっただろう。多くの恋愛関係で嫌な経験をするのは、カップルが自分たちの衝突の

原因である氷山思考を一度も認識しないことによる。

　アンドリューはベロニカに、自分も同じように感じていたと伝えた。彼もまた、彼女が彼自身、または彼の仕事を尊重していないと思ったからである。ふたりは、自分たちの権利侵害の探知機にどれほど迅速に飛びついたかを比較することができた。

　何よりも重要なことは、ふたりとも同時に満足できる方法を思いついたことだ。アンドリューは、締め切りがあっても、ゴミを出す時間があったことを認めた。彼は、自分が家周りのことで貢献できるようもっと目を配ることに合意した。ベロニカの方は、お互いに仕事が優先されるときがあることを認識した。またときにアンドリューが仕事に没頭しなければいけないのであれば、彼の敬意が足りないと早とちりしないことにした。

　「氷山を見つける」スキルは、あなたの中心的な価値観を特定し、あなたがパートナーと公然と、率直に議論できるために役立つものだ。

まとめ

・氷山思考は、この世界がどうあるべきか、この世界で自分がどうあるべきかについての一般法則である。

・多くの氷山思考は「達成」「受容」「コントロール」の3カテゴリーのいずれかに属し、誰でもこのうちの1つに当てはまる氷山思考を持つ。

・氷山思考は、子どものときに受け取った親や養育者からのメッセージを通して形成される。

・氷山思考は、ABC分析の効力を奪い、意思決定を困難にし、不適切な感情バランスを生み出す。

Chapter 7
スキル4――思い込みに挑む

　逆境が襲ってくるときのあなたの最初の反応は何だろうか？　人は一般的に、予測できる範囲内で反応することが研究により示されている。例えば、問題と向き合うとき、人は一般的に自分自身に対して「なぜ」と、問題の原因に関係する問いを発する。「それはなぜ起きたのだろうか？」「それは私のせいだったのだろうか？」「私はこれをコントロールしてもよいだろうか？」――。これらの問いは私たちの頭に自然に浮かぶものだ。自分に対するその答えは、私たちの「なぜ」思考であり私たちが直面する逆境の原因に対する考え方である。

逆境が襲ったとき、なぜ人は「なぜ」と問うのか？

　「なぜ」思考を最も持ちやすいのは、失敗（職を失う、デートを断られる）や、予想外のできごと（うまくできると思った仕事でうまくいかない、誠実だと思っていた人の不誠実な態度を知った）や、対人関係でのいざこざ（恋人とケンカする）の直後である。成功（職を得る、デートの申し込みがうまくいった）や、予期していた結果（うまくいかないだろうと思っていた仕事がうまくいかない、誠実だと思っていた人がやはり誠実に振る舞ったことを知った）のすぐ後に「なぜ」と問う傾向はない。

　失敗や予想外の結果が「なぜ」思考を引き起こすのに対して、なぜ成功や予期された結果は「なぜ」思考を引き起こさないのだろうか？　おそらくそれは、人類の生存が、ネガティブな状況に終止符を打つか、回避する方法を見つける能力にかかっていたからで、ポジティブなできごとに対する反応はそれほど重要ではなかったからだろう。生存の観点からすると、スログに

とって、なぜ狩猟がうまくいったのかを理解するよりは、なぜ狩猟がうまくいかなかったのかを理解することの方がもっと重要だったということだ。失敗に対して細心の注意を払う人間の傾向は、進化論的な反応だったのだ。

なぜ逆境が起きるのかという考えを抱くことで、進化によって素晴らしい問題解決のメカニズムが与えられた。逆境の原因を突き止めずに問題を解決することはできない。問題の真の原因を特定するのが速ければ速いほど、解決策をそれだけ速く生み出すことができる。そうやって私たちは、精神的な近道を発達させた。それはちょうど、原因をいち早く、実際には瞬時にして特定するよう私たちを導いてくれる。「思考のワナ」で見た通りだ。しかし、「思考のワナ」で見た通り、精神的な近道（ヒューリスティックまたは経験則）によってときおり過ちを犯すことがある。そして、誤った原因を特定してしまえば、誤った解決策を追い求めてしまうことになる。

「思い込みに挑む」スキルの7つのステップ

自分の思い込みに挑むことで、自分の問題を明確化し、問題に対してよりよい、もっと永続的な解決策を見つけることができる。

まず、最初のABCから始めてみよう。

ステップ1．逆境をABCで分析する

現在進行中の逆境で、しばらくの間あなたが葛藤している逆境を1つ選んでみよう。それも、よくても一時しのぎの解決法を持っているか、最悪の場合には無力感と絶望に陥るような逆境だ。おそらく、昇進を見送られ、自分より若い、経験の浅い人たちが、自分が与えられるべきチャンスや、プロジェクトや、地位を与えられる様を目にしたという逆境かもしれない。またはおそらく、10代の息子か娘とやり合っている毎日の家庭内での権力争いかもしれない。あるいは仕事と家庭の両立の問題かもしれない。逆境が何であれ、179頁のABCワークシートに書き留めてみよう。

覚えておいてほしいのは、逆境について、ABC分析で学んだように、誰が、何が、いつ、どこで、と事実だけを書くということだ。今はAだけを書

いてみよう。BとCについては少し後で取り組む。私たちがクライアントの例について、7つのステップについてワークを行ったように、あなたも自分の人生の例に従ってやってみよう。

キースが、自分が仕事と家庭の両立のジレンマに陥っているのに気がついたのは、出張先である中西部のホテルの一室にいたときだった。そこは、（東部の）ノースカロライナから（西部の）オレゴンへ、カナダのトロント（北部）からダラス（南部）へと、短い期間で集中的にアメリカ大陸を縦横に動く出張旅行の最後の滞在先だった。彼は妻のフェリシアに、来週は家で過ごすと約束した。キースは、人が出張先のホテルの部屋でよくやることで、5階下の小規模ショッピングセンターの眺めに感嘆しながら、一体どんな人がこんなカーテンやカーペットを選ぶのだろうとひとりで考えていた。そのとき上司からの電話を受けた。

電話の要点は、予想外のビジネスチャンスがトロントの顧客に生じたということだった。だが、そのチャンスは、誰かが急いで、おそらく来週あたりには駆けつけないと台なしになってしまいそうなものだった。キースは電話を聞きながら、ほとんど何も言わなかった。彼は、怒りがこみ上げてくるのを感じた。頬は真っ赤になり、心臓の鼓動は速くなった。電話口で怒って叫ぼうとする衝動を抑えるのに意志力を総動員しなければならなかった。彼は自分のプッシュボタンの逆境の真っ最中にいた。

キースは、どのような問題の徹底分析でも、レジリエンスのための最初のステップはABC分析であることを知っていた。あなたも同じようにやってみよう。自分の問題を客観的に、そして冷静に、ただ、誰が、何が、いつ、どこで、に注目して定義してみよう。第4章で、ABCのA、つまり逆境についての客観的説明から「なぜ」の問いを除外することを学んだのを思い出すかもしれない。例えば、キースは、自分の逆境について、「上司は俺の私生活を尊重しないクソ野郎だ」と説明することもできたかもしれないけれども、その説明にはいくつかの仮定が含まれている。逆境についてのより客観的な説明は次の通りである。

A（逆境）：上司は、私がフェリシアと子どもたちと一緒に過ごすと約束した

ABCワークシート

逆境（A）：

思考（B）：

結果（C）
感情：

行動：

週に、1週間出張してくれと「要求する」ために電話を寄こした。

次に、最近で、あなたの逆境が生じたときのことを思い出してみよう。以前から目をつけていたプロジェクトをものにすることができなかったのはいつのことだったか、子どもと口ゲンカをしたのはいつのことだったか、仕事と家庭の両立がどうにもうまくいかず、3つか4つのことを同時に抱えているのに1つの手を背中の後ろに縛りつけられているような状況を経験したのはいつのことだったろうか？　そして、逆境を経験したときにあなたの頭を駆けめぐったティッカーテープ思考について思い出してみよう。ワークシートの「思考」の欄に、一言一句書き留めてみよう。キースのティッカーテープ思考は次のようなものだった。

B（思考1）：私は今、本当に怒りを感じてきたところだ
　（思考2）：フェリシアはこのことで本当に怒るだろう

（思考３）：上司は私の私生活を尊重してくれない
　（思考４）：フェリシアは私に期待しすぎる

　最後に、この話のＣ、つまり感情と行動の結果についてリストアップしてみよう。キースの場合は下記の通りだ。

Ｃ（感情）：自分は１から10の尺度で６か７くらいでかなり怒っていた
Ｃ（行動）：ホテルの部屋の中を怒りで憂うつになりながら闊歩して、ぼんやりとテレビのチャンネルを素早く変える

　あなたの逆境のＡＢＣを書いてみたところで、Ｂ（思考）に注意を集中してみよう。第４章でわかったように、ティッカーテープ思考は異なる種類の思考から成り立っている。キースの最初のティッカーテープ思考は、変化し続ける感情の状態に対する彼の認識を読み出したものの説明となっている。次は、フェリシアの反応を予測した「次は何」思考である。第３と第４の思考は「なぜ」思考の例である。それぞれが、キースが抱えていた仕事と家庭の両立の問題に対する説明である。自分の思い込みに挑むときには「なぜ」思考に重点的に取り組んでみる。

ステップ２．原因を円グラフにする

　「思い込みに挑む」スキルの２番目のステップは、あなたの「なぜ」思考と、それが問題解決にどのように影響するかを深く理解する手助けをしてくれる。ワークシートに戻り、逆境の最中に経験したティッカーテープ思考を調べてみよう。「なぜ」思考を切り離してみよう。事実、それらが、問題に対する原因思考または説明になっていることを確認しよう。いくつかの例で練習してみよう。

　再び、重要なプロジェクトが自分より年下の同僚へと与えられたのを知った人のティッカーテープ思考はこのように聞こえるかもしれない。「信じられない。また自分の昇進が見送られて、トムはこのプロジェクトの指揮をロレインに任せたようだ。ロレインは私に比べたらほんの半分くらいしかここ

で働いていないじゃないか。本当に腹が立つ」。これらは「なぜ」思考ではない。逆境についての説明であり、逆境に対するその人の反応である。この人のティッカーテープ思考を記録し続けたら、このような考え方を目にするかもしれない。「これでは本当に自分のキャリアに傷がつく。もしかすると自分の未来はこの会社にはないのかもしれない。私はこの部署で人員削減の噂を耳にした。このプロジェクトを逃したということは自分があの対象者リストに名前を連ねているのかもしれない」。再び、これは、「思い込みに挑む」スキルで取り組むべき考え方ではない。このティッカーテープ思考は「次は何」思考を反映するものだ。

「思い込みに挑む」スキルで試してみたい思考は、特に原因についてのものである。「私がこのプロジェクトを任されなかったのは、私が適任者であることをトムに納得させることができなかったからだ。それは自分が人との付き合いに長けていないせいだ。または人づきあいは大丈夫だが、権力者を前にすると自分に自信が持てないからかもしれない」

　同様にして、最近、10代の息子と一連の争いを繰り広げている親の頭の中を駆けめぐっているティッカーテープ思考を分類することができる。「私たちが同じことの繰り返しで言い争っているのはとても悲しい（説明）。息子が私にそんなふうに話すのは大嫌い（説明）。このままでは彼が先々問題を起こすのではないかと心配だ（「次は何」思考）。彼がこのように学校で面倒を起こし続けるのであれば、きっと大学にも入れないだろうし、きちんとした仕事に就くこともできないだろう（「次は何」思考）。彼はここのところ本当に聞き分けのないことを言う（「なぜ」思考）。怒ってばかりいる若者になってしまった（「なぜ」思考）。職場でプレッシャーを抱えて、家に帰れば彼に対処しなければならない生活で、私もいつしか、すぐにイライラするようになってしまったかもしれない（「なぜ」思考）。

　あなたの逆境についての「なぜ」思考を突き止めてみよう（珍しいケースではあるが、人によってはティッカーテープ思考に一切「なぜ」思考を含まないことがある。これがあなたに当てはまる場合、何が問題を引き起こしたのか、ストレートに自分自身に問うてみて、最初に思い浮かんだ「なぜ」思考を記録してみよう。このワークを進めるとき、それを最初の「なぜ」思考として使ってみよう）。

「なぜ」思考の比率

B. フェリシアは私に期待しすぎる：25%

A. 上司は私の私生活を尊重してくれない：75%

　キースのティッカーテープ思考をもう一度見てみよう。そこには「上司は私の私生活を尊重してくれない」と「フェリシアは私に多くを期待しすぎる」という、2つの「なぜ」思考が含まれている。おそらくその瞬間にキースが理解していないのは、これらの原因のうち問題の最たる原因はどれかということを無意識のうちに決定しているということだ。
　これは、問題を解決しようとするときにすべての人間が通過するプロセスであり、進化の長い年月をかけて発達させてきた顕著な適応能力なのだ。いったん問題の主な原因がわかったら、問題を修復するために大半の労力を注がなければならないということは直感的に理解できるだろう。特定された個々の原因がどれほど問題に影響しているのかを評価し、それを円グラフで表すことができる。
　パイのスライスの大きさで、個々の原因の影響力の大きさを相対的に表すことができるようになっている。キースは、ホテルの部屋にいたあの瞬間に、彼の仕事と家庭の両立を継続的に困難にしている主な原因は、およそ75%の比率で上司の態度にあると考えた。また、彼の妻の過度な期待はおよそ25%の原因を占めていると考えた。

　次頁のワークシートを使って、あなた自身の「なぜ」思考の円グラフを作成してみよう。

逆境のときの「なぜ」思考とは、最初に考えた原因である

その瞬間に、自分が問題をどうとらえたのか。逆境に対する原因がどれくらいの比率を占めたのかを円グラフに示してみよう。合計して100%になるはずだ。
それぞれの原因が、1) 変えられるもの、2) やや変えられるもの、3) かなり変えられるもの、いずれであるかを決めること。
1から3の順に円グラフに比率を入れてみよう。

1. _____ %

2. _____ %

3. _____ %

「逆境の原因」と、それらの原因がどれくらい
変えられるのかについての自分の直感が、どの
解決策を即座に求めるのかを決定づける。

© 2002, Adaptiv Learning Systems

　あなたの頭に最初に浮かんだ「なぜ」思考を特定して、それぞれの思考が問題に対してどれくらいの影響を及ぼしているか、その割合に従って書き込む。厄介なのは、もちろん、問題を作り上げているすべての要因が変えられるわけでも、また修正できるわけでもないということだ。問題解決に取り組んでいるとき、私たちは常に無意識に、これらを変えるために実際にどれほどのことができるかと自分自身に問うているのだ。

　キースは例えば、上司のひたむきな勤労意欲を変えることはほとんどできない、上司を変えるために自分ができることはほとんどないと直感したのだろう。その代わりに、彼は妻の期待を変える方がより可能性が高いと決意したのだろう。自分と妻が近しい関係にあること、そのために上司に比べれば妻の方が自分の意見に耳を傾けてくれるのではないかという理由からである。

　こうした状況下において、キースにとっての最善の問題解決の試みとは、問題に小さな割合しか影響していない要因であると思っていても、変えるこ

との最も可能な要因に焦点を合わせることである。これを今すぐ自分でもやってみよう。あなたの円グラフに戻って、逆境の瞬間に最も変えられる可能性があると思うスライスに星印をつけてみよう。

　人が逆境に対して最初どう応じるかは、問題をどう解決し始めるのか、問題解決の道筋を素早く決定する。キースの逆境に対する最初の考察では、2つの原因が明らかになったが、うち1つは彼が潜在的に変えられると認識したものである。この素早い考察が、彼が思いついた解決策を表している。彼の「なぜ」思考、つまり彼が自分のジレンマの原因だと理解したものに基づいて、彼はおそらく、殺風景なホテルの部屋からフェリシアに電話をし、来週自分がトロントに飛ぶことを伝え、当初ふたりで予定していたディナーやその他の外出をキャンセルするようにと頼むだろう。

　彼女の失望や怒りを予想しながら、そして彼自身の声に失望や怒りの影が忍び込もうとしているのを感じながら、彼は彼女に、自分も家を離れているのは嫌だが、それは彼女のために、ふたりが望むような生活を手に入れるためにそうしているのだと彼女に気づかせるよう話すかもしれない。ここであなたは、おそらく結果的には言い争いが起きると想像できるだろう。

　幸い、キースは衝動的には行動しなかった。なぜだろうか？　それは彼が、状況の問題の**本当の**原因を特定していないかもしれないことを知っていたからだ。彼は自分の説明スタイルが、トンネル視や拡大化・極小化のように、可能性のあるいくつかの原因に導いてくれるかもしれないけれども、それは体系的に他の原因を除去してしまうことに気がついていた。そして、これはあなたにとっても同じことなのだ。あなたもまた、自分が直面する問題の認識の仕方に影響したり、遂行すべき解決策を選択する際に影響する、できごとに対する説明スタイルを発達させている。

ステップ3．自分の説明スタイルを特定してみよう

　説明スタイルについては第1章と第3章で紹介した。既に示したように、説明スタイルとは、逆境に対する学習された反応であり、私たちが経験する問題に対する既存の説明のパターンである。説明スタイルが3つの側面から示されることを覚えているだろうか？　「自分 vs. 自分ではない」「いつも

vs. いつもではない」「すべて vs. すべてではない」の3つである。

　説明スタイルは問題解決の可能性を制限してしまう。説明スタイルは逆境の真の原因の一部に注意を引きつけてしまうため、可能性のある解決策の一部しか試せなくなるのだ。「思い込みに挑む」プロセスにおける次のステップは、問題を解決するのに自分の説明スタイルがどのようにして障害となるかを詳細に描くことだ。あなたはこの時点で、3つの側面を使って練習し、その過程で自分自身の説明スタイルを解釈する機会を得ることになる。

自分 vs. 自分ではない：あなたは通常、問題が起きると、自分のせいで起きたと思うだろうか、あるいは他の人々や状況のせいで起きたと思うだろうか？　あなたが廊下を歩いていて、上司が向かってやってくるのを目にして「こんにちは」と挨拶をしたのに、上司が返事をしてこなかったとしよう。あなたはどのように反応するだろうか？　彼女が何も言わなかったことを自分が行ったことのせいにするだろうか？
「上司に手渡したあの最新のレポートで何か間違いをやらかしてしまったに違いない。それで彼女は怒っているのかもしれない」
　これは「自分」思考である。あるいは、上司、または周囲の状況のせいにするだろうか？　「彼女は今日、虫の居所が悪いに違いない。たぶん誰かと口論にでもなったのだろう」「月曜日の朝、彼女はいつも自分の世界にいるんだ」と思うだろうか？
「自分ではない」思考はどうだろうか？　その他の一般的な逆境を想像してみよう。あなたは親友の自宅の留守電にいくつかメッセージを残したが、折り返し電話がない。なぜだろうか？
「自分」反応は、「ここ数週間、私はよい友だちではなかった。彼女は私に腹を立てていて、だから私に連絡してこないんだ」。
「自分ではない」思考は、「彼女は最近自己中心的だ」。
　あなたは、自分の説明スタイルが定型通りではなく、状況によって変わると思っているかもしれない。もちろん、あなたは正しいと言える。私たちは逆境の原因について明確な情報を持っているときがある。職場の廊下を歩いていて、「こんにちは」と上司に挨拶すると、上司に「『こんにちは』じゃな

いでしょ！　あなたが提出したあの報告書、欠点だらけじゃないの。あの報告書を上に上げていたら、私たちは全員、部署中の笑いものになるところだったわ。いずれにせよ、なぜあなたにお給料を払っていると思っているの？」と怒鳴りつけられたとする。この情報が与えられたとして、そして上司が公の場で不必要にきつく当たったということは差し当たり置いておいて、最も強度な「自分ではない」人を除いて全員、「自分」説明に落ち着くのではないだろうか。自分の説明スタイルが、客観的な人の目には圧倒的に真実に見える説明に対して、かなりの度合いで私たちの判断力を奪ってしまうという事実に驚くかもしれない。

　あるとき、ひとりの青年が、大変強い「自分ではない・いつもではない・すべてではない」スタイルを持ってセラピーにやってきた。セラピーの最中、彼は、自分がパーティで会ったという若い女性のことについて話した。彼女は彼に自分の電話番号を教えてくれ、彼は何回か彼女の留守電にメッセージを残したものの、一度も折り返し連絡がなかった。やっと彼女から電話があり、このようなメッセージが残っていた。

　「どうか私に電話をするのはやめてください。あなたと話したくないし、あなたと出かけたりしたくもありません。ごめんなさい、でもとにかくあなたと会うことに興味がないので、もう再びこの番号にはかけないでもらえると助かります」

　なぜ彼女が彼に興味がなかったのかは誰にもわからないが、ほとんどの人は、確かに彼女はもう二度と彼に会いたくないのだということでは意見が一致すると思う。ところが、この青年の「自分ではない・いつもではない」スタイルが、「自分」と「いつも」の説明、例えば彼の人格的な問題を認めるのに大きな障害となっていた。セラピストへの彼の質問は、「なぜ彼女はそのように留守電で言ったのでしょうか？　彼女は今はただストレスで疲れ切っているので、1週間ほど待って電話をした方がいいと思いますか？」

　このケースでは、彼が入手した情報の解釈の仕方が、彼の説明スタイルによってバイアスがかったものとなっていた。説明スタイルはまた、情報が入手できないときにそのギャップを埋める働きもする。それが近道の本質であるが、それは原因があいまいなときに使われる。あなたがこのような状況に

あったときのことを鮮明に想像して、そのときあなたの頭に最初に浮かんだ思考を思い出してみよう。あなたのスタイルが「自分」か「自分ではない」か、識別することはできるだろうか？

いつも vs. いつもではない：あなたが特定した原因は長い間、存在するものだろうか、それとも比較的一時的なものだろうか？　販売員が大切な顧客らに売り込みをかけていた。顧客は彼女が時間を取ってくれたことに感謝しながらも、自分たちは買う気はないと彼女にきっぱりと伝えながらミーティングが終わった。彼女が「いつも」の説明スタイルを持っているとすると、彼女は、「私には、見込み客とのミーティングの席で、つながりを築くために必要なだけの素質を持っていない」。彼女が「いつもではない」スタイル寄りである場合には、彼女は肩をすくめて自分にこう言っただろう。「今日は売り込みの調子がうまくいかなかった。昨晩十分に睡眠を取らなかったせいかもしれない」

あなたはプロジェクトマネージャーで、提出物が期限を過ぎていた。「いつも」説明としては、このケースではあなたの管理する人々の安定した特性についてであるが、「私のチームメンバーはとても怠惰である」となる。逆に、「いつもではない」説明は、「自分ではない」説明でもあるが、「最近、私のスタッフは熱心に働いていない。仕事のペースがきつくて疲れ切っていて、オフの時間が必要なのかもしれない」となる。

職場の上司と意見の相違があったとしたら、あなたの即座の反応は何だろうか？　「いつも」説明で、「彼女は専門家だ。私はこの仕事には向いていないのかもしれない」となるだろうか？　または、「いつもではない」説明で、「最近、彼女がくれるヒントに十分に注意していなかったから自分の仕事の優先事項が狂ってしまった」となるだろうか？

両方ともに「自分」説明であるものの、「いつも・いつもではない」の側面によって変わることに留意してみよう。自分の人生におけるできごとを見渡してみて、あなたのスタイルが「いつも」か「いつもではない」かのどちらかに寄っているのが直感でわかるだろうか？

すべて vs. すべてではない：この説明スタイルの側面は、あなたが、特定の問題の原因が、自分の人生における多くの領域か、またはほんのわずかな領域に影響すると考える度合いについて評価するというものだ。あなたが問題に直面したとき、自分のティッカーテープの「なぜ」思考は、自分の職業人生、結婚、友人との関係性といった人生の多種多様な領域が影響を受けることを示唆しているだろうか？ あるいは主として具体的な影響を思い描くだろうか？ 時間通りにプロジェクトを仕上げることができなかったチームの部長は、「すべて」思考を持っていたかもしれない。「私は無責任だ」というように。これは、即時の問題だけではなく、彼の仕事や娯楽のあらゆる側面や、友人、家族、大切な人との関係性において彼がどう機能するかについても当てはまる。

「すべてではない」の例は、「私はこの手のプロジェクトではうまくいったためしがない。どうにもその仕事を学べないみたいだ」。ところで、これら両方の「なぜ」思考は、「自分」と「いつも」である。私たちの友人に、キッチンを改造する大仕事の一部として大工を雇った人がいる。仕事が半分しか完成していない時点で、彼女の夫が大工に全額支払ってしまい、大工を作業現場に連れ戻し、仕事を終えさせるのに数カ月かかってしまった。

友人の説明は、「人は信用できない」だった。「この大工は信用できない」「仕事が完成する前に全額受け取った大工は信用できない」、または「大工は信用できない」ですらなかった。彼女の最初の直感は、このできごとからすべての人へと一般化することだった。これは、キッチン改造だけではなく、彼女の人生のすべての領域に影響することから、高い度合いの「すべて」思考であると言える。

自分の説明スタイルを理解することは重要である。逆境が襲ってきたとき、自分が生み出す「原因となる考え方」は、この説明スタイルを反映したものとなっているからだ。自分の説明スタイルによって、問題の原因について幅広く把握することが妨げられ、レジリエントに反応する能力が制限されてしまっているのだ。

説明スタイルをコード化する：私たちの友人キースの話に戻って、先ほど特

> **「なぜ」思考 #1**：「上司は私の私生活を尊重してくれない」
>
> | | | |
> |---|---|---|
> | まったく**自分**のせいだ | 1 2 3 4 5 ⑥ 7 | まったく**他の人**または**状況**のせいだ |
> | **いつも**存在する | 1 ② 3 4 5 6 7 | もう二度と存在しない |
> | 自分の人生の**すべて**の**状況**に影響する | ① 2 3 4 5 6 7 | この**1つ**の**状況**にだけ影響する |

> **「なぜ」思考 #2**：「フェリシアは私に期待しすぎる」
>
> | | | |
> |---|---|---|
> | まったく**自分**のせいだ | 1 2 3 4 5 ⑥ 7 | まったく**他の人**または**状況**のせいだ |
> | **いつも**存在する | 1 2 ③ 4 5 6 7 | もう二度と存在しない |
> | 自分の人生の**すべて**の**状況**に影響する | 1 2 ③ 4 5 6 7 | この**1つ**の**状況**にだけ影響する |

定した2つの「なぜ」思考を別の視点から見てみよう。これから、それぞれの側面におけるそれぞれのB（思考）について、1から7までの尺度を使って点数化しよう。最も強い「自分」「いつも」「すべて」思考を1とする。最も強い「自分ではない」「いつもではない」「すべてではない」思考を7とする。そしてもちろん、尺度は1から7までの範囲を使ってよい。例えば、「なぜ」思考は、問題の原因について、部分的には「自分」に、また部分的には「他人」に起因すると考えることができる。この場合には1から7の尺度のうち4となる。上図には、キースの「なぜ」思考を点数化してみた。

上図の「なぜ」思考#1は「自分ではない」思考で、強い度合いのものだ。例えば、「上司は私の私生活を尊重せず、彼が仕事を命じてくるときには私は境界線を引かない」と彼が言うときに、責任分担については表現されていない。これを6としてみよう。その思考は「いつも」である。キースは自分の問題について、仕事と家庭に対する上司の傾向のせいにしている。それは長

い時間をかけて徐々に形成されてきただろう傾向であるため、極めて変わりにくいものだ。これを2としてみよう。最後に、これは「すべて」思考であるようだ。仕事と家庭の両立に対するキースの上司の姿勢は、キースの人生の最も重要な領域に影響する。これはおそらく、尺度では1となる。

　前頁の図中の「なぜ」思考#2も「自分ではない」思考だ。キースが妻の期待に応えているとはどこにも言及されていないからだ。これもまた、「自分ではない」の尺度の端にある6である。その他の「原因となる考え方」と同じ脈絡にある「いつも」である。一般的に、期待とは、長い時間をかけて構築されるものであり、変わるにも時間がかかるものだ。それは3となる。ここでのフェリシアの期待は、自分の家庭生活の大部分に影響するとキースは認識している。そしてそれが、自分の仕事にもやや割り込んできているため、キースはこの思考を「すべて」の側面における3とした。

　キースの原因についての両方の思考は、「自分ではない・いつも・すべて」思考である。彼が自分の人生における他のできごとについても分析するとすれば、おそらく彼はこの同じパターンが一般的な説明スタイルとして現れることに気づくかもしれない。

あなたの説明スタイルは何だろうか？：次頁のワークシートに、あなたが183頁で円グラフに記入した「なぜ」思考の説明スタイルを数値化してみよう。

　あなたの数値は自分の説明スタイルの何を示しただろうか？　当然ながら、自分の説明スタイルについてよく表せるようにするためには、いくつかの状況から生じる「なぜ」思考について評価する必要がある。そうすることが重要なのは、職場で問題に遭遇したときには1つの説明スタイルしか持たず、私生活で問題に遭遇したときには大変異なる説明スタイルを持つ人がいるためだ。例えば、仕事で何か失敗したときには他人を責めるだろう人であっても、私生活で問題が生じたときには自分を責める傾向にあることもある。説明スタイルについて公平に評価するために、あなたが経験した、最低でも10のネガティブなできごとについて取り組んでみよう。ネガティブなできごとには仕事の状況に関するものや私生活に関するものがあるが、そこにパターンを見出してみよう。そして、覚えておいてほしいのは、1から7の

あなたの説明スタイルは?

円グラフにある「なぜ」思考について、次の3つの説明スタイルに従って評価してみよう。それぞれの思考に対する、それぞれの側面を点数化して書き込んでみよう。この演習を通して、逆境に対する自分自身の説明に関する図表と、自分の説明スタイルを写した「スナップ写真」ができる。
次の尺度を使ってみよう。

まったく**自分**のせいだ	1 2 3 4 5 6 7	まったく**他の人または状況**のせいだ
いつも存在する	1 2 3 4 5 6 7	もう**二度**と存在しない
自分の人生の**すべて**の状況に影響する	1 2 3 4 5 6 7	この**1つの状況**にだけ影響する

自分の評価を書き込んでみよう。

	自分／ 自分ではない	いつも／ いつもではない	すべて／ すべてではない
思考1			
思考2			
思考3			

© 2002, Adaptiv Learning Systems

尺度で4ばかりであっても、それもまた1つの説明スタイルだということだ!

いつも問題に直面すると、自分自身と他人との責任をきちんと半々に、尺度のど真ん中の位置で考えることができるようであれば、それがあなたの説明スタイルなのだ。それはちょうど、自分自身を責める傾向、または他人を責める傾向が1つのスタイルであるのと同じことだ。

正しい説明スタイルとは何か？：私たちが長年にわたり相談を受けてきた中でも、多くの人々から、習得すべき正しい説明スタイルについての質問を受けてきた。心理学者たちは過去25年間、ずっとこの質問を受け続けてきた。研究によると、端的な答えとしては、異なる説明スタイルにはそれぞれに独自の利点と欠点とがあるものの、どのようなスタイルであれ可能性を制限するものだということだ。ここで目標とすべきは、柔軟に、かつ正確に考えることだ。

35年前、心理学者たちは、人々が自分たちのコントロールの及ばない逆境を経験したとき、即座に無力となったことを発見した。そして、実際にはかなりの程度コントロールできる逆境にも人々はその無力感をそのまま引きずる傾向があった。1978年にマーティン・セリグマンと同僚の研究者らは、それがなぜかを解明した。誰が無力になり、誰がレジリエントだったかを決めた重要な要因は、どのような逆境の類だったかではなく、人々がその逆境についてどのように説明をしたかだった。

レジリエンスと無力感の違いは説明スタイルだった。悲観主義者、つまり、「自分・いつも・すべて」スタイルで自分たちの逆境を説明した人は、無力感と抑うつに陥る傾向にあった。楽観主義者、つまり、「自分ではない・いつもではない・すべてではない」スタイルの人は、ほとんどの場合、レジリエントで、抑うつとは無関係のままでい続けた。

それがあまりにも明確で決定的な発見だったため、人生の他の領域で、悲観主義が障害となっている事柄についても調査が始まった。そして、それはすぐに見つかった。悲観的な生命保険外交員は、楽観的な同僚に比べて、売上高は著しく低く、離職率が高かった。悲観主義者は楽観主義者に比べて、大学で成績が悪かった（正確な調査のために、高校での成績順位や大学進学適性試験の得点を調整した後でさえ同様だった）。

楽観的なスポーツ選手は、敗北を喫した後でも素早く立ち直り、より優れたパフォーマンスを披露した一方で、悲観的なチームメイトたちのパフォーマンスは悪化した。楽観主義について、セリグマンは現実が許容する範囲に**限って**支持したのだが、心理学分野では悲観主義が悪いもので、楽観主義が

よいものだという臆測が広まってしまった。

　ところが、最近になって、楽観主義もまた障害となることがあることが研究により明らかになった。私たちの、また私たちの同僚による研究では、**極端な楽観主義者は少しばかり楽観的な学生に比べて大学での成績が実際に悪いことが判明した**。心理学者らは、柔軟になること、つまり平素の自然な説明スタイルの殻をぶち壊すことが極めて重要だとの理解に達した。そして、現実的になる、つまり直面する逆境の原因を的確にピンポイントで指摘する必要があるということもまた同じくらい明らかとなった。ステップ4では、あなたがもっと柔軟になるように指導しよう。ステップ5では、もっと的確になれるように手助けしていこう。

ステップ４．柔軟になること

　あなたはよく、旧態依然の戦略で、相変わらずの問題を解決しようとして、相変わらず失敗していることに気づくだろうか？　私たちは折りに触れ、誰でもそうやってきたのだ。説明スタイルに頼っているとそういうことが起きてしまうのだ。自分の説明スタイルの範囲外にあるほとんどの原因に盲目で、旧態依然の解決策を持ち出して、相変わらずの原因を変えようと試みるものの、またもや問題解決で失敗するのだ。この連鎖から脱出するために、自分の説明スタイルを断ち切る必要がある。それはつまり、もっと柔軟になることを意味する。

　ちょっとした偶然の一致なのだが、私たちはふたりとも小学校の時分に不気味なほど似通った経験をしている。事実として、カレンはアメリカで、アンドリューはオーストラリアでと、ともに違う大陸で生まれ育ち、赤の他人だった。私たちの図画工作の先生たちは、小学校でよく見られる典型的な創作プロジェクトの課題を課した。フェルトでコラージュを作り、もう片方で墨で絵を描かせる。先生たちは部屋を歩き回りながら、賢人ぶった意見を言った。「スーザン、あなたは墨を使いすぎね。机全部にこぼしてしまうわよ」「ジョン、うーん、その雌牛は何を持っているんだい？」「テリー、あなたの絵では建物よりも人間の方が大きいの？」「アンドリュー、カレン、もっと創造的にならなくちゃ」

もっと創造的であれ。おそらく正確でありながらも難しいアドバイスだ。それは診断結果ではあるけれども、処方箋ではない。それは「既成概念にとらわれない考え方をしよう」というフレーズを思い起こさせる。あなたはおそらく、企業研修のときに、あるいはまた別の自己啓発の本で、以前この表現に出会ったことがあるだろう。事実、今日ではこの表現をあちこちで見聞きする。ファストフードレストランのタコベルでさえ、テレビコマーシャルで、冒険好きであれ、当社の新しいサンドウィッチをお試しあれ、と消費者に強く説いた。彼らの宣伝文句は「パンにとらわれない考え方をしよう」というものだった。

　私たちはこのフレーズが好きではない。それは、ふたりとも、図工の制作プロジェクトでC（5段階評価の3）の成績を食らったという理由からだけではない。あなたは自分の「思考スタイルの既成概念」にしがみついているため、既成概念外で考え、あなたをそこから脱出させるには、命令以上の手段が必要となる。あなたはその既成概念を作り上げるまでに何年もの年月を費やしたのであり、あなたの両親や先生方、社会ですらそこに手助けをしたはずだ。あなたは思考のワナに陥り、権利侵害や、喪失や、未来の脅威に対して環境を精査する探知機を発達させたのだ。

　そしてあなたは、確証バイアスで既成概念を固めて、その既成概念に反する情報は排除する一方で、合致する情報は体系的にフィルターをかけて取り込んできたのだ。いずれもよくないものであるが、私たちの1人ひとりが「思考スタイルの既成概念」を作り上げているのだ。とすると、誰があなたに、創造的であれ、柔軟であれ、とただ声をかけるだけで期待できるというのだろうか？

　「なぜ」思考について言えば、あなたの説明スタイルの3つの側面**こそが**、あなたがとらわれている既成概念である。ステップ3より、あなたは今や、自分がどれくらい「自分 vs. 自分ではない・いつも vs. いつもではない・すべて vs. すべてではない」人間であるかがわかっていることで、自分のスタイルに対して働きかけることができる。あなたの逆境の大半、特に重要なものは、数多くの異なる要因により引き起こされている。

　一般的に、それらのいくつかの要因があなたに関係するもので、またいく

つかの要因は他の人や状況に関係しているものだ。原因のいくつかは比較的扱いにくいもので、またいくつかは容易に変えられるものだが、全力で努力することを通してこそ変えられるものもある。波及効果を持つものもあるし、また、人生の、狭く、特定の領域にしか効果の及ばないものもある。創造的で、既成概念にとらわれない考え方をするためには、説明スタイルの3つの側面を使って、最初に頭に浮かんだ「なぜ」思考をコード化し、逆境がなぜ起きたのか、いくつかの代替理由を新たに考えなければならない。

　ここでキースに話を戻してみよう。仕事と家庭の両立問題に関するキースの「なぜ」思考が、両方とも、「自分ではない・いつも・すべて」であることは理解できた。そして、これらの思考が彼の説明スタイルとも一致することもわかった。このことを知った上で、キースは3つの側面を使って、他に可能性のある「なぜ」思考を考え出すことができる。なぜ彼はわざわざこんなことをしなければならないのだろうか？

　それは、そうしなければ、彼の仕事と家庭の両立に関する逆境の原因のうちほんの一部、つまり、彼の説明スタイルのレンズが彼に見ることを「可能にしている」ことしか見えないからだ。彼が原因のほんの一部しか見ていないのであれば、問題の一部しか解決できないことになる。彼がこの問題には永久にけりをつけたいと望むのであれば、原因についての包括的な理解を得て、自分が最も変えることのできる原因に向けて問題解決を導いていかなければならない。

　キースは原因を外部に求める人である。あのホテルの部屋で、彼の頭に浮かんだ「なぜ」思考には、逆境に対して彼自身が与えた影響については一言も言及がなかった。そこで、より柔軟になる、つまり彼の説明スタイルの範囲外で考えられるようになるためのよい出発点としては、彼が「自分」思考をいくつか考えてみることだ。本物の柔軟性を得るためには、さらにいくつかの「いつもではない」と「すべてではない」思考についても考え出してみることだ。

　思い出してほしいのは、問題について、キースがもっと多くのあり得る原因について考えようとしていることだ。この段階で彼にとって重要なのは、まったく信じがたいというもの以外は、あり得る代替原因について除外して

Part2　7つのスキルを身につける　　195

代替「なぜ」思考 #1：「上司にノーと言いづらい」

まったく**自分**のせいだ	1 ②3 4 5 6 7	まったく**他の人**または**状況**のせいだ
いつも存在する	1 2 3 4 ⑤ 6 7	もう二度と存在しない
自分の人生の**すべて**の状況に影響する	1 2 3 ④ 5 6 7	この**1つの状況**にだけ影響する

代替「なぜ思考」#2：「私のタイムマネジメントはひどいものだ。自分の計画さえうまく立てられれば、これほど多くの週末に仕事をせずにすんだはずだ。フェリシアや子ども、友人たちと過ごす時間をもっと持てたはずだ」

まったく**自分**のせいだ	1 ② 3 4 5 6 7	まったく**他の人**または**状況**のせいだ
いつも存在する	1 2 3 4 5 ⑥ 7	もう二度と存在しない
自分の人生の**すべて**の状況に影響する	1 2 3 4 ⑤ 6 7	この**1つの状況**にだけ影響する

しまわないことだ。彼の創造性を抑えることなく彼自身の説明スタイルの範囲外で考えることは非常に難しいからだ（現実にそぐわない「なぜ」思考については、どのような思考でも、ステップ5の「正確であること」を使って拒否することができる）。

キースは、自分の仕事と家庭の両立問題について、もっともらしい「自分」思考をいくつか考え出すことができた。それは、彼が、その問題にある程度影響を及ぼしているというものだった。彼が「自分」思考を考え出すプロセスにおいて、「いつも vs. いつもではない」と「すべて vs. すべてではない」の側面の事例もまた引き出したことに注目してみてほしい。

上図の思考#1は、良い代替「なぜ」思考だろうか？　もしそれがキースの「自分ではない・いつも・すべて」スタイルの範囲外であれば、確かにあり得

る代替思考だろう。だが果たしてそうだろうか？　確かにこれは「自分」思考である。キースが問題にどう影響を及ぼしているかを示したものである。おそらく「すべて」の側面の尺度における真ん中に位置するだろう。

　キースは彼の人生にかかわるすべての人について自信がないと主張しているわけではなく、ただこのひとりの人についてだけそう言っているのだ。しかしながら、上司に対する彼の自信のなさが、彼の仕事と家庭の両立に影響し、それが人生の他の領域にまで影響を及ぼすとあっては、もっと波及効果、または「すべて」効果があるようだ。左図のようにキースはこれを「すべて」尺度において4と評価した。

　これは「いつも」の側面においてどの程度であると評価されるのだろうか？　この点は、キースが自分自身に問う必要のあるいくつかのフォローアップ質問によって違ってくるだろう。なぜ自分は上司にノーと言いづらいのだろうか？　彼の答えが「自分は弱いからだ」、つまり、安定性のある人格的欠陥であれば、それはむしろ「いつも」思考である。ところが、彼が自分の自信のなさをめぐり、自分の望む効果を得るために、この特定の人物に対してノーと言う最善の言い方に関する知識が欠如しているせいだと考えるならば、これはむしろ「いつもではない」思考となる。

　例えば、キースはおそらく、同僚が上司の要求に対して限度を設けるための効果的な戦略を練ったことを知っている。彼の自信のなさを克服するのは、その同僚と戦略を話し合うのと同じくらい簡単なことであるかもしれない。キースは、自分が普段から自信がないのではなく、上司にどうアプローチしていいのか本当にわからなかったのだと判断した。彼はこれを「いつもvs.いつもではない」尺度で5と評価した。

　キースが考え出した、もう1つの代替「なぜ」思考は左図の思考#2となる。自分の「なぜ」思考をコード化する練習を重ねるにつれて、キースはより速く、またより上手に尺度が使えるようになった。彼はほんの数秒間でこの代替「なぜ」思考を突き止めたのだった。彼は「これは明らかに『自分』思考だね」と私たちに言った。

　「これはほとんど自分に関係することだ。時間の計画も立てずに次から次へと大急ぎで難局を切り抜けるような職場環境にあってちょっとプレッシャー

を受けていたのかもしれないが、それでもほとんどが自分のことだ。私はこれを2と評価しよう。タイムマネジメントスキルの欠如は、たとえその影響が自分の私生活に及んできたとしても、本当に職場でだけ当てはまることだ。私はこれに、『すべて』尺度で5と評価した。タイムマネジメントはもっとうまくできるようになると思うし、生来備わっている、備わっていないという能力のようなものでもないので、これは『いつもではない』思考だ。私はこれを6と評価しよう」

キースは柔軟になること、つまり自分の「自分ではない・いつも・すべて」の説明スタイルの範囲内から抜け出すことに大成功した。彼はまず、自分の最初の「なぜ」思考、つまり、逆境の瞬間、あの殺風景なホテルの部屋で頭に浮かんだ、原因に対する自分の考え方について、説明スタイルの3つの尺度を使ってコード化した。

それから彼は、自分の既成概念を打ち破る、つまり、3つの尺度において違う位置づけを示す問題の原因について別の角度から見てみるのにそれらの尺度を使った。次は、彼が自分の思考について正確になるときである。

ステップ5．正確であること

「なぜ」思考をより正確にすることは、「思い込みに挑む」プロセスでは絶対不可欠な部分である。このステップを経なくては、ポリアンナ、つまりマッカーサーのように妄想的にものごとを都合よく解釈する誘惑にかられやすくなる。ものごとを正確に考えられる人になるというのは、科学者になることと似ている。というのも、次のステップは、逆境の瞬間に頭に浮かんだ「なぜ」思考と、確かな証拠に対してあなたが考え出したあらゆる代替思考との両方を試すステップだからだ。

このプロセスについては、私たちが子ども向けのレジリエンス・プログラムでやっているように、名探偵になることと同じであると見なしてもよい。シャーロック・ホームズが犯罪の現場に到着するとき、彼はただ外に出て彼の目に飛び込んできた最初の人を逮捕するなんていうことはしない。彼はそれよりもっと体系的に犯罪にアプローチするのだ。彼は、最初の容疑者がいつも真の犯罪者だというわけではないことを知っている。容疑者のリストを

「なぜ」思考を分析する

「なぜ」思考	証拠	反証
思考1		
思考2		
思考3		
思考4		

© 2002, Adaptiv Learning Systems

まとめて（ステップ4の代替思考のこと）、それから犯人が誰であるかを立証する手がかりを捜す（もっと正確になること）。

　より正確になることを阻む最も大きな障害は、あなたの確証バイアスである。これは、第5章で詳しく見たメカニズムで、自分の説明スタイルと一致する情報にしがみつく一方で、自分の説明スタイルに反する証拠、つまり、予めでき上がった認識にうまく当てはまらない詳細については除去することにつながるものだ。そのために、それぞれの思考について、有利な証拠と不利な証拠（反証）の両方を意図的に検索する必要があるのだ。このエクササイズをやるとき、自分が科学者か、探偵か、裁判官になったように思う人もいる。逆境の真の原因を見つけ出すために、証拠を客観的に取捨選択しているのだ。また、それぞれの思考について、自分の親友であればどのような有利な証拠と不利な証拠を提供するだろうかと考えようとする人もいる。

　このプロセスにおいて私たちがあなたを指導するにあたり、あなたの「なぜ」思考に対する有利な証拠と不利な証拠をまとめるのに上図のエクササイズシートが役に立つだろう。

Part2　7つのスキルを身につける

最初の思考1：上司は私の私生活を尊重してくれない

　ここではどんな証拠が認められるだろうか？　おそらく、上司がキースに対して、週末の勤務や出張、かなりの期間を自宅から離れて過ごすこと、特別休暇も与えずに時間外勤務をすることなど繰り返ししつこく要求していたら、それはその上司がキースの仕事と家庭の両立は気にしていないという十分な証拠となる。ところが、キースがこのことについてもう少し考えてみると、自分の考え方に対する不利な証拠が見つかる。例えば、彼とフェリシアが週末に旅行で一緒に街を離れていたときには、上司がふたりのホテルの部屋にシャンパンのボトルを贈ってくれたこともあった。会社持ちで、夫婦でディナーに出かけるようにと上司が強く勧めてくれたこともあった。また、キースとフェリシアが一緒に休暇を過ごせるようにと、上司が自らの休暇の計画を返上してくれたこともあった。これらの例を書き留めることを通して、キースは、上司の要求は確かにきついものの、折に触れてキースの私生活を尊重してくれていることも証明したのだった。有利な証拠もあれば、不利な証拠もあるのだ。

代替思考1：上司にノーと言いづらい

　過去に、キースが上司に向かってノーと言えたときはあっただろうか？　もしかすると、キースは仕事上の決定事項については反対意見を述べることはまったくやりやすいが、自分の勤務時間をめぐっては事情が違うのかもしれない。そのような証拠が、彼の考え方を形成し、また修正するのにどれくらい役に立つかに注目してみよう。キースは上司に対して全体的に自信がないわけではなく、ただ仕事と家庭の問題（より多くの「すべてではない」原因を引き起こす）となるとそうなるのだった。このことを知ったキースは、前職で、自分にとってこのことが問題として浮上したかどうか調べてみたくなるはずだ。そうだったと彼が気づいた場合、今こそ、自分の私的な時間を守るために権威ある人に反抗する意欲や能力に何らかの形で影響を与えているはずの氷山思考を探ってみる絶好の機会となる。

　キースは、同じような、詳細で客観的な問いを用いて、彼の最初の思考と代替思考とをすえて分析した。

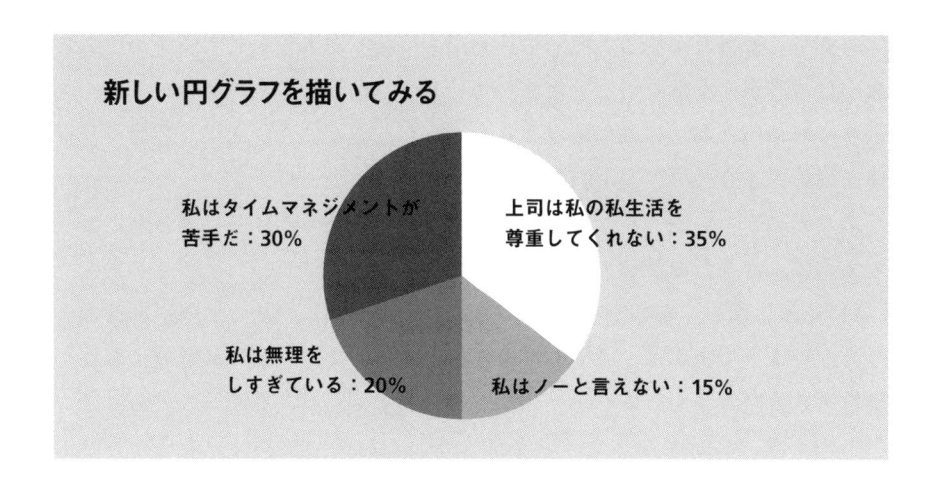

新しい円グラフを描いてみる

- 上司は私の私生活を尊重してくれない：35%
- 私はタイムマネジメントが苦手だ：30%
- 私は無理をしすぎている：20%
- 私はノーと言えない：15%

ステップ6．新しい円グラフ

「正確になる」プロセスにかかわり、それぞれの原因となる思考に対する有利な証拠と不利な証拠のリストをまとめながら、それぞれの原因がどんなに重要か、直感的にわかり始めていることに気がつくだろう。考え方を支持する証拠を見つければ見つけるほど、逆境に対して影響を及ぼす傾向が強くなる。当然ながら、その逆もまた真なりだ。考え方に反する証拠を見つけた分だけ、逆境に及ぼす影響が弱くなる。あるいはまた、考え出したいくつかの考え方を支持する証拠が何もないことにさえ気がつくかもしれない。だからこそ今、新しい円グラフを描きたくなるのだ。柔軟になるプロセスは、最初の円グラフで示された原因よりも多くの原因について可能性を押し広げてくれる。2つ目の円グラフは、自分の説明スタイルにより引き起こされた「なぜ」思考を超える、より包括的で正確な分析を表すものであるはずだ。

あなたの逆境のための新しい円グラフを作成してみよう。最初の思考であれ代替思考であれ、証拠に裏づけられた考え方だけ盛り込んでみよう。キースは、自分の分析に基づいて、上図のような新しい円グラフを考え出した。ここで議論した考え方だけではなくて、彼自身が証拠を見つけた考え方がすべて盛り込まれていることに注目してみよう。

元々、キースは、182頁にあったように、フェリシアの期待が彼の問題の25

％の部分に影響していると思っていたが、分析してみたところ、そのことを裏づける証拠が全然ないことに気がついた。そのため、その最初のスライスは2つ目の円グラフには当てはまらなかった。だが、キースは、影響を及ぼすと思われる3つの要因を特定した。

　あなたの新しい円グラフは1つ目とは違うものだろうか？　違わないようであれば、あなたの最初の見解が既に包括的で、正確だったということだ。「思い込みに挑む」プロセスが、あなたの問題の原因について何の追加情報も与えないようであれば、証拠を集めたことによって、最初の見解の正確性が確信できるだろう。ところが、私たちの経験では、およそ95％の人が、2つ目の円グラフに新たなスライスを加える。これはつまり、およそ95％の人が、自分の説明スタイルにより引き起こされた「なぜ」思考に基づいて問題解決を始めようとでもしない限りは考えなかっただろう、エビデンスに基づく問題の原因を特定することができたということだ。新たに特定されたそれぞれの原因を示す要因が、新たな問題解決の選択肢を生み出す。選択肢を多く追求することができるほど、解決策を見つけられる可能性が高くなる。

ステップ7．新しい解決策

　ここで、あなたの新しいパイの可変性（円グラフのそれぞれの原因がどれくらい変わる可能性があるか）を評価したい。キースはまだ、自分は決して上司の態度を変えることができないと固く信じているかもしれない。だが、もしかすると、上司は同僚に比べて**自分**の仕事と家庭の両立を尊重しない傾向があることにふと思い当たったかもしれない。それゆえ、仕事と家庭の境界について慎重に練られた一連の議題について話し合うミーティングを手配することが有効な解決策になるかもしれない。その他にはどんな変化が可能だろうか？

　キースは明らかに、自分のタイムマネジメントについての改善策を講じることができるだろう。彼は、自分が楽しみながらやっている課題に時間制限を設けないといけないだろう。もしかすると、望ましい課題の類は調整して、面倒臭い雑事を価値あるプロジェクトとともにやり遂げたことを褒めてあげるべきかもしれない。

彼が最も信用する幾人かのスタッフを選んで、その彼らを訓練して、今自分がひとりで手がけている仕事の一部をやってもらうことはできる。彼は、仕事に必要以上にのめり込む自分の傾向を支える思考と折り合いをつけなければならないだろう。彼は、自分自身の限度を超える仕事を自分に課してしまうよう促す状況とは何なのかを見極めたいと思った。そうすることで、逆境の瞬間における自分の思い込みに挑み、自分のレジリエンスを最大化する準備ができるからだ。
　「思い込みに挑む」のプロセスが、キースの解決策の展望をいかに劇的に変えたかに注目してみよう。このプロセスより前に彼が持っていた唯一の選択肢は、彼にとって理不尽な期待を抱いていると思われた妻を変えることだった。今や、彼にとっては、いくつかの解決策が可能となった。そして、さらに重要なのは、逆境についてのより包括的で正確な見解からこれらの解決策が生じた、ということだ。

まとめ

- 失敗や予想外の結果が起こると人の脳裏には自ずと「なぜ」思考が生じるが、成功や予想していた結果が起きた場合には「なぜ」思考は生じない。
- 人は「なぜ」思考に基づいて行動するが、「説明スタイルの既成概念」により誤った解釈がされた「なぜ」思考から作られた解決策は有効ではない。
- 説明スタイルの既成概念は幼少期から長い時間をかけて形成されたものであり、簡単には打ち破ることはできない。
- 「思い込みに挑む」スキルは、逆境の原因に関する「なぜ」思考を変化させ、証拠に基づいた柔軟かつ正確な代替思考を導く。

Chapter 8
スキル5――大局的にとらえる

　あなたが最後に、不安と恐れを抱きながら、真夜中、例えば午前3時に目を覚ましたのはいつだっただろうか？　心が落ち着かないまま数分が経った時点で、あなたはもう、再び眠ることを諦めてしまっただろう。たいていの人がこれと同様の経験を持ち、なぜ眠れなかったかと問われると、脳をシャットダウンできなかった、つまり、仕事のこと、試験のこと、結婚のこと、子どものこと、母親の健康のことなどについて、考えるのをやめられなかった、と答えるのだ。

　不安に支配されて、何かちょっとしたことを大げさにとらえて大惨事に仕立て上げてしまうということはよくある。今直面している逆境についてあれこれと思案し、ほんの数分間で、未来へとつながっていく一連の壊滅的な事柄が想像されてしまうのだ。私たち著者のクライアントのひとりは、10代の息子との口論が続いていることに苦しみ、親子関係の悪化が発端となって将来起こり得るであろうすべての悲惨なできごとについて反芻を続けていた。

「今までの口論のせいで彼は私から離れて、今よりもさらに多くの時間を不良の友人と過ごすつもりでいるんだわ。もしかしてドラッグをやっているんじゃないかしら。たとえ今やっていなくても、きっと時間の問題だわ。あの子が警察に逮捕されてしまったらどうなるのかしら。私たちが思い描いていた大学の夢も消えてしまうわね。最後はファストフード店で働くのが関の山だわ……それも、何とか仕事を見つけられたらの話だけど。でも結局はリハビリに入り浸りで、頑張って手に入れた仕事はどれもすぐに辞めることになるんだわ。そしてあの子は問題を全部私たちのせいにして、私たちを彼の人生から完全に排除してしまうのよ」

　このようにして自身で作り上げた「大惨事」思考と激しい不安の連鎖は、

多くの人にとって、長い、魂の闇夜を生み出すこととなる。

　もしかするとあなたは、次のような問いに対して大惨事的な回答をするかもしれない。「この景気で職を失ったらどうなるだろうか？」「いつかよい人を見つけられるだろうか？」「この結婚は長続きするだろうか？」「自分がいなくなったら子どもたちはどうなるのだろうか？」「もしも子どもができなかったらどうなるのだろうか？」

　また、自分の健康に関して大惨事を作り上げる人もいるだろう。そのような人にとって、痛みや漠然とした症状はすべて大きな病気の前触れであり、名前を思い出せないのは早期のアルツハイマー病を意味し、バス停まで走る間の息苦しさは心臓病の初期段階のサインであり、またひどい倦怠感はガンの証拠となってしまうのだ。

　あなたが、いつもくよくよ思い悩み、ものごとを大げさにとらえて大惨事を作り上げてしまいがちで、不安が生活の主役であるようなら、この本を読み進める前にまず、一番の心配事の原因を書き出してみよう。「大局的にとらえる」スキルを即座に使うためには、その準備段階として、何が自分を悩ませているのかが明確になっている状態がより望ましい。

　第4章でABCのB-Cつながりについて論じた際、不安は、迫り来る脅威に備えることを可能にするために進化したものだということに触れた。ところが皮肉にも、不安はときに、脅威に備えさせるどころか、私たちに対してまったく別の働きをする。早朝に目が覚めて、起こり得るすべての大惨事のことで頭がいっぱいのとき、あなたは肉体的に、精神的に、そして感情面において、何か行動を起こせる態勢にあるだろうか？　答えはノーだ。あなたは疲れ切り、体は重く、思考は秩序を失っていて、問題や挫折に対してレジリエントに反応できる状態ではない。「大局的にとらえる」スキルは、未来の脅威に対する思考を変化させることで、あなたの不安レベルを管理可能なレベル、つまり、現実の脅威の程度とより釣り合いの取れたレベルにまで引き下げるためのスキルである。そのときこそ、逆境の結果として最もあり得そうな状況に対して、最もうまく対策を講じられるときなのだ。

　「思い込みに挑む」スキルと同様、「大局的にとらえる」スキルも、より正確な思考を可能にするようデザインされている。もっとも、「思い込みに挑む」

スキルが、「なぜ」思考、すなわち逆境の**原因**に関する思考に適用されるのに対し、「大局的にとらえる」スキルは、逆境の**含意**、つまり逆境が起きてしまったからには、これから何が起きるのかと考えることに対して働くものだ。「思い込みに挑む」スキルは、悲しみや怒り、または罪悪感にさいなまれたときによく好んで使われる。そして、これらの特定の感情の中からどの感情を経験するかは、逆境が起きた理由に対する解釈の仕方で決まる。

例によって、私たちの感じ方は、私たちの説明スタイルの傾向に左右される。人格上の欠陥に問題の原因があると結論づけた場合、人は悲しみを経験する。また、自分が何か他人を傷つけることをしてしまったと考えた場合、人は罪悪感を感じる。一方で、逆境の原因が自分の欠点にあるのではなく他人にあるという認識を持った場合には、怒りの感情が優勢となるだろう。こうした感情はすべて、問題の原因に関する思考、つまり、過去に起こったことに対する考えから生じてくるものだ。「大局的にとらえる」スキルは、「思い込みに挑む」スキルとプロセスは似通っているが、未来に関する思考を変えるためにデザインされている。

説明スタイルと、未来に関する思考、すなわち「次は何」思考には、当然ながら関連がある。説明スタイルが「いつも」スタイルと「すべて」スタイルを取る人は、壊滅的な「次は何」思考につながる危険性がある。「いつも」スタイルを取っていると、今起きている問題の原因が未来にもまた何か問題を起こすことになるだろうと予測する。また、「すべて―なぜ」思考の傾向にある場合にも、基本的に問題が長期的に継続することに加えて、自分の行動すべてに影響するだろうと考えるのだ。関係の悪化について「彼とはまったく馬が合わないというだけの話だ」と認識する女性は、今後の関係に対してネガティブな予測はせず、今回に限ってのことだと考える。しかし、「私が人とうまくやる能力に欠けているからだ」と考えた場合には、彼女は、「これから先もずっとよい人間関係を築くことはできないだろう」と予測することになるのだ。

「大局的にとらえる」スキルを習得した人は、これをさまざまな形で利用することができる。不安や気まずさに対する恐れを緩和することもできるし、最初に頭をよぎった「未来の脅威」思考に対して、あたかもそれが絶対に真

実であるかのようにして飛びついてしまうのを防ぐことも可能だ。また、「最悪のケース」思考を食い止めることで、未来に対する楽観的意識を高めることもできる。さらに、恐怖心が抑制されることで、何のしがらみもなく、これから訪れる無数の好機に手を伸ばし、それをしっかりと利用することができるようになるのだ。

　私たちはまた、未来のリスクを過小評価するクライアントにも会ってきた。こうした人たちは、必要最低限の不安をも持っていないのだ。「大局的にとらえる」スキルは、このような人たちが、彼らの人間関係やキャリアや健康における嘘偽りのない脅威を認識できるよう手助けするものでもある。このスキルによって、彼らの非現実的な楽観主義は、真の楽観主義へと置き換えられる。「大局的にとらえる」スキルは、過度な不安を和らげるために使われるにしろ、現実の脅威に常に注意を払うために使われるにしろ、より高いレベルの感情コントロールや衝動の抑止、そして現実的な楽観主義を通して、あなたにより高度なレジリエンスを与えてくれるに違いない。

「大惨事」思考はどのようにして起こるのか？

　仕事で大成功を収めていた営業マンへのコーチングをケーススタディとして、「大惨事」思考の主な特徴について解説しよう。彼のことはラリーと呼ぼう。ラリーは、概して非常にレジリエントであり、営業の経験がとても豊富で、会社ではトップの成績を出していた。ところが、ラリーはある日、大事な新規見込み客との約束である営業用のパンフレットをまとめて郵送するという仕事をやり忘れてしまったのだ。それは彼の頭からすっかり抜けてしまっていた。翌日の午前3時半、大失態をしてしまったことに気がついて飛び起きるまで、完全に忘れていたのだ。ここで、ラリーがどのようにして「大惨事」思考へと陥っていくのかを理解するのに、この逆境についてABCを使って分析してみる必要がある。

A（逆境）：非常に大事な新規見込み客に、重要な製品の広告を載せた営業用パンフレットを送るのを忘れた。

以下は、ラリーが報告したティッカーテープ思考である。彼が未来に起こり得る悪いできごとにどれほど意識を向けていたかを注意深く見てみよう。

B（思考）：くそ！　眠れない。もう３時間も起きているじゃないか。今日は１日じゅう最悪な気分で過ごすことになりそうだ。本当にやばい……あのパンフレットを送り忘れたんだ！　今日の５時までに全部まとめてしまわないとあのクライアントを逃しちまう。でも、この資料をまとめていたら、営業の電話をかける時間がなくなることになるぞ。その時間がなくなったらすべて終わりだ。電話をかけないと。営業電話がなければ新しい見込み客もない。新しいクライアントが得られなければ売り上げも出せない。売り上げが出せなければ歩合もない。これは販売業の鉄則だ。俺はこのまま会社にいられなくなるんだ。もしそうなったらどうする？　俺は営業しか知らない。何か別の仕事で何とか生き延びるのがオチだろうが……給料は今と同じというわけにはいかないから、ローンの返済を補助するために絶えず副業を探すことになるだろう。そして俺はまたクビになるんだ。家を失ったらどうなる？　そうだ、家は結婚の保障だ。妻は俺を捨てて去ってしまうだろうか。それにしても、あいつは俺たちの生活が崩壊しかかっているというのに、どうして寝ていられるんだ？

　続いて、ラリーは彼の思考の結果をリストアップした。

C（結果-感情）：激しい不安（１から10段階で10）。
C（結果-行動）：数時間リビングを行ったり来たりし、妻が起きると彼女と口論になり、仕事に出かけて非生産的な１日を過ごした。

　さて、今度はあなたが「大局的にとらえる」スキルを始める番だ。あなたが最後に「大惨事」思考をしたときのことを思い出そう。そして、ラリーがしたのと同様に ABC を書いていこう。ここでの大事な要素は、逆境を客観的に表現すること、また、ティッカーテープの「未来の脅威」思考（これは

「最悪のケース」思考と呼んでもいい)をすべて把握すること、そして、あなたが何を感じたか、感情の強さはどの程度だったか、あなたがどんな行動をしたかを確認することだ。

　ここでまた少しラリーのケースに戻ることにしよう。ラリーのティッカーテープ思考は、客観的な目を持つ読者にとっては少し度が過ぎて呆れたものに見えるかもしれないが、そのとき、つまり朝の３時半の時点でのラリーにとっては、頭の中で騒ぎ立てる「未来の脅威」思考は、ただの憶測ではなく実に確かなものだったのだ。しかも、それだけではない。

　彼は、自分と家族が、ローンの支払いができなくなって家を立ち退かされることになり、所有物をすべて抱えて歩道を歩いているという、頭から離れようとしない非常に頑固で強烈なイメージにとらわれていたのだ。そのイメージに彼はとても苦しめられ、その苦しみと彼のティッカーテープの騒がしさが相まってベッドで寝ていられなくなったのだった。そのうちに、妻のイレーヌが彼の様子を見に来たのだが、それによって、彼が抱いていた彼女に対する考え（「俺たちの生活が崩壊しかかっているとき」に、彼女が寝ていたことで彼は苛立っていたのだ）が思い起こされてしまった。そのため、イレーヌが現れたとき、彼女は紛れもなくラリーのことを心配していたのだが、彼は辛辣で対立的な態度をとった。

　彼は、パンフレットのことと、自分の「大惨事」思考の断片を彼女に簡単に話した。彼女は、彼の気持ちを楽にしてやろうと思い、彼の思考には確かな根拠がなく、彼が過剰反応しているのだと伝えた。ところが、これは彼の怒りを増幅させるだけに終わってしまった。彼女の言葉には解決につながるものは何もなく、それでいて、問題の存在さえも否定するようなものであったため、彼が激怒するのももっともなのだ。ふたりは、イレーヌが諦めてベッドに戻るまで口論した。ラリーは、仕事に取りかかり始めたときには既に疲れ果ててしまっていた。

　彼は、パンフレットをまとめて郵送し、顧客に電話をしてミスの説明をし、営業部長に見つかって怒られるのを避けるために１日じゅう気づかれないようびくびくして過ごした。そしてその日の午後３時、ラリーは顧客への電話を口実にして、家に帰って夕飯の時間まで眠ったのだった。言うまでも

なく、これらの結果はレジリエンスとは程遠いものだ。では、ラリーが現実味を保ってもっとうまく不安に対処する方法はあったのだろうか？　もちろん。それこそが、「大局的にとらえる」スキルなのだ。

　ラリーの問題を例にとり、次頁の表を使って、「大局的にとらえる」スキルの5つのステップのプロセスを説明していこう。あなたも、自分用の表を用意しよう。表の一番上には逆境を記入する欄を作り、その下に、1．「最悪のケース」思考、2．どれくらいあり得そうか？、3．「最高のケース」思考、4．最もあり得そうな結果、5．解決策、という見出し欄を作る。この表を使って、あなたが最後に「大惨事」思考に圧倒されてしまったときのことを書いて分析してみよう。

ステップ1：ティッカーテープの連鎖を書き出す

　当時を振り返ったら、まずは第1ステップとして、各々の「大惨事」思考が次の「大惨事」思考へとつながっていくときに生じた、あなたの「未来の脅威」のティッカーテープ思考を書き出していく。ここで、ラリーの場合の逆境は営業用パンフレットを発送し忘れたことだったのを思い出そう。ここから、彼の「未来の脅威」思考（別名「最悪のケース」思考）が次頁の表のように浮かび上がってくる。

　ほとんどの人は、彼が大惨事を作り上げていることを認めるだろう。そう、たいていの人は、営業用パンフレットの発送が1日遅れただけで、残りの人生を道端で過ごすという結果にはつながらないことに気づくはずなのだ。つまり、ラリーが些細なことを大げさに騒ぎ立てているということが見て取れる。一方でもちろん、ラリーにしてみれば、ムダに大惨事を作り上げているという感覚はない。彼にとっては、将来に対する一連の正確な予測なのだ。この特定の大惨事のワナには陥ったことがない人でも、自分の「最悪のケース」思考が手に負えなくなったという経験は持っているはずだ。

　ラリーの一連の思考には、「大惨事」思考の持つ3つの一般的な特徴がよく表れている。第1の特徴として、彼の思考がすべて未来に向けられた予測となっていることに注意しよう。これらのできごとは未来の予測であるため、実際に起こるかどうかは不確かだ。それでも、思考の連鎖における各々のリ

逆境＝見込み客に案内書を送付するのを忘れてしまった

ステップ1： 「最悪のケース」思考	ステップ2： どれくらいあり得そうか？	ステップ3： 「最高のケース」思考	ステップ4： 最もあり得そうな結果	ステップ5： 解決策
通話時間分の電話代を失ってしまう……▶	75％	自分はどうせクビになるのだから……▶	販売用パンフレットを明日までに準備しなければならない。	1時間ほど職場に早く行って、案内書を準備し、約束の時間までに仕上げてしまう。顧客に電話して、案内書が遅れることを知らせる。関係を丸く収めるため、車を運転して顧客に直接会いに行く。ミスのことと、その修復のためにどんな手順を踏んだかを、先手を打って上司に伝える。
売り込みの電話をしない……▶	100万分の1の確率	自分の解雇手当をシリコンバレーに持っていって大きなことを始める……▶	1～2時間の通話料は失う。	
手掛かりが得られない……▶	100万分の1の確率	自分のような苦しい目に遭う人がいなくなるように、ドットコム企業を立ち上げ、人々が案内書をちゃんと扱えるようにする。まずスタートアップ支援団体に電話して、それから……▶	上司はこのミスに気がついたら快くは思わないだろうし、怒鳴り散らすことだろう。	
売れない……▶	100万分の1の確率			
販売手数料が入らない……▶	100万分の1の確率			
この仕事では生活が成り立たない……▶	200万分の1の確率			
ずっと仕事で失敗し続けることになる。十分に生計を立てていくこともできない仕事は引き受けられないし、クビになることだってある……▶				
住宅ローンを支払うこともできなくなる……▶	300万分の1の確率	同じようなベンチャー企業の新規公開株を取得して、		
結婚生活がストレスにさらされる……▶	300万分の1の確率	自分は億万長者になる……▶		
妻が私を置いて出て行く……▶	500万分の1の確率			
ホームレスとなり路上生活となる……▶	1000万分の1の確率			

Part2　7つのスキルを身につける

ンクがどの程度現実的なものかを見積もることはできる。また、ラリーが、少しずつ関連づけをしながら、1つの物語、1つの予言を組み立てていることにも注目しよう。連続的なリンクは、そこからさらに未来へとつながっていくことを意味する。連鎖における1つのリンクは、その1つ前のリンクが作られなければ発生することはなく、ラリーは気づいていないのだが、思考の連鎖の中で後ろに出てくるリンクほど、実現の確率は低くなるのだ。

　第2の特徴は、1つのリンクから次のリンクに移ることが比較的簡単だということだ。歩合を稼げなければクビになるということを彼がどれほど信じていたかは容易に想像できる。また、売り上げのない営業マンは会社にいる価値がないことは誰もが知っている。ラリーはまた、もし職を追われたらそれは再度起こり得るという非常にロジカルな思考をしており、それゆえに彼が仕事を立て続けに失敗するだろうという考えには及びそうもないように思われるのだ。もちろん、もしそうなったらローンを返せなくなるだろうと考えるのは極めて自然なことだ。分別のある人なら誰でも、そのような経済苦がどれほど結婚生活にストレスを及ぼし得るかは理解できるだろう。

　各ステップ同士の差は非常に小さく、妥当で、ロジカルに見えるため、ラリーが思考の連鎖に引き込まれることがいかに簡単だったかは理解に難くない。人が大惨事を作り上げるとき、その人をやみくもに信じさせる、もしくはその人の疑いを完全に晴らすよう仕向けるリンクが1つだけではないため、一連の思考が合理的かつ事実であることを疑う理由が見当たらなくなってしまうのだ。

　人を引き込みやすい大惨事連鎖の特徴は、一連の思考の要素が極めてよくありがちだからではなく、1つの要素から他の要素への流れがロジカルであるという意味において**確か**に正しいものであるため、その度合いを増しているのだ。思考の連鎖のパーツは紛れもなくロジカルだ。ラリーは主として営業電話で売り込みをしていたのだから、彼が電話を一切かけなくなったら新規見込み客を見つけることはできなくなる。そして新規見込み客を見つけられなければ、彼の売り上げはゼロとなる。売り上げがゼロとなった彼は、歩合を得られなくなる。こうした文言の並びは100%確かなものなのだ。

　大惨事の連鎖におけるこうしたロジックの「断片」は、連鎖上をスムーズ

に移動し、他の連鎖の部分につながりやすくなる。さらに悪いことには、連鎖のリンクを作るとき、不安が増大していき、そこで浮かび上がった大惨事の光景をさらに信じやすくなってしまうのだ。膨れ上がる不安と一体になった、このような人を引き込みやすいという思考の連鎖の特徴こそが、「大惨事」思考の真っ最中にいるときに、それらが非常に現実的なものに思えてしまう要因となるものだ。

とはいえ、明らかに、思考の連鎖には論理の飛躍がある。ラリーがパンフレットをまとめるのに数時間使ったからといって、それが本当に電話をかけられなくなる、それも今後一切かけられなくなることを意味するのだろうか？ いや、十中八九、それはあり得ないだろう。ラリーが自己達成的予言を作ってしまっている、つまり、それが既成事実だという誤った認識のために今後一切の電話を諦めてしまっているということでない限り、それはあり得ない。

もっとあり得そうな結果は、ラリーが電話の時間を**いくらか**失うということだ。もっとはっきり言えば、彼はパンフレットをまとめて郵送するのに必要な時間だけを失うのだ。ロジックの飛躍、不安が引き起こす思考のエラーによって、今後**一切**の電話をかけられなくなるという「未来の脅威」思考が生まれてしまったのだ（ラリーに、リビングを行ったり来たりしているとき、最後はダンプスター行きになるという未来がどれくらいあり得そうに感じていたかを尋ねたところ、彼はなんと、60％と答えたのだ！）。ラリーや、「最悪のケース」シナリオに向かって突進する傾向のある人たちには、「最悪のケース」の恐れについて、現実的な実現の可能性を認識させる助けとなるツールが必要だ。

ステップ2：「最悪のケース」が起こる確率を見積もる

当然のことだが、大惨事を終わらせるカギとなるのは、「未来の脅威」思考の連鎖から抜け出すことだ。そしてそのための最も有効な方法は、事実としてわかっているのが何であるかを強調することだ。たった1つ、ラリーにとって完全に確かなことは、彼がパンフレットを送り忘れたという事実だけだ。その他はみな当て推量で憶測にすぎない。では、その1つの事実から、ラリーの思考の連鎖のできごとがどれくらい現実に起こり得るかを、簡単に

見積もってみよう。

　ラリーがパンフレットをまとめることで営業電話をかける時間をいくらか失う確率はどれくらいだろうか？　これは、ほとんどの人がかなりの高確率を認めるだろう。彼が1日9時間働いていたとして、マーケティング資料をまとめる時間分削られたら、彼は**ほぼ確実に**営業電話の時間をいくらか失うことになる。その確率は75％前後だろう。では、彼が営業用パンフレットをまとめ忘れたことで、その日**一切**の電話をかけられなくなる確率はどうだろうか？　もちろん、自己達成的予言を通して彼のネガティブな思考と不安が彼を麻痺させるという場合を除いて、たいていの人が極めて低リスクであるという認識を持つはずだ。

　彼がその日一切電話をかけられなくなる確率は、概算で1000分の1程度だろう。しかしこれで終わりではない。彼は、歩合が少なくなることで会社を追われ、飢えに苦しむことになるだろうという予想も立てたのだ。果たしてたった1日電話をかけられなかっただけで、こんなことが起こり得るのだろうか？　そうなるには、電話がかけられず、新規見込み客を見つけられず、売り上げを出せないという状態が数週間続く必要がある。したがって、もう少しまともな質問をすれば、彼が金輪際まったく電話をかけられなくなる確率はどれほどか、となる。もちろん、これは非常に低いだろう。その確率はゼロだと答える人もいるだろうし、可能性は認めるものの、ほぼあり得ないと答える人もいるだろう。私たちのトレーニングセミナーの参加者の多くは、100万分の1かそれ以下と見積もっていた。

　さて、電話が今後一切かけられなくなる確率が100万分の1であるとすると、仕事の失敗が連続して起こる確率はさらに低くなる。大惨事の連鎖上で後々出てくるできごとの実現確率は、100万分の1よりもさらに小さくなるからだ。ラリーは、211頁の表の次の列に示された通り、彼の大惨事の連鎖における各リンクについて、その実現確率を見積もった。

　もしかすると、ラリーの見積もりの出し方ではポリアンナ的に見えるかもしれない。初婚における離婚率は50％ではないか。しかし、ラリーのここでの使命は、思考の連鎖内の各々のできごとについて全国平均を見積もることではないのだ。彼がすべきことは、彼の未来の脅威が現実に起こる確率を、

彼の身に起こった逆境に基づいて見積もることなのだ。つまり聞きたいのは、彼が営業用パンフレットを忘れたことが**原因**で、彼と妻が離婚する確率はどれくらいか、ということだ。では、あなたの思考の連鎖のできごとについても、その実現確率を見積もってみよう。ただし、思考の連鎖における各々のできごとについてそれを行う際、あなたの出した見積もりが、あなたの身に起こった逆境が**原因**で起こる確率であるかどうかを自分に問うて確かめるようにしよう。

　ここで再びラリーの話に戻ろう。営業用パンフレットを送り忘れたことが原因で、仕事の失敗を連続して経験する確率は100万分の1だ。そして彼がホームレスで終わる確率は1000万分の1だ。1000万分の1、あるいは100万分の1であっても、それほど見込みの低い事柄に対してどうして多くの時間と労力を費やす必要があるだろうか？

　簡潔に答えれば、そんなことは「すべきではない」。それは、感情資源の使い方としてレジリエントなやり方ではないからだ。ラリーの作り上げた大惨事は、彼に、「パンフレット事件」から浮上し得る現実の脅威（これについてはステップ4で的を絞って見ていく）に対しては危険なほど無防備な状態にしておきながら、ほとんど起こり得ない結果に備えるためには労力を使わせるものだ。彼が、避けられない失業について反芻する時間を費やせば費やすほど、パンフレットを仕上げる最短方法を考える時間も、営業電話をかける時間も、減っていってしまうのだ。これこそが、彼にとって、そしてあなたにとっても、**最も**あり得そうなことをはっきりさせて、それに備えるための対策を講じることを最大の関心事とすべき理由なのだ。

ステップ3：「最高のケース」という代替思考を作る

　ラリーは、彼が最初に60％の確率で実現するだろうと考えていたダンプスターの中で暮らすという結果が、実際には1000万分の1というとても見込みの小さなものだったことに気がついた。確かに、この気づきは、彼が正しい道筋に戻って、最もあり得そうな結果を特定できるようになるのに十分かもしれない。ところが不幸にも、私たちの経験が、それだけでは足りないことを示唆している。既成概念にとらわれるなとか、クリエイティブに考えろ、

と人に強く忠告するのと同じで、ただ単に現実的に考えろと言うだけでは有効な戦略とは言えない。では、「未来の脅威」パターンから抜け出すには何が必要なのか？　それは、「最高のケース」シナリオを作ることなのだ。

「最悪のケース」と同じくらい実現確率が低い「最高のケース」シナリオを組み立てることには2つの意味がある。1つは、「最悪のケース」思考からあなたを強制的に脱却させることだ。突飛で空想的でバカげたファンタジーを展開させるのに2、3分を費やすことで、脳内の未来に希望を持てない部分のスイッチが切れるため、最もあり得そうな結果についてより明瞭に考えられるようになるのだ。次に、「最高のケース」ストーリーは、あなたが笑ってしまうものだ。不安を軽減し、よりよい状態で目の前の現実の問題に対処するにはちょっとしたユーモアが一番なのだ。さらに言えば、もしもあなたが自分の作った「最高のケース」シナリオでも笑うことができなかった場合は、それはおそらくストーリーの突飛さが十分ではないということなので、バカバカしさで笑ってしまうようになるまで作り直す必要があるのだ。

ラリーの「最高のケース」シナリオ

　ラリーは、非常に独創的な「最高のケース」シナリオを思いついた。
　ラリーの「最高のケース」シナリオは面白いものだが、あなたはきっと、これを実現させるために重要な資源を回すのが時間のムダであるということには同意するだろう。ラリーにとって、食料の多いダンプスターを探し求めて街をうろつくのがレジリエントなやり方でないのと同様、新会社のロゴをデザインするために営業電話の時間を消費してしまうこともまたレジリエントではない。レジリエンスのカギは、最もあり得そうな結果を特定して問題の解決策を講じるところにあるのだ。そして、「大局的にとらえる」スキルの最後のステップは、その作業を手助けするようにデザインされている。

ステップ4：最もあり得そうな結果を特定する
　ラリーが「最悪のケース」と「最高のケース」シナリオを1つの枠組みとしていったん把握してしまうと、最もあり得そうな結果がどこにあるのかが

容易に特定できた。ここで1つ重要なことを思い出す必要がある。それは、逆境というネガティブなできごとからすべてが始まった、ということだ。そのため、最もあり得そうな結果もまたネガティブなものだろうと予測するのが合理的なのだ。私たちは、自分を悩ませる問題についてうわべだけを取り繕うようなことは決して望んではいない。

　ラリーに対して「大局的にとらえる」スキルの指導をしたのは、営業用パンフレットを送り忘れてから1週間前後経ってからのことだった。そのときには彼が逆境を解決するには遅すぎた。それでも時間を巻き戻して、ラリーにもう一度やり直す機会を与えてみよう。あの日の午前3時半に時間を戻し、彼がいかにして不安に対処できたのか見てみることにしよう。もし大局的にとらえる方法を知っていたら、彼は次のような結論を出しただろう。

「今の俺は、この頭の中で展開されている大惨事が何1つ起こらないことを知っている。あいにく、パンフレットを送り忘れたせいで重役の座への扉を開くカギを手にいれることはなくなってしまっただろうが、たった1つの小さなミスでクビになるなんてことは儲かる新規公開株を手にいれるのとほとんど同じだ。俺はパンフレットのことを忘れていた。ただそれだけのことで、何を大騒ぎする必要がある？　資料をまとめるのにいくらか時間をとらなきゃならないが、俺の最も妥当と思う見積もりでは1、2時間というところだ。つまり、営業電話の時間が1、2時間なくなることになるわけだが、ただそれだけだ。それでもまだ電話はかけられる。それに、明日以降は、電話の時間なんていくらでもある。顧客はこのパンフレットが送られてくるのを期待していただろうが、かといってオフィスでじっと息を凝らして待ち構えていたなんてことは絶対にない。それより、本当に問題なのは、ボスに説明しなきゃならないことだ。このことを知ったら、彼は怒鳴り散らすだろう」

　ラリーの最もあり得そうな結果は、211頁の表に記入されている通りだ。あなたも既に「最悪のケース」と「最高のケース」シナリオの記入が済んでいることだろうから、自分の逆境について同じようにやってみよう。

　ラリーは、自分のミスから起こり得る最も妥当な結果をリストアップしてしまうと、たった2つの問題だけが残っていることに気がついた。それは、

営業電話の時間を確保しつつ、パンフレットの件を片づけられるように時間の工面をすることと、ボスの怒りを何とかすることだ。問題が何であるかがわかった今、彼はその解決策を講じ始めることができるのだ。

ステップ5：最もあり得そうな結果に対する問題解決

　ラリーと同じ「未来の脅威」思考の人には絶対に避けて通ることができないだろう未来の大惨事エピソードは、「大局的にとらえる」スキルを身につけてしまった彼にはもはや阻止できるものだ。ラリーはこう認めている。自分が、あの日の午前3時半の時点で既にこのスキルをマスターしていて、自分のミスが原因となって起こるであろう最もあり得そうな結果を特定することができていたら、まったく違う行動をとっていただろう、と。ラリーは211頁の表に、解決のための戦略を書き込んだ。ここであなたも同じことをしてみよう。あなたの逆境から生じる本当の問題に対処するためにできることを2つか3つ、考え出してみよう。

　ラリーはこのように語ってくれた。

「私は、自分の『最悪のケース』思考に反応していました。もしあのとき、最もあり得そうな結果に集中していたら、あなた方と同じように、私にも解決策が明らかになったと思います。そして私はきっと、こんなふうに考えたでしょう。『おい、とにかく俺は今起きているんだから、早めに仕事に取りかかってパンフレットをまとめて送ってしまったらいいだろう』と。きっと私は、8時半までには終わらせて、いつも通りの時刻に電話をかける準備を整えられたはずです。そして、顧客に電話をして、たぶん、資料を車で直接持っていくことを申し出たと思います。向かい合って話すことで、彼との信頼関係を強くし、売り上げの可能性を上げることにつなげることができたかもしれません。それから、私が当時このスキルを持っていたら、違う行動を取ることができただろうと思うことがもう1つあります。それは、ボスを避けるのではなく、彼のオフィスに押しかけて行って、何があったかを知らせただろうということです。私はきっと、彼にこう伝えたでしょう。『ジム、取り返しのつかないことをしてしまいました。昨日パンフレットの件をやり忘れてしまったんです。ですが、信頼回復のために、こんなことをしました』と。

これはきっと、ジムに対してすごく効果的だったと思います」
　実に素晴らしい解決策だ。これこそが、まさに、レジリエントな人の行動なのだ。

「交通事故で命を落とす」：思考の連鎖を伴わない「大惨事」思考

　慢性的な不安のほとんどは、ラリーのように思考の連鎖の中で大惨事を作り上げる。私たちは一方で、不安になりやすい傾向のある人で、思考の連鎖とは異なるプロセスを使って大惨事を作り上げる人たちに多く出会ってきた。そのひとりが、私たちが主催した「子どものためのレジリエンシー・プログラム」の講師認定講座に参加していたサンドラだ。
「大局的にとらえる」スキルを彼女のグループに教えていたとき、大惨事の連鎖の特徴について説明をし、グループの１人ひとりに、自分がそのような思考の連鎖にはまったときのことを思い出すように求めた。すると、他の全員にはできたのだが、サンドラだけは思い出すことができなかったのだ。彼女には「大惨事」思考の経験がないわけではない。その証拠に、サンドラはすぐさま、彼女自身について、未来の脅威に常に警戒しているタイプの人間であると認めたのだ。
　彼女は、彼女の夫と10代の息子が、ロックバンドのＵ２のライブを観るために、80マイル離れたフィラデルフィアまで出かけて行ったときのことを説明してくれた。心配性の彼女は、彼らの１日の予定をすべて把握していた。コンサートの終了予定時刻も、彼らの帰宅予定時刻も把握していた。そして、帰宅予定時刻を30分過ぎた頃に彼女の不安が動き出し、１時間も経過しないうちに彼女は恐怖に襲われ、パニックに陥った。彼女は、彼らが交通事故に巻き込まれて命を落としたのだと思い込んでしまったのだ。サンドラは檻の中の動物のようにリビングルームをうろうろと歩き回り、そのときの彼女に夫と息子が無事であると納得させられるものは何１つ、なかった。サンドラがＡＢＣ（ＡＢＣは、すべてのレジリエンスの熟考型スキルの下準備となる）を行ったときの記述は次の通りだ。

A（逆境）：夫と息子のコンサートからの帰りが１時間遅れている。
B（思考）：彼らはひどい交通事故に巻き込まれて死んでしまい、事故現場では大火災が起きていて警察が彼らの身元を特定できないため、誰も私に連絡することができなくなっているんだ。
C（結果-感情）：恐怖とパニック。
C（結果-行動）：うろうろしたり、テレビで交通事故のニュースをチェックしたり、彼らが搬送されていないか病院に電話をして聞いてみたりした。

　サンドラは明らかに頭の中で大惨事を作り上げていたのだが、大惨事へと導く初期イベントである思考の連鎖がないことがわかる。私たちは彼女に、何かしらリンクを探すようもう少し強く促してみたが、何もないのだ。こうした、家族の安否に関する「未来の脅威」思考が引き起こされるような逆境においては、サンドラはたった２つのギア（変速機）しか知らなかった。すなわち、完全な平穏と、完全な不安だ。
　ここで、彼女の「大惨事」思考が、安心を保証する逆の結果につながる証拠を一切遮断するように「巧みに」デザインされていることに注意しよう。彼女を客観的に見た人は、夫も息子も身分証明書を持っているはずだから、警察が彼女に連絡をよこさないということは彼らがほぼ安全だということを意味するのだとサンドラに気づかせようとするかもしれない。ところが、サンドラの「未来の脅威」探知機は、この思考に挑むことを確実に不可能にする「火災」という要素を追加したことで、そのような安心材料をも退けてしまうほど強力なものだったのだ。
　このような思考の連鎖を伴わないケースにおいては、最善の結果につなげるための「最悪―最高／最もあり得そう」のプロセスを改良する必要がある。帰りが遅いという理由から想定される彼女の愛する人たちの死亡確率を見積もらせると、ただ法外な高確率を出させるだけだ。これは「大惨事」思考の特徴でもあり、悲惨な結果の実現確率を釣り上げることになる。思考が連鎖的に生じている場合には、既に明らかな逆境に対して連鎖内の各リンクの実現確率を見積もらせることで、誤って見積もられた法外な高確率を徐々

に崩していくことができる。こうして段階を追って、徐々に、リンクごとに、実現確率に対して正確さを増していくことで「未来の脅威」パターンから抜け出すのだ。では、思考の連鎖がない場合、「大局的にとらえる」スキルをどう適用したらサンドラを救い出すことができるのだろうか。

 サンドラには、大惨事が起こる可能性を見積もらせるのではなく、代わりに彼女を元気づけられるような、考え得る最良の結果を考えてみるよう促した。彼女が考え出した結果はこうだ。
「ふたりは素敵な時間を共有して、そしてＵ２のボーカルのボノが、彼のコンサートでノリにノッている父親と息子の姿に感動して、ふたりを楽屋に招待した。そして、数時間、バンドメンバーと一緒に円形に座っておしゃべりをした。それがさらにお互いの絆を深めることになって、親密さを増したふたりは、ボノとバンドメンバーと一緒にツアーに来るように誘われた。彼らは私に電話をかけてきて、これから次のＵ２のコンサートのためにリビエラに向かうところだから会いに来るように言う。私は、コンサートでボノと一緒にステージに上がり、大勢の観客がものすごく私のことを好きになって、私はその場でソニーと数百万ドルの契約を結ぶ」

 こんなことはあり得ない？　もちろん、サンドラもそう思っている。けれども「最高のケース」ファンタジーを考えることで、今や彼女は心配する代わりに声を出して笑い、ものごとを最もあり得そうな形でとらえることができるようになったのだ。

 さて、ふたを開けてみれば、彼女の息子と夫はバンドメンバーと会ってはおらず、実は、コンサートの帰りにひどい交通渋滞に巻き込まれたため、軽く食事をしながら渋滞の解消を待っていた。これによって数時間遅れたが、そのうちに彼らはまったくもって無事な状態で帰宅したのだった。

非現実的楽観主義──「過度にポジティブな結果」思考

 ここまでは、「大局的にとらえる」スキルを、深刻な心配性の人だけに役立つ形で適用してきた。けれどもこのスキルは、正反対の人たち、つまり、非現実的な楽観的意識とともに人生を生きている人たちにも適用可能なのだ。

非現実的な楽観的意識は、「大惨事」思考と同じくらい、人を悲惨な状況に確実に追いやる可能性のあるものだ。

もしもあなたが、今までにほとんど一度も、ほんの少しの不安も感じたことがないのなら……もしもあなたが、**何もかも、どんなときも**うまくいくだろうという信条を持って生きているのなら……そしてあなたが、危険な計画にお金をつぎ込んだために経済的苦境に陥っているのなら……不健康な食生活をし、エクササイズもせず、それでも将来、健康に害は出ないだろうと考えているのなら……。

非現実的楽観主義者に「大局的にとらえる」スキルを使う場合は、逆向きで使うことになる。その際、最悪の大惨事を考える必要はないが、今直面している逆境から起こり得る、ネガティブな結果のリストを考え出すことが大切だ。毎度のことだが、決め手となるのは柔軟さと正確さだ。自分の過度な楽観スタイルから抜け出せるだけの柔軟さを持って、起こり得る問題とそれに対する解決策を考え出してみよう。

まとめ

- 「大局的にとらえる」スキルは、逆境後に生じる「次は何」思考、とりわけ、極度の不安を引き起こす「未来の脅威」思考を変化させる。
- 「大惨事」思考は「未来の脅威」思考の連鎖によって起こり、思考間のリンク付けプロセスがロジカルであることが多く、抜け出しにくい。
- 非現実的楽観主義者の場合には、逆境から考えられるネガティブな結果のリストを考え出すことが有効だ。
- このスキルは、どんな場合でも、現実に即した思考と問題解決のための柔軟さと正確さを持つことを目標とする。

Chapter 9
スキル6〜7──速攻型：
心を静め、瞬時に反応する

　「思い込みに挑む」スキルと「大局的にとらえる」スキルはほとんどの状況で有効なスキルだが、感情があまりに強すぎてまともに考えることすらできないときや、状況を処理するのにたった15分の余裕すら持てないとき、または混沌とした中で束の間の平穏を取り戻すための簡単かつ有効な手段を必要としているような場合には最も有効なスキルとは言えない。状況によっては速攻性のあるものが必要となる。

　本章では、レジリエントでない感情や行動が起こったときにすぐに使える2つの速攻型スキルについて学んでもらう。スキル6の「心を静めてフォーカシングする」スキルは、コントロール不能になった感情を静める、侵入思考が現れたときに意識を集中させる、抱えているストレスを軽減するといったことに役立つ強力なツールだ。スキル7は、「リアルタイム・レジリエンス」と呼ばれるもので、「思い込みに挑む」スキルと「大局的にとらえる」スキルの基本要素を使い、非生産的思考が生じたときにそれに打ち勝つ上で役立つスキルとなっている。

　これら2つのスキルは互いに独立したものだが、同時に使われることが多い。誰しも、感情を静めて思考を明確にすると、その瞬間に前に進めることがある。このプロセスは、「心を静めてフォーカシングする」スキルだけでできるものだ。このプロセスの後、じっくりと内省する余裕ができると、熟考型スキルの1つを使って、逆境やそれについての思い込みを分析できるようになる。また、ときには「リアルタイム・レジリエンス」を使って瞬間的に思い込みに挑むこともできる。

　さらに、感情があまりに強すぎるときには、「リアルタイム・レジリエンス」が使えるようになる前に、「心を静めてフォーカシング」するスキルが必

要となる場合もある。どちらのスキルもレジリエンスを高めるのに効果的だが、各々が最も有効に働くケースに着目してみよう。

速攻型スキルを必要とする3つのケース

　ウォレンはいつも周囲の人からもっとゆとりを持つように言われている。朝目を覚ました瞬間から夜眠りに就くまで、彼はまるで時計と競争しているかのように動く。朝は髭を剃りながらコーヒーを飲み、運転をしながら朝食を取る。オフィスで長時間働いて帰宅すると、今度は自宅で、家族が床に就いた後、午前0時をとうに過ぎても働く。例によって、彼の睡眠時間はたったの5時間だ。以前の彼は、このけたたましいほどのペースを楽しみ、「何かやってもらうときは忙しい人に頼め」という言葉を至極もっともだと考えていたのだが、最近はストレスが身にこたえるようになってきた。彼はこの1年の間に、過去5年間にわずらったよりも多くの病気にかかってしまった。病気でないときですら体調が万全だと感じられなくなり、明るく楽観的だった彼の態度は、不機嫌で不安定なものに変わってしまった。ウォレンは、生活上のストレスの多さに不満だが、解決策を知らないのだ。

　次に、短気なジェレミーについて見てみよう。彼の感情値は、スポーツカー以上のスピードで0から60まで変化する。同僚たちは彼を危険人物と見なし、彼に不満を抱いている。彼の癇に障らないよう注意しなければならない妻や子どもたちは、彼が近くいるといつも気が落ち着かない。彼は、駐車場が見つからないとか、子どもに邪魔をされるとか、ビデオショップに目当てのものが置いていないといった、たいていの人には何ら気に障るほどのことでもない状況でひどくイライラし攻撃的になってしまうのだ。ジェレミーは、激情が収まり冷静になると、一歩離れたところから自分を眺めて自分の過剰反応を自覚するのだが、どうやって自分をコントロールしたらよいのかわからず途方に暮れてしまう。彼に唯一できるのは、感情が彼を解放してくれるまで待つことだけなのだ。

　3つ目のケースは、キャサリンの抱える問題で、心の中のおしゃべりが必要以上に多いこと、つまり、過度な心配性だ。広告代理店の経理部長である

キャサリンの責務は多岐にわたり、非常に注意深い聞き手にもなれば、説得力のある話し手にもならなければならない。にもかかわらず、彼女はよく心の中の独り言を無視するのが困難になっている自分に気づく。彼女は大切なプレゼンテーションの最中に、「私たちが広告を出すのにふさわしい代理店だと先方を納得させることができるかしら？」「私には十分な説得力があるかしら？」「先方の質問に明快に答えられたかしら？」「好感を持っていただけているかしら？」などと心配してしまう。そしてその後、彼女は、「私の答えは明快ではなかったわ。きっとそうよ。悔しいわ。どうして私はいつもうまくやれないのかしら？」と反芻してしまうのだ。こうした自信の喪失はキャサリンの鋭さを鈍らせるのだが、そこから再び集中力を取り戻してフォーカスする術を彼女は知らない。

心に響いたストーリーはどれだろうか？

　心が落ち着かない、冷静さを失う、フォーカスを見失うという3つの問題は、レジリエンスの蓄えを枯渇させるものだ。これらの問題は、職業人生における貴重な時間を浪費し、人間関係に深刻な傷をつけ、さらには体を蝕む可能性すらある。ここであなたの抱えるストレス量を見てみよう。ウォレンの話が心に響いただろうか？　ここ最近気がついたばかりでまだ医者に行けていない痛みや苦痛があるだろうか？　集中力や記憶力が普段よりも落ちていることはあるだろうか？　睡眠に困難を感じているだろうか？
　これらはすべてストレスのサインだ。ストレスの軽減法を習得しなければ、あなたの向かう先には深刻な健康障害が待ち受けているかもしれない。本章では、あなたのレジリエンスが損なわれないよう、生活上のストレスを最小限に抑える方法を紹介する。
　さて、ジェレミーの話についてはどうだろうか？　あなたはこの話の中に自分自身を映し出しただろうか？　ここ2、3週間を振り返ってみよう。自制心を失った、あるいは恐怖の念にのみ込まれるように感じたことがあっただろうか？　最近、あなたの家族が、あなたがそばにいるときに妙によそよそしいと感じることはあるだろうか？　「落ち着く」べきだと周囲から言わ

れることがあっただろうか？　感情が過ぎ去ると周りの状況が違って見え、感情の嵐に巻き込まれている間見えなくなっていた重要な情報に気づくことはあるだろうか？　あなたの答えがイエスなら、あなたは第4章で説明した扁桃体ハイジャックと同様の状態になっているか、もしくは権利侵害についての氷山思考に反応している可能性がある。いずれのケースであれ、この章では、冷静さを失ったときに状況を正しく把握して自分の立ち位置を知る方法と、理性的な思考を取り戻すために感情を静める方法を紹介する。

あなたはおそらく、感情がコントロール不能になっているときのことを思い出すことはできないだろう。ところが、集中力が切れて作業中の仕事に集中するのが困難になったときのことは思い出せるのではないだろうか？　そのときのあなたは、キャサリンのように、ティッカーテープが心配ごとでいっぱいになっているだろうか？　実際の問題の解決策を見出せないまま、反芻する牛のように、すべてのできごとの詳細をグルグルと頭の中に駆けめぐらせながら経験を追体験しているだろうか？　仕事や健康、または人間関係について、ひどく心配になっているだろうか？「オフ・トピック」思考、つまり、目の前の課題と関連しない思考が、あなたの不安を引き起こしたり、思考の脈絡を失わせたり、単純明快なアイデアを複雑極まる思考の山に埋もれさせたりしているだろうか？　そしておそらくは、こうした思考によってぐずぐずしているのではないだろうか？　私たちのティッカーテープ思考は、ときに、過度な不安を引き起こし、今現在を楽しむことを困難にしてしまう。こうした状況を防ぐため、あなたの集中を助ける思考のフォーカス方法についても紹介する。

まずは、ストレスがもたらすレジリエンスへの影響について、もう少し詳しく見ていくことにしよう。

ストレス

「心を静めてフォーカシングする」スキルをトレーニングすればするほど、また、「リアルタイム・レジリエンス」を高めれば高めるほど、あなたはストレスに対してよりレジリエントになる。ストレスは心身の健康にとって大き

な脅威となるため、ストレスに対するレジリエンスを高めるのは重要だ。

あなたの仕事が何だろうが、家にオムツをはいた赤ん坊が何人いようが、あなたが何歳だろうが、1つだけ確かなことがある。それは、あなたがストレスを経験しているということだ。つまり、あなたは日常的にストレスと出くわしている。ストレスは、生活する上で避けられないものだ。

けれどもそれは何ら問題ない。実のところ、多少のストレスはプラスに働くからだ。ほどよいストレスは、ほどよい刺激となり、直面している課題にうまく対処するよう促してくれる。ストレスの1つの結果として不安が生じるが、量的に度を越えない不安はよき動機づけとなるのだ。あなたが不安を微塵も感じていなければ、果たして重要な会議のための準備により多くの時間を費やそうとするだろうか？　または、あなたが勝てるかどうか不安に思わなかったら、ゴルフのスウィングの練習を何度も繰り返そうとするだろうか？　ストレスは、コントロールを失って私たちを圧倒し始めたときにのみ問題となるのだ。

さて、最近のあなたの健康状態はどうだろうか？　あなたの職場の誰かが病気になったら、あなたも必ず病気になることはないだろうか？　実は、研究によって、生活上の過剰なストレスが病気の原因となっている可能性があることがわかっている。ある研究では、普通の風邪にストレスが関係しているかどうかが調べられた。約400人の健常な人たちに多数の質問に答えてもらい、彼らが現在経験しているストレスの量を推測した。その後、実験参加者各自に、普通の呼吸器系ウイルス5種類のうち1種類のウイルスの感染量が含まれた点鼻薬が与えられた。彼らは7日間隔離され、病気の徴候と思われるもの（各自が使用したティッシュの枚数も含まれる）がすべて記録された。結果、ストレス判定のスコアが最も高いグループの人たちは、スコアが最も低いグループの人たちよりも、およそ2倍風邪を引きやすいことが示された。

もちろん、風邪は不愉快だが生命を脅かすものではない。ところが冠動脈疾患となると、こちらは生死にかかわってくる。医学界では、ストレスと心疾患の関係に対する認識がますます高まってきている。冠動脈疾患患者における急激なストレスは、心臓への血流の減少（心筋虚血として知られる病気）の引き金となることがわかっている。事実、ストレスは、はげしい運動と同じ

くらい、虚血に対する重要な予測因子なのだ。さらに、（たいていの場合、慢性的ストレスが原因となる）臨床的抑うつは、冠動脈疾患患者の予後不良のサインとなる。これは簡単に言えば、抑うつを同時に患う冠動脈疾患患者は、抑うつを患っていない冠動脈疾患患者よりも早死にだということだ。

ストレスはどのようにして私たちを体調不良や病気にかかりやすくするのだろうか？　ストレスを感じると正確な思考ができにくくなる。例えば、健康的なふるまいが無益であるように見える場合もある。あなたの祖父と父親がともに50代のときに心臓発作で死んだとしたら、あなたの食生活を変える意味はどこにあるだろうか？　これは、思考がレジリエントでない結果を生むというわかりやすい事例である。また、人がストレスを感じると、ナチュラルキラー細胞（ウイルス感染細胞やガン細胞に対する防御の働きを担う細胞）の活動が弱まることが研究によってわかっている。言い換えれば、ストレスが免疫システムを弱らせ、弱った免疫システムによってより頻繁に病気にかかりやすくなるということだ。

では、ストレスを引き起こすものは何だろうか？　「ストレス」と「ストレッサー」を区別することが大切だ。ストレスとは、ストレスフルな状況にさらされたときに肉体や精神に生じるものだ。身体の痛み、倦怠感、免疫機能の低下、抑うつ、不安といったものが慢性的ストレスの症状の一部だ。一方、ストレッサーとは、人に対してストレスを起こさせるようなできごとや状況のことを指す。ストレッサーは、軽度のもの（クリーニングに出した衣類を取りに行き忘れた、電車に乗り遅れた、新しいスーツにコーヒーをこぼした）から、愛する人の死、自然災害、暴力の犠牲となる、といった極めて程度の高いものまで幅広くある。

ストレッサーは、自分の外側で起きるできごとの場合が多いが、同時に、大切な人に対する怒り、悲観的思考、長期的な不安といった、自分の心の中の「できごと」の場合もある。ここで、ストレッサーがポジティブなできごとの場合もあり得ると知ったらあなたは驚くかもしれない。結婚式の計画を立てたことがある、または、生まれたばかりの赤ちゃんを家に迎えたことがある人は誰でも知っているように、人生において最大の幸福をもたらす経験は、最大のストレスも同時にもたらすものなのだ。ストレス研究者たちは、

ポジティブなものであれネガティブなものであれ、変化はストレッサーだということを発見した。そして、変化は、日常の中にありふれている。

　例えば、差し迫った危険などのストレッサーに直面したとき、身体はアドレナリンとコルチゾールを分泌するというストレス反応を起こす。アドレナリンがもたらす力は、真に危険があるときに必要となる。それは、人類の初期の祖先が剣歯虎から身を守ることを可能にし、救急隊員が任務を遂行しやすくし、ボストン出身の体重49キロの女性ドナが下敷きになった夫を助けるためにワゴン車を持ち上げることを可能にするのだ。

　しかし、私たちが日々感じるストレスの出処は、その人の反応の速さによっていわゆる生存が左右されるような状況であることはほぼ皆無だ。現実は、期限に間に合うことが重要であり、子どもたちを時間通りに学校に通わせることが大事であり、愛する家族のための夕食が骨を折るに値するものなのだ。とはいえ、これらの状況のいずれにおいても、人間としての遺伝的血統の成功は決まらない。そう、人間が定期的に出くわすストレッサーの性質は劇的に変化してきたにもかかわらず、ストレス反応はまったく変わらずに残っているのだ。食料を探し求めてキャンプファイアを離れたスロッグにせよ、クライアントを探しに役員室を去ったトムにせよ、ひとたび闘争・逃走反応が始まれば、その展開は同じなのだ。

すぐにストレスに打ちのめされてしまう人たち

　あなたが感じるストレスの度合いは、ストレッサーに対するあなたの解釈と反応の仕方に大きく依存しているということが研究によって示されている。これは、ABC分析と非常によく似ているように聞こえないだろうか？ニューヨーク市立大学の心理学者であるスザンヌ・コバサ博士は、ストレッサーの多い生活をしている人々の中に、同じような仕事をしている他の人たちよりもずっとうまくやっている（経験するストレスもバーンアウトも程度が低く、病気にかかる頻度も低い）人たちがいる理由について調査した。コバサは、数千人のエグゼクティブやマネジャーを調査し、ストレス耐性の低い人とストレスに対してレジリエントな人とを隔てる3つの重要な要素「コントロー

ル」「コミットメント」「チャレンジ」を発見した。

＊レジリエントな人は、生活上のできごとに直接影響を及ぼし、思考を行動に変換する、つまり、自分は自分の管理下にありコントロールできると信じている。逆に生活上で起こったできごとをコントロールする能力に欠けている、あるいは、欠けている**と思い込んでいる**と、逆境に直面したときに受けるストレスは増大する。要するに、コントロール力に欠けている人は、それが単に思い込みの問題だったとしても被害者になり、被害者はストレスに打ちのめされてしまうのだ。それに対して、コントロール可能な生活のあらゆる側面の管理能力に優れた人は、現実生活における問題や困難には関係なく、前進し成功する。

＊レジリエントな人は、自分がしていることに対するエンゲージメントとコミットメントのスコアが高い。彼らにとって仕事は、単なる仕事ではなく、人生に意味をもたらすものだ。

＊そして彼らは、変化について、ストレッサーというよりもむしろ成長のチャンスととらえる傾向がとても強い。

　コバサの研究は、ストレッサーに対処する際の思考スタイルが重要であることに着目している。愛する人の死や自然災害といった、人間の力ではどうすることもできないできごとがある。思考スタイルにかかわらず、ほとんどすべての人が、こうしたできごとを極めてストレスフルなものだと思うだろう。ところが、コントロールという観点から見ると、ほとんどのストレッサーはグレーゾーンに分類される。ストレッサーの成分には変えられない領域もあるが、いくつかは変えられる。経験するストレス量という点では、日常生活の中の面倒なこと（プロジェクトの期限、旅行、グズる子どもなど）のほとんどにおいてコントロールできると信じているかどうか、そして状況への対処にどう取り組むかが極めて重要となる。

ストレスを最小化するための心を静めるテクニック

　レジリエンスを高めるためには、ストレスにうまく対処できるようになる必要がある。ストレッサーと直面したときの考え方を変えることで、ストレスを経験しないようにする、もしくはストレス量を最小化することは可能だが、現実は直視すべきであり、ストレスを完全に避けることはできない。そのため、あなたは同時に、ストレスに襲われたときに自分の心を静める方法も習得する必要がある。ここで役立つのが、心を静めるテクニックだ。

　ご想像通り、ほとんどのストレス解消法は、自分自身をリラックス状態に戻す方法を示すことで、身体と心のストレス反応をコントロールする力を高めることがカギとなっている。リラクゼーションの力は極めてシンプルだ。リラックス状態とストレス状態は性質上相反するため、身体はこの2つの状態を同時に経験することはできない。それゆえ、リラックスする方法を習得すれば、経験するストレス量をコントロールすることが可能になるのだ。

　他のテクニック同様、ストレッサーへの反応の仕方を改善するためにすべてのテクニックを使う必要はない。ここに示すテクニックのリストは、この中から試しに使ってみるためのメニューととらえてもらえればよい。あなたにとって、他のものと比べてとりわけ有効なテクニックが見つかるはずだ。

呼吸コントロール法

　ストレスを感じ、不安が生じたとき、あなたの呼吸はどうなっているだろうか？　たいていの場合、呼吸が浅く、速くなるのに気づくだろう。このときあなたは、横隔膜（肺の下に位置するドーム型の筋肉）ではなく、胸で息をしており、これは肺の上層部にしか空気が入っていないことを意味する。肺に行き届く酸素量が少ないため、血管を通じて循環する酸素量も減少する。この酸素レベルの変化によって脳には危険信号が送られ、この信号によって脳からはより多くのアドレナリンが分泌され、分泌されたアドレナリンはさらに不安感を高めるため、一層呼吸が浅くなり、酸素レベルの低下が進むという悪循環だ。

　一方、横隔膜による呼吸では身体の様子が違ってくる。呼吸はより深く、

より遅く、より完全なものになる。呼吸が清められたように感じる。息を吸うときには腹部が上がり、吐くときには腹部が下がる。たいていの人は、床に仰向けに寝ることで、胸で息をしているか腹部で息をしているかを見分けられる。このとき手を腹部に当てておくと、呼吸するたびに腹部が上下するのを確認しやすい。もし腹部が動かないようであれば、あなたは横隔膜で呼吸していないということだ。

　深い呼吸のトレーニング法はいろいろあるが、ここでは私たちが最も有効と判断したものを1つ紹介する。基本的なテクニックをマスターしたら、ペースを変えて試してみて、完全なリラックス状態に一番なりやすい方法を探してみるといいだろう。大切なのは、このエクササイズを少なくとも1日1回はやってみることだ。

エクササイズ

＊肘掛けのない椅子に真っ直ぐに座り、足の裏は床にぴったりとつける。手は膝の上に置いて楽にする。
＊腹部が広がるのを感じるまで、鼻から深く息を吸う。
＊呼吸をコントロールしてゆっくりと吸いながら、肺に空気が満ちていくのをイメージし、1から4までゆっくりとカウントする。肺を酸素で満たす間、風船が膨らむ様子を想像するのも有効だ。お腹（胃の部分）と肩には力を入れないよう気をつける。
＊吐くときは、鼻からゆっくりと、4まで数えながら、息を完全に吐き切る。
＊ゆっくりと、深く、吸って、吐いて、のプロセスを、少なくとも3分間続ける。
＊思考を呼吸に集中させ、肩と背中、お腹と足がどのように感じるかを見るようにする。思考が不安や疑念に変わり始めたら、意識してあなたの注意を呼吸にシフトする。このステップは多くの場合に最も難しいため、忍耐が必要だ。慣れてくれば、呼吸のパターンに集中することがより容易になるだろう。

漸進的筋弛緩法（PMR）

　ストレスを感じたときに呼吸コントロール法と組み合わせて使える別のリラックス法は、全身の筋肉を体系的に弛緩させる方法だ。ストレスを感じているとき、身体は緊張する。腰に痛みを感じたり、首が凝り固まっているように感じたことがあるだろう。また、筋肉がピクピクと収縮するのを感じる人もいる。漸進的筋弛緩法（PMR）は、筋肉のグループごとに筋肉を緊張させたり弛緩させたりするプロセスである。この方法によって、緊張した筋肉が弛緩しているときと比べてどのような状態になっているかが確認できる。

エクササイズ

＊床に横になるか、もしくは椅子に座って背筋を伸ばし、足をぴったりと床につけ、手の力を抜いて膝に置くか、どちらか快適な方を選んでその姿勢になる。

＊目を閉じて、呼吸コントロール法のステップを2分間続ける。

＊前腕（腕の肘から下の部分）と両手から始めよう。頭の中をできる限り空にする。息を吸うとき、握り拳を作り、両手と前腕を緊張させる。そのとき、腕全体や身体の他の部分は緊張させないで、できる限り両手と前腕だけが緊張するようにする。痛みはないようにする。このまま15秒間、筋肉の緊張を保つ。

＊引き続き呼吸コントロール法を続けながら、両手と前腕の緊張の感覚に集中する。筋肉のどの部分が最も緊張しているだろうか？　緊張している筋肉の周辺の筋肉の感覚はどうだろうか？　筋肉を締めたまま、15数える。

＊息を吐くときに両手と前腕の緊張を解く。素早く筋肉を弛緩させ、そのときの筋肉の感覚に集中する。筋肉の緊張を解くときの呼吸と心拍はどうだろうか？　呼吸を続けると、2、3回の呼吸の後に、筋肉が完全に弛緩するのを感じるはずだ。そのまま30秒間、筋肉を完全に弛緩させたままにする。その後、同じ筋肉に集中してもう一度このプロセスを行う。

＊両手と前腕の緊張と弛緩の練習を2回終えたら、1分間の休憩を挟み、次の筋肉グループへ移る。筋肉グループを変えても呼吸コントロール法は続ける。

＊各筋肉グループにおいて、両手と前腕でしたのと同じプロセスを繰り返す。15秒間筋肉を緊張させ、30秒間弛緩させる。息を吸いながら緊張させ、吐きながら弛緩させるようにする。各筋肉グループについて、緊張した筋肉の感覚に集中することと、できる限りターゲットの筋肉のみを緊張させるよう心がける。筋肉を弛緩させるときは、筋肉の感覚に注意し、筋肉が可能な限り完全に弛緩するようにする。

＊次の筋肉グループに移るときには毎回１分間の休憩を挟む。

　このプロセスは全部で20分程度だ。はじめの２週間は、全身の筋肉でトレーニングすることをお勧めする（なお、PMRは少なくとも１日１回は行う）。その後は、問題を引き起こしている筋肉グループにターゲットを絞ってもよい。

　ここで、初めてPMRを学びトレーニングする人が一般的に陥る３つの問題に触れておこう。１つは、ターゲットの筋肉グループだけを独立させることの難しさであるが、これは多くの人が経験することで、いたって普通のことだ。ヨガを練習しているか、よく開発されたストレッチでも習慣的に行っていない限り筋肉を独立させようと試みたことなどないだろう。PMRを練習していけば、徐々に筋肉のつながりにより順応できるようになっていくだろう。

　２つ目の問題は、リラクゼーションの皮肉な効果を経験することだ。人によっては、PMRや他の方法を練習し始めてすぐに、さらに緊張が高まってしまう場合がある。ただリラックスすることについて考えただけで、実際に心拍数が上がり、呼吸が浅くなってしまうというのだ。不安の軽減にPMRを用いることを専門とするデイヴィッド・バーロウ博士とロン・ラッペ博士は、この皮肉な効果が、コントロールの必要性がとりわけ高い人たちや、不安を感じやすい人たちに最もよく見られることを発見した。リラックスするという経験は、ただ目を閉じるというだけであっても、思い込みからコントロールを失うことと解釈されてしまい不快に感じられるのだ。不安症を有する人の場合、「リラックスしなさい」と言われることで、さらなる不安症状が引き起こされてしまう。これには「弛緩誘発性不安障害」という病名までついている。研究に参加したある男性は、次のように説明していた。

「『リラックスしてください』と言われた瞬間、『リラックスできなかったらどうしよう。他のみんなはリラックスしているのに、自分だけは不安が増してしまっていることに気づかれたらどうしよう。心拍数の速さに気づかれたらどうしよう』というように、ティッカーテープが始まってしまうのです」

これと同じことがあなたの身にも起きるのなら、まずはあなたの「仮説」思考を大局的に見てみよう。それさえ取り除くことができれば、PMRを正しく使えるようになるはずだ。また、PMRを行う間、目を閉じるようにするか、壁や床の1点を見つめるようにするのも有効かもしれない。

最後の問題は、PMRをマスターしようと取り組んでいると、ときとして、その数分後には眠ってしまうことがあることだ。もしそうであれば、あなたはおそらく疲れすぎていて、夜もっと多くの睡眠をとることで解決するかもしれない（これは誰でもそうだろう）。20分のうたた寝程度であれば心地よいものだが、リラックスしようとするたびに眠ってしまうのでは明らかにPMRの効果的な使用法は身につかないだろう。あなたがPMRを使える状況はたくさんある。渋滞につかまったとき、重要な仕事の前、セックスをする前などだ。ただし、もっとリラックスするという効果はあるものの、そのことで眠ってしまうという問題点はあるのだが。

PMRに慣れてリラックスレベルに変化を感じてきたら、今度は、困難な状況下でも高いレベルのリラクゼーションに到達し、しかもそれを短時間で行うことができるという「上級レベル」のリラクゼーションへとレベルアップすることが可能だ。20分間、自分の管理下で練習した後に家でひとりでリラックスできる環境にあるのと、混雑した会社のカフェテリアでランチをガツガツと飲み込まなければいけない5分の間に同じことができるのとでは、まったく違うからだ。

PMRを継続するためには、もっと短時間のトレーニングで同レベルのリラクゼーションを得られるように練習する必要がある。すべての筋肉で緊張と弛緩が心地よいと感じるようになったら、緊張させる筋肉の数を減らし始めてみよう。これを要領よくやるには、あなたの感じるストレス量に基づいて筋肉グループをランクづけするのがよい。そして、ストレスが最小のグループから順に省いていって、最終的には最も頻繁にストレスを感じるグルー

プだけに対してPMRを行うようにしていく。エクササイズの時間は、20分から、15分か10分まで短縮する。たいていの人は、2週間程度で、短縮版PMRでも全筋肉で行っていたときと同レベルのリラクゼーションに到達できるようになる。短縮版をマスターすると、一旦筋肉を独立させて緊張させるというステップを踏まなくても、筋肉の緊張のわずかな変化を感じ取って素早く緊張を解くことができるようになるだろう。

　また、かなり気が散るような状況にあっても、容易にリラックスできるようになる必要もある。犬を追いかけて子どもたちが家中を駆け回っている間にPMRを練習する人もいるだろうし、騒がしいオフィスのデスクでPMRをやる人もいるだろう。まずはあなたにとって気が散る場所をいくつかリストアップしよう。そして、最もやりやすい場所から始めて、徐々に難易度を上げていくようにする。研究に参加したある女性の場合は、ラジオから騒がしい音楽が流れている自宅から始めて、次は3人の10代の娘と一緒にショッピングモールでディナーを食べながら行い、最終的には、ストレスフルなスタッフミーティングに参加している最中にPMRを使ったということだ。

ポジティブイメージ法

　心を静めるエクササイズの3つ目はポジティブイメージ法だ。これも、呼吸コントロール法やPMRを使うときとまったく同じシチュエーションで使えるものだ。今この場で、目を閉じて、心が静まってリラックスできる場面、完全に安心できて、心地よく、幸せな気持ちになれる場所をイメージしてみよう。2、3分でイメージを作り、イメージに浸ってリラックスする。

　ここで、次の2つの文章を読んでほしい。どちらの文章があなたのイメージしたものにより近いだろうか？　このとき、具体的な内容ではなく、詳細さと鮮明さという観点で見てみるようにしよう。

シーン1：私はビーチにいる。太陽は暖かいが暑くはない。私はタオルの上に横になり、波が浜に打ち上げる音を聴いている。

シーン2：私はビーチにいる。太陽は暖かく、太陽光が全身に降り注いでい

るようだ。私はタオルの上に横になり、波が浜に打ち上げる音を聴いている。遥か遠くには、ゆっくりと波が生まれて岸に向かってくるのが見える。波が岸に近づくと、波の動く音がだんだんと大きくなり、波が砂の上で分散するときにはリズミカルな破裂音が聴こえる。心を落ち着かせてくれる海の音を聞いている間、頭上には鳥の声がし、空気は、日焼け止めオイルと暖かい雨と刈られた芝の香りに満ちている。

　さて、あなたのイメージはどちらに近かっただろうか。もしシーン1と同レベルであるなら、あなたはより鮮明なイメージを作る練習をする必要がある（旅行雑誌、あるいは恋愛小説でも少し読んでみるとよいかもしれない）。なぜそんな必要があるのか？　それは、より細かく鮮明に視覚化することで、あなたをより効果的にリラックスさせることができるからだ。これには次のヒントが役立つだろう。

＊呼吸コントロール法でリラックスを開始する。
＊目を閉じたまま、あなたが舞台演出のディレクターになったと想定して、できるだけ現実味のあるもので、気分を落ち着かせてくれるシーンを描き出す。まずは、あなたがどこにいるかという、シーンの主要素に集中する。多くの人はビーチや山のシーンを浮かべると心が落ち着くようだ。また、一般的に、水の流れる音を含む場所は心を静めやすい。
＊続いて、思い浮かべたシーンの1つひとつに対して焦点を絞り、詳細を描いていく。何が見えるか。何が聞こえるか。どんな匂いがするか。手触りはどうか。イメージは詳細であればあるほどよい。
＊穏やかで鮮明な描写を頭の中に作り出したら、今度は、「穏やかな気分だ」とか、「気が楽で、安らかな気分だ」といったポジティブな言葉を自分に向けて繰り返し言ってみる。また、それとは別に、ストレスがあなたの中から流れ出ていくのをイメージしてもよい。人によっては、このステップが妙に感傷的で陳腐に感じる場合がある。あなたがそう感じるのであればこのステップは飛ばしてよい。

このような視覚化エクササイズは、定期的に使うことで有効性の高いツールとなる。あなたの頭が、イメージしたシーンとリラックスした状態とを関連づけていくため、視覚化トレーニングをすればするほど視覚化しやすくなる。実際にあなたの身体はイメージに伴ってリラックスするよう習慣づけられていく。このテクニックを数週間使うと、描き出したシーンについて考え始めた瞬間からリラックスし始めるようになるだろう。

　もう1つ別のポジティブイメージ法は、これから起こるであろうストレスフルな状況に備える場合に役立つものだ。それゆえこのテクニックは、既に生じてしまったストレスを軽減するよりも、むしろ予防のために使われる。これも、1つ目のポジティブイメージ法と同じように呼吸コントロール法と組み合わせて開始するのだが、空想のシーンを思い描くのではなく、近々直面することが予想されるストレッサーを思い浮かべ、自信とスキルを持ってその状況にうまく対処している自分の姿を視覚化するというものだ。

　近い未来のストレスフルな状況にある自分を視覚化するプロセスだが、これは実際のできごとが起こる前に、いくつかのケースについて練習しておくと効果的だ。この際、視覚化する場面は詳細であればあるほどよい。実際にそのできごとが起きたときにすべき任務を遂行している自分の姿を思い描こう。心構えをすべきシチュエーションが、対人的なもの（面接、従業員または友人とのやや面倒な会話など）であるなら、実際に自分が発するだろう言葉を練習し、自信に満ちた話しぶりとボディランゲージでうまく相手に答えている自分を思い描こう。

　混沌とした状況の中でも身体を穏やかな状態に保つことは、レジリエントになる上で重要な部分となるため、ストレスが身体を駆けめぐるのを感じたときには、毎回、心を静めるテクニックを使うことを推奨する。使えば使うほど、ストレスがあなたの生活を支配するのを食い止めやすくなるはずだ。

侵入思考

　人によっては（ほんのひと握りのとてもラッキーな人に限るが）ストレスがさほど大きな問題とならない場合があるが、侵入思考は深刻な問題となる。キャ

サリンの話を覚えているだろうか？　彼女は、彼女自身の思考に常に邪魔されて、目の前の課題に集中することに支障をきたしている。あなたは今、仕事机かキッチンテーブルに座って、目の前の課題（それは書類の記入、レポート作成、電話での会話などだろう）に集中していると想定しよう。

あなたはいつも、心が散漫し始めることなく、今やっていることに完全な注意を向けたフォーカス状態をどれくらい長く続けられるだろうか？　1分？　3分？　それとも10分くらいだろうか？　あなたはこう主張するかもしれない。「私の心が散漫になるのは、こうした仕事があまり好きではないからだ」と。

確かに、課題が魅力に欠ければ欠けるほど心は散漫になりやすくなる。しかし、ほとんどの人は、心から楽しんでいる活動をしているときであっても、心は散漫になってしまうものだ。（バスケットボールの）フリースローをするにしろ、（ゴルフの）パットをするにしろ、ボールを打つにしろ、アスリートにとって最大の問題の1つは集中力の欠如だ。多くの女性は、セックスの最中に別のこと（終わらせなければならない仕事や買いに行かなければならない食材など）に気を取られてしまうという不満を訴える。当然、こうした思考は快楽の邪魔をするのだ。

侵入思考は、以下の3つの経緯でレジリエンスの弱体化を招く。

1．侵入思考の中心はネガティブな経験であることが多く、気分を害する原因となる
2．侵入思考は強迫観念を生じさせ、その強迫観念によって問題解決が妨げられる
3．侵入思考は時間を無駄にする

侵入思考の問題1：ネガティブで大惨事になることが多い

ここで、次のアクティビティに専念してみよう。頭の中をできる限りクリアにして、何も考えない状態を保ってみよう。あなたはきっとこの状態を長くは続けられないだろう。

さて、頭の中に思考が出現したときに、あなたの注意を引きつけていたも

のが何だったかに着目しよう。それはおそらく、終わらせなければならない雑多な仕事や、話をしなければならない相手のことや、その他解決しなければならないしつこい問題といったものだろう。

　ここに、私たちの研究に参加したある女性の報告がある。彼女には、静かに座って頭の中を空にして、できる限り開放的でリラックスした状態を保ってもらった。そして、ティッカーテープ思考が現れたら、それを口に出して話すようお願いした。それは次のような内容だった。
「照明の音がブンブン聞こえるわ。照明が切れてしまわなければいいけれど……。私はあとどのくらいこれを続けるのかしら。疲れたわ。背中が痛む。ひどく凝り固まって、うずくのを感じるわ。最近はもうすっかり疲れ切ってしまったみたい。私が仕事をしすぎだという、ジェフの言い分は正しいわ。でも、私には仕事を減らせるとは思えない。私たちにはお金が必要だし、仕事は私にとって大切だもの。彼は、私にとってどのくらい仕事が必要か、全然理解していないのよ。子どもたちと一緒にいることはとても好きだけれど、もし家を出ないでいたら、子どもたちといるときに我慢の限界をはるかに超えてしまうわ。どうして彼はそのことをわかってくれないのかしら。私が、子どもたちと過ごす時間の何もかもを愛しているのを彼は期待しているみたいだけど、それはまったく非現実的よ。彼が、私と同じ時間子どもたちと過ごすのを見てみたいものだわ。とても神経に障って仕方がないから、私たちはこのことについて話し合うべきね」

　この女性の一連の思考について何か気づくことはあっただろうか。このアクティビティをするとき、ほとんどの人が、上の例にも当てはまる2つのことを発見する。1つは、頭を空にするのは非常に難しいということだ。実際、私たちがそうするようお願いした多くの人が、この第1ステップでつまずいてしまった。そしてもう1つは、思考がしばらくの間あてもなくさまよった後、最終的には何かネガティブなことや厄介な問題に行き着くということだ。私たちの思考スタイルは、空虚さを埋めるようにできているのだ。
　先の女性の場合、最初に彼女の注意を奪ったのは照明の音だった。だが、この外因からくる思考は彼女の注意を引きつけたままにはせず、次第に彼女

の心は環境から受ける刺激から離れて自分の内なる刺激へと移っていった。まず、彼女は自分の背中の痛みに気がついた。それから、自分の多忙な生活について考え始め、最終的には、仕事と育児の難しさと大切さについてのトピックに落ち着いた。

彼女がこのトピックについて考えれば考えるほど、彼女の思考は、夫との衝突、そして彼女の仕事の必要性に対する夫の理解のなさを認識する事柄へと向かっていった。彼女がこうした思考の経路を辿るとき、何を感じていくかおわかりだろうか？　彼女は次第に夫に対する苛立ちを感じ始め、考えれば考えるほど、さらに増幅した怒りを感じるようになる。

ここであなたは、こんなふうに言いたくなるかもしれない。「言いたいことはわかったが、私の侵入思考は現実の問題に関することではない。私の場合は、まさに、自分を不安の中へと陥れる絶え間ない仮説思考なのだ」と。それはもっともだ。私たちの内なる監視員はいつも、ありもしない危険について警告を発してくる。

侵入思考は人が問題を確認するのに役立つわけだが、それはその問題が現実のものだった場合に限る。侵入思考があなたの精神エネルギーを仮説に集中させると、あなたの心は意に反した働きをし、実際の問題や挫折に対処する際の効率を最小化してしまう。

あなたは生活上の諸問題を正しくとらえられているだろうか、それとも、ありもしない問題を作り上げてしまっているだろうか？　第8章では、最悪のケース、最高のケース、そして最もあり得そうなケースのすべてが示唆する結果を考慮することによって「大惨事」思考を防ぐという、「大局的にとらえる」スキルを紹介した。目指すところは同じだが、この章では、仮説で立ち止まってしまうのをやめられる方法を紹介する。

侵入思考の問題2：強迫観念によって問題の解決が妨げられる

ここからしばらくは、侵入思考があなたの生活上の実際の問題に関するものだと仮定しよう。問題があなたの注意を奪うと、2つのまったく異なる形の思考が生じてくる。1つは有益なものだが、もう1つは無益なものだ。次の2例を読み、各々の違いに着目してみよう。

トッドとメアリーは結婚式の計画を立てているのだが、これが順調には進んでいない。彼らはこの20分間、12品目のバトラーオードブルに野生のキノコのタルトを入れるべきかどうかについて議論している。各々の心の中の声は次の通りだ。

トッド：俺の好きなソーセージ入りの食べ物でいいじゃないか。そんなことよりも、俺たちは少し休んでどこか楽しいところに出かけるべきだ。ボウリングに行ったのは楽しかったな……よし、後で誘ってみよう。それから、夜少しリラックスする時間を持った後で、もう一度、この何よりも大切なバトラーオードブルの品目について話し合えばいい。

メアリー：このバトラーオードブルのリストはひどすぎる。こんなもので納得できるはずがないわ。このままじゃまずいわね。もっとずっと大事なこともまだ決まっていないし、ちょっとしたことでいちいちケンカになって、結婚式が台なしになるのは絶対にごめんだわ。幸せになりたいのに。こういうことは楽しくやるべきなのに。本当に頭にきちゃうんだもの。私たち、きっと何か問題があるんだわ。

　このふたりの一連の思考の違いをどう分類するだろうか？　トッドは問題解決型。メアリーは強迫観念型だ。まずは強迫観念（心理学者は反芻と呼ぶ）について考えよう。反芻する傾向のある人は、食べ戻したものを噛み続ける牛のようなものだ。彼らは、同じ情報について何度も繰り返し熟考するのだが、そこから状況改善のための計画的なアクションや方策は生まれない。反芻するとき、人は、自分の感情や感情の原因、そしてその感情の意味や感情がもたらす結果ばかりに意識を向ける傾向がある。事実、反芻傾向の高い人たちは、自分の感情と行動を見つめる時間が多いため、ABC分析が極めて得意だ。問題なのは、情報に基づいた建設的な行動を何１つしないことだ。彼らの場合、問題解決に向けての第一歩として自己認識をするのではなく、自己認識によって思考と感情と行動を監視したまま立ち往生してしまうのだ。

　反芻傾向の高い人たちはいつも、自分の気分をうまく処理したりコントロールしたりすることを目的として反芻するのだが、不幸にも、反芻のプロセ

スはまったく逆の効果をもたらしてしまう。人が自分の気分に執拗に意識を向けると、気分を和らげるどころか返って悪化させてしまうのだ。反芻から生じる問題については抑うつの領域で広く研究がされている。自分自身にこう問いかけてみよう。悲しいと感じたとき、自分はどう行動しがちだろうか？　座って、自分の感情について考え始めるだろうか、それとも、立ち上がって何か行動を起こすだろうか？

　スーザン・ノーレン・ホークセマ博士は、抑うつの「反応スタイル」理論を提唱し、悲しい気分がどれくらい続くかは反応スタイルによって決まることを発見した。反応スタイル理論によると、落ち込んだときに取る行動は、たいていは男性と女性とでとても異なるそうだ。男性の場合は自分の気を紛らわすことが多く、バスケットボールをしたり、ビールを手にしたり、テレビを見たりボウリングに行ったりする。それに対して、女性は反芻するのだ。悲しくなったとき、友人に電話をして今自分が抱いている気持ちについて話をする。女性は、どうしてそんな気持ちになったのか、その理由に焦点を絞る傾向にある。感情の微妙な動きを探り、その動きを発見するのだ。

　反応スタイルと抑うつに関する研究は、気を紛らわすことが、自滅的思考を取り払うための比較的よい方法であることを示している。いくつか重要な例外はあるが、これには私たちも同意見だ。「心を静めてフォーカシングする」スキルとは「気を紛らわす」テクニックなのだ。このテクニックは、非生産的な思考、つまり、ただ不安や悲しみや怒りを増幅するだけの思考から注意をそらし、気の持ち方をもっと建設的にする助けとなるようにデザインされている。ここで、一般的な気を紛らわす反応スタイルについて、きちんと明確にしておきたいことがある。それは、気を紛らわすときに用いられる多くの方法は、気分の落ち込みは軽減されるだろうが、よくて短絡的なものであり、最悪の場合は危険なものとなる、ということだ。

　ビール（あるいはコカイン、またはチョコレート）に手を伸ばすことは、気分をコントロールするためのレジリエントな方法とは言えない。頭にきたときに毎回スポーツジムに行くことは、怒りの感情にひたって家で座っているよりはマシだが、ウェイト・トレーニングをしたところであなたを憂うつにした原因に変化は起きないのだ。気を紛らわすことは短期的な解決策だ。落ち

込んだ気分から抜け出すことはできるが、問題に対してあなたが**何か行動を起こさなければ**、気分はまた逆戻りしてしまう可能性が高い。

　健康的に気を紛らわすことはステップ1で、ステップ2は問題解決だ。反芻が人の問題解決能力にどう影響するかを調べたある研究では、情動不安の人たち（情動不安は軽度の抑うつである）を2グループに分けて、一方は反芻するように促し、他方は何か気を紛らわす活動をするように促した上で両グループの比較を行った。ほぼ同程度の抑うつ状態だったこの2グループの比較により、彼らの問題解決能力の違いはすべて、異なる反応スタイルに原因があり、抑うつとは関係がないことがわかった。

　研究の結果から、反芻するよう促された人たちは、次に示す4領域でレジリエントでない思考を示し、その思考が問題解決能力に深刻な低下をもたらすことが示唆された。まず、反芻した人たちは、友人との対立など自分が直面した問題について、気を紛らわした人たちと比べて、より深刻で、解決がより困難であると評価した。ところが、無関係な人が彼らの問題について分析をしてみると、反芻した人たちの問題は、気を紛らわした人たちの問題と比べて、深刻さも解決難易度もまったく変わらないと判断されたのだ。

　次に、反芻した人たちは気を紛らわした人たちと比べて自己批判傾向が有意に高く、問題の原因が自分自身にあると考える傾向も強かった。これはつまり、反芻した人たちは問題に直面したときに「自分が」という説明スタイルを採用する傾向があるということだ。「自分が」スタイルは、問題が深刻で解決できないものと考える見方、すなわち「いつも」思考と連動し、問題解決のために持っていたはずのモチベーションを徐々に奪ってしまう。

　3つ目に、反芻した人たちは、気を紛らわした人たちよりも自己非難傾向が強いだけでなく、はるかに悲観的で、努力したのに自分の問題解決能力に対する自信が低かった。最後に、反芻した人たちは、生活上で起こった問題に対するコントロール力が低いと考えており、問題解決策を講じてみる気力も劣っていた。実際、自分を避けている友人にどう対処するかという問題を提示してみると、反芻した人たちの考えた解決策は、気を紛らわした人たちのものよりもずっと効果が低いと評価されたのだった。

　これらをまとめてみると、感情についてくよくよとしつこく考えないよう

にすることが重要である理由の全体像が見えて来る。反芻傾向の高い人は、生活上で起こった問題についてコントロール不可能で深刻なものだと考え、かつ、問題の原因が自分自身にあると考えるため、問題解決能力が低い。問題の解決策が見えているときですら、自分の懐疑的思考傾向のせいで自分のアイデアに従わない場合が多いのだ。またもちろんのこと、潜在する問題が解決されることがないため、自分自身と状況に対するネガティブな見方をさらに強めることになり、反芻、抑うつ症状、問題解決能力の低下という悪循環を生んでいく。速攻型スキルを習得することで、こうした悪循環を断ち切ることができるようになる。

侵入思考の問題３：時間の浪費

　何か課題を終わらせようと必死になっていても、しつこく残る思考に何度も進行を狂わされてしまうというのがどのようなものか、あなたはよく知っているだろう。ある教師は、次の日の授業までに、読んでコメントを付さなければならない生徒のレポートを山のように抱えている。彼女はレポートを読み始めて２分経ったとき、「しまった！　ジェーンに電話を返すのを忘れていたわ。何か大事なことじゃなきゃいいけど……」と思い出した。このときは、この思考を無視してフォーカスし直すことができたのだが、その後、レポートを１ページ半読んだとき、「今晩のアーロンはいやに機嫌が悪かったわね。風邪を引いているとかでなければいいのだけど……」と、子どもの様子を思い出して、今度はこの思考によって仕事が中断されてしまった。

　子どもの体調が気になり始めた彼女は様子を見に行くことにしたのだが、この行動によって、彼女はさらにキッチンでテレビのリモコンをいじるという余計な足止めを食らってしまい、結局この思考の侵入によって約15分間が失われてしまった（この一連の行動の間に、彼女は前に読んだ部分を忘れてしまったため、同じ箇所をもう一度読み直すことになったのだ）。

　このような時間の浪費という問題が、侵入思考における３つ目の問題だ。たとえ反芻や無意味な思考にとらわれている時間がほんの数秒であっても、一度離れてしまった仕事に再びフォーカスして取りかかり始めるまでには何分も必要となってしまう。明日、仕事を順調に進めているとき、それはオフ

ィスであっても自宅であってもどちらでも構わないが、あなたの頭に入って
きた侵入思考の数を注意して数えてほしい。侵入思考があなたの仕事の邪魔
をするたびに、紙にその数を書き留めていこう。多くの人は、1日の間に蓄
積した侵入思考の数に驚き、自分が侵入思考によって仕事を妨げられた後、
再び仕事に専念できるようになるまでにどれだけの時間を要したかを知っ
て、仰天し呆れてしまうだろう。

侵入思考を打ち負かすフォーカシング・テクニック

　では、非生産的思考によってフォーカスを失わないようにするにはどうす
ればよいか？　実は、比較的簡単なことだ。仕事を中断させたり反芻させた
りする思考を食い止めるのに非常に有効なテクニックは数多くある。私たち
はこうしたテクニックのことをフォーカシング・テクニックと呼んでいる。
心を静めるテクニック同様、まずはひと通りすべてのテクニックを試してみ
てから、自分に一番合っているものを見つけて継続することをお勧めする。

心理ゲーム

　心理ゲームによってレジリエントでない思考から注意をそらし、目の前の
課題に集中して取り組めるようになる。効果を出すために、ゲームは少しハー
ドルが高くなければならないが、難しすぎてイライラしたりネガティブに
なってもいけない。また、不安、怒り、悲しみといった気分を愉快で楽しい
気持ちに変えるためにも面白くなくてはならない。そして、比較的短時間で
できることが望ましい。ゲームの長さは、ある程度はその場の状況による。
壇上に立っているようなときには短い方がよいが、面接の順番を待っている
ときや、デスクで仕事を終わらせようとしているときなどはもう少し長くて
もよいだろう。ただ、ゲームは2分以内で終わるようにしよう。慣れてきた
ら、自分で自由にカスタマイズすればよい。

＊**アルファベットゲーム**：アルファベット順に、イニシャルに合った人名を
　言っていく。しばらくやってみて簡単になってきたら、もっとチャレンジ

ングなものにするためにカテゴリーを制限してもよい。例えば、スポーツ選手、作家、映画俳優の氏名に限定するなどだ。
* カテゴリーゲーム：1つのカテゴリーを選び、そのカテゴリーに含まれるものの名前を2分以内にできるだけたくさん列挙する。カテゴリーの例としては、野菜、スキー場、全身の骨格、特定の作家の本、アカデミー賞受賞の映画などがある。ゲームをよりチャレンジングにするために、アルファベット順で列挙するのもよい。
* 押韻（ライミング）ゲーム：1つの言葉を選び、2分間でどれだけたくさんの韻を踏めるか試す。これには簡単なものと難しいものとがある。
* 数字ゲーム：1000から7ずつ引きながらカウントダウンする。または掛け算の九九を繰り返す。
* 記憶ゲーム：幼稚園からスタートして、今までに教わった先生の名前をすべて列挙していく。または、心の中で子どもの頃の家の中を歩くようにして、家具のレイアウト、壁飾り、自分の部屋に飾ってあった芸能人のポスターなどを思い出していく（言うまでもないが、もしもあなたが、子ども時代について考えることで気分が悪くなるようであれば、このゲームはやるべきでない）。
* 歌詞ゲーム：これは気分を変えるのに最適なゲームだ。あなたのお気に入りの曲（気が滅入るようなものは避ける）の歌詞を暗唱する。
* 詩：気分が高揚し励まされるような詩を暗記し、再びフォーカスしたいときにそれを暗唱する。

心を静めてフォーカシングすることで感情のコントロールを取り戻す

　第4章で、バーブと「ジム」をめぐる、誤って投げつけたワイングラスの話を紹介した。バーブは見知らぬ男性のことを、浮気を理由に別れた前の婚約者と見間違えて、カッとなってワインを浴びせかけたのだった。こんなドラマチックな瞬間はあまりないが、このときバーブは突然生じた怒りの感情と抗いがたい衝動に不意を突かれたのだった。多くの人が、バーブと同じような経験、すなわち、状況を完全に把握しないうちに感情と行動が動き始め、コントロール不能になったというような経験を持っている。これは普通

のことで、まれに起こるという程度であればレジリエンスには影響ない。

　しかし、こうした瞬間が頻繁に起こる人もいる。本章の初めに紹介したジェレミーのように、頻繁に感情のコントロールを失って打ちのめされているとしたら、レジリエンスはひどくダメージを受けていることになる。そしておそらくは、人間関係上で深刻な問題を抱え、職場では「危険人物」というレッテルを貼られることになるだろう。そのような場合には、「心を静めてフォーカシングする」テクニックが極めて有効だ。

　感情があまりにも強くなりすぎて理性的な思考が困難になる瞬間（悪い知らせが入ってきたとき、不安を感じるとき、子どもが明らかに酔っ払ってよろめきながら帰宅したのを見て自分の気持ちを落ち着かせようとするときなど）には、心を静めるテクニックが最適だ。たいていの人は、心を静めることで感情を和らげ理性的に考えられるようになるものだ。ひとたび感情の激しさが弱まれば、なぜそのような激しい反応が起きてしまったのかをより正確に理解するための適切なスキルが使えるようになる。そのスキルとはたいていの場合「氷山を見つける」スキルを使うことなのだが、それによって自分のどの思考がそれほど強烈な反応を引き起こしたのかを突き止め、さらに、思い込みに挑むことで、自分の思考が正しく、そのまま持ち続ける価値のあるものなのか、あるいは、その思考がむしろ自分を阻害しているものなのかを突き止めることができる。

　あなたにとって、心を静めるテクニックよりもフォーカシング・テクニックがよいようであれば、歌詞の暗唱ゲームを使うとよい。これは、フォーカシング・テクニックの中で最も簡単なものの1つであり、頭の中で音楽を聴くというのは気分を変える上で大いに有効な手段なのだ。

　ジェレミーは、怒りの感情が湧き上がってくるのを感じた瞬間にリラックスできるように呼吸コントロール法を習得した。これによって、たいていは、怒りの感情が強くなりすぎるのを食い止めることができるようになった。それでも、ときどき（たいていは心を静めるテクニックを使うのが遅すぎたためだが）、7つのスキルの最後の1つである「リアルタイム・レジリエンス」も同時に必要となることがあった。では、そちらに移っていこう。

スキル7．リアルタイム・レジリエンス

「心を静めてフォーカシングする」スキルの真価は、速攻性とポータビリティと強力な効果にある。しかしながら、これらのテクニックは、ストレスを引き起こしたり、仕事に割り込んできたり、感情の洪水を引き起こしたりする思考に挑むものではない。この観点から見ると、スキル6は一時しのぎのテクニックだ。すなわち、その場をやり過ごさせてはくれるが、思考が再び現れるのを防いではくれない。スキル7の「リアルタイム・レジリエンス」は、「心を静めてフォーカシングする」スキルと同程度の速攻性を持つが、こちらは非生産的思考が現れた瞬間にその思い込みに挑むものだ。このスキルを磨けば磨くほど、非生産的思考の出現頻度が少なくなり、出現時の勢いも弱くなっていくはずだ。

「リアルタイム・レジリエンス」は、フォーカシング・テクニックを使うときと同様のシチュエーションで使うことができる。実のところ、結局はほとんどの人が「リアルタイム・レジリエンス」が最も強力なツールであることに気がつく。ジェレミーのように、先に心を静めるテクニックで自分をリラックスさせてから「リアルタイム・レジリエンス」を使うこともできる。また、感情が強くなりすぎて圧倒される恐れのあるときにはとりわけ役立つツールだ。

「リアルタイム・レジリエンス」には「思い込みに挑む」スキルと「大局的にとらえる」スキルのカギとなる要素が組み込まれており、これらを即座に使えるようにパッケージ化した形になっている。「リアルタイム・レジリエンス」の効果は、「思い込みに挑む」スキルと「大局的にとらえる」スキルのレベルに依存するため、これらのスキルを鍛えれば鍛えるほど「リアルタイム・レジリエンス」も磨かれていく。スキル4とスキル5は、状況の複雑さを深く理解させる効果がある。この深い理解によって、状況と、状況から予想される結果に対処するための一連の行動が計画できるようになる。ところでこれらのスキルは、複雑で、現在進行中の逆境の中で、既に起きてしまったことに対処するために使われる。一方の「リアルタイム・レジリエンス」は、逆境が起こった最初の瞬間に使われる。これが、このスキルが強力なツ

ールである理由なのだ。

　このスキルを使うとき、あなたは心の中で対話を展開することになる。非生産的思考が浮かぶたびに、「リアルタイム・レジリエンス」反応によってこの思考に反論するのだ。「リアルタイム・レジリエンス」は、ネガティブな思考をポジティブな思考に変えるためのものではない。「思い込みに挑む」スキルや「大局的にとらえる」スキル同様、目指すところは正確さだ。レジリエントでない思考を、非生産的思考を追い払えるだけのより正確で力強い思考に変化させることが、このスキルの使命なのだ。

リアルタイム・レジリエンスの使い方：3つの決め言葉

「リアルタイム・レジリエンス」の習得に当たって、思考への反論を組み立てるのに役立つ3つの決め言葉がある。これらは、スキルをマスターした後は不要になるものだ。

代替思考：もっと正確な見方をすると……

　思い込みに挑むときの目標は、説明スタイルの3側面（私・いつも・すべて）の広がりを考慮して多様な代替思考を作り、問題を説明する際に習慣化している説明スタイルの傾向から抜け出すことにあった。一方の「リアルタイム・レジリエンス」の場合は、最初に浮かんだ思考よりも状況を正確に説明する方法を1つだけ見つけることを目標とする。「もっと正確な見方をすると……」という文句が、思考の組み立てに役立つだろう。

　例えば、あなたの頭に浮かんだネガティブな思考が、「緊張しすぎていて、彼にはとんだおバカさんだと思われて、今回のデートはきっと完全に失敗に終わるだろう」というものだとしたら、あなたはこう反論することができる。「もっと正確な見方をすれば、私はおそらく最初の数分間は少し緊張気味だと思われるだろう（そしてそれは彼も同じはずだ）が、そのうちお互いに打ち解けてうまくいくはずだ」と。

証拠：それは正しくない。なぜなら……

　証拠を使って思考の正確さをチェックするのが第2の戦略だ。「思い込み

に挑む」スキルでは、逆境が起きた本当の原因を示すできるだけ多くの証拠を見つけることと、証拠を収集する上で公平になることが目標だった。しかし、ご存知の通り、確証バイアスは、簡単に確たる証拠を見つけられるようにしてしまう。そのため、自分の思考に集中し、確証バイアスに打ち勝つために、「それは正しくない。なぜなら……」という文句で反論を開始することをお勧めする。目標は、できる限り具体的かつ詳細になることだ。証拠が具体的であればあるほど、反論の有効性は増していく。

　例えば、あなたのレジリエントでない思考が、「子どもたちは私がしてあげていることに対してまったく感謝がない」というものであるなら、こう反論できるだろう。「それは正しくない。なぜなら、娘は昨日、私が分数の足し算を教えたことに対してとても助かったと言っていたのだから」と。

結果の予測：もっともあり得そうな結果は……そして私はその結果に対処するために……することができる

「大局的にとらえる」スキルには3段階あったことを思い出そう。まずは「最悪のケース」思考をリストアップする。次に「最高のケース」の結果をリストアップする。そして最後に、「最もあり得そうな」結果を特定し、その結果に対処する方法を計画する。

「リアルタイム・レジリエンス」の場合にあなたがやるべきことは、最もあり得そうな結果を1つと、それに対処するためできる行動を1つ見つけ出すということだ。これには、「もっとあり得そうな結果は……で、それならば私には……することができる」という言葉を使うと効果的だ。

　あなたのネガティブな思考が、「私は解雇され、今後好きになれる仕事は二度と見つからないだろう」というものであるなら、「もっとあり得そうな結果は、私が期限までにプロジェクトを完成できなかったことに上司が腹を立てるだろうということで、私は彼女に謝って、同時に進めているプロジェクトの優先順位づけを手伝ってもらえるようにお願いできるはずだ」と反論できるだろう。

　これらの決め言葉は、「リアルタイム・レジリエンス」を練習する上で大変役立つ方法であるが、スキルの習熟度が高まってきたら不要になるだろう。

ここで、ワーキング・マザーであるキルステンの例を用いて、「上級者向け」のスキルの使い方について説明しよう。彼女はある大切なミーティングに意識を集中させるために、この上級者向けの「リアルタイム・レジリエンス」を使ったのだった。

　ふたりの幼い男の子の母親であるキルステンは、教育学の博士号を持ち、大学の研究員として働くと同時に、数多くの教育機関へのコンサルタントとしての務めも果たしている。彼女は仕事が好きで、仕事上多くの成功を収めている。キルステンが日々奮闘する対象が仕事と家庭の両立の問題であることは想像に難くないだろう。

　次にお見せするのは、ある朝、同僚のジェイコブと一緒に車で大事なミーティングに向かっているときにキルステンの頭の中で展開された対話である。その日は朝早くから子どもたちが熱を出して腹痛を訴えていたため、キルステンは狼狽していた。ジェイコブとキルステンは、車での移動時間を使ってミーティングに関連したいくつかの論点について話し合う計画でいたのだが、キルステンは息子たちのことで頭がいっぱいだった。ジェイコブは、彼女を集中させるよういくらか努力した後、励ますような口調でこう言った。「キルステン、君が子どもたちのことで動揺しているのも、家にいたいと思っているのもよくわかる。でも、今はミーティングのためにどうしても話し合わなければいけないんだよ。君の気分が少しでもよくなって、ほんの数分でも集中できるように、僕に何かできることはないのかい？」と。

　彼のこの質問の後、キルステンの頭の中では次のようなことが起きていた。ここで、彼女のティッカーテープを読むとき、彼女が思考のワナにはまっている箇所に注目しよう。括弧内に示した部分がそれに当たる。そして、彼女の反応を読む際は、証拠を使って思考の間違いの理由を説明しているのか、それとも思考から推測される結果を大局的に見ているのか、どちらの方法で彼女がより正確な代替思考を作り出しているのかを、あなたが正しく識別できるかチェックしてみよう。こちらも括弧内に正解を示した。

キルステンのティッカーテープ：彼は、子どもたちのことで気が動転しているときに、どうやって仕事に集中しろと言うのかしら？　本当に浅はかで最

低な人ね（過剰一般化：彼の言葉を、彼の性格が悪いせいだと決めつけている）。

キルステンのリアルタイム・レジリエンス反応：彼は最低なんかじゃないわ。私の気持ちについて15分も話を聞いてくれたもの（証拠：なぜ自分の思考が間違っているのかを、彼の最近の振る舞いに基づいた具体的な例を用いて証明している）。彼が、私と私の息子たちのことを気にかけてくれているからそうしてくれたんだわ。今日のミーティングの成功のためにはこの話し合いが必要だと彼はわかっているし、ミーティングの成功は私たち両方の望むことなのよ（代替思考：彼の振る舞いについて、より正確な解釈を提示している）。

キルステンのティッカーテープ：でも、とにかく集中なんてできないわ。不可能よ。家にいないでここにいなくちゃいけないこと自体、イライラしすぎて耐えられないわ。私はきっと、今回のミーティングを台なしにして、ジェイコブを落胆させて、彼はきっともう二度と私を許してはくれないでしょうね（大惨事化）。

キルステンのリアルタイム・レジリエンス反応：今、家にいられないのは本当につらいわ。でも、子どもが体調を崩したときに仕事に行かなきゃいけなかったのはこれが初めてじゃないのよ。ミーティング会場に着くまでまだ20分あるわ。この思考に打ち勝つためにもうあと数分だけ頑張ったら、きっと集中できるようになって、仕事を終わらせられるはずよ（大局的にとらえる：よりあり得そうな結果を特定し、そのためにすべきことを指摘している）。それに、もちろんジェイコブは私を許してくれるわ。これよりももっとずっとひどいときにも、彼は許してくれたじゃない！　そう、私がリサーチ・チームを作り損なって、自分たちで全部の仕事をやるはめになったときみたいに（証拠：ジェイコブの過去の振る舞いを証拠として、彼が彼女を許してくれる理由を説明している）。

キルステンのティッカーテープ：だけど、私ってなんて母親なのかしら。口先でうまいことは言えても、いざというときにはいつもキャリアを優先するんだもの（トンネル視：家庭より仕事を優先したときのことだけを思い出し、仕事より家庭を優先したときのことを忘れてしまっている）。息子たちは私がいなくて1日じゅう泣いていて（大惨事化）、あの子たちはきっと私に愛がないと思っているに違いないわ（マインドリーディング）。

キルステンのリアルタイム・レジリエンス反応：ちょっと待って。まず第一に、私が子どもたちと一緒にいたいという理由で仕事のチャンスを蹴ったことは何度もあったわ。先週だって、3日間も子どもたちと離れていたくないからって、サンフランシスコのプレゼンを断ったじゃない（彼女が子どもを優先したことがあるという証拠）。あの子たちはときどき機嫌を悪くするのよ。イーライはお昼寝をしたくなると決まってひどくグズグズするわ（大局的にとらえる：イーライの機嫌の悪さに対してより正確になっている）。でも、今日はお母さんが見ていてくれていて、子どもたちはお母さんを大好きだし（子どもたちが大丈夫であるという証拠）、イーライのお昼寝の時間には、電話してあの子の好きな歌をうたってあげられるのよ（大局的にとらえる：現状から判断して実際にあり得そうな結果に対処するために、彼女にできることを1つ見つけ出している）。とにかく、あの子たちが私を愛しているのはわかっているじゃない……昨晩も、イーライは私と結婚したいって言っていたわ。これ以上何を望めるっていうのかしら。

キルステンのティッカーテープ：あーだのこーだの！　結論を言ったら、私は全部を手に入れたくて、それでいて何もかもうまくやれていないのよ（問題を大ごとにし、ポジティブな側面を過小評価している）。ジェイコブは、私の愚痴を聞いてうんざりしてしまっているわ（マインドリーディング）。最近彼が始めた新しいコラボレーションは全部、私よりも自分のキャリアにコミットしている人と一緒に仕事をするためなのよ（早とちりする）。それに、可哀想な夫はどうなるの？　ふたりだけの時間を持ったときのことを思い出すことすらできないじゃない。1年間、離婚しないでいられたら、私はラッキーね（大惨事化）。

キルステンのリアルタイム・レジリエンス反応：落ち着くのよ。私はいろいろうまくやっているわ。私が書いた助成金の申請書はちゃんと通ったし、先週出した私の提案もうまく受理されたわ。子どもたちだって幸せだし、楽しい時間をたくさん共有しているじゃない（証拠）。ジェイコブは私の子どもたちのことを気にかけてくれているし、彼らの話を聞くのも好きなのよ（より正確な代替思考）。だって、彼は私が子どもたちのことを話すのと同じくらい彼の犬の話をしているわ！　彼が新しいコラボレーションを始めたからっ

て、私と仕事をしたくないわけじゃないわ。ほんの数日前だって、別のテーマの助成金の申請書を一緒に書こうって持ち出してくれたじゃない（証拠）。デイヴと私がふたりだけの時間をほとんど持てていないのは本当だわ。でもこれからは、週に1回お母さんが子どもたちを見てくれることになったんだから、今までよりは自分たちの時間を持てるようになるはずよ（大局的にとらえる：夫とより多くの時間を共有するために彼女が立てた計画を思い出している）。

このプロセスには数分の時間が使われたが、いったん思考に打ち勝ってしまうと、彼女の不安は軽減し、残りの時間をジェイコブとのプレゼンテーションの仕事に使うことができたのだった。

リアルタイム・レジリエンスを練習するときに陥りやすい4つのミス

　私たちが教育関係者や親や企業のマネジャーたちに初めて「リアルタイム・レジリエンス」の説明をするときは、十中八九、懐疑心をもって迎えられる。何人かは、手を挙げてこう言わずにはいられないのだ。「あなた方は単に、もっと合理的になる方法と、直面する現実の問題から責任を逃れる方法を教えているにすぎないのではないでしょうか？」と。親や教師の場合は、いつもさらに一歩踏み込んでこう言うのだ。「これは実によくない考え方のように思えます。私たちが最も避けたいと思うのは、子どもたちに責任逃れを得意にさせることなのですから。このスキルは、子どもたちにとって実際には害になるのではないかと心配です」と。

　彼らはとても驚くのだが、私たちの回答は「まさにその通り」だ。そう、条件つきで、彼らは正しいのだ。このスキルを初めて学ぶとき、多くの人はある体系的なミスを犯す。確かに、それが正しく修正されなければ、何1つ問題はないという錯覚が起きて、気に掛けなければならない問題をすべて認めないということにつながってしまう。だが、このよくある落とし穴について注意を喚起し、修正方法を教えれば、そうしたミスは短期的ですみ、レジリエンスの劇的な変化につながるのだ。この本で紹介した各スキル同様、スキルをいつ、どのように使うかを正しく知ることが不可欠だ。初めてこのス

キルのことを聞いた多くの人にこの手の懸念が生じるのだが、正しくトレーニングしていくと、なぜこれが学ぶべき極めて重要なスキルと言えるのかを理解してもらえる。

ミス1：ポリアンナの楽観主義

　最もよく見られる初心者エラーの1つは、ポリアンナの楽観主義のワナに陥ることで、悲観的思考を非現実的な楽観的思考に置き換えてしまうというものだ。このミスは、より正確な代替思考を考え出そうとするときに最も起こりやすい。ポリアンナの反応は、軽薄で中身がなく、状況における事実に即していない。営業チームのリーダーであるティーナがスキルをマスターしようとしていたとき、この手のミスをしている自分に気がつくことがよくあった。例えば彼女は「この人たちは、みんな怠惰でいつも泣き言ばっかり……彼らのためにはもうあと1秒だって使えないわ」という思考が浮かんだときの彼女の反論はこうだった。「もっと正確な見方をすると、彼らは私にとってなんら問題ではないのよ。実際、私は彼らとの時間が本当に大好きだもの！」と。さて、彼女は誰をからかっているのだろうか？　当然、彼女自身であるはずがない。「ハッピー」思考は、必ずしもレジリエントな思考とは言えないのだ。
　「リアルタイム・レジリエンス」を練習するときは、正確さを目指しているのであって、楽観主義を目指しているのではないということを常に気に留めておこう。あるいは、楽観的であっても状況の事実とは合致した反論をうまく作りあげるように心がけよう。反論が現実的であるかどうかは、自分の心が教えてくれるはずだ。

ミス2：ほんのわずかな事実の見落とし

　もう1つの一般的な落とし穴は、非生産的思考の中にあるほんのわずかな事実を見落として切り捨ててしまうことだ。このミスは、証拠を使ってレジリエントでない思考を論破しようとするときに最も起こりやすい。レジリエントでないティッカーテープにはよく誇張が含まれているが、誇張の下に埋もれて、ほんの少しの事実が隠れていることがある。思考に反論するときに

その事実を認識できないと、反論は信憑性に欠け、思考が再び現れてしまうだろう。なぜなら、隠れた懸念事項を無視してしまっているからだ。例えば、キルステンが夫とあまり多くの時間を共有できていないのは事実だ。彼女が、「可哀想なデイヴ……彼と最後にふたりだけの時間を持ったのがいつだったかも思い出せないわ」という自分の思考に対して、「これは間違っているわ。だってデイヴと私はたくさんの時間を一緒に過ごしているもの」という反論をしてしまったら、彼女の最初の思考の中にあった事実を退けてしまうことになるのだ。事実を切り離して作り上げた反論には彼女自身が確信を持てない。ここでの課題は、事実を認め、それをよりよく変えるための戦略を自分自身に提案することだ。

ミス3：責任のなすり合い

　責任のなすり合いは、個人化または外面化の思考のワナにはまる人が陥りやすいミスだ。これは、「わずかな事実の見落とし」に含まれる、もう一歩具体的なミスを指す。その名の示す通り、個人化する人（説明スタイルが常に「自分」を指す）のティッカーテープ思考にはかなりの自己非難が含まれ、外面化する人（説明スタイルが常に「（自分以外の）人」を指す）のティッカーテープ思考には問題の原因が他人にあることを示す例が豊富に含まれる。あなたにとってどちらが真実であれ、ネガティブな思考に対するあなたの反論をよくよく注意してみよう。初心者が起こす一般的なミスとは、単純に人差し指を向ける方向を変えるだけで思考に打ち勝とうとすることだ。例えば、あなたが人差し指を常に自分に向ける傾向があれば、代わりにその方向を他人に向け替えることになる。逆に、常に他人に向ける傾向があれば、今度は自分に向けるようになるということだ。よくよく考えもせずに非難の矛先を変えることは、状況をコントロールする助けには決してならないのだ。

ミス4：過小評価

　過小評価は、スキル7の一要素として「大局的にとらえる」スキルの使い方を学んでいるときによく起きるミスだ。「大局的にとらえる」スキルを正しく使うとき、よりあり得そうな結果と、その結果に対処するためにできるレ

ジリエントな行動を少なくとも1つ特定することになる。ここでやってはいけないのは、単純に状況の重要性を過小評価してしまうことだ。例えば、上司からあなたの仕事ぶりが自分の期待よりもはるかに悪いと言われたとしよう。あなたはこう考える。「もう終わりだ。私はお払い箱だ。彼はきっと私をクビにするだろう」と。このとき、状況の過小評価を行った場合の反論はこうなる。「上司が腹を立てているからどうしたというのか。そんなことは問題ではない。クビになったところで大したことではない。仕事は簡単に手に入るだろう」と。この反論は、問題の現実性を無視しているため、思考を和らげることはできない。「大局的にとらえる」スキルの反論作りを練習するとき、状況の重要性を軽視していないかどうか、そして、最悪の結果を、同じように起こり得ない最高の結果に置き換えてはいないか、少しだけチェックする時間を取るようにしよう。あくまでも、最もあり得そうなシナリオを特定し、そのシナリオに立ち向かうためにエネルギーを節約することが目的であるのを忘れないように。

日常生活においてリアルタイム・レジリエンスを使う際のアドバイス

他のレジリエンス・スキル同様、トレーニングすればするほどスキルの効果は上がっていく。ただし、このスキルは難易度が最も高いため、あまり期待を高く持ちすぎないようにした方がよい。「リアルタイム・レジリエンス」の上達のために役立つヒントを次に示しておく。

* **まずはスキル4と5を先に練習する**：「思い込みに挑む」スキルと「大局的にとらえる」スキルに慣れてきたと感じるまでは、「リアルタイム・レジリエンス」は使わないようにする。スキル7を効果的に使うためには、代替思考を作れること、効率よく証拠をまとめられること、そしてよりあり得そうな結果を正確に特定できなければならない。
* **短い決め言葉を使う**：最初の数週間は、思考に対する反論を構築するのに短い決め言葉（タグライン）を使うようにする。これらは有効性の高い回答を組み立てるのに役に立つはずだ。

* **詳細かつ具体的に**：たくさんの漠然とした言葉よりも、具体性の高いたった1つの証拠の方がずっと有効だ。なぜ自分の思考が間違っているのかを**証明し**、自分自身納得させなければならないことを思い起こしてみよう。ごまかしは何の役にも立ちはしないのだ。
* **一番効果があるもので続ける**：3つの決め言葉を試してみて、その中から最も効果のあったもので続けるようにする。3種類の反応タイプをすべて使う必要はない。
* **ミスがないかチェックする**：あなたも、先に示した4つのうちいくつかのミスはするだろうと思っていた方がよい。スキルを使い始めた最初の数週間は、各反論の後に少し立ち止まり、ミスがないかチェックしよう。そしてミスを確認したときにはもう一度やり直ししてみよう。
* **スピードの有効性**：最終的には、最初に生じるレジリエントでない思考と同じくらいのスピードで反論ができることが望まれるだろう。とはいえ、スピードのために有効性を犠牲にしてはいけない。このスキルを学ぶ間、あなたがレジリエントでない思考を払いのけるのに十分有効な反論を組み立てられるようになるまでは、このトレーニングを、反論を手作業で作り上げていく芸術と見なすとよいだろう。決め言葉を使うのがうまくなれば、それに伴って反論スピードも自然についてくるはずだ。
* **毎日、練習する**：このスキルをマスターできる人とそうでない人の違いは、単に練習に費やした時間の問題にすぎない。このスキルのトレーニングのために毎日10分を確保しよう。逆境の瞬間にスキルを使うようにしてみよう。レジリエントでない思考が浮かぶ瞬間がとらえられなければ、いくつかネガティブな考えを作ってみて、それに反論する練習をしてみよう。

速攻性がいつも優れているとは限らないことを覚えておこう

　スキル6と7がうまく使いこなせるようになると、あなたはきっと他のスキルは使わずにこの2つばかりに頼るようになってくるだろう。現代人は、速さを重要視するスピード至上主義文化の中で生活している。非生産的思考のせいで目の前の課題にフォーカシングできないとき、感情が強くなりすぎ

て理路整然と考えるのが不可能なとき、経験するストレス量が多すぎて圧倒されてしまうときには、速攻型スキルを使うことは確かにとても理にかなっている。しかし、日常的に直面する問題のほとんどは、それほど即時的な反応を必要としない。実際、人生における困難の大半は、綿密かつ思慮深い分析と、よく考えられた解決策と計画を必要とする。人間関係において何が問題になっていてどう修復したらよいのかを理解したり、仕事を変えるかどうかを決断したり、チームの業績が上がらない根本原因を突き止めたりするときには、分析と時間が必要なのだ。

　もしもあなたが、スキル6と7を使っていて、他のスキルを使うのをやめてしまっている自分に気がついたのなら、何か避けていることはないか、または重要な情報を見落としてはいないか、自分に問いかけてみるとよいだろう。レジリエンスは、ときには素早いアクションを必要とするが、たいていの場合はそうではないのだ。

まとめ

- 人が感じるストレス量は、ストレッサーに対処する際の思考スタイルに大きく影響されるが、ストレス自体は完全に避けられない。
- ストレスに襲われたときに、正確な思考を助けるために、心を静める3つのテクニックが有効だ。
- 「侵入思考」は、大惨事が生じやすく、問題解決を遠のかせ、時間を浪費させるため、フォーカシング・テクニックで対処する。
- リアルタイム・レジリエンスは、非生産的思考が生じた瞬間に思い込みに挑んで正確な思考をし、効果的な解決策を講じるためのスキルである。
- 速攻スキルは万能ではない。人生で出くわす逆境のほとんどは、スキル1～5を使って時間をかけて解決へと導くことが必要である。

Part 3 | レジリエンス・スキルを実践する

Chapter 10
大切な人との関係をつなぐレジリエンス

　あなたは人間関係にどのようなことを望むだろうか？　あなたが大多数の人と同じような望みを持つとすれば、それは精神的な親密さや、人との交流や、受容や、愛などであろう。相手に理解され、性的に満たされることを望む。そして、意義や目的に富む人生を創造し、それを大切な人と共有することを望むだろう。だが、あなたはおそらく、関係性の中に深い満足感や充実感を感じると同時に、恐ろしいほどの難解さや、ときにはひどい疲労感をも感じることがあるのではないだろうか。また、あなたは不平不満のリストを抱えているかもしれない。私たち筆者が最も頻繁に耳にする不満は次のようなものだ。

＊お互いの存在が当たり前になって軽視され、ふたりの関係は優先されない
＊もはや話すらしていないようだ。結婚していなかったら、友人でいたかどうかさえ定かではない
＊関係がマンネリ化し、決まりきったことを何度も繰り返している
＊最近ケンカが多いようで、よくエスカレートしてしまう
＊セックス？　それってなんのこと？

　何が関係性をうまく発展させ、また何がダメにしてしまうのか。関係性に関する研究は数多くあるが、研究全体を通して、ある２つのテーマが何度も繰り返し登場する。恋愛関係において最もよくある問題、つまりまさしく関係の基礎をなす部分を破壊するような問題とは、コミュニケーション不足と破壊的なケンカだ。どんなカップルでも、お互いの希望や恐れや願望について理解し合うために努力をしなければならない。しかし、いざ誠実に、効果

的なコミュニケーションを図ろうということになると、多くのカップルが困難に直面してしまう。

　あなたとパートナーがどんなに強い絆で結ばれていても、ときには意見が一致しないこともあるだろう。小さな意見の不一致から怒鳴り合いのケンカまで、口論することは誰かと人生を分かち合うときにはあって当然のことだが、**どのように**言い争うかがとても重要だ。この章では、より効果的にコミュニケーションを図り、より建設的な言い争いをすることによって、ふたりの絆を強く保つための７つのレジリエンス・スキルの活用法を紹介したい。もちろん、あなたもよく知っている通り、オープンなコミュニケーションや健全な口論をすることで、必ずしもお互いの**親密さ**を感じられるとは限らない。そのため、お互いに心を通わせ、絆を深めるためのスキルも同時に紹介したい。

　とは言え、ときには、カップルがお互いにベストを尽くしても、関係が終わるという結果になることもある。それは双方の決断であることも、そうでないこともある。結婚であれ、長期的な恋愛関係であれ、もしくは芽生え始めた恋であれ、別れは痛みを伴い、ときにはひどく悲惨なものになる。このとき、いかなるレジリエンス・スキルも、すべての痛みを取り去ることはできない。当然、あなたは悲しみを感じ、人生の大切な一部を失ったことを嘆くことになる。だが、このスキルを身につけておけば、**必ず**別れの痛手からの回復がより容易になり、時がくればまた新しい恋愛を始められるようになるはずだ。あなたが立ち直り、前進し、また新しい相手を見つけて再チャレンジするためのレジリエンス・スキルを紹介しよう。

あなたとパートナーの関係は危機に直面している？

　もちろん、現在のパートナーとの関係が、大丈夫どころかとても良好な人もいるだろう。その関係に満足し、心が通じ合うのを感じ、心から幸せを感じているかもしれない。

　しかし、統計は明らかだ。今日結婚する若いカップルのおよそ50％は離婚し、そのうちの半数は結婚後７年以内に離婚している。再婚の場合は、初婚

よりさらに高い離婚率を示している。結婚をしていなくても、離婚をもたらす多くの要因が、同時に長い交際関係を破局に導く要因でもあるということを知っておくのは大切だ。ただ、両親が離婚している場合や、夫婦間で異なる宗教的背景を持っていた場合、または極端に若くして結婚した場合のように、離婚や破局の予測因子の多くは、自力でコントロールすることや変えることができないものだ。だが、方法さえ知っていれば、あなたとパートナーの関係を脅かす要因の多くは**確かに**変えられるのだ。

例えば、あなたのケンカのスタイルはネガティブなものかもしれない。意見の不一致が生じたときに、それをパートナーの人格のせいにする。これは過剰一般化であり、相手への厳しい批判につながる。または、パートナーに対して非現実的なほどの高い期待を抱いている場合もある。パートナーに失望すると、お互いの関係の価値を疑い始める。ものごとが完璧に進まなければそれを壊滅的にとらえ、端から見ればささいなことに対しても、過剰反応をする。おそらく、あなたとパートナーとはオープンなコミュニケーションができていないのだ。何か不都合なことがあると、あなたはそれを自分ひとりで抱え込み、ついには抱えきれずに爆発することになる。パートナーの気持ちを聞いていても、相手があなたに何を伝えようとしているのかが「わからない」と感じる場合もあるだろう。沈黙が、多くの関係を壊してきた。

読み続けよう!

ここまで読んでみて、あなたは自分がこの手の問題を抱えていないことに気づいたかもしれない。あなたの言い争い方は健全なもので、うまくコミュニケーションを取っていて、あなたが相手に抱く期待は妥当かつ明確かもしれない。だとしたら、あなたに脱帽だ。その揺るぎない関係を築くために、多大な労力を要しただろうし、あなたはそれを誇りに思うべきだ。しかし（そう、「しかし」とくることは予期していただろう）、それでもなお、この章はあなたの興味をそそると思うのだ。

自然体でいくつかのレジリエンス・スキルに長けている人のことを私たちは「無意識的能力保持者」と呼んでいる。あなたにもこの言葉が当てはまる

かもしれない。「何もしなくても」レジリエントな人というのは、人生経験を通して、おそらくはさまざまな試行錯誤を通して、または他者を見習うことによって、そのスキルを身につけたのだろう。そのような人たちは、問題や逆境に対してとてもうまく対処するのだが、どうしたらそんなにうまくやれるのかと尋ねられても、それを言葉で説明することができないのだ。

　私たちは、そのような人たちでさえ、自分がどのようにしているのかについてもっと意識し始めることで恩恵が得られることを見出した。あなたとパートナーが共通言語を持つことができれば、最もストレスフルな状況下であっても、ともにより効果的にスキルを適用することができる。問題が不意に起きたときにも、思考のワナに挑み、大局的にとらえることをお互いに想起することができる。さらに、各スキルにラベリングし、いつ、どのスキルを使うべきかを知ることで、友人や家族など、あなたの周囲の人の人間関係におけるレジリエンスを高めるための手助けができるようになるだろう。だから、この章をこのまま読み続けよう！

親密さとコミュニケーション

　私たちは、子育て関連のワークショップで、サラという40歳の女性と出会った。彼女は、よりよい母親になる方法を学ぶためにこのワークショップに申し込んだのだが、ほかの多数の親と同様、彼女の話の多くは結婚生活に関するものだった。

「今も夫を愛しているし、彼が私を愛しているのもわかっています。でも、私たちはもう、お互いにわかり合えないように思うのです」
　サラは、典型的な誤解の例を話してくれた。彼女と夫はともに長時間働いていて、ふたりとも金曜の夜には疲れ切っていた。ある晩、ふたりは不本意ながらも、ティーンエイジャーの息子の友達をふたり、夕食に招待し、家に泊めることを許可した。そして夫が帰宅すると、彼女はこう言ったのだ。

サラ：私たち、何を考えていたのかしら？　ダメって言うべきだったのよ。今夜じゃなくて、明日の夜にすることもできたのにね。

ビル：ねえ、OKしたのは、僕だけじゃなくてきみもだよ。僕を責めるなよ。
サラ：ビル、落ち着いてよ。あなたを責めてはいないわ。「私たち」って言ったでしょ？　どうしてあなたは私の言葉をねじ曲げるの？
ビル：まあ、ネガティブに考えても何もよくなりはしないよ。大したことじゃないんだから。
サラ：別に大ごとだなんて言ってないわ。ただ、子どもたちがほかの日に来てくれればいいのにって言っただけよ。……ああ、忘れてたわ。私たちは不平不満を言っちゃダメなのよね。私、ただ疲れているだけなの、それだけよ。
ビル：そうだな、きみは疲れているだけだよ。

　さて、なぜ彼らの会話は、このような虚しいものになってしまったのだろうか？　サラはその原因を理解していないし、おそらく彼女の夫もそうだろう。会話の脱線の原因は、人間関係のエキスパートであるハワード・マークマン博士が「フィルター」と呼ぶものにある。フィルターというのは、思考とそれに伴う感情ととらえることもできる。フィルターは、あなたがパートナーの言葉を理解する際に、バイアスをもたらしてしまう。つまり、フィルターが相手のメッセージを歪め、明快なコミュニケーションをしにくくしてしまう。基本的に4種類のフィルターがあるが、レジリエンス・スキルを使うことで、各フィルターの影響を最小化できる。

＊注意散漫：最も基本的なフィルターは、単純に、相手の話に対する注意力レベルだ。ときには、環境における外的要因によって注意力がそがれることもあるが、あなたのティッカーテープ思考もまた、パートナーの話に集中できない原因となる。例えば、格安の航空券を見つけた配偶者が、一緒に休暇を取ろうと話しているときに、あなたは仕上げなければならない仕事のことや、同僚との意見の不一致について、もしくは、まだあなたの心を苦しめているパートナーとの以前の会話について思いをめぐらせているかもしれない。心を静め、フォーカシングするスキルは、自分自身の思考によって気が散ってしまうとき、またはパートナーの話に集中しにくいときにはいつでも、自分の意識を本題に戻すために素晴らしく有効な手段となる。

＊思い込み：2つ目のフィルターはあなたの思い込みだ。パートナーとの会話は、いつも白紙の状態から始まるとは限らない。その前の会話や、その日にした経験から、会話に対する思い込みを持ち込んでいるのだ。

そして、もうおわかりのように、こうした思い込みが、パートナーの言葉を解釈するときに影響するのだ。実は、ビルが会社を出るときに、同僚のグループの目の前で上司に情け容赦なく批判されていたのだが、そのことをサラは知らなかった。これによってビルの「権利侵害」探知機にスイッチが入り、彼は腹を立てていたのだ。その後、帰宅すると、彼の探知機（既に警告が出ている）によって、サラの最初の発言が、状況に対する彼女の単なるフラストレーションの表れではなく、自分を責める批判としてとらえられたのだった。だが、不幸にも、ビルは自分の解釈の正確さを確認することはなかった。その代わりに、彼はサラに対して激しくまくし立てたのだ。「思い込みに挑む」スキルは、パートナー同士の正確なコミュニケーションには欠かせないスキルだ。またときには、思考のワナによって問題が生じることもある。あなたが早合点したり、マインドリーディングをしたりする傾向にあるのなら、パートナーが本当に言いたいことを理解するのはその分難しいだろう。そのため、あなたが自分の思考の誤りを探し、どのようにそれらを克服するのかを学ぶことは必須事項なのだ。

＊感情：パートナーが話を切り出したときに、既にあなたの感情が高ぶっている場合、または話を始めてすぐに強い感情に襲われた場合、あなたが耳にする言葉はおそらく歪んで聞こえることだろう。ビルの場合は、その日事前に起きたできごとによって、サラとの会話で腹を立てやすい状態になっていた。いったん怒り出してしまうと、その後の相手の発言への聞き方は怒りに影響を受ける。こういう場合に最も有効な戦略の1つは、会話を一度中断し、あなたの感情をコントロールすることだ。心を静めるテクニックにリアルタイム・レジリエンスを組み合わせれば、強力なツールとなる。

＊コミュニケーション・スタイルの違い：あなたが自分の考えや感情を相手と共有することを心地よく感じていても、パートナーはそうではないかもしれない。コミュニケーション・スタイルは、多くの場合に氷山思考によって決定されるのだが、あなたがこうした思考に気づかない限り、異なるコミュ

ニケーション・スタイルを持つパートナーとの間で、コミュニケーション不足や誤解が生じる運命にある。

ケンカのレジリエンス

　共感の持ち方や、より効果的なコミュニケーションの取り方や、パートナーの言うことに正しく**耳を傾ける**ことを学ぶというのは素晴らしい進歩だ。しかし、正直言って、あなたが効果的にコミュニケーションを取ったとしても、あなたとパートナーの関係が完璧になるわけではないだろう。もっとはっきり言えば、パートナーとの関係において衝突は必ず起きる、というのは確かなことではないだろうか。そして研究により、ケンカの**やり方**こそが非常に重要だということがわかっている。ところで、ここで私たちが「ケンカ」と言うときには、それは肉体的な暴力ではなく口論のことを意味している。あなたが肉体的または精神的な虐待を受けているようであれば、あなたもパートナーも今すぐにカウンセリングを受ける必要がある。

　以下の口論の例を読み、どちらがあなたとパートナーの口論の仕方に最もよく似ているのかを考えてみよう。

「あなた、どうかしているんじゃない？」

　ジュリーとリッチは朝の慌ただしい日課をこなしている真っ最中だ。リッチは、ジュリーがシャワーを浴びて職場に出かける準備をしている間に、3人の子どものうち2人を学校に行かせるために着替えさせる。ジュリーは、リッチがシャワーを浴び、早朝のメールを書いている間に、子どもたちに靴下と靴を履かせる。7時15分に、リッチが一階に降りてくると、子どもたちはテレビの前で朝食を食べていて、ジュリーは学校へ行く子どものためにお弁当を詰め、一番下の子どもと遊んでもらう日についてベビーシッターにメモを書き留めている。

　口論を引き起こしたのは、テレビの前での朝食だ。

リッチ：きみ、どうかしているんじゃない？　どうして子どもたちはテレビ

の前で朝食を食べているんだ？　それについては、お互いに同意したはずじゃないか。
ジュリー：だって、私はもう二度と遅刻できないのよ。わかる？　もう二度と遅刻はできないの。お願いだから、朝からケンカを始めるのはやめてちょうだい。疲れちゃって、そんな余裕はないの。
リッチ：バカバカしい……そんなことで時間の節約にはならないだろう。このことはもう20回以上も話し合って、子どもたちにはテーブルで食べさせるということでお互い同意したじゃないか。
ジュリー：わかったわ。テーブルで食べてほしいのね？　いいじゃない、そうしなさいよ。これからは、あなたが責任を持ってちょうだい。子どもたちの着替えも、お弁当の準備も、朝ごはんを食べさせるのも、トイレに行かせるのも、車に乗せるのも、全部、ちゃんとやってよね。じゃ、せいぜい頑張って。
リッチ：なに言ってるんだよ、ジュリー。アメリカ中の母親が自分の子どもに朝食を食べさせて学校に送り出して、僕の知る限りでは、それで自分のことを殉教者だと思っている人なんていないよ。一体何がそんなに大ごとなんだ？

「あなたは一体、誰の味方なの？」
　メグとジョーは1年半前から同棲している。ジョーの母親は、ふたりの同棲を認めていないのだが、週末に彼らに会いに来ることになっていて、メグはそれを楽しみには思っていない。ジョーの母親は、今までに批判的でネガティブな態度を取ったことがあり、それがよく、メグとジョーの口論の引き金となっていたのだ。メグはジョーに対して、ふたりの関係を弁護し、彼の母親には立ち入ってほしくない話題もあるということをはっきりと伝えることを望んでいる。

メグ：お母さんが来る前に、お母さんと話をして、私たちが一緒に住んでいることについては何も口出ししないように伝えてもらえないかしら？　いつ「その話題」になるのか、週末の間ずっと心配していないでいられたら、すご

く気分が楽になるんだけど……。

ジョー：ちょっと、メグ、勘弁してやってくれよ。世代が違うんだ。俺たちのやってることに賛成していないんだから、おふくろが何も言わないなんて、期待できるわけがないだろう。気にしなきゃいいだけだ。おふくろが何か言ったからって、俺たちの関係は何も変わらないんだからさ。

メグ：そういう問題じゃないの。週末の間、ずっと緊張していたくないってこと。あなたがお母さんに、その話題には触れて欲しくないって伝えてくれれば、私はリラックスして、お母さんの訪問を楽しめると思うわ。なんだか、あなた、私たちの選択を擁護したくないみたいね。それが本当に問題なんだわ。あなたは、私とお母さん、どっちの味方なの？

ジョー：何を言ってるんだ？　メグ、ただおふくろが週末に来るってだけじゃないか。たった1回のことだ。もうちょっと広い視野で見てくれよ。なんか、俺がいつもおふくろの肩を持っているみたいな言い方だな。もう6カ月もおふくろに会ってないんだぞ。

メグ：ええ、週末、たった1回のことだっていうのはわかってるわ。でも、正直に言って、あなたは今までに何度も、お母さんに私たちのことを言いたい放題言わせていたけど、あんな言い方、もしお母さん以外の誰かにされたら、あなただってきっと耐えられないわよ。「あなたがお夕飯の支度をしてちょうだい」っていうあのセリフ、もう忘れたの？　私はただ、あなたにとって一番大事なのは私だっていう実感がほしいのよ。それって、望みすぎかしら？

ジョー：俺にとっての一番はきみだよ。ただ、おふくろは扱いづらいんだ。彼女がどんなふうだか知っているだろう。彼女は部屋を息苦しくさせるんだ。おふくろに、来るのは週末だけにして欲しいって伝えたことはよかっただろう？　本当は1週間泊まっていきたいって言ってたの、覚えてるだろ？　むしろ、俺は褒められるべきなんじゃないのか。

メグ：ええ、あなたの言う通り、その点は本当にありがたかったわ。でも、せめて、もしお母さんが私たちが一緒に住んでいることに触れ出したら、話題を変えるって約束してほしいの。本当に、お願い、約束して。私のために。

ジョー：わかったよ。そうする。約束だ。

あなたのケンカの仕方はどうだろうか？

　2つの異なるスタイルの口論を取り上げてみた。リッチとジュリーは、お互いに辛辣で嫌味っぽい。メグとジョーは、各々の不満を明確にし、具体性を保っている。恋人関係に関する研究によれば、夫婦であれ恋人同士であれ、長期的に健全な関係が続くかどうかは、カップルがケンカを**するかどうか**ということよりも、**どのように**ケンカをするかが非常に重要であることが示されている。すべての関係性が努力を要する。すべての関係性につらい経験はつきものだ。カップルは皆必ず、意見の不一致や口論を経験する。だが、リッチとジュリーのように、有害なケンカスタイルを取るカップルがいる一方で、メグとジョーのように、健全でレジリエントなケンカスタイルを取るカップルもいるのだ。

ケンカスタイル

　恋愛関係と結婚の分野における第一人者のひとりであるジョン・ゴットマン博士とその同僚らは、関係を崩壊に導く特定のケンカスタイルを突き止めた。実に、ゴットマン博士の研究チームは、一連の研究を通して、カップルがそのまま一緒にいるか、あるいは最終的に破局するかどうかを90％以上の確率で正確に予測したのだ。博士らは、「辛辣な始まり」と、相手への「人格殺し」が、関係性をダメにしてしまうことを発見した。

辛辣な始まり

　リッチが、子どもたちがテレビを観ながらシリアルを食べているのを見たとき、妻に対して発した第一声は、「きみ、どうかしているんじゃない？」だった。研究者たちは、これを「辛辣な始まり」と呼ぶ。この種の言葉は、批判的で相手を侮辱するものであり、さらに、これを受けた相手もまた同種の返事をすることになるからだ。こうなってしまうと、共感や建設的な問題解決の余地を残すことなく、たちの悪いバトルへとエスカレートしていくのだ。辛辣な始まりによって、議論の焦点は問題解決から逸れてしまい、相手

を傷つけるという暗黙のゴールができ上がってしまうのだ。リッチとジュリーが口論になったとき、不満を言葉にし、お互いの意見の食い違いを解消しようという当初の目的は、相手に痛手と屈辱を与えるという目的へと、ほとんど瞬間的に変えられてしまった。ここで、ジュリーが、この「朝食の席でのケンカ」を夕方以降にどのように蒸し返すのかを見てみよう。

ジュリー：今朝みたいに私を攻撃するのは本当にやめてほしいわ。あなたって、世界中で一番よくできた父親みたいな態度で、いつでも私に対して上から目線で威圧的なのよ……本当に勘弁してちょうだい！

　リッチが朝のケンカについて、腹を割って正直に話し合うことを望んだとしても、それはとても難しいだろう。彼女の口調は侮辱に満ちているからだ。「いつも」とか、「あなたってなんて……なの」といった言葉は、闘牛に赤いマントを見せるようなものだ。つまり、それを無視するのはほとんど不可能なことなのだ。だからこそ、会話の始めの一言が非常に重要なのだ。それによって、やりとりの口調が決まってしまう。皮肉めいた、侮辱的な言葉から始めた場合、そこから生産的な会話を続けるのは極めて難しくなってしまう。

　リッチとジュリーのケンカにおいては、ときどきエスカレートすることが避けられなくなるのだが、もしかすると、あなたとパートナーのケンカでは、そうした激しいぶつかり合いはあまり見られないかもしれない。事実、リッチとジュリーのケンカでは、声を張り上げることも、あからさまに相手を侮辱することもない場合がある。以下がその一例だ。

リッチ：きみが炒め物に使ったフライパン、まだ汚れてるよ。
ジュリー：ええ、知ってるわ。夕飯を作ったんだもの。当然でしょ？
リッチ：当然だな。で、自分が始めた仕事は最後までやるべきじゃないのか。
ジュリー：それはあなたにとって好都合ってことでしょ？　そうすれば、くつろいでニュースが見られるものね。
リッチ：いつでも交換条件が必要ってことか？　僕は「家事の分担」規約を

チェックするのを忘れたからな、何か文句があるなら僕を訴えればいいさ。
ジュリー：そのまま放っておけばいいじゃない。私はノータッチだからね。

　彼らは怒鳴らなかったし、暴言も吐かなかったが、ふたりが発信しているメッセージは明確だ。ジュリーは負担を感じ、リッチがもっと家のことをやるべきだと思っている。リッチは、家事の分担によってお互いを思いやる寛大な心が失われたと考えている。ふたりはどちらも正しいかもしれないが、それは誰にもわからない。ただ、1つ確かなのは、この会話にはふたりの心の距離を縮めるものは何もなく、根本的な問題についての話し合いが促されることはなかったということだ。
　さて、あなたとパートナーがどのように口論を始めるのか、よく注意してみよう。あなた、あるいはあなたのパートナーが、皮肉めいた、侮辱的な言葉から会話を始める傾向にあるとしたら、それは間違いなく有害無益だ。このようなとげとげしい会話を推進する力は、「ここで私が本当にネガティブな態度を示さないと、伝えるべきことはきっと彼に無視されて、完全になかったことにされてしまう」とか「口ゲンカでは彼女に勝てっこないから、本当にきつく主張しないといけない」といったティッカーテープ思考にある。ここで問題になるのは、当然ながら、こうした思考によって、口論を現実の問題から遠ざける破壊的な言葉が生まれてしまうということだ。辛辣なスタイルを後押しするティッカーテープ思考に挑めば、あなたはきっと、公平で建設的な議論ができる状態になれるはずだ。

行動ではなく人格を非難する

　リッチとジュリーの会話の始まりをひどく辛辣にする原因の1つは、彼らがお互いに、相手の行動ではなく人格を攻撃するところにある。彼らは、自分の不満の矛先を、相手の行動だけに留まらせてはおかない。それどころか、彼らは過剰一般化という思考のワナに陥り、1つひとつの侮辱や誤りについて、それが相手の人格上の欠点を示唆するものだと考えるのだ。私たちは、過剰に一般化することを「人格殺し」と呼ぶ。なぜなら、まさにそのように感じるからだ。それはまるで、相手の人間としての根本的価値に疑問を

投げかけているようなものなのだ。そんな尋問を受け続けるのは、決して喜ばしいことではない。

　では、建設的な批判の練習として、次に示した過剰一般化の例について、1つひとつの訴えをもっと具体的で明確なものに作り替えてみよう。ここでの目標は、あなたを怒らせる原因となっている特定の行動を見定め、パートナーの人格を攻撃するのを避けるということだ。1つ目に記した例を参考に、始めてみよう。

状況1：パートナーはあなたに、交際10周年を記念してキッチン用品をプレゼントする
過剰一般化による不満：あなたって、ロマンチックさのかけらもないのね
建設的な不満：オーブン・トースターもいいけれど、せっかくの記念日だから、本当はもっとロマンチックなものがよかったわ

状況2：夫（妻）は、あなたひとりに病気の子供たちを任せて、自分はカンファレンスに参加するつもりでいる
過剰一般化による不満：ひどい親ね！　自分のキャリアのことしか考えていないんだわ
具体的な不満：＿＿＿＿＿＿＿＿＿＿＿＿＿＿＿＿＿＿＿＿＿＿＿

状況3：太ってしまったパートナーが、二切れ目のケーキを食べようとしている
過剰一般化による不満：おまえ、ダイエット中だろ。自制心のかけらもないんだな
具体的な不満：＿＿＿＿＿＿＿＿＿＿＿＿＿＿＿＿＿＿＿＿＿＿＿

　過剰一般化の傾向によって、説明スタイルを見分けることができる。今度は、パートナーのジェスに対するジョンの2組の発言を読み、それぞれの説明スタイルについて、「自分・自分ではない」なのか、「いつも・いつもではない」なのか、そして「すべて・すべてではない」を判断してみよう。

274　　　　　The Resilience Factor

状況1：ジョンとジェスは、新しいレストランへ行く途中、道に迷ってしまった
ジョンの反応：
Ａ：きみの強みが空間把握能力でないってことは間違いないな
Ｂ：（案内の）看板がよっぽどひどかったんだな

状況2：ジョンとジェスは1日じゅう、断続的に口論している
ジョンの反応：
Ａ：きみ、どうかしてるんじゃないか？　きみはいつも身構えていて不機嫌だな
Ｂ：きみ、どうかしてるんじゃないか？　1日じゅう僕にケンカを売っているぞ

　各々、反応「Ａ」は、ジェスについて、「自分が・いつも・すべて」スタイルをとっている。つまりジョンは、これらの発言の中で、問題の原因が外的要因ではなくジェスにあるとしている。彼は原因について、普遍的（「きみはいつも身構えていて不機嫌だな」）で、変わる見込みがない（「きみの強みが空間把握能力でないってことは間違いないな」）ものとしてとらえている。それに対して、反応「Ｂ」は、個人に向けられたものもあるが、具体的で、変えることが可能な性質に焦点が当てられている。
　相手の行動を非難するのと人格を非難するのとでは、その違いに重要な意味がある。不満の矛先を、特定の、変えることのできる行動に向けるカップルと比較して、お互いの人格を非難する傾向が強いカップルは、関係性における幸福度と満足度がはるかに低いのだ。

レジリエンス・スキルを使って、ケンカのスタイルを変える

　レジリエンス・スキルは、あなたとパートナーの争いごとの性質によって使い分けることになる。恋愛関係に関する研究によれば、カップルの争いご

とは2種類に大別される。すなわち、解決可能な問題と、終わりなき問題だ。口論の原因となる問題のいくつかは解決可能なものだ。ある特定の、具体的でコントロール可能なできごとに対する口論は、あなたのケンカスタイルが健全でありさえすれば、たいていの場合解決の糸口を見つけられることができる。しかし、そのような口論と比べて、解決がはるかに難しい問題もある。問題の原因が特定の事柄にはなく、両者の人格の違いに重点が置かれた場合だ。そして多くの場合、二者の基本的人格の違いは変えることができない。例えば、一方は整理整頓がとても好きでいつも物をきれいに片づけたがるのだが、パートナーにはそれが病的なものに見えているかもしれない。または、ひとりは社交的で家に大勢人を招くのが好きなのだが、パートナーは「家族の時間」を好み、ボードゲームで遊んだりビデオを観たりしながら、家族で静かに過ごしたいと思っているかもしれない。もしくは、金銭感覚に違いがあり、ひとりは倹約家で、もうひとりは「経済のためには出費する方がいい」というモットーを掲げているかもしれない。あるいは、セックスに対する考え方が異なるという場合もあるだろう。

いかなる違いであれ、ゴットマン博士は、このような事象をまとめて「終わりなき問題」と呼んだ。なぜなら、こうした問題は、ふたりの関係を通して何度も繰り返し浮上し、たいていは博士の言う「行き詰まり」状態をもたらすからだ。行き詰まりというのは、何度話しても何も進展がないときに起きるものだが、その原因は多くの場合、思考スタイルによっていつもの決まり切ったパターンが推し進められてしまうところにある。そんなときのあなたは、いつも売り言葉に買い言葉で何の効果もなく堂々めぐりしているような気分になる。ゴットマン博士の研究によると、カップルの直面する問題のほとんどは、そうした終わりのない種類のものだ。カップルが行き詰まりに陥ったときこそが、ふたりの関係における深刻な危機の始まりなのだ。

解決可能な問題に対してレジリエンスを使う

まずは解決可能な問題の例から見ていこう。「自分をABC分析する」スキルと、「思考のワナを避ける」スキル、そして思い込みに挑むスキルの使い方

をご紹介しよう。

週末のバトル

　メグとジョーが、ジョーの母親のことでもめていたのを覚えているだろうか？　今、彼らは、頻発する問題を抱えており、それは大きな問題ではないのだが、ふたりはほぼ毎週末そのことで揉めている。メグとジョーは、最近家を買ったのだ。その家は、広い廊下、鉛枠の窓、可愛らしい窓際の椅子のある大きな家なのだが、修理が必要な箇所が数多くある。

　壁を剥がして塗り替えないといけない。床を磨かなければならない。備え付けの家具を置き換える必要もある。彼らの「夢の御殿」は、今のところ、夢のようなものではないようだ。ふたりの職業は大変プレッシャーの多いものだ。メグは法律家で、ジョーは投資銀行の銀行員であり、ともに毎日長時間働いていた。週末は、ときにはどちらかに仕事が入ることもあったが、おおかた、ふたりともいくらか時間を取ることができていた。衝突が起きたのはその部分だった。ジョーは、週末をメグとともに、友人を訪ねたり、ハイキングに行ったり、サイクリングをしたりして、のんびりと過ごしたいと思っているのだが、メグの方は、増え続ける家の改造計画リストに従って作業を進めるチャンスだと考えている。金曜の夜は楽しく穏やかなのだが、ほとんど例外なく、土曜日の朝に衝突が起きるのだった。

　問題の根底を探るため、メグには、先週の土曜日に起きた口論について説明してもらい、何を言い争い、どのような言い方をしたのかを、できるだけ具体的に語ってもらった。

　土曜日の朝、8時15分。メグは着替えを終え、ジョーにコーヒーを運びながら彼を優しく起こす。

メグ：お寝坊さん、起きる時間よ。このまま寝てたら1日が無駄になるわ。
ジョー：（窓の外を見つめながら）最高のドライブ日和だな。俺が朝食を用意するから、自転車を持ってグリーン・バレーに行かないか？
メグ：あら、わかってるでしょ？　あなたには階段の修理を終わらせてもらわなくちゃ。だって、階段にやすりをかける時間がなかったでしょ？　あ

と、防塵塗装も残ってるし、手すりには2回目のペンキを塗らなくっちゃ。あなたがそれをやってくれたら、私は客間にベースコートを塗るわ。
ジョー：冗談だろ？　それは今夜やろう。家の作業で1日潰すなんていやだよ。ほら、俺と、きみと、自転車……そして素晴らしい大自然が……。
メグ：待って、私の頭の中はこうよ。私と、あなたと、やすり……、そして、素敵なお部屋……。

　会話の出だしは十分に仲睦まじいものだったが、あっという間に気まずくなってしまった。ジョーは、メグを工事監督呼ばわりし、自分と一緒に休暇を過ごしたくないのだと非難した。メグは、ジョーがものごとを最後までやり遂げないし、家がどんなふうになっても構わないのと反論した。そして、こんなに長く修理箇所を放っておくつもりだと知っていたら、ぼろ屋敷を買うことには決して同意しなかった、騙された気分だ、とジョーに言うのだった。

　彼らにとって、この言い争いは今に始まったものではない。結局、ふたりはいつも、しばらくの間お互いを避け、メグはしぶしぶと家の修理作業を進め、ジョーは飼い犬を普段より長い散歩に連れ出す。そして、数時間後にふたりが再び顔を合わせるときには、お互いに距離を感じ、毎度毎度同じことで揉めて、楽しい時間を共有できなかったことを後悔するのだ。

　私たちはまず、メグに彼女自身のABCを特定してもらうことにした。メグには、先週の土曜日に戻ったつもりになって、口論が進む間、彼女の中で何が起きていたのかをとらえてもらった。メグは、次のように語ってくれた。

逆境（A）：ジョーは、ほとんどの週末、どこかに行きたいと言って、家の修理作業をやりたがりません。そこで、その土曜日、彼を起こし、冗談まじりに階段の修理を提案したのですが、ジョーは、そんなことよりサイクリングに行きたいと言い、そこから口論が始まりました。

ケンカ中のメグの思考（B）：ジョーは、職場では「イケイケ人間」なのに、家に帰ると怠け者に変身します。彼は、私と時間を共有したいと言っていますが、本当は家の修理計画を避けたいだけなんです。でも、家を修繕したく

なかったのなら、彼はそれを正直に言うべきだったと思います。そうすれば、もっと修理箇所の少ない家を買うことだってできたのですから。彼があの家をそこまで欲しがっていなかったことは知っていたのに、私は、自分で彼を強引に説得してしまったんです。もう、何もかもメチャクチャです。

結果（C）：私は心底ジョーに腹を立て、がっかりしました。ケンカの後は、午前中ずっと、ただただ彼のことを避けたいと思っていました。それから、家を買うときに、私はひどく勢い込んでいて、彼の懸念に十分耳を傾けていなかったのではないかと思って、自己嫌悪にも陥っていました。

　ABCの特定が終わったら、今度はB-Cつながりのチェックに移る。
　ところで、メグの例を見てわかるように、これらのスキルを使うときには紙とペンを用いると良い。メグの中で起きた事柄はとても多く、それらをすべて頭の中だけで追っていくことは難しい。
　さて、メグは思考のワナをチェックする必要があった。メグは、彼女自身のティッカーテープ思考を、状況に関する事実性の高い解釈だとして承認してしまうのではなく、8つの思考のワナのうちのどれかに陥っていないかどうか、自分に問いかけ、その結果を280頁の表のように書き出した。
　メグは、彼女自身のティッカーテープ思考の中に3つの思考のワナを発見し、これらの思考の誤りに挑むため、一連の率直な問いを自分に投げかけていった。1つ目の思い込みでは、過剰一般化が見受けられた。階段を磨いて土曜の午前を過ごすことを拒んだというだけで、ジョーを怠け者扱いできるだろうか？　彼が家のことをやってくれて助かったことは何度もあったのではないだろうか？
　続いて2つ目の思い込みの中に、マインドリーディングがあることに気がついた。彼女と時間を共有したいと言ったときのジョーの心のうちを、彼女はどうして知ることができるだろう？　彼の発言の誠実さを疑う根拠はどこにあるのだろうか？
　そして3つ目の思い込みでは、トンネル視が起きていた。彼が**絶対に**ものごとを最後までやり遂げないというのは真実だろうか？　あるいは彼女が、いくつかの情報にのみ、選択的に注意を向けているのではないだろうか？

メグは、最後の2つの思い込みに関しては、そこに思考のワナは含まれていないと判断したが、どちらも必ずしも正確だとは言えないと認識している。

ここでメグは、「思い込みに挑む」スキルと「大局的にとらえる」スキルのどちらを使うべきかを判断する必要があった。「思い込みに挑む」スキルは、「なぜ」思考の正確さを確かめるために使われ、一方、「大局的にとらえる」

思考と結果の分類

思考	思考のタイプ	思考のワナ	結果
1. 彼は、職場では「イケイケ人間」なのに、家に帰るやいなや怠け者になる。	権利の侵害	過剰一般化	怒り
2. 彼は、私と時間を共にしたいと言っているが、本当は家の修理計画を避けたいだけだ。	権利の侵害と喪失感	マインドリーディング	怒り 悲しみ
3. 彼は、始めたことを終わらせようとしないから、私はイライラする。	権利の侵害	トンネル視	怒り
4. 家を修理したくなかったのなら、彼はそれを正直に言うべきだった。そうすれば、もっと修理箇所の少ない家を買うことだってできたのに。	権利の侵害		怒り
5. 彼があの家をそこまで欲しがっていなかったことは知っていたのに、私が強引に彼を説得してしまった。もう、何もかもメチャクチャだ。	彼に対する権利の侵害と自尊心の喪失		罪悪感 悲しみ

スキルを使う目的は、「次は何」思考が「大惨事」思考になっていないかを確かめ、もしそうであれば、それに代わる最もあり得そうな結果を特定することだ。

メグは、彼女自身のティッカーテープ思考を見渡してみて、それらのほとんどが、進行中のジョーとの衝突の原因に関するものだと気がつき、思い込みに挑むスキルを使うという正しい選択をすることができた。

メグは、説明スタイルの3つの側面を考慮して、いくつかの代替思考を考えた。彼女の最初の思い込みの多くが、外向き（ジョーへの非難）で広域的だったため、もっと具体的で、問題の責任を共有するような代替思考が編み出せるように試みた。彼女の考え出した代替思考はこのようなものだった。「ジョーは、今の家の状態のまま生活することを何とも思っていなくて、むしろ、リラックスしたり楽しんだりする時間が全然なくなってしまうのが本当に嫌なのよ」「私と彼は、楽しいと思うツボが違うの。私にとっては家の作業を一緒にするのは楽しいことだけれど、彼にとっては楽しくないのよ」

これらの代替思考と彼女のティッカーテープ思考とがどれほど違うものか気づいただろうか。相手の責任を指摘する姿勢から、相手の真意をもっと思いやりをもって理解する姿勢へと変わったのだ。これでもう、メグは、自分の思い込みにおける証拠について、それらが正しいかどうかを検証する準備が整った。これには、ジョーときちんと向き合って、問題に対してお互いに思っていることや感じていることについて話し合い、それらを彼と共有してみるのが一番だろう。

その後、私たちが次にメグと話したとき、彼女は、数カ月ぶりにジョーとふたりで楽しい週末を過ごしたと語ってくれた。彼らは、お互いに正直になって、健全な話し合いを持つことができ、土曜日の朝のバトルを引き起こした、2つの最大の要因を突き止めた。それは、メグが実際に家の作業を心から楽しいと思い、早朝から出かける気持ちにはなれなかったのに対して、ジョーはまったく反対の思いだったということと、ジョーには、計画をきちんとやらないとメグが批判的になるかもしれない（確かにこれには証拠があった）という心配を抱えていたということだ。しかし、一度問題の原因が特定されると、彼らにはさまざまな解決策が見えてきた。

Part3　レジリエンス・スキルを実践する

数カ月後、メグは電話でその後のふたりの様子を教えてくれた。週末のバトルは、すっかりなくなっていた。
「スキルのおかげでよりよく問題に対処できるようになったことは確かですが、それだけでなくて、私たちふたりの間には何かもっと根本的な変化が起きたのだと思います。今では、以前よりも多くの時間を、お互いに同じチームの一員だと思えている感じがするんです」

慢性的な問題に、氷山を見つけるスキルと大局的にとらえるスキルを使う

　ジョーとメグは、レジリエンス・スキルを使って、進行中の衝突に対する有効な解決手段を見つけることができた。だが、問題解決が容易でないような場合にはどうだろう？　既に述べたように、カップルが直面する衝突の多くは、煎じ詰めてみると、変えることのできない人格の違いにあるのだ。
　では、あなたとパートナーにとっての終わりなき問題は何だろうか？　どんな関係にもその手の問題はある。そして、自分と相手の間にある食い違いには、どうしても取り除くことができないものもあるのだということに早く気づけた人の方が幸せだ。だが、誤解しないでいただこう。こうした食い違いによる影響を最小限に抑える手段がないと言っているのではない。むしろ、健全な関係においては、お互いの不一致を大局的にとらえることができ、行き詰まりに陥ることはないのだ。ジョン・ゴットマン博士は、行き詰まり特有の性質を次のように説明している。

＊食い違いによって、あなたはパートナーに拒絶されているように感じる
＊あなたとパートナーは、何度も同じやりとりを繰り返す
＊あなたとパートナーは、食い違いをめぐって互いに譲歩する気になれない
＊時間が経つにつれ、ふたりは互いの視点の違いを誇張し合うようになるため、それが、実際の違いのパロディーのようになってしまう
＊寛容さやユーモアを奮い起こせず、敵対心やひどい疲労感を感じる

　私たちは、行き詰まりを克服し、食い違いが関係性を壊すことを防ぐため

に、以下の2つのスキルが非常に有効であることを発見した。

1．行き詰まりを防ぐための「氷山を見つける」スキル
2．受け入れる態勢を整えるための「大局的にとらえる」スキル

関係を強固にする他の方法：リーチアウト

　私たちは、恋愛関係における2つの基本的な問題（共感を伝えることと、健全なケンカ）について議論してきた。あなたが、パートナーと率直にコミュニケーションを取り、生じた衝突に対して生産的な対応をするために、このレジリエンス・スキルの正しい使い方を習得できたのであれば幸いだ。だが、多くのカップル同様、あなたもまた、健全なコミュニケーションや生産的なケンカの仕方以上のものを望んでいるのではないだろうか。つまり、パートナーと共に新しいことにチャレンジし、楽しみを共有し、意義深い人生を創造するということだ。

　パートナー同士の親密さや絆を深める簡単な方法はたくさんある。毎週、夜のデートをセッティングすることもできるし、毎週金曜日のディナーではキャンドルを灯すとか、毎夏にはふたりでおかしな帽子をかぶって写真を撮るといった新しい習慣を取り入れることもできる。関係の中に少し新しい風を吹き込んでみてはどうだろう。例えば、ベビーシッターの手配をして、映画のチケット片手に夫（妻）のオフィスまで足を運んでみよう。あるいは、今までずっと拒んでいたこと（オープンしたばかりの趣味の合わないレストランでディナーをする、妻の大学仲間とカヌーをやりに行く、昨年のハロウィンにパートナーが「冗談で」持って帰ってきた衣装を着てみるなど）をやってみよう。また、あなたはパートナーに手紙を書いたことがあるだろうか。ここでいう手紙とは、本物の手紙、切手を貼って出すあの手紙のことだ。お互いに手紙を送り合う習慣を作ってみるのも悪くないだろう。

　あなたは無数の方法で、パートナーに働きかけ、お互いの絆を深めることができる。ただ、真の難関は、こうしたアイデアを思いつくところではなく、**実行する**ところにある。ここで、レジリエンスが役立つのだ。多くの場合、

カップルがお互いに絆を強め、そのために手を尽くすことを邪魔するのは、ティッカーテープ思考だ。「今晩はもう外に行く時間がない」「彼にマッサージをしてあげたいけど、そうしたら彼はセックスを期待するかもしれない」「僕が突然彼女の職場に顔を出したら、彼女はきっと困ってしまうだろう」……。考えは延々と続く。パートナーに働きかけ、お互いの関係を深め、より充実したものにしたいのならば、あなたはまず、自分の邪魔をする思い込みに挑む必要がある。そして、7つのレジリエンス・スキルがそれを可能にしてくれるのだ。

うまくいかないとき：破局から立ち直るレジリエンス・スキル

　ときには、あなたが努力を尽くしても、ふたりの関係がうまくいかないこともあるだろう。また、もしかするとどちらか一方にとってだけがうまくいっているということもあるだろう。私たちは誰しも、大切な関係の終わりというものを経験している。そして実際に多くの人が離婚を経験するのだ。レジリエンスは、その経験の痛みを完全になくすことはできない。しかし、関係が終わってしまった悲しみを隠すことなく、うまくいかなかった原因と誠実に向き合うことを助け、徐々に癒して前進させてくれるものだ。

　アンジェラとトニーは、13年間の結婚生活に終止符を打つことに決めた。彼らには、7歳のマイケルと、6歳のアシュリーという子どもがいた。元々、トニーは市役所に、アンジェラは保険会社に勤めていたが、アンジェラはマイケルの出産後に仕事を辞めた。トニーはとても意欲的で、自分のキャリアに専念していた。彼は毎日長時間働き、仕事がないときには地下室でいろいろな作業を楽しんでいた。彼はあまり社交的ではなく、友人はほとんどいないのだが、そのことを何とも思っていないというのが彼の本音だ。対照的に、アンジェラはいわゆる「人づきあいのよい人」だ。彼女は仕事を楽しみ、自分のクライアントや同僚と交友関係を築くことで心から満足感を得ていた。そして彼女は、妻としても、夫のお付き合いの予定を管理していた。彼女はほとんどの場合、トニーにとっては家にじっとしているほうが幸せなことなのだろうと思っていた。

しかしふたりの間の最大の違いは、問題への対処の仕方だった。アンジェラとトニーは、13年の間、数多くの困難にともに直面してきたが、ふたりの問題解決のスタイルは相容れないものだった。アンジェラは、トニーにも協力してもらいたいと思って努力した。彼女は、トニーに自分の気持ちを伝え、同様に彼の気持ちを知りたいと思っていたが、トニーのスタイルは、周囲をシャットアウトし、仕事や趣味により一層没頭するというものだった。実際に、アンジェラが近づこうとすればするほど、彼は引きこもっていった。結婚期間中に何度か、アンジェラはふたりでカウンセリングに行くことを提案し、トニーは実際に行ったこともあったのだが、結局まったく役に立つことはなかった。根本的に、アンジェラは何か変えたいと思っていたが、トニーは変化を望まず現状を最も心地よいと感じていたのだ。年々、ふたりの距離は離れていき、そして次第に、アンジェラは関係改善のための努力をしないようになった。

　アンジェラは語っているが、離婚話を持ちかけることを決心させるような明確なできごとというものは何もなかった。「私の40歳の誕生日の約1カ月前、私は寝室に座っていて、トニーはどこか別の場所にいました。そして、離婚をしなければ、この孤独な夫婦関係のまま、一度も真実の愛を感じることなく、精神的なつながりを持つこともなく、自分自身を誰とも分かち合うことなく、残りの人生を送ることになってしまうんだ……と考えていたことを覚えています」。彼女は、寝室でひとり座りながら、愛に満ちた、望み通りの結婚生活というものがあるのなら、今回は失敗だったという事実ときちんと向き合わなければならないと決意した。

　トニーは、言い争うこともなく、アンジェラの40歳の誕生日から1カ月後に、家を出ていった。多くの人は、夫婦関係が終わるとき、それを持ちかけた側は、受け入れる方と比べて適応が楽だと考えている。それは確かに正しいこともあるだろうが、アンジェラの場合は、離婚を持ちかけた多くの女性同様、トニーが去った後の数カ月間、彼女の人生で最もつらく困難なときを過ごした。彼女を最も苦しめたのは、ある2つの感情であり、それが彼女のエネルギーと才覚を枯渇させていった。アンジェラは、自分はきっと罪悪感を覚えるであろうと予期していた。だが、その激しさは驚くべきものだっ

た。夜、彼女はベッドに横になると、自分がどれほど自己中心的だったか、そして子どもたちがどれほど苦しむだろうかと反芻するようになった。夜が明ける前に彼女は疲れ切ってしまい、彼女があまりにも過度に子どもたちの瞬間瞬間の気持ちを気にするようになってしまったため、子どもたちはまるで顕微鏡で観察されているかのような気分になっていった。

彼女は、少なくとも罪悪感については予測はできていた。しかし、自分の怒りの感情というものについてはまったくもって準備不足だった。彼と結婚してしまったというそもそもの自分の愚かさと、彼を変えられると思っていた自分の甘さに対して腹が立った。そして、彼が13年もの間ずっと、彼女のためにほとんど何もしてくれなかったことに対して腹が立ち、これから仕事に復帰しなければならないことや、毎日子どもたちの怒りや悲しみに対応する母親でいなければならないことにイライラした。彼女は、中年に差しかかり白髪が増え、お尻の大きな2児の母になるもっと前に、離婚しなかったことを後悔して苛立った。一番好きなCDや本はすべて彼女のもとに残して、彼には、ひびの入った皿や、おかしな組み合わせのカトラリーばかりを手渡してやったにもかかわらず、彼がそれすらも気にかけていない様子だったことにも腹が立った。そんな喜びですら、彼は彼女から奪い去ったのだ。

ある程度の罪悪感や怒りは有意義だ。しかし、アンジェラはそれに固執するようになり、そうした感情から子どもにさらに厳しく当たるようになった。

トニーが去った後、アンジェラは再び仕事をしなければならなかったのだが、数週間経っても彼女は動き出せなかった。彼女は、職探しに対して特別に不安を持っていたわけではなく、むしろ、仕事は何かしら見つかるだろうという自信を持っていた。ただ、自分が感じている入り乱れた感情を振りほどくことができず、自分を邪魔しているものが何なのかもよくわからずにいたのだった。

それでは、アンジェラが仕事探しのために自分の能力を使うことを妨げていたものが何なのかを理解するために、どのようにしてABCとリアルタイム・レジリエンスを使ったのか紹介しよう。

ある朝、子どもたちを学校に見送った後、彼女はパソコンの前に座ってインターネットで求人情報を探すところだったが、彼女は、自分自身の身に起

アンジェラのABCワークシート

逆境（A）：私は仕事に復帰しなければならないのに動き出すことができない。いつも、履歴書を書くか、求人を探そうとしても、結局、座ったまま何もしないでいるか、今すぐやらなければならない「もっと重要な」何かを見つけてしまう。

思考（B）	結果（C）
子どもと過ごす時間が大好きで、子どもがもっと大きくなるまで家にいる予定だったのよ。だから、私は仕事への復帰を望んでいないんだわ。	悲しみ
自分の欲求は二の次にして、離婚をやめていれば、子どもと一緒に家にいて、彼らにふさわしい優しい母親でいられたのに……	悲しみ 罪悪感
父親が出て行ってしまったというだけで十分につらいことなのに、子どもはこれから私ともあまり一緒にいられなくなってしまう。彼らには私との時間がもっとたくさん必要なのに……	罪悪感
今のこのつらい時期に、子どもと一緒にいて、彼らがこの難局を乗り越えるのを助けてやれなかったら、彼らはさらにずっと悲惨なことになって、大きくなってからひどい問題を起こすことになるかもしれないわ。	罪悪感 不安

© 2002, Adaptiv Learning Systems

きていることについてもっとよく理解できるかどうかを確かめるため、ABCをやってみることにした。

　アンジェラは、自分のABCワークシートを書き出すことによって、いま経験している感情が実際には悲しみと不安と多くの罪悪感が入り混じったものであることに気づいた。彼女のティッカーテープ思考は、母親としてのアイデンティティの喪失と、自分が子どもたちを傷つけたこと、そして仕事に

復帰することでさらに一層子どもたちに悪い影響を及ぼすだろうという不安に集中していた。彼女が仕事復帰のための行動を起こせずにいた原因が明らかになったため、今度は、彼女の思い込みに挑み、状況に対するよりレジリエントな考え方を見出すために、リアルタイム・レジリエンスを使うことにした。彼女はまず、ABCで特定されたティッカーテープ思考を反復することから始めた。この作業中にも、また別の思い込みが浮上してきた。それは、次のように展開されていった。

ティッカーテープ思考：子どもたちと過ごす時間が大好きで、子どもたちがもっとずっと大きくなるまで家にいる予定だったのよ。だから、私は仕事への復帰を望んでいないんだわ。

リアルタイム・レジリエンス反応：確かに、これは想像していた人生とは違うわ。仕事に復帰したいとは思わない。でも、働かなくちゃいけない。夕飯までには家に帰れる仕事を探せばいいんだわ。そうすれば、夕方以降の時間は子どもたちと過ごせるし、週末はいつも一緒にいられる。

ティッカーテープ思考：自分の欲求は二の次にして、離婚をあきらめれば、子どもたちと家にいて彼らにふさわしい優しい母親でいられたのに。

リアルタイム・レジリエンス反応：確かに私は自分の欲求を最優先にした。でも、軽い気持ちでそうしたわけではないわ。結婚生活がうまくいくように、何年も努力してきたもの。でも、現実を見据えたらそう、ひどくピリピリした雰囲気の中で育つのも、あんなふうにいつもいつも家の中で両親が言い争っているのを聞きながら過ごすことも、子どもたちにとっていいわけがないのよ。いつか、もう一度結婚できたらいいのだけど……。でも、再婚しなかったとしても、少なくともあの子たちは、これから先の人生、不健全な夫婦の例を毎日見なくてすむわ。それに、あの子たちが、いつもいつも怒りをぶつけ合ってお互いにがっかりしてばかりの両親ではなくて、愛し合う父親と母親に恵まれる可能性だってあるわ。

ティッカーテープ思考：待って、よく聞いて！　言い訳ばかりじゃない。現実は、離婚したことで、あの子たちに一生消えない傷を負わせてしまったということ……どんなにうわべだけ繕っても、その事実は変わらないのよ。

リアルタイム・レジリエンス反応：しっかりしなくちゃ。離婚したことで子どもたちを傷つけた。これは事実だわ。でも、現実を見るのよ。私たちは離婚して、もう二度と、一緒になることはない。私が子どもたちの人生をどれだけ台なしにしたのか、くよくよ考えたところで、あの子たちのためになることなんて何もないわ。あの子たちのために何かしたいと思うなら、罪悪感に打ちのめされてちゃいけないのよ。そんなことじゃ、子どもたちの本当の気持ちをきちんと理解してあげることも、子どもたちを乗り越えさせるために何をすべきかを見極めることも、もっと難しくなってしまうわ。

ティッカーテープ思考：そうよ、それなのに、離婚したっていうだけであの子たちには十分に辛いことなのに、その上私は、仕事に復帰してあの子たちを見捨てるつもりなのよ。私は子どもたちと一緒に家にいられる方法を見つけるべきなのよ。

リアルタイム・レジリエンス反応：家にいられるなら、それは最高だわ。でも、私たちにはどうしてもお金が要るのよ。できるだけ家で子どもたちと過ごす時間を作れるような仕事を探して、学校が終わった後の子どもたちの面倒を見てもらうには、必ず私が心底信頼できる人を選ぶのよ。残念だけど、そうすることが精一杯だわ。

　自身の思い込みについて答えたあと、アンジェラは突然、復職の「チャンス」に飛びつこうとしなくなった。彼女はいまだに子どものことが心配で、子どもたちが家から帰ったときにその場に居合わせられないことが悲しかった。しかし、自分のレジリエントではない思い込みに反論することで、彼女は前に進むことができるようになり、最も融通の利く仕事を探し始め、彼女は自分自身と子どもたちに一番よい人生を築き始めることができた。
　最初の数カ月間、アンジェラは、毎日、ときには1時間ごとに、「リアルタイム・レジリエンス」をやった。いくつか解決しなければならない問題についてトニーと話し合うときに、自分を落ち着かせて建設的になるためにスキルを使った。また、子どもたちが彼女に対して怒っているときや、彼女のせいで人生がぶち壊しになったと訴えてきたときにも、大惨事思考の連鎖を食い止めるためにスキルを使い、そのおかげで、子どもたちを慰め、子ども

たちのためになるような反応ができ、かなりよい状態に回復した。そして次第に、悲しみや怒りや罪悪感を引き起こしていた思考は根本的に変化した。それでもまだ、腹を立てることも、子どもたちのことで不安になることもあったのだが、そうした感情はもう、家族の生活を再び軌道に乗せるために自分がしなければならないことをするのを邪魔することはなくなった。

関係が終わってから回復するためのレジリエンス・スキル

アンジェラにとって「リアルタイム・レジリエンス」は、彼女が人生の次の段階を迎える能力に干渉してくる否定的な思い込みと闘う力強いツールとなった。他の多くの人たちにとっても「大局的にとらえる」スキルが、最悪のケースの想像にふけるのを食い止め、自分の目の前にある現実の問題にエネルギーを集中させるのに役立つことがわかった。

私たちは、関係の終わりの後に続いてよく起きやすい感情をリストアップした。それぞれの感情について、最も効果があるであろうスキルを示していこう。よく見られる感情のリストは次の通りだ。

*悲しみと抑うつ
*罪悪感
*怒り
*不安
*羞恥心と後ろめたさ

悲しみと抑うつ

関係が終わるというのは何かを失うことだ。悲しみや気分の落ち込みを感じるのは当然である。悲しみによって、職場や家や学校でまともに活動したり、自分の責任をまっとうできなくなったときには、悲しみや気持ちの落ち込みを引き起こしている思考を特定するために、ABC分析をしたいと思うかもしれない。私たちはB-Cつながりによって、そうした思考が喪失に関係するものだとわかったが、ここでよく注意してみよう。

あなたは、「全部私のせいだ。私はどんな関係も壊してしまう」とか、「これで、私には何か本当によくない点があることがわかった。私は単に人を愛することのできない人間かもしれない」といった極端にネガティブな見方をしてはいないだろうか？

思考を特定したら、こうした思考の誤りをチェックし、極端に個人に向けた思考（「全部私のせいだ。私はどんな関係も壊してしまう」）、過剰一般化（「私には何か本当によくない点がある」）、感情推論（「最悪の気分だ。こんな気分で、彼のことを乗り越えるなんて絶対にできない」）などを確かめてみよう。さらに、あなたの悲しみの度合いが、ティッカーテープ思考では説明できないほど強い場合には、氷山思考を確認してみよう。もしかすると、今回の破局は、あなたを苦しめるもっと大きな問題、とりわけ、人を受け入れるとか、関係を持つことの重要性といったことをめぐる思考を引き起こしているかもしれない。

あなたの感情の原因となっている思考を特定したら、「思考に挑む」スキルを使って、それらの思考が完全に正確なものかどうかを確かめられるようになる。これは、非常に重要なステップだ。離婚や破局後の数週間から数カ月間というのは、人は普段よりも悲観的になってしまうため、たとえ、あなたの思考が普段は極めて正確だったとしても、今の状況では違うかもしれないと考えることが必要だ。また、過度な悲しみをもたらす思考は多くの場合に、あなたを友人や家族から遠ざける原因となる。消極的になり、無力感を覚え、自分の周りの関係などくだらないものだと思い込んでしまうのだが、友人や家族など、あなたを本当に愛してくれている人たちのサポートが必要不可欠であるため、やはり、そうした思考を振り払うことはとても重要なのだ。

罪悪感

多くの人は、関係が終わった後で、関係を終わらせることを選択したのが自分だからこそ、または、子どもに対する悪影響を心配して、罪悪感を覚える。多少の罪悪感であれば問題はない。しかし過度な罪悪感は、その状況の事実ではなく、バイアスがかかった思考から生じている場合が多く、人の治癒力に支障をきたす恐れがある。

まずは例によって、ABC分析をし、自分の罪悪感を増幅させる原因となっているティッカーテープ思考、または氷山思考を特定することから始めよう。その原因とは、あなたが大切に思っている人を傷つけてしまったことに関するものだと考えられる。そして、個人化や本来お互いのものであったはずの責任をすべて自分が負っていないかどうかを簡単にチェックしよう。

　人は、離婚や破局に対する他者の反応について大惨事化するときに、過度の罪悪感を覚えるものだ。例えば、「子どもたちはひどく打ちのめされてしまって、もう二度と立ち直ることはできないだろう」とか、「彼女は、私たちが永遠に一緒にいられるものと思っていた。今回のことで、彼女はきっとダメになってしまう」といった思考は、相手を傷つけたということに関するものだが、同時に、大惨事化されていて、その結末は大げさすぎる。あなたの思考がこの手のものなら、あなたが懸念するその破局の結末をもっと正確に評価するため、「大局的にとらえる」スキルを使うのがよいだろう。大惨事化は、ただ状況をさらに悪くするだけで、何の得にもならないため、この過程はとても重要だ。

怒り

　怒りは、自分の権利が侵害されたという思い込みによって生じるものだ。破局を持ちかけたのが誰であれ、怒りは当然の反応だ。しかし、悲しみや罪悪感と同様、あなたの怒りが度を越えていて、回復を妨げているとしたら、やはりもっとうまく対処するよう試みる必要がある。あなたに子どもがいる場合には、これは特に大切になる。なぜなら、あなたの夫婦関係が終わっても、子どもとの関係が終わったわけではないからだ。

　多くの離婚の場合、夫婦は離婚後にコンタクトを取り合うことになる。前の夫（妻）に対する怒りというものは、離婚というできごと以上に、子どもにとって有害だ。また、たとえ子どものことが問題にならなかったとしても、怒りはあなたを疲れさせ、新しい関係を作るために前進することをほとんど不可能にしてしまうものだ。さて、思考が特定できたら、外面化をチェックし、別れた相手に対して何もかもを非難し、失敗した関係における自分の非をすべて否定していないか確認しよう。

過度な怒りをもたらすもう1つの思考のワナは、拡大化と最小化、すなわち、これまでの経緯を振り返るときに、別れた相手があなたにしてくれたポジティブな事柄は思い出さず、ひどいことだけを取り上げてしまうことだ。これは、破局後の最初の数週間は楽しいものかもしれないが、時が経つにつれて、あなたは関係について公平で正確な理解をしたいと思うようになる。なぜなら、そうしなければ、あなたはこの経験から何も学べないからだ。

　思考を特定したら、続いてその正確さを検証する。この作業の目的は、あくまでも、あなたの怒りの妥当性を確かめることであり、怒るべきものなど何もないと自分を納得させることではない。そうやってあなたは次第に、相手を許すことで自分は前に進めるのだということを確信できるようになってくる。また、怒りがコントロールできるようになると、ゆるしはより容易になる。怒りがあなたを圧倒する恐れがあるのなら、怒りを和らげるために「心を静めてフォーカシングする」スキルを使うとよい。特に、子どもの親権問題や財産の譲渡などについて徹底的に話し合わなければならないような場合には、極端に激しい怒りは、あなたの交渉の効力を下げてしまうため、心を静めることはとても重要になる。

不安

　関係が終わった後に感じる不安は、多くの多種多様な問題に集中していることがある。あなたの不安は、子どもの世話や、さまざまな支払い、家の修理など、別れた相手が担っていた責務に関するものかもしれないし、ひとりでいることや、またいつか誰かとデートをしなければいけないこと、そして少ない資金でどう生活をやりくりするかということかもしれない。

　おそらく、コントロールできない不安というのは、ほかのどの感情よりも、あなたを徹底的に無力にしてしまうものだ。簡単な決断でも難しいように感じる。難しい決断は、考えるだけでおじけづいてしまう。関係が終わったとき、たくさんの困難に直面しなければならないが、心配で自分の頭を砂にうずめたくなるような感じがするかもしれない。

　しかし、目指すべきは、不安を完全に回避することではなく、管理可能なレベルに保つことだ。ここで、不安を和らげるために最も有効に働くスキル

は、「心を静めてフォーカシングする」スキルと、「大局的にとらえる」スキルだ。あなたをムカムカさせているのが、お金絡みの責任についての悩みなら、心を静めるスキルを使って自分をリラックスさせることで、ポートフォリオについて勉強し、必要な知識を自分で学べるようにもなるだろう。また、新しい相手と付き合うことに決めたにもかかわらず、最悪のデートばかりを想像してしまっているのなら、「大局的にとらえる」スキルを使って、最もあり得そうなデートのシナリオを特定し、そのためのプラン（例えば、どうしようもなく会話が途切れてしまったときに再び会話をうまく促せるように、最近のニュースや話題を頭に叩き込んでおくなど）を立てるとよいだろう。不安は、あなたが今後の人生における逆境への準備がまったくできていないと思い込ませてしまう。しかし、できるところから少しずつコントロールしていけば、不安はゆっくりと、着実に薄れていくはずだ。

羞恥心と後ろめたさ

　ふたりの関係が終わると、後ろめたく感じたり、羞恥心を感じたりする人がいる。これは、破局が、深刻な自分個人の人格上の欠陥の表れだととらえ、周囲の人も同じような見方をしているだろうと信じ込んでしまうからだ。確かに、あなたが今ひとりになってしまった理由について何度も繰り返し説明することは、不快で気まずいことではあるだろう。

　しかし、他人があなたを悪く考えていると見なすのは早計ではないだろうか。「ほら、あの表情……自分は可哀想に思われているに違いない」とか、「彼らは、破局したことに驚いてはいない。私たちの関係は不釣合いだといつも思っていたのだから」といった考えが頭に浮かんだときは、あなたがマインドリーディングをしていないかどうかチェックしてみよう。

　羞恥心を感じた場合には、作用し始めたかもしれない氷山思考を探してみるのがよい。あなたが幼い頃に、結婚と離婚、または誓約と忍耐について、どんなメッセージを聞いただろうか？　関係が壊れたことの意味について、自分が愛されるに値しない人間であるとか、根本的に欠陥があるのだと、心の底から信じているのだろうか？

　氷山思考を見破ったら、それが正確なものかどうか、それが自分の人生に

おいて有益な道標となるのかどうか、自分に問い直してみよう。そうでないのなら、自分が重きを置くものは残し、利益以上に有害であるものは取り除くようにして、思考を再構築することが可能かどうか考えてみよう。「リアルタイム・レジリエンス」は、後ろめたさや羞恥心を誘発する思考を食い止め、あなたの人生における前進の妨げとなるのを防いでくれるはずだ。

まとめ

・恋愛関係の基礎を破壊するのはコミュニケーション不足と破壊的なケンカである。
・カップルの間で生じる問題には「解決可能な問題」と「終わりなき問題」があり、後者は「行き詰まり」状態をもたらす。
・「終わりなき問題」には、「行き詰まり」を防ぐ「氷山を見つける」スキルと、相手を受容する「大局的にとらえる」スキルが有効である。
・破局後に生じやすい感情には、悲しみと抑うつ、罪悪感、怒り、不安、羞恥心と後ろめたさの5つがあり、各々に対して有効なスキルがある。

Chapter 11
レジリエンスで子育てがラクになる

　今どきの親として、あなたも自分の祖父母が子育てをした時代にはなかったような問題に必ずや直面することだろう。過去数世代においては、卒業記念パーティでの飲酒は問題であったかもしれず、おそらく本当に「問題のある」子が大麻(マリファナ)を吸っていたのだが、それは今日の実像とはかなり異なっている。アメリカ疾病予防管理センターによる全国調査によると、1万5000人を超える中学3年生から高校3年生の生徒が、他の多くの危険行動に加えて、薬物の使用、性行為、喫煙に関する機密調査に回答した。その実像はおよそポジティブとは言えないものだ。

＊生徒の33％が過去30日以内に飲酒した人の運転する車に乗り、13％は自ら飲酒後に車を運転した
＊生徒の17％が過去30日以内に少なくとも1回は武器を所持した
＊女子生徒の13％が性行為を強要されたことがある
＊生徒の28％が少なくとも2週間にわたり無力に感じると答えた。女子だけで見ると、その割合は35％にのぼる
＊生徒の8％が過去12カ月以内に1回は自殺を試みたことがある
＊生徒の33％がタバコ、葉巻、嚙みタバコや電子タバコを吸うと答えた
＊生徒の27％が過去30日以内に少なくとも1回は大麻を使用し、11％は13歳までに大麻を試飲したことがある
＊生徒の半数が既に性交渉の経験を持ち、8％は13歳までに性行為を経験ずみである。16％は4人かそれ以上のセックスパートナーがおり、最近性行為をした際にコンドームを使用したのはたったの58％だった

これらは調査結果からの数値に過ぎないが、子どもが問題解決の方法やストレスへの対処の仕方を教わらない場合に起きる問題を目の当たりにした。私たち筆者は次のような子どもに会った。アルコールを乱用した11歳、学校をサボり犯罪に関与した13歳、過去に自殺を図り、再び自殺しようとしている15歳、さらには希望を失って未来に期待が持てない17歳。

　子どもが充実した、意義のある、幸せな人生を送るためには、読み書きの能力を身につける以上のことが必要だ。車の運転の仕方や仕事の探し方などを知っておく以上のことが必要だ。今日の子どもは、おそらく以前よりもずっと、問題を解決したり、人間関係でうまく折り合いをつけたり、逆境に直面しても耐える方法を学ぶ必要がある。子どもはレジリエンスを学ばなければならないのだ。

うつ病の高い代償

　あなたは幾度、青春時代のような気楽な日々がほしいと思ったことだろうか？　長年にわたり、人々、とりわけ心理学者は、子どもや思春期の若者はうつにならないと信じてきた。もちろん、子どもでも悲しみを感じるし、思春期の若者は不機嫌であることは知られているが、重度で、深刻な影響をもたらすような抑うつは大人の障害と考えられてきた。そう、自由気ままな子ども時代という空想は、まさに空想なのだ。あなた自身の人生よりも、あなたの子どもの人生のほうがずっと抑うつの高い危険性にさらされている。

　子どもは空前のスケールで悲観や抑うつを経験している。5人にひとりもの子どもが高校を卒業するまでに大きな抑うつ性の発症に苦しんでいる。うつ病にかかった多くの若者にとって、未来は先が短く暗いもののように思われ、延々と広がる絶望感が長い影を落とす。そしてこの絶望感の究極的な表出である自殺はあまりによく知られたものだ。毎年、8％以上のアメリカの高校生が自殺を試み、15歳から19歳の思春期にあるアメリカの子どものほぼ10万人に13人が自ら命を絶っている。

　これらの数字は憂慮すべきものだ。一度うつが発現すると、50％の確率で少なくとも1回、多くは繰り返し、生涯にわたり抑うつが再発するからだ。

しかも、発症年齢が若ければ若いほど、再発する可能性は高くなる。
　これだけではすまされないかのように、いったん子どもがうつになると他の合併症状も併発する。体がだるい、なかなか集中できない、否定的な考えに襲われるといったうつの症状は、学校で集中したり、積極的に関与したりする妨げとなり、たいていは成績が下がる。そして、学校でさらに過ごしにくくなるにつれ、うつの子どもはよく欠席をしたり、学校を完全にサボったりし始める。うつの子どもや思春期の若者もまた、タバコを吸ったり、薬物やアルコールを乱用したりしがちだが、おそらく見当違いな自己治療目的でそういったものに手を出すのだろう。うつの子どもが反社会的な活動にかかわり始めるにつれて、たいていは昔の友人やかつて親しんでいた遊びからは離れ、より行動に問題のある子どもと付き合い始める。こうした新たな友人関係は、思春期の若者を不登校や軽犯罪、さらに深刻な薬物使用といった問題行動に巻き込む場合が多い。
　思春期の抑うつの実像は恐ろしいものだ。うつの若者は、自分がいったん歩み出したらやり直すのが難しい人生の軌道に乗っていることに気づく。抑うつそのものは、認知療法または投薬治療のいずれかにより高い確率で治癒できるが、抑うつの治療はいわば序章でしかない。仮にうつが治っても、たいていそれ以上に厄介な問題が残る。薬物依存の克服、健全な友人関係の再構築、犯罪への関与によって生じた結果への対処は容易なことではない。
　現代に生きる子どもがあなたの子ども時代に比べてより高い抑うつの危険性にさらされていることはわかっているものの、それがなぜなのかはわかっていない。理由として、いくつもの説が提唱された。離婚率の増加、違法薬物の入手機会の増加、シングルマザーのもとに生まれる子どもの増加などなどだ。最もあり得るのは、これらすべての要因（多くは名称すらない）が問題にかかわっていることだ。
　私たちはその確かな根本的原因についてはわからないものの、1つの解決策については明らかだ。子どもにもっとレジリエントになる方法を教えれば、彼らは、抑うつの危険性をはじめ、思春期がもたらす無数の課題を乗り越える際によりよい手段を手に入れられるだろう。

子どもに高い自尊心を持つよう教えることは答えではない

　思春期の抑うつについてのデータが周知され、うつと関連づけられる問題が増えたことで、教育者や親は、子どもを救う方法を模索した。多くの人が、模索した結果として「自尊心プログラム」に辿り着いた。うつの子どもが自分のことを悪く思っていると、思考も悪い方向へと向く。とすると、自分のことをよく思うように教えれば、子どもの状態もよくなるはずだ。この単純で一見あまりにもわかりやすい考えは、自尊心を高めることを目的としたプログラムを各校に導入することにつながった。以下は私たちが全国のあちこちの学校で見かけた、自尊心強化の活動のいくつかである。

* 子どもが部屋に張りめぐらされた鏡の前を通る。鏡に近づいたら、鏡をのぞき込み、自分自身の好きな点を3つ言ってみる
* 子どもが1人ひとり「愛の玉座」に座る機会を与える。彼らは赤いベルベットに覆われた椅子に座りながら、自分自身の大好きな点について説明をする
* 子どもは「これを夢見ることができたら、これになれたら、私の願いは……」と繰り返し、その後で空欄を埋める
* 昼食の解散前に、クラス全員で「私は雪のかけらのように、特別でかけがえのない存在です。私とまったく同じ人はいません」と唱える

　もちろん、自尊心の強化は学校だけの課題ではない。教員だけでなく両親も、子どもが自分のことをよく思えるように確認することが最も大事だと教え込まれた。
　エマはヒルトップ小学校の5年生だ。賢くて頭の回転が速く、勤勉で、芸術的なセンスもある。エマは学校が好きで、うまくやっている。彼女には片時も離れられないような親友がふたりいる。それでも、彼女の両親はエマが太りすぎであることを心配していた。次の年からエマは中学校に上がるため、両親は彼女が体型のせいでいじめられはしないかと案じていた。ある日エマの家で、友人のローレルが、自分は学校のダンスクラブに入ることにし

たとエマに伝え、エマも一緒にやらないかと誘った。エマは、自分が特に身のこなしが美しいというわけではなく、優雅さにも恵まれていないことに気づき、ローレルに、次の全校集会のときに素っ裸で校歌を歌うことにしたから、残念ながら**その恥ずかしいことのための準備で忙しくなって時間が取れなさそうだ**と伝えた。

　この会話を聞いていたエマの母親は、夕食後にその話題を持ち出した。両親は彼女に、ダンスクラブはとても楽しいだろうし、ちょっと体重を減らす助けにもなるだろうと言った。エマは、自分の才能のなさについて語り、本当にダンスなど習いたくないと告げると、父親は「おいおい、エマ。そんなふうに言ってしまっていいのかい？　君は本気になれば何だってできる。ただ一生懸命やればいいんだ。パパとママは君を信じているし、君も自分自身を信じてやるべきだよ」と割って入った。目いっぱいおだてた後で、エマの両親は彼女がダンスクラブに入るよう説得した。

　エマは元気いっぱいに毎週火曜日と木曜日にダンスクラブに足を運んだ。ローレルと他の女の子たちは楽しそうにリズムを刻み、くるくる回り、ダンスのステップを踏んだ。エマはその場に立っていられれば幸せだった。学期の終わりに、学校でダンスクラブの発表会が開かれることになった。エマは不安でいっぱいになった。彼女は一生懸命練習し、多少は上達したものの、同級生の前で踊ることを考えると怖くなった。晴れ舞台の前夜、エマの母親は「自分が立派なバレリーナだって想像してみなさい。そうしたらきっと立派なバレリーナに**なれるわよ**」と彼女にささやいた。

　バレエの曲でローレルはステージを軽やかに横切った。エマは作り物の白鳥にぶつかった。タップダンスの曲でローレルは拍子ぴったりにステッキを投げてキャッチした。エマのステッキはあやうく指揮者に突き刺さりそうになり、それを回収するために彼女はあたふたと動いてつまずいた。モダンダンスの演技では、女子全員が舞台右手で終わっていたのに、エマは舞台の左側で激しく息をしながらみんなに加わろうと慌てふためいていた。最後のおじぎのときがくると、女の子たちは皆誇らしげに顔を輝かせ拍手の渦に浸った。エマはそっと心の中で、地面が突如割れて彼女を丸ごと飲み込んでくれることを祈った。

公演後、母親は「エマ、きれいだったわよ。素晴らしい演技だったわ。とても優雅で力強く見えた。ママはこれがきっとあなたの素晴らしい経験になると思うの」と言った。エマは母親がまるで気がおかしくなってしまったかのように彼女を見ながら「何を言っているの？　今日は私の人生で一番恥ずかしい夜だった。ローレルはきれいで上品で力強く見えたけど、私は暴走するサーカスの象みたいだったし、みんなもわかってる」と言った。

　母親はエマを嫌な気分にさせたくないと思い、「あら、それはおかしいわ。みんなあなたが素晴らしい演技をしたと思ってるってママは信じているわ。そんなに自分を悪く思わないで。きれいに踊っていたわよ、本当よ」と言った。エマは呆れた顔をして立ち去った。

　この話の何が間違っているのだろうか？　おそらくこの母親は娘をやや大げさにおだてすぎてしまったのかもしれないが、彼女は娘に嫌な気分になってほしくなかったのだ。それの何が悪いというのだろうか？　読者の中には、私たちが列挙した学校の自尊心強化プログラムが価値あるものに思われ、プログラムの効果が出ているのではと考えている人もいるかもしれない。もしくは、その学校プログラムには何の効果もないのかもしれないが、エマは両親を本当に信じることはないのだろうから、結局害を及ぼすも何もない、だったらなぜそこまで心配するのか、と思っている人もいるかもしれない。

　私たちは賛成しない。というのも、これらのプログラムと「自尊心を強化する両親」が実際に子どもに害をもたらしているのではないかと考えるからだ。その理由は以下に記す通りだ。

自尊心の2つの側面：気持ちよく感じることとうまくやること

　健全な自尊心にはわかりやすい公式がある。世の中でうまくやれば自分のことを気持ちよく思える、というものだ。よい成績を取ったり、友人を作ったり、ヒットを打ったり、詩を書いたり、問題を解決したりすれば、自分の達成したことや自分自身のことを誇らしく感じられるだろう。自尊心において、気持ちよく感じるという側面は、自分がうまくやれたことの結果だ。と

すると、子どもの自尊心を高める方法とは、中身のない言葉をかけることでも、達成を褒めることでもなく、うまくやるスキルを教えることなのだ。子どもに、効果的な勉強法や、集団への参加の仕方や、壊れた友人関係を修復する方法や、子どもの才能を（たとえそれがどのようなものであっても）見つける方法を教えて、実際にそれを試してみる機会を与えれば、子どもが成功するにつれて、健全で現実的な自己認識を高めていくことができるだろう。

　自尊心に関する研究は実際のところとても明白である。薬物を使用する多くの若者が自分自身について否定的に思っていること、学校を中退し、犯罪にかかわった子どもが多く自己嫌悪に陥ること、妊娠した10代の子たちが自分を無価値だと感じると答えているのは事実だ。ただし、原因と結果とを混同しないように気をつける必要がある。

　多くの人は、低い自尊心がこれらの問題を引き起こすと思っている。しかしながら、研究はその反対を示している。低い自尊心は結果であって、原因ではないのだ。

　どうしてだろうか？　自尊心と学校での出来具合に関する何百枚もの研究論文によると、学校でうまくやっている子どもは自尊心が高く、ずる休みしている子どもは自尊心が低い、などと続く。だが問題は、これらの研究のほぼすべてが相関研究であるということだ。すなわち、低い自尊心と出来の悪さとは関係があり、高い自尊心と出来のよさとは関係があるとしているのだが、どちらが先にくるのかは明確に言及していないのだ。

　因果関係の矢印を決めるためには、研究は縦断的でなければならない。すなわち、同じ集団の子どもが長期にわたり追跡調査されなければならないのだが、調査の始めにまず自尊心に加えて、成績や友人関係、薬物の使用、抑うつといった推定される結果も測定し、再び調査の終わりに測定されなければならない。自尊心が子どもの出来具合に影響を与えるのであれば、研究開始時に同じ成績だった子を見たとき、自尊心の高い子の方が自尊心の低い子に比べてよい成績を取るに違いない。

　縦断的研究は、自尊心が、成績や、薬物の使用や、抑うつの原因ではないことを示しており、子どもの自尊心を直接高めようとすることの重大な問題点を指摘している。心理学者のロイ・バウマイスターとその同僚は、自尊心

と暴力に関する文献を再検討し、「自尊心の低さは暴力や攻撃の原因ではない」という、多く言われてきたのとは反対の説を主張した。彼らが再検討した多くの研究の中に、自尊心の高い人の方が暴力行為にかかわる傾向がはるかに高いという有力な証拠を見つけた。端的に言うと、攻撃的で暴力的な人は自らを劣っていると考えるのではなく優れていると考える傾向にあるということだ。

　エマは自分が優雅なダンサーではないことを知っていた。両親の熱意ではその事実が変わることはない。彼女は1日3時間プリエはできるが、それでもダンスは彼女の得意分野にはならないだろう。両親たちの叱咤激励は、自分たちの娘への信用を失うという、たった1つの目的しか果たさなかった。次に両親がエマを褒めるとき、彼女は懐疑的になるだろう。さらによくないのは、叱咤激励やポジティブシンキングに頼ることで、エマが活用できる、うまくやっていくためのスキルを教えることに関しては不十分だったことだ。

　両親にとっても、エマがなぜダンスをしたくなかったかはっきりさせたり、娘の考えがどれくらい正確なのか確かめたり、彼女が楽しめ、かつ秀でることができるだろう活動を見つける手助けをしたりする方が、もっと有意義だったのではないだろうか？　研究によると、うまくやることが自分を肯定的にとらえることの助けになるのだが、この単純な発見は私たちのすべきことを明確に示してくれている。子どもにもっとレジリエントになる方法を教えることで、彼らは問題を解決し、日常生活をうまくこなせるようになる。子どもの自尊心、そしてもっと大切なことには、子どもの成功の可能性は、自ずと高まるようになる。そこにスローガンなどいらない。

　本書では、子育てとレジリエンスをめぐる2つの視点を提示したい。まず1つ目は、子どもの持つレジリエンスを高める育児スタイルについて。この情報は、あなたの普段の子育てに対するアプローチの指針として、また、レジリエンスを育む家庭環境を作る上で活用できるものだ。子どもの危機に対処する際、レジリエントで建設的であり続けられるために、既に習得したスキルの活用法についてその事例を紹介しよう。2つ目は、私たちの研究で抑うつ予防に対する効果が示されている核心的なレジリエンス・スキルについて、子どもに教える方法を紹介しよう。

子どものレジリエンスを促す方法

　ジョナサンは生後8週間の赤ん坊だ。母親のジェニファーは彼を腕に抱いてあやしている。母子はじっと見つめ合い、とてもはっきりと相手へ反応している。ジョナサンが片方の眉を上げると、母親もそのお返しに片眉を上げてみせた。ジョナサンが母親に微笑みかけると、母親も微笑み、優しく語りかけた。母親の発する音を真似るたびに、ジョナサンは顔に笑みを広げ、目をきらきらと輝かせた。彼女が再び優しく語りかけると、今度は大喜びで手足をくねらせた。母親は強い高揚感と畏敬の念を覚え、その気持ちを自分の顔や体、声を通して赤ん坊に伝えた。基本的なレベルで、ジョナサンは自己効力感の始まりを経験した。彼は母親とうまくコミュニケーションを取り、お返しに母親のコミュニケーションをうまく引き出すこともできた。

　この赤ん坊と母親の間のバレエは、密接な演出がなされたものだ。このいきいきとした社会的な触れ合いは、赤ん坊の発達において重要な役割を果たす。赤ん坊は無力だとよく思われがちだが、実のところ、他者、特に両親からの援助を引き出す大きな力を持つ。赤ん坊は自ら泣いたり、体をもぞもぞすることで、抱擁や心地よい音を引き出すことができる。自分の微笑みや笑い声を通して、他者の微笑みや笑い声を引き出すことができる。そしてもちろん、未熟な動作をして、母親の胸の方に顔を向けることで食べ物をもらうことができる。

　多くの赤ん坊と同じように、ジョナサンには自分が伝達すれば反応してくれる保護者がいる。ときどき、ジェニファーが彼の合図を勘違いしてしまうこともあるかもしれないが、ジェスチャーゲームのように、彼が正解の合図を示すまで彼女は推測し続ける。このジェスチャーゲームはジョナサンにとって絶対不可欠なものだ。彼の泣き声や、甘える仕草や、微笑みや、もぞもぞと動くさまは、助けを求め、この世界を把握する上で、彼が使える唯一の手段なのだ。

　赤ん坊にとって、こうした初期のコミュニケーションは、自分の置かれた環境における難題を乗り越え、感情を調整し、後々の発達課題を克服する際

に求められるスキルを構築する助けとなる。発達心理学者はこの母子間での応答関係を「安全の愛着」と説明している。

愛着がもたらす「安全基地」は、幼少期から思春期にまで及ぶ幅広い利点をもたらす。研究者たちは、赤ん坊のときに安全な愛着を経験した子が、幼児としてよりよく問題を解決し、10歳から12歳の頃には同級生たちとうまく付きあっていくことを発見した。彼らは思春期に薬物などに手を出す可能性が低くなり、大人になってもよりよい人間関係を築いていた。幼いときに、親が注意深く、安全な愛着を経験した子は、自己効力感、感情の制御、衝動のコントロールなど、いずれもレジリエンスにつながる発達の土台を築けるようになる。

つまり、基本的な課題は、子どもが徐々に遠ざかり、さらに遠くへと冒険できるような安全基地を与えることだ。子どもが自立を築いていけるようになるためには、両親が必ず受け入れてくれ、自立に伴って求められる複雑な心理的問題をうまく乗り越える手助けをしてくれると確信できるようでなければならない。そのためにはどのような形での子育てが最適なのだろうか？

心理学者たちは、これまで3つの一般的な育児スタイルを紹介している。権威主義型は、子どもに対して厳格で冷たい。許容型は、子どもを大目に見るがほったらかしにすることもある。信頼型は、温かいが、一定の制限を設ける。何百もの研究がこれら育児スタイルの効果を調査したところ、一致した意見は、信頼型の育児スタイルが、有能で、成果を挙げる、レジリエントな子どもを育てる上で最も効果がある、ということだった。

「レジリエンス・スキルどころではない！」と感じるときにレジリエンス・スキルを使うこと

正直に認めよう。多くの場合、親であることで大きな喜びや恩恵を感じるものの、ときにはそれが本当の重荷になることもある。いざ幼い子を持ってみると、子どもに圧倒されるように感じ、再びあの「子どもがいない」日々を待ち望む以外に何も考えられなくなる瞬間が訪れることもあるだろう。遅くまで寝て、コーヒーをすすり、新聞の日曜版にくまなく目を通しながら温

かいクロワッサンを一口ずつかじる。そんな日々だ。

　さらに好ましくないのは（そう、これは認めてもよいのだ）、わが子でさえそれほど好きではないように感じられるときだ。10代の若者は難しく、親の神経を逆なでするようなことをするのは至極当たり前のことなのだ。親の言うことにいちいち突っかかってきたり、親の意見やアドバイスをことごとくバカにしたような表情を浮かべたり、あらゆる決まりごとを延々と疑ってかかってくる。ときに子どもという恵みは、あるいは呪いのように感じられる。

　ホープは、ファラーとフェイスという10代の娘ふたりを持つシングルマザーだ。彼女は中学校の理科の教師で、副収入を得るため週に2日、夜に家庭教師をしている。自分たちで言うように「三銃士」はとても仲がよく、互いに深い愛情を抱いて過ごしていた。ホープがさらに家庭教師の仕事を増やすことで家族で話し合ったときも、娘たちは協力的で、母親が帰宅するときに家がめちゃくちゃになっていないように、今よりもっと家のことを手伝おうと言った。娘たちは、ホープが遅くまで働く日には自分たちで夕食が作れるくらいの年齢で、よく母親が仕事から家に戻ると、娘たちの作った温かい食事に驚かされるのだった。

　しかし、徐々に状況は変わっていった。姉のファラーはだんだん話をしなくなり、不機嫌で怒りっぽくなっていった。母親の許可なく、舌にピアスをし、今まで愛用していたGap（ギャップ）ブランドの服は、黒くてだぼっとした感じのファッションに取って代わられ、それが母親と絶えず口論となる火種となった。ホープがファラーにどうしたのかと話しかけようとすると、彼女は「私は大丈夫だから」と呟き、さっさと自室にこもるのだった。妹のフェイスまでもが心配し始めるようになっていた。妹は母親に、ファラーが「怖そうな感じの」女の子たちと学校で一緒にいるのを見たと打ち明けた。ホープはファラーが薬物を使用しているのではないかと恐れたが、証拠はなかった。

　10代の子を抱える多くの親のように、ホープは途方に暮れ始めた。彼女はどのように娘と接したらよいかわからず、ファラーの人格や行動の変化についてひどく心配するようになった。ついにある日、娘たちが学校へ行っている間にホープはファラーの部屋を調べた。彼女は引き出しの中、ベッドの下、クローゼットの後ろ側などくまなく調べた。娘のプライバシーを侵害し

> ## ホープのABCワークシート
>
> **逆境（A）**：15歳の娘が喫煙、クスリの使用、性行為をしているらしい。
>
> | 思考（B） | 結果（C） |
> |---|---|
> | どうしよう、娘は薬物常用者だ。HIV/エイズにでもかかっていたらどうしよう？ | 不安 |
> | 私が知らない間になんてことをしてくれたのかしら？ 私たちは本当によい関係だと思っていたのに、あの子は大麻を吸って、裏で何をやっていたのかわかったものではない。仕事人間だった私の落ち度で、もっと娘たちと一緒に家にいるべきだった。 | 悲しみ
不安 |
> | 私は娘を殺したい。一体自分が何様だと思っているの？ 帰ってきたら絶対に殴り倒してやるわ。 | 怒り |
>
> © 2002, Adaptiv Learning Systems

ていることには罪悪感を覚えたが、娘に何が起きているのかを知る必要があった。調べた挙げ句、ホープは自分が動揺してしまうものを見つけた。手巻きタバコとその巻き紙、そして避妊用ピルだった。彼女は気が動転し、混乱したものの、今回見つけたものについて娘と話すときに失態を演じたくないと思った。

ホープの第一歩は、まず自分の感情をコントロールするのに心を静めるテクニックを使うことだった。10分の間、落ち着いて呼吸を整え、コーヒーを手にキッチンテーブルに座り、自分のABCワークシートを作成してみた。果たして、そこにはたくさんのことが起きていた。

ホープにとって、紙に書き出していくこと自体が助けとなった。紙に書かれた自分の考えを目にすることで、自分の考えから十分な距離を置いてより明確に考え始めることができた。彼女の考えの多くが、激しい不安や、絶えず襲ってくる「大惨事」思考を引き起こしていた。そのため、娘にどのよう

に反応するか、最善の策を講じるためにも、まずは少し見通しを立ててみることに決めた。

ホープは、自分の想像が暴走せずにはいられないようなこの最悪の状況においても破滅的にならないように、「大局的にとらえる」スキルを活用することにした。彼女は10分間、最悪のケースと最高のケースのバランスを取り、それから最もあり得そうな結果を考えた。

ホープにとって最善の結果を考え出すのは容易ではなかった。自分の頭の中では「大惨事」思考が次から次へと沸き起こっていたからだ。それでも10分が経過するまでに、彼女は最もあり得そうな結果を導き出すことができた。結果は好ましいものではなかったものの、それぞれの結果にどう最善を尽くして対処し、現実的な予想のもとに対処するかを考える準備をする気になるまでは自分の不安を軽減することができた。

ホープは、おそらく娘の反応としてはまず怒って否定してくるだろうことを予想して、会話を2段階に分けて考えることにした。目標の第1段階は、娘に自分が何を見つけたのかを話すことと、彼女の部屋という聖域を侵したことでどれだけファラーの信頼を傷つけたかという議論に飲み込まれないことだ。ホープは会話の最初の部分を簡潔にすませ、その翌朝にさらに踏み込んで話すという計画を立てた。

ホープはフォローアップの会話として、娘に薬物やセックスについてもっと具体的な質問をし、一緒にカウンセラーに会いに行く約束を取り付けたと伝える計画を立てた。彼女はまた、娘がセックスをしていることには動揺するものの、避妊用ピルを使用しているのはよいと認めることが大切だと思うことにした。

もちろん、ファラーが家に帰ってくると、ホープが予期していたほどスムーズにはことが進まず、自分の怒りがコントロールできなくなっていることに気がついた。ホープは怒りをうまく抑えるために心を静めるテクニックを用いるのと同時に、この困難な会話の只中にあっても落ち着いて冷静でいられる能力を損なうような自分の否定的な考えに対応するために「リアルタイム・レジリエンス」のスキルを活用した。

最悪のケース	最もあり得そうなケース	最高のケース
娘は薬物中毒だ。	娘は性行為をしている。	タバコやクスリ、避妊用ピルは友人のものだった。
娘はHIV/エイズに感染している。	娘はタバコ、クスリをやっている。	彼女は友人の不良行為を正そうとして、それらを取り上げた。
私と衝突したら、娘はそのことを否定して二度と家に帰ってこなくなる。	私がその話題を出したら、娘はまず否定するだろう。	TV報道番組『20/20』が「子どもが子どもを救う」をテーマに特番を組み、娘が特集される。
娘はいずれ路上生活者となり、薬物を買うために売春婦になるだろう。	娘は私に怒り、本来の問題よりも私が部屋を無断で調べたことに話題をすり替えようとするだろう。	
何年も娘を見ることがなくなり、ある晩、TV報道番組『20/20』の「途方に暮れる子どもたち」特集で娘を見かける。ひどい栄養失調で、彼女のあらゆる問題について番組内で私を非難するだろう。		

ホープのティッカーテープ思考：ファラーが生意気にもそこに座って見え透いた嘘をつくなんて信じられない。あの子がこんなバカげたことに首を突っ込んでいるなんてたちが悪いにもほどがあるわ。この家から追い出すべきかもしれない。

ホープのリアルタイム・レジリエンス反応：ちょっと落ち着いて。ファラーは怖いから嘘をついているんだわ。問題の本質から目を逸らさず、あの子の今の行動に惑わされて脱線しないようにしなくては。あの子は問題に巻き込まれた、だから私があの子を助けてすべてを解決させなければならないのよ。

ホープのティッカーテープ思考：トラブル？　そんな穏やかなものじゃない

わ。私が必死に働いて、娘が好きな服を着たり、友だちと出かけたり、大学に通えるようにしてやっているのに、私が与えたチャンスをすべて台なしにして。あんな子、高校を出られただけでラッキーなもんだわ。

ホープのリアルタイム・レジリエンス反応：私が必死に働いて、私が理想としていたような人生を娘たちがちゃんと実現できるようにしてやっているのは確かだわ。でもファラーは間違いなく面倒なことに巻き込まれてしまっているみたい。ことをあまりに荒立てすぎても何にもならない。私はまだ本当の話も、いつからこうなっていたのかも知らない。それを明らかにするたった1つの方法は、心を落ち着けて、彼女に話す機会を与えること。私がカッとなったら、事態をさらに悪くさせるだけよ。

ホープのティッカーテープ思考：タバコはまあ理解できるわ。私も小さい頃はちょっとの間試しに吸っていたこともあるし。でも薬物とセックスはどう……ただもう理解できない。私はあの子をもっとましに育てたはずよ。あの子が病気でももらったら……どうしてそんなに愚かなの？

ホープのリアルタイム・レジリエンス反応：これは大きな問題で、なぜあの子がそんな決断をしてきてしまったのかはっきりさせるのにたくさんの時間をかける必要があるわ。でも、あの子には少なくとも避妊用ピルを使うような分別があったことも頭に入れておくべきね。そういう分別があったとしたら、おそらくコンドームを使う分別もあっただろうし。あの子はいい子だわ……それは変わっていない。でも明らかに何かが彼女を狂わせてしまった。私の役目は彼女を助けて、もう一度正してやることだわ。

「リアルタイム・レジリエンス」を活用することで、ホープは自分の怒りや不安、悲しみ、恥ずかしさといった感情が娘との建設的な会話を始める妨げにはならないようにすることができた。彼女のレジリエンスによって、彼女が問題の本質から目を逸らさず、自分の否定的な考えや感情にあおられて脱線することなくすんだ。すべての親がホープのような経験をすることだろう。セックスや薬物といった問題ではないかもしれないが、何らかの問題に遭遇し、子どもが直面するどんな危機からでも子どもを救い出すために明確に考え適切に対応できるよう、自分の感情をコントロールできなければならない。

子どもにレジリエンス・スキルを教える

　親であることの最も辛い時期にレジリエントでいる方法を知ることは、それ自体で子どもにとっても大きなメリットがある。けれども、ほとんどの親はそれ以上のことを望んでいる。子どもが日々の成長課題に直面したときにスキルを使うことができるよう、わが子にレジリエンス・スキルを教えたいと考えている。
　このセクションでは、わが子にレジリエンス・スキルの核心を教えるときに取り組む必要のある重要な課題を紹介する。

下準備をする

　このスキルを始める前に、いくつか念頭に留めておくべき点がある。

1. 子どもにスキルを教えるとき、杓子定規だったり、必要以上に頑固だったりすると、子どもは嫌がるし、スキルも学ばない。一番うまくいくのは、子どもの興味を引きつけ、楽しい調子を保つことだ。
2. 子どもは、安全で支援されていると感じる必要がある。つまり、子どもがあなたに怒っているときにはやらない方がよい、ということだ。子どもがスキルを学んでいる間、冗談が言えるくらい居心地よく感じられることが大切だ。
3. スキルの練習に費やした時間についてはあまり厳密になってはいけない。宿題のように感じてしまうと、子どもは耳を貸さないだろう。

好奇心を教え込む

　スキルについて、始めは15分くらいかけることからスタートして、30分まで時間を延ばせるように取り組む。当面の目標は子どもがよりレジリエントになる手助けをすることだが、より一般的に言えば、自分自身や、自分の考えや気持ちに対する好奇心を子どもに教え込みたいということだ。
　そのための最善の方法は、あなた本人が、自分自身の考えや、気持ちや、

行動に対して興味を持っていることを子どもに示すことだ。あなたが自分の娘を車に乗せて友だちの家まで送っていく途中、自分の前にとてもゆっくりと運転する年配の男性がいて途方もなくイライラしてしまった場面を想像してみてほしい。この状況のABCについて声に出して取り組んでみることで、子どもはあなたが自分の考えをどのように分析しているのかを耳にすることができる。これを形式張った方法でやってはいけない。突如子どもに軽蔑的な目で睨まれたりはしたくないだろう。形式張らずに、自分の考えがどのようなもので、それがどのような感情を生み出したかを言うのだ。

「これは本当に腹が立つけど、私は運転中に怒るのは好きじゃないわ。多分、私が怒っているのは、自分に対してこう言っているせいだと思う。『制限速度で運転できないなら、彼は運転すべきじゃないわ。彼のせいで私は遅刻して、もうこんなにイライラしている』」

自分の心の動きを知ることに対する好奇心を示せば、子どももまた、自然と好奇心を持つようになるだろう。

わが子に教えることが困難に変わるとき

最後に、子どもにレジリエンスのスキルを教えることには特有の難しさがあるのを認めることが大切だ。あなたがこれを大事な試みだと思っていても、子どもにとってはそうではないかもしれない。もしかしたらあなたは既に、これらのスキルを子どもに教えることについていくつかのティッカーテープ思考を持っているかもしれない。「これがどれだけ息子の助けになるのか、本人に理解してほしい」とか、「ここ半年の間、息子からちゃんと理解できるような言葉を聞いたためしがない。彼が考えていることを私に伝えてくれることは絶対にないだろう」などだ。スキルを子どもに教え始める前に、自分で自分にいくつか質問をし、正直に答えてみることが大切だ。

* そのスキルをどれだけ知っているか？　それを日常的に実践してきたか？

そのスキルを自分の実生活で満足に使えない限り、わが子に教え始めるべきではない。そのスキルを使うことに自信があるなら、子どもに権威をもって教え、子どももそれに時間を費やそうとする可能性が高い。

*自分や子どもの気持ちや考えについて、日頃から子どもと話しているか？
　最近、あなたと子どもとの関係はどうだろうか？　お互いに自分の気持ち、行動、考えについて話しやすい関係にあるだろうか？　感情や思考について気軽に話をしない、あるいは滅多に話さないようであれば、現実的な期待を抱くことが大切だ。まず、そこに信頼と安心のできる関係を築かなければならない。それからスキルを教えることができる。最初の2、3週間は、単純に子どもの生活について詳しく尋ねたり、自分自身の日常の話をもっと共有したりして過ごすところから始めることになるだろう。比較的気楽にそうできるようになれば、スキルを教え始めることができる。

*子どもにスキルを教えるのに最適な人は誰か？
　子どもが両親のどちらか片方と仲が良ければ、子どもが近しいと思う方の親がスキルを教えてもよい。もちろん、もう片方の親にとっては、スキルを教えることを通してもっと近しくなれる大きな機会となる。一点、どれだけ早くそのプロセスが進むかという期待については調整すること。

*あなたは失望や苛立ちをどのように表現するか？
　子どもが期待していたほどは早く学ばなかったり、あなたの手を焼かせるようなとき、あなたは自分の失望や苛立ちをどのように表現するだろうか？　あなたがすぐにイライラするか、やめたり、諦めたりするようなら、子どもに教えながらあなた自身がレジリエンス・スキルを活用する努力をする必要があるかもしれない。このプロセスの最初から最後まで、あなたはレジリエンスのお手本となるか、レジリエンスの欠如のお手本（そのつもりがあってもなくても）になるだろう。そして、この私的な「教育」の時間は大きな影響を与えることだろう。従って、いつでも可能なときにはそのスキルの使い方のお手本になることだ。

*そのスキルが集中的な心理療法に取って代わることを期待しているか？
　レジリエンス・スキルはすべての子どもの利益になるが、わが子が中毒で苦しんでいたり、学校で落第したり、臨床的うつ病や自殺願望を持っていたり、犯罪行為にかかわったりするなど、危機の只中にいるような場合には、スキルは専門家の即時支援に取って代わりはしないだろう。

子どもと思春期の若者向けの4つの必須レジリエンス・スキル

　あなたが子どもに教える必須スキルとしては4つある。まずABCだ。子どもはまず、自分の考えが、自分の気分や行動にどう影響するのかを理解しない限りは課題や不安に対処することができない。次に、子どもは「思い込みに挑む」スキルを使って、自分の考えが正確かどうか確認する方法を学ぶ必要がある。子どもや思春期の若者が壊滅的な考え方をするのはよくある問題であり、それが圧倒的な不安を引き起こす。「大局的にとらえる」スキルでは、彼らに心配や不安をコントロールする方法を教えることになる。最後に、「リアルタイム・レジリエンス」を使って、子どもにレジリエントではない考えに即時に反撃する方法を教えることが大切だ。

ABC：子どもが直面する逆境

　子どもがレジリエンスを持って対応するためには、まず自分の考えと感情や行動とのつながりを学ばなければならない。これはあなたにとってと同じくらい子どもにとって重要なことだ。子どもも大人と同じくらい、日常で逆境を経験するからだ。子どもの直面した逆境について子どもと話をすると、家庭での対立、同級生とのケンカ、権力者とのやり取り、厄介な社会的状況、同級生からのプレッシャーなど、何度も繰り返し同じ問題が話題に上る。子どももまた、自分の見た目（太りすぎ、痩せすぎ、背が高すぎ、低すぎ）に満足していなかったり、宗教や人種、性的指向に不安を感じていたりと、アイデンティティの問題で苦しんでいるかもしれないのだ。

　私たちが親たちと話をするとき、彼らがわが子の苦しみの深刻さや重要性を軽く扱う傾向にあることによく驚かされる。ある父親は、娘が学校の校庭である女子グループとケンカしたことについて1日じゅう腹を立てていたと説明した。そのケンカは、誰が誰のチームに入るかについての意見の不一致から始まり、彼の娘と他のふたりの女の子の小競り合いで終わったのだった。彼は、娘が授業に集中できず、その日はそれからずっと不機嫌で、夕食も取らず、宿題にも集中できなかったと語った。

　彼は、1つのケンカがなぜそんなに長いこと彼女の機嫌を損ねたのかまっ

たく理解していなかった。私たちはその父親に、オフィスの向かいにある公園でランチを食べることに決めて、実際に食べていた最中、ふたりの男がやってきて、自分をののしったり小突き回したりし始めたところを想像してもらった。オフィスに戻ったとき、自分の仕事に集中できると思いますか？と私たちは尋ねた。

　子どもの問題を重要でないとして退けたり、共感しにくいことに気づいたときには、その問題を大人の場合に置き換えてみてほしい。幼い子を持つ人にとっては、子どもがお気に入りの青いカップや、お気に入りのストライプのシャツや、好きな食べ物を何度も繰り返し要求してくることが多く苛立ちの源になる。また、子どもが自分の思い通りにならないとなぜ腹を立てるのか、簡単には理解できないかもしれない。

　だがこれは、大人も似たようなものだ。カレンがそういった一見気まぐれな要求の数々にイライラしてきていると気づいたときはいつでも、夫が彼女の「書き物用」マグにコーヒーを入れることを拒んだらどのように感じるだろうかと自分に問いかけることを覚えた。大事な会議で着ようとしていた新しいスーツがクローゼットから消えたとしたら自分はどう感じるだろうか、と自分自身に問いかけてみてほしい。これらはあなたにとってトラウマではないものの、本当にがっかりすることだ。そしてそれは子どもにとっても同様なのだ。

　レジリエンス・スキルを教えるプロセスを辿り始めるとき、わが子にとって意義のある逆境に焦点を当てることが重要だ。

ABC：セルフトーク

　子どもがいたら、ABCのスキルを教える最善の方法は、まず、ティッカーテープ思考と呼ばれる彼らのセルフトーク（ひとり言）に注目することだ。これには少し時間がかかるかもしれない。ほとんどの人は子どもにAタイプの質問（今日は何をしたの？　誰とお昼ご飯を食べたの？）ならびにCタイプの質問（それが起きたときどう思ったの？　彼女がそう言ったときどうしたの？）をする習慣があるからだ。あまりBタイプの質問（彼女がそう言ったとき自分は何を思ったの？　それが起きたとき自分に向かって何を言ったの？）はしない。問題は、

AとCだけの質問をすることで、**その情報しか議論するに値しない**と伝達してしまっていることだ。子どもがよりレジリエントになるために、自分の考えに注意を向け、自分の感じ方や振る舞い方と同じくらい自分の考え方に高い価値を置くことが必要なのだ。

覚えておいてほしいのは、セルフトークについて子どもに説明したときに、子どもがすぐには理解してくれなくても、そこには確かに子どもの「考え方」が存在するということだ。あなたの課題は、そうした子どもの考え方を特定する手助けをしてやることだ。このスキルの上達を手助けする1つの方法は、子どもの機嫌が急に変わったことに気がついたときに子どもが何を考えていたかと尋ねることだ。もちろん、あなたのことが子どものセルフトークの主題となっている場合には、子どもの考えていることに異議を唱えないことが大切だ。この時点では、あなたはただ、子どもが逆境を通して自分自身に何を言っていたのか把握できるように促すだけである。

わが子がセルフトークがわかるようになれば、ABCモデルを導入する準備ができたということだ。重要な点は、子どもの感情と行動が何の前触れもなくいきなり生じるものではないということであり、子どもの身に起きたことだけで完全に決定されるものではないということだ。何か問題が起きたときに従来の感じ方や振る舞い方を引き起こすのは、セルフトーク、つまり自分が自分に対して何を言うか、なのだ。

例えば子どもが、悲しみや怒り、恥ずかしさ、罪悪感を抱き、友だちに意地悪をしたり、本当に望むやり方でやってみなかったというような、子ども自身が好まない方法で行動したときのことを訊ねてみてほしい。何かひどいことが起きたときだけABCモデルが適用できると子どもに思わせないようにすることが重要だ。子どもには、大きな挫折だけではなく、日常的な課題も対処できるようにこのスキルを使ってもらいたい。子どもの置かれた状況をはっきりと認識させた後、自分のセルフトーク、それからセルフトークに続く自分の感情や行動を把握できるよう導いてあげてほしい。少なくともこの方法で、3つの状況について取り組んでみよう。子どもがこの練習をする際に、あなたが耳を傾けるべき5つの事柄がある。

1．子どもは、状況を客観的に、つまり「誰が、何を、いつ、どこで」についてだけ、誇張することなく説明しているか？

　子どもの説明に誇張が入っていたら（「サリーは今日、自分を隣に座らせてくれなかった」と言う代わりに、「サリーは一度も自分を隣に座らせてはくれない」と言う）、もっと正確に言い直すよう手助けすること。

2．BはCとつじつまが合っているか？

　子どもがこのスキルを学んでいるとき、結果と合わないように見える考えについて説明するかもしれない。89頁のB-Cつながりの図を使って、そのBが正しいかどうか確認してほしい。正しくないようであれば、それはたいてい子どもにまだ認識できないたくさんの考えがあるからだ。「他に何か考えていたことはある？」「この状況で何か思い出したことはある？」と聞いてみよう。子どもによっては言語的ではなくより視覚的で、「考え」がイメージ（心象）の形を取ることがある。子どもにそのイメージの説明をお願いしてみよう。そうすることで、その子は自分の考えを伝えられることだろう。

3．CはBとつり合いが取れているか？

　子どもには「氷山を見つける」スキルは教えない。通常、子どもはこのスキルを効果的に使うことはできないからだ。ただ子どもの反応と考えとのつり合いが取れていないようであれば、その状況において何か活性化した深い考えがあるのかどうかを認識させるためにいくつか質問をしてみてほしい。第6章で説明したのと同じ質問だ。いくつかのより一般的な考え、例えば、「僕はすべての子どもから好かれるべきだ」、「失敗するのはよくないことだ」といったことを子どもが認識できるよう手助けしてやれれば成功だ。

4．子どもが「なぜ」思考と「次は何」思考の両方を持っているか？

　レジリエンスでは、子どもが問題の原因について考え、どの原因がコントロールできるかを決めることが要される。また、最もあり得そうな結果に対処するための計画を立てられるように、未来について考えることも要される。子どもが「なぜ」思考しか持たないようであれば、「今これが起きたけれど、次に何が起きると思う？」と尋ねてみてほしい。子ど

Part3　レジリエンス・スキルを実践する

もが「次は何」思考しか持たないようであれば、「なぜあれが起きたと思う？　何が問題の原因だと思う？」と尋ねてみてほしい。これらの質問をすることで、わが子が逆境についてよりバランスの取れた思考スタイルを持つ手助けができるだろう。

5．**子どもが「自己達成的予言」に気づくことができるか？**
ほとんどの子どもは、自分の考えが生み出す自己達成的予言に気づかない。自分の考えが自分を嫌な気分にする場合があることに加え、起きてほしくないことを実際に引き起こしてしまう場合があることを理解させるのは大切だ。例えば、ある子どもが自分に向かって、「私はすごくバカだ。このテストがうまくいくことなんてない」と言えば、彼女は一生懸命勉強しなくなり、テストも思わしくない結果に終わるだろう。もちろん、悪い結果に終わることで、その否定的な考えは強化され、次回にその考えを振り払うことはさらに難しくなる。

以下は、12歳の子のABCがどんな感じであるかを示した一例である。

A（逆境）：昨日友だちがたくさん家に来て、お父さんが本当にかっこいい飛行機のコレクションを僕たちに見せてくれようとした。お父さんがリモコンで何機か飛ばしてもいいよと言うので、僕たちはすごく興奮した。仕事場から階段を降りてきたお父さんはみんなの前で僕のことを「チビ」と呼び続けた。以前、僕はそう呼ばれるのは好きではないと言ったけど、それでもお父さんは僕をそう呼んだ。

B（思考）：お父さんはいつも友だちの前で僕に恥ずかしい思いをさせようとしている。それが面白いと思っているから、僕が嫌だと言ったのにそう呼び続けるつもりなんだ。

C（結果）：僕はとても頭にきて顔を真っ赤にし、本当に不愉快な声で、友だちだけで邪魔されずに遊びたいから、お父さんは出て行ってほしいと言った。みんなは飛行機を飛ばしたかったから慌てていたけれど、僕はただできる限りお父さんから離れたかった。

あなたから少し働きかけてもらうことで、子どもが一連のABCをこの例のようにやり遂げられるようになったら、次の「思い込みに挑む」スキルの段階に移ることができる。

わが子に思い込みに挑むスキルを教える

ステップ1：代替思考を編み出す

代替思考を編み出すことの最初の部分は、子どもに説明スタイルの側面を教え、自分がどのように問題の原因を説明する傾向にあるかに気づかせることだ。自分がより楽観的か、それとも悲観的かを判断するのに、説明スタイルの3つの側面に注目することで始めるように促してあげてほしい。逆境について子どもに説明してもらい、それがなぜ起きたと考えるのか、その最初の考えを聞かせてもらう。それから、その考えについて、それぞれ「自分vs.自分ではない」「いつもvs.いつもではない」「すべてvs.すべてではない」思考のどちら側に寄っているかラベリングするように促す。子どもが正確に自分の思考をラベリングできるようになるまで、いくつかの例に取り組んでみる必要があるだろう。

子どもが一度そのコツを摑んだら、子どもの説明スタイルのパターンを調べ、あなた自身のパターンとの共通点を示してあげよう。人の説明スタイルは部分的には遺伝によるものかもしれないが、その大部分は、その人の親が、親自身の人生とわが子の人生におけるよいできごとと悪いできごととをどう説明するか、それをその人が耳にすることによって学ぶものだ。このような理由から、子どものためにより柔軟な説明スタイルを示してあげることがとても重要なのだ。あなたがある問題を完全に自分のせいにしたり、あるいは完全に他者や状況のせいにしたりしていることに気がついたとき、もっとレジリエントな代替案を声に出して編み出してみてほしい。より柔軟な思考スタイルを示してあげることによって、子どもが自分のために気楽にスキルを学ぶ手助けとなる。

あなたがわが子をどのように叱っているのかに耳を傾け始めることもまた非常に重要だ。子どもは大人（両親、教師、コーチ）がどのように自分を批判

するのかを聞き、批判の内容と同様にその批判のスタイルを取り込む。子どもが何か悪いことをしたとき、あなたはそれを子どもの行動のせいにしがちだろうか、それとも人格のせいにしがちだろうか？

　例えば、わが子の部屋が散らかっているさまを想像してほしい。「あなたはこんなにだらしないのね。どうしてこの部屋をきれいにしておくことができないの？」と言いそうだろうか、それとも「あなたは自分の部屋を掃除しなかったのね。今日はとても散らかっているわ」と言うだろうか？

　わが子がここ1時間で兄弟ゲンカを始めたことを想像してほしい。「あなたはとんだトラブルメーカーね」または「お昼の時間から機嫌が悪そうね」のどちらの言葉を口にしそうだろうか？　それぞれの状況における1つ目の例は「人格批判」のよい例だ。問題を、子どもの人格に関する何か安定した、広範囲にわたる性質に起因すると考えているためだ。2つ目の例は「行動批判」のよい例だ。問題を、具体的で、可変的な行動に起因すると考えているためだ。子どもの人格を批判する傾向にあるとすれば、それは百害あって一利なしだ。それは、子どもに問題が起きる原因が、子どもの人格において安定して不変的な性質にあると親が信じていることを子ども自身が学ぶからだ。

　勘違いしないでほしい。子どもを叱ることはまったく健全な行為だ。本書で既に触れたように、信頼型の親は、子どもが決まりごとを破ったり、不適切に振る舞ったりしても、子ども自身に責任を持たせる。子どもに対して過度に許容型である親は、子どもに自力で逆境から逃れるよう教え、また、自分で好きなように行動してもよいと教える。明らかにこれが問題につながる。子どもに責任を持たせることはよいことであるものの、どのようにそうするかが重要だ。従うべき2つの一般的なルールがある。

1. 正確であること。誇張した批判は状況に不釣り合いな罪悪感や羞恥心につながる。感情が不釣り合いなときは、子どもに行動の変化を促す助けとなるどころか、抑うつや消極性につながってしまう。
2. 現実に即している限り、問題は子どもの人格ではなく**行動**に起因すると考えること。子どもは自分の部屋を片付けたり、気持ちを切り替えた

り、より効果的に勉強することを学べるだろう。子どもにとって、ずぼらな性格やトラブルメーカーであることをやめる方法を学ぶのはもっと難しい。行動批判は問題の解決を示すが、性格批判はそれを妨害する。

　子どもが説明スタイルについて理解できるようになったら、次のステップに進み、代替思考を編み出す手助けをする準備が整ったことになる。大人にとっての目標が、問題の真の原因をはっきりさせることであるように、正確であることは子どもにとって同じくらい重要だ。一方子どもにとっては、より正確に考えるようになる前に、思考スタイルの既成の枠組みから脱出する必要がある。説明スタイルの3側面を利用することで、子どもがより創造的に、問題の原因としていろいろと考えられるものを編み出せるよう促さなければならない。

ステップ2：子どもに証拠の探し方を教える

　多くの子どもは、他人から何かで責められたときには巧みに反論する手段を身につけているにもかかわらず（「私はバカではない、リンカーンのことがテスト範囲に入っていたとは知らなかった」）、批判が子どもの頭の中で生じたときには、それがあたかも真実であるかのように反応する。そのため、あなたが子どもを批判するときにはいつも言い返してきたとしても、自分の考えの正確さを調べるために証拠を用いるステップについて習得する際に困難が生じたとしても驚かないであげてほしい。子どもがいったん自分の考えに挑む方法を学び終えれば、きっと失敗や拒絶といった経験から守られることだろう。だからといって、悪いことが突然起きなくなるということではない。彼は今後もデートを断られたり、第1志望の学校に入れなかったり、昇進が見送られたりするかもしれない。それでもレジリエントではない自分の考え方に立ち向かう方法を知っていれば、挫折したとしてもそう長くは人生の妨げにはならないだろう。

　あなたが子どもにこのステップを教える際、証拠によって自分の考えを導いてみるよう促そう。子どもがただ単純に、否定的な考えを極楽とんぼ的な考えにすり替えるだけのようであれば、子どもはよりレジリエントにはなら

ないだろう。私たちは、探偵のメタファーがこのプロセスを習得する際に適していることを発見した。というのも、優秀な探偵は次の２つのことを実行するからだ。

＊容疑者のリストを作る（代替思考を編み出す）
＊どの容疑者が犯罪にかかわったかを明らかにするための手がかりを探す（証拠を用いる）

　子どもには、頭に浮かぶ最初の考えを信じるのではなく、その考えが正確かどうかを確かめられるように、探偵のようになって証拠を探してみてほしいと伝えてみよう。自分が嫌な気分になっている理由が正しいものでなければ、悲しみや、怒りや、恥ずかしさや、罪悪感を覚えることはまったく意味をなさないということを説明してあげてほしい。
　この演習を始める前に、確証バイアス（自分の考えに合う証拠だけを記憶に留め、自分の考えを裏づけない証拠を忘れ去る傾向のこと）によって、子どもが公平な方法で証拠を集めるのが難しくなることがあるという事実を念頭に置いておくことが重要だ。そのため、このバイアスを子どもに説明することから始めてみよう。本書ではこれを、「ベルクロ・テフロン効果」として説明している。最初の考えが正しいことを示す証拠はベルクロのマジックテープのようにくっつき、最初の考えが間違っていることを示す証拠はテフロンで加工されているかのように直ちに滑り落ちてしまう。子どもが確証バイアスによって正確さを阻害されてしまうのを防ぐためには３種類の方法がある。

＊**自分の親友ならどう言うか、自分自身に聞いてみる**
　たいていの場合、子どもにものの見方の転換を促すことにより、普通であれば思いつかない証拠を見つけることができる。
＊**手がかりを探す**
　探偵が探すであろう手がかりを子どもに尋ね、今度は自分の置かれた状況でそのような手がかりを探してみるよう促す。
＊**考えが間違っていることを証明する**

自分の考えを裏づける証拠をより多く探したがる傾向があることを踏まえ、子どもには、自分の考えの間違いを証明する証拠を探すことから始めるよう頼んでみよう。子どもがいったんその証拠リストを作成したら、前のステップに戻り、最初の考えを裏づける証拠を見つけることができる。

子どもが「ベルクロ・テフロン効果」を理解したら、子ども自身の状況に基づく事例に取り組んであげてほしい。最近起きた逆境について、例えば、代替思考を編み出す練習をしたときに用いた例について確認してもらうところから始めてみよう。いつものように、まずABCを書き出してみよう。子どもの頭の中で最初に浮かんだ考えを明らかにしてから、子ども自身の説明スタイルに反するようなもっともらしい代替思考を2つ考えてもらい、そのそれぞれの証拠を探してみる。次の例は15歳の子によるものだ。

A（逆境）：私の母親と父親は2年前に離婚して、母親は今、別の男性と付き合っている。先日の夜、母は「ボーイフレンド」を夕食に呼んだ。母はその男性に夢中で、実際に一晩中私のことを無視した。私は夕食の席で鶏肉を取ってもらうためだけでも3回も母に声をかけなければならなかった。

B（思考）：上等じゃない。娘が男の人と付き合おうとしているのがお気の毒さま。母親まで男の人と付き合うなんて絶対に必要ないわ。母はとても自己中心的で自分の小さな世界に熱中しているせいで、自分が娘の目にどれだけヘンなふうに映っているかなんて考えてもいないんだわ。きっと最初に両親が離婚したときよりもっと悪い状況になるわ。

C（結果）：私はものすごく頭にきた。3回ほど夕食のテーブルから立ち去りそうになった。私はただそこに座って一言も話さずに、夕食が終わるとすぐに自分の部屋へ行って大音量で音楽をかけた。

思い込みに挑む：男性と付き合っている母親を持つのは最悪だけど、母親には一生他の男性と付き合わないでいるよりも幸せになってほしいかもしれない。母は私の気持ちなどお構いなしだと言ってしまうのもフェアではないかもしれない。私が思うに、母はたぶん緊張していただけで、気まずい状況を何とかよくしようと一生懸命だったのだろう（代替思考：「自分ではない、いつ

もではない、すべてではない」)。だって母は、男性が家に訪ねてくることを前もって私に話してくれたし、自分が男性と付き合っているのをどう思うかと私に尋ねてくれた(証拠)。母は、自分は付き合いたいけれど、娘の私に気持ちよく過ごしてもらいたい、だから夕食をそのための最初の試みとして考えてみようとも言っていた(証拠)。

あなたと子どもがいったん「思い込みに挑む」スキルのステップをすべて終えたら、問題解決に意識を集中する準備ができたということだ。まずは、正確ではないすべての考えをリストから消してみることから始めてほしい。次に、問題の本当の原因のうち、子どもがコントロールできるものはどれかがわかるよう促してあげてほしい。このプロセスが大切なのは、子どもは自分がコントロールできるものを過大評価することがよくあるからだ。代わりに、うつの子どもは自分がコントロールできるものを過小評価し、状況を正すために自分ができることなど何もないと思い込んでいるきらいがある。最後に、子どもが問題を解決するための具体的な方法をいくつか見つけられるよう一緒に取り組んであげてほしい。

大局的にとらえる

問題の原因について、子どもがより正確に考える練習をしたところで、未来に関する子どもの予測の正確さについて確認してみる準備ができたことになる。「大惨事」思考は、子どもや思春期の若者に最もよく見られる問題の1つだ。彼らにとっては、未来を冷静に見据える目を保つことが難しいため、「大局的にとらえる」スキルが非常に重要となってくる。

子どもに、「大惨事」思考を抱いたときのことについて考えてもらうところから始めてほしい。問題の原因について正確に考えることも大切だが、いったん問題が起きたら、その次に何が起きるかについて正確に考えることも同じくらい大切なのだと子どもに伝えよう。そうしないと、実際には絶対に起きないであろうあらゆるひどいできごとについて心配して、たくさんのエネルギーと時間をムダにしてしまうことだろう。子どもが説明してくれた状況

について次の質問を使って、「大惨事」思考が自分の気分や行動に及ぼす影響が理解できるよう手助けしてあげよう。

*ありとあらゆるよくないことを想像したとき、自分はどう感じたか？
多くの子どもは不安と悲しみの両方を感じる。その感情がどれほど強いものだったか、1から10の尺度で子どもに示してもらおう。

*そうしたよくないことが起きると自分でどれだけ信じていたか？
「大惨事」思考をするとき、多くの子どもは否定的な暗示が高い確率で合っていると思い込んでいる。後にその考えはバカげていてあり得ないものに思えるかもしれないが、その状況が起こっているとき、その考えは高い確率であり得そうなものに思われることを子どもに理解させよう。

*あらゆる否定的な考えを持っていたとき、自分は問題に対処できる／できない、どちらだと思ったか？
多くの子どもは、「大惨事」思考をするとき疲れ果てて圧倒された気分になり、問題に対処するには自分は無力だと感じる。

このスキルの子ども版は、あなたが既に本書で学んだものとほぼ同一のものだ。最初のステップは、最悪のケースの思考を編み出すことだ。それから、同じくらい起こりそうにない最高のケースの思考を編み出してもらう。最後に、最悪、最高の両ケースを連続したつながりの両極として、その状況であり得そうな結果と、状況に対抗するための計画を考えてもらう。

中学1年生のラリーは、「僕はいつも、すべての状況において最も悪いことを考える癖があった。でも今は、そんなふうに考えるのをやめる方法を知っている。いつも自分で笑ってしまうような突飛でおかしな最高のケースのシナリオを思いつくのが得意で、一度笑い始めると、自分で想像していたすべてのイカれたことの代わりに、状況をありのままに見ることがかなり楽になってくるんだ。僕のお父さんは、僕の表情が今までよりもリラックスして見えると言ってくれた……それがどんな意味であってもね。僕にとっての大きな変化は、最悪な気分にならなくなったってことかな」と語った。

子どものリアルタイム・レジリエンス

　子ども向けの最後のレジリエンス・スキルは「リアルタイム・レジリエンス」だ。このスキルを効果的に使えるようになる前に、子どもはまず、代替思考を編み出し、証拠を見つけ、あり得そうな結果を明らかにできるようにならなければいけない。焦ってはいけない。子どもがこのスキルを学ぶ準備ができる前に他のスキルを学ぶのに数週間はかかるかもしれない。

　かといって、「リアルタイム・レジリエンス」の練習を飛ばしてはいけない。私たち筆者のプログラムを習得した子どもが言うには、自分たちの遭遇した問題に対処できるよう自分の思考をクリアに保っておくために、他のどのスキルよりもこのスキルを使うということだ。事実、1995年に私たちが人気テレビ番組の『オプラ・ウィンフリー・ショー』に取り上げられたとき、当時、私たちのプログラムを修了したばかりの生徒たちに「どのスキルを司会者のオプラや世界中に見せたい？」と質問した（オプラは若者に大きな影響力を持っており、彼女の番組に出演することで若者の目に映る私たちの信用が筆舌に尽くせないほど増した）。すると、「リアルタイム・レジリエンス」で全員の答えが一致した。

　目の前にある課題に意識を集中させながらも自分の考えに反論しなければならない状況があると子どもに説明することから始めてみよう。このような状況では、ワークシートを取り出し、さまざまな考えを肯定する証拠と否定する証拠をすべて書き出すのは不可能だ。そのために、否定的な考えが浮かんだ瞬間に、子どもの頭の中でできるスキルを向上させる必要があるのだ。子どもがリアルタイムで否定的な考えに立ち向かうのに役立ちそうな状況をリストに書き出してもらってほしい。例えば、試験やクラスでの発表前やその最中、誰かに遊びやデートの誘いをしているとき、スポーツをしているとき、などがリストアップできる。

　このスキルを使うタイミングは、目の前にある課題に再び集中できるよう、自分の非生産的な考えを捨てる必要があるときだということを説明してあげよう。状況が複雑なときや、問題について徹底的に考える時間があるときにはふさわしくない。

子どもの場合、本書であなたがこのスキルを習得する練習をしたときと同じ（少し表現は異なっているが）3つのキャッチフレーズを使う。

＊証拠：それは正しくない、なぜなら……
＊代替思考：これに対する見方を変えると……
＊大局的にとらえる：最もあり得そうなのは……そして私はそれに対処するために……することができる

　これらのフレーズそれぞれをどのように使うか、簡単な例と共に子どもにはっきりと示してあげよう。例えば、あなたがまさに数学のテストを受けようとしていて、「私は本当にバカだ。一問も正解できないだろう」と思ったとする。あなたはこの考えに対して、「それは正しくない。私はこの前のテストでたくさん正解を得たではないか」、または「これは見方を変えると、私はこれらの問題が解けるほど賢いということだ」、または「最もあり得そうなのは、まあまあの成績を取って、次回さらによい成績を取りたかったらもっと一生懸命勉強すればよいのだ」と言って反論することができる。それから、それぞれのワナについて子どもに説明してあげてほしい。以下は、子ども向けに簡単にしたものだ。

＊名案：すべての否定的な考えを「名案」で置き換えることが目標ではないことを説明してあげてほしい。そうやってただ証拠の穴埋めをすることはできない。証拠は本物である必要がある。
＊責任のなすり合い：ただ単に責任のなすり合いをするのが目標ではないことを説明してあげよう。自分自身に何か間違っている点があるというのが最初の考えである場合、自分の代わりに誰かを非難することはできない。
＊そんなことどうでもいい？：最後に、大切な問題である場合には、ただそれを見過ごしてはいけない。例えば、子どもの両親が離婚して、「私は残りの人生を悲しい気持ちで過ごすのだろう」と考えたとする。それを、「離婚なんて大した問題ではない。私が父親とそんなに会わなくても、そんなことどうでもいいじゃない？　大切なことではない」という考えと置き換え

るのは適切ではない。

　よくある失敗をどのように防ぐかについて子どもに説明したら、最初の練習を指導する準備ができたことになる。このスキルを教える際の簡単な方法は、いくつかの典型的な逆境の例と、そのそれぞれの例に対する否定的な考えをいくつか書き出させることだ。そして、それらの考えを1つずつ読み上げ、よりレジリエントな反応を思いつくためのキャッチフレーズのうちの1つを使わせてみよう。ここで、スピードよりも正確さを強調することが重要だ。事実、何週間かこのスキルの練習を積むまでは、子どもがどれだけの速さで反応を生み出せるかについては心配しなくてよい。スキルをいったん習得すれば、スピードも自然についてくるようになる。

　ベンジャミンは10歳で、テストの前に不安な気持ちになり始めたらいつでも「リアルタイム・レジリエンス」を使っている。

ベンの思考：とても不安で吐きそうだ。回路をつなぐ方法を覚えるなんて絶対に無理だ。あるいはすべて忘れてしまうのも同じだ。
ベンのリアルタイム・レジリエンス反応：前回のテスト前も不安だったけれど、深呼吸をして、他のテストと同じようにうまくいくと自分に言い聞かせれば、きっと今回もうまくいくだろう。
ベンの思考：ああ、だけどこの分野はもっと難しい。科学は僕の得意な科目ではない。落第しなければラッキーとしよう。
ベンのリアルタイム・レジリエンス反応：この電気の分野は難しいけれど、昨日の夜お母さんが問題を出してくれたときには1問以外すべて正解した。今まで落第したことはないし、今回も落第することはないだろう。

まとめ

・時代背景上、親の世代よりも子どもの世代の方が抑うつの危険性が高い。
・いわゆる「自尊心教育」は解決にならない。低い自尊心は、結果であって、原因ではない。
・子どものレジリエンスが上がれば、結果的に、子どもの自尊心も成功可能性も高まる。
・子どもにレジリエンスを教える際は、心構えとしての下準備、好奇心を教える、子どもに教えることの難しさを認めるという3つのポイントがある。

Chapter 12
仕事に活かすレジリエンス

　タイム誌やニューズウィーク誌を手にすると、ほとんど毎週のように、ニューエコノミー関連の記事を目にする。産業の様相は、ハイテク産業とサービス業によって製造業の基盤が取って代わられながら、急速に変化している。会社の組織図は、合併や買収によって日々変化し、市場はますますグローバル化していく。

　一般的なサラリーマンにとって、これは何を意味するのだろうか？　今日のビジネスは、その多くは距離のあるところで行われている。つまり、電話やメール経由を除いては、一度も会ったことがない、もしくは滅多に会わない人たちと一緒に働くことが多い。そして、その電話やメールには、コミュニケーション上のあらゆる問題や誤解の可能性がつきまとっている。

　また、より少ない資源でより多くのものを生産しなければならないというプレッシャーにいつもさらされている。会社のメンバーが人員削減によってクビになると、私たちは組織の中で複数の役割を担うことを求められる。ジョブ・ディスクリプション（職務内容を記載した文書）や仕事上の役割は、融通の利くものとなり、きちんと定められることはなくなった。こうすることによって、変化し続ける市場の中で生き残るために必要な柔軟性が会社に備わるだろうという前提があるからだ。そして、サラリーマンの多くは、不明瞭な役割と、仕事と家庭のバランスの欠如、そして職を失うことへの絶え間ない恐怖の中で、もがきながら進んでいる。私たち皆は、ストレスを受けているのだ。

職場でのストレス

　第9章では、ストレスについて言及し、思考スタイルがどのようにして私たちのストレス耐性を弱めたり強めたりするのか、その原理を説明した。アメリカ産業において、仕事上のストレスが原因となった長期欠勤による労働損失日数は、毎年推定2億8000万日にのぼっている。そしてそれはアメリカに限ってのことではない。世界中で、ストレス関連の病気が企業の財務面での主な負担となっている。胃腸の問題や精神疾患、薬物乱用、高血圧といった、ストレスにが関与している疾患の治療に、毎年2000億ドルもの費用が使われているのだ。

　事実、ストレスに対する保険の請求件数は、身体的なケガに対する保険の1.5倍となっている（身体の傷害を引き起こす仕事上の事故のうち60～80％にストレスがかかわっていると考えられていることは、特に注目に値する）。ここで覚えていてほしいのは、ストレスは浸透しやすいものであり、蔓延する原因は職場における大規模な変化にあるということだ。ただ、ここに挙げた数字はやや現実離れしているかもしれない。もう少し身近な例を見ていくことにしよう。

　私たちは、ノースカロライナ州で行ったクライアント向けのワークショップでリックと出会った。彼は、長期間しつこくつきまとっていた不安と、ここ9カ月間闘ってきたことから逃れるために参加した従業員支援プログラム（EAP）を通じて私たちに紹介されたのだった。当時40代半ばであったリックは、自分の抱える問題の発端について、仕事の本質が劇的に変わったあるできごとまで遡って説明してくれた。

　「私は自分のことを『会社人間』だとは思っていませんでした。かなり低い地位の下級マネージャーで、直属の部下は3人でした。何か大きな野心を抱くようなことは一度もありませんでしたが、自分のしていることには一種の誇りを持っていました。私たちは、大手の長距離電話会社が所持管理している電話線のメンテナンスサービスの契約を提供する仕事をしていました。毎週末、私の子どもたちが遠くにいる祖父母と電話で話しているのを見るたび、私は自分がその一端を担っていることを、子どもたちや他の何千もの家族がつながるために役立っていることを、嬉しく思っていました」

「およそ2年前に買収があり、私たちの会社は、1500人の従業員とともに、従業員数4万人の最大手の通信会社に吸収されました。何もかもが変わりました。何もかもです。会計業務の分散化のために、私は複数拠点チームを率いる役に選ばれました。突然、私は国内5つの拠点をまたがる8人の部下を持つことになったのです。そして、部下からの質問がびっしりと並んだメールとともに仕事をスタートする日々が始まりました。メールと電話への対応に1日の大半を使っていたように思います。そして、それまでは一度もなかったのですが、仕事上の期限を守れなくなっていきました。仕事をおろそかにするようになったのです」

「最初に現れた徴候は偏頭痛だったと思います。毎朝仕事に行く前に必ず痛むようになりました。頭が2つに裂けるような痛みでした。そして、午前の仕事が終わる頃には胃がキリキリと痛み、飴を食べるような感覚で制酸剤を服用していました。めまいがするようになり、シャツの上からでも心臓の音が感じられることがよくありました。それから、ひどくバカげた仕事の夢も見ていました。本当に、悪夢でした。バカげた仕事はすべて私のところに回ってきて、それをこなす術はありませんでした」

仕事のストレスを乗り越えるためのレジリエンス・スキル

ある日、リックが上司から新しいプロジェクトを頼まれたときに、彼のストレスは頂点に達した。リックは、不安が急激に高まるのを感じた。彼は、「俺はきっと、このプロジェクトを期日に間に合わせることはできない」というティッカーテープ思考を特定したのだが、それだけでは彼の不安の激しさを説明することはできなかった。これは、感情をあおっている氷山思考の存在を示す1つの確たるサインだ。そこで彼は「氷山を見つける」スキルを使った。

ティッカーテープ思考：俺はきっと、このプロジェクトを期日に間に合わせることはできないだろう。

質問：それで、俺をここまで困惑させているものは何なんだ？
リック：前はこんな自分じゃなかったってことだ。仕事に対しては、いつだって責任を持って取り組めていたんだ。
質問：じゃあ、今初めて、仕事をきちんとやるのに苦戦していることは、俺にとって何を意味するんだ？
リック：それはつまり、俺が仕事でしくじっているってことだ。仕事を途中で放棄していることになるし、それに、みんなを失望させているってことなんだ。
質問：じゃあ、俺にとって最悪なのは、それのどの部分なんだ？
リック：ああ……それは、自分を大事に思ってくれている人たちを失望させていることだ。ひとりは、買収されたときに俺がこの仕事に就けるように、本当に一生懸命推してくれた、前の会社のボス。でも、それ以上に、妻と子どもたちを、ひどく失望させてしまったように感じる。もしこの仕事を失ったら、俺たちは経済的に、ひどい苦労をすることになってしまうんだ。
質問：そうだとして、それで俺にとって最悪なのはどの部分なんだ？
リック：俺の抱えるストレスのことや不安のこと、それから俺がそれにうまく対処できていないことを、みんなが知っていることだと思う。職場の人たちも、家族も、子どもたちも、近所の人も、いつも行く教会の人も、みんな知っている。俺は、本当に恥ずかしいんだ。
質問：俺がしている経験の、何がそこまで恥ずかしいんだ？
リック：だって、俺は、俺の身に起こることはどんなことでもうまく対処できるはずじゃないか。

　なるほど！　私たちはこれまで、リックのような、この世界で自分がどうあるべきかについての氷山思考を数多く見てきた。そして、何かを「するべき」か「するべきでないか」について、自分がどんな根拠を持っているのかを問うことには何の意味もないため、この手の氷山思考には「思い込みに挑む」スキルを使うことはできない。こういった類の氷山思考は、価値という、実世界の外にあるものを表しているのだ。
　ただし、リックには、この信念を持ち続けることが彼にとって**役に立つか**

Part3　レジリエンス・スキルを実践する　　333

どうかを自分に問うことはできる。彼はおそらく人生の初期にこの氷山思考を形成したのだろうが、今の彼の生活には、もう適さないものになっているのかもしれない。彼の現在の世界においては、この氷山思考は単なる時代遅れのもの、彼の感情と行動に対して時代錯誤の影響を与えるものかもしれないのだ。

リックは、彼の生活の中で、この信念によって何を与えられ、何を負わせられてきたかを自問した。1つには、彼は多くのストレスを負った。そして、皆が少ない労力で大きな利益を上げることを求められ、インボックス（未処理の書類入れ）に入ってくるものすべてを終わらせることができる人などほとんどいない。たとえできたとしても、それは質の犠牲の下でのことだという、現代の企業社会の中において、それは単に現実的ではなかった。

ひとたび、自分の氷山思考が役に立たないとわかると、彼の不安はかなり和らいだ。そして彼は、「心を静めてフォーカシングする」スキルをマスターすることにした。仕事中ストレスがたまっていくのを感じたときには、30秒間、ポジティブイメージ法を使って、ノースカロライナ州アウターバンクスの海辺にいる自分と家族の姿を思い描いた。彼はデスクで誰にも気づかれることなく、呼吸コントロール法とPMR（漸進的筋弛緩法）を実践した。

不安を自分でコントロールできるようになったリックは、自分がまっとうな人間かどうかという問題ではなく、仕事量に対処するのが難しいという現実の問題に打ち勝つため、「思い込みに挑む」スキルを使った。リックの氷山思考の性質を考えれば、彼が「自分・いつも・すべて」型の説明スタイルを持っているとわかったところで何ら驚きはしないだろう。

仕事で失敗するときに必ず彼の心に浮かぶ「なぜ」思考は「この新しい仕事をするのに必要なものを自分は何も持っていない」というものだった。私たちは、リックにまずは柔軟な思考をするべく、説明スタイルの3つの側面を用いて代替思考を作り出すよう指導し、それから、正確さの検証へと移った。彼は、自分の問題には別の要素がかかわっていることに気づき始めた。彼は、タイムマネジメントをうまくやれていなかったのだ。リックは、自分が楽しいと感じるプロジェクトには、必要以上に多くの時間を費やしていた。これは、以前の会社では彼にとっての贅沢だったのだが、今では、彼に

とって関心の低い仕事の期限を守れなくなる原因となっていた。

　また、彼は仕事の委任もうまくやれていなかった。彼直属の8人の部下は優秀だったのだが、彼らの時間を十分には利用できていなかった。プロジェクトで指揮をとる際の彼のいつものマネジメントスタイルは、部下が3人しかおらずやるべきことがずっと少なかった以前の職場ではうまく機能していたのだが、この新しい仕事での条件下ではうまくいかなかったのだ。リックはまた、確実により高い注意力を向ける必要のある極めて重要なプロジェクトがどれであるかを明確にするために、どう優先順位をつけるのがベストかということについて、新しい上司と一度もきちんと話したことがなかったことにも気がついた。

　優先順位をつけることは、仕事量が労働力を上回っているような会社環境において必須事項なのだが、いまだに、非常に多くの人が、先入れ先出し法を採用してしまっている。さて、リックは、「いつも」でなく「すべて」でもない「なぜ」思考を働かせることにより、新しい対策を講じ、コントロール可能なものをコントロールし始めたのだった。

　リックは、仕事に打ちのめされそうになったときには必ず、「リアルタイム・レジリエンス」を使って、今は自分の人間としての質が試されているわけではないのだ、ということを再確認するようにした。彼は、自分がコントロールできるものに意識を向けるようにしたのだ。

「俺は、やらなきゃならない他の仕事を全部こなしながら、このプロジェクトを期日通りに完成させることはできないだろう。俺にできるのは、ボスに明確な優先順位をつけてもらって、それぞれのプロジェクトに費やす時間を管理することだ。理想とする質を保つことはできないだろうが、今ここで成し遂げられるものが何なのか、現実的に受けとめなきゃならない」

　私たちとのトレーニングの5カ月後、リックは電話で、抗不安薬の服用をやめたこと、そして、いろいろと順調にいっていることを知らせてくれた。

企業風土を変えるためのレジリエンス

　長年、ある興味深い話が企業コンサルタントの間で広まっていた。4匹のサルが、今までと違う新しい環境に連れて来られた。そこは檻に囲まれ、檻の中央には長い棒が立てられていた。棒の先端には、サルにとっての「宝」ともいえる、とても甘くておいしそうなバナナが一房取りつけられていて、それは、サルがずっと目をつけていたものだった。確かに、これは相当な誘惑だ。サルたちは、めいっぱいのスピードでよじ登り始めた。しかし、そこには不快な仕掛けが待ち受けていた。サルたちが棒の先端に近づいたとき、実験者は滝のような水をサルに浴びせかけたのだ。これは、われらが冒険者たちにとっては忌まわしい行為だ（サルは、ネコよりわずかに水を苦手とするのだ）。

　サルたちは、囲いの一番隅でぶるぶると震えながら、互いに身を寄せ合い、もう二度と、棒やバナナに思い切って近づこうとする者はいなかった。実験者は、1匹のサルを残して他の3匹を檻から出した（その3匹は、本物のバナナを褒美としてご馳走されたものと思いたい）。

　それから新たに別のサルが3匹、檻の中に入れられたが、彼らもまた、即座にバナナに反応し、棒に登ろうとした。3匹は当然、滝が落ちるのを目撃していなかったのだが、4匹目は違う。彼は、不快な水浴びから3匹の新入りを救うために、あらゆる手を尽くした。彼は、皆を摑んで引きずり下ろした。歯をむき出しにして、うなり声を上げ、彼らを食い止めることに成功した。その後彼らは二度と棒に挑戦することはなく、水を浴びずに済んだのだった。そして、次がこの実験の最終幕となるのだが、3匹の新入りのうち2匹が、水浴びを経験した初代のサルと一緒に檻から出され、また新たに3匹のサルが入れられた。

　ここで、今檻の中にいるサルは、1匹も水浴びを経験していないということに注意しよう。もっと言えば、水浴びを目撃した者すらいない。ただ、1匹だけは棒を登ることを止められはしたのだが、その理由を理解してはいなかったはずだ。さて、彼は何をしたか？　彼は、新たな新入りのサルたちを引きずり下ろし、歯をむき出しにして、うなり声を上げ、そして彼らが登る

The Resilience Factor

ことを防いだのだ。私たちはこの話を何年も前に聞いたのだが、そのときにはその内容について多くのことは考えなかった。1999年の夏、ある組織の相談役をするまでは。

当時、あるメーカーの最高幹部ら14人と、2日間にわたって討論会を行っていた。その組織は業界でトップの座についていたのだが、それは大きく低迷中の業界だった。1975年には、工場は4万人の労働者を抱えていた。しかし、私たちが彼らに会ったとき、従業員名簿には1万2000人分の記載しかなかった。自己紹介とともに討論会が始まった。まずは私たちのすぐ右に座っていた人物が口火を切った。

「ロバート・グリーンウッドと申します。北東部の生産副部長をしておりますが、去年、5000人が働いていた工場を閉じました」

次に、彼の右の紳士がそれに続いた。

「ハル・ジェンキンスです。中西部の生産副部長をしております。3年前、インディアナ州の工場閉鎖の監督をしました。私は、彼らが私に、ボブがピッツバーグを閉鎖するのを助けてやってくれと頼んできたことからして、自分がよい仕事をしたに違いないと思っています」

そして同じように、彼らの業界が過去10年間に経験した大打撃についての不気味な長談義が続いていった。

彼らの逆境は明確だった。彼らは毎年数百万ドルを失うという大赤字を出しており、そのためにいくつかの工場が閉鎖され、それがさらに利益を生み出しにくくしていた。そしてグループの14人のうち、問題についての議論ができたのはたったの2人だった。30代半ばの、若くて有能な役員であるドナは、対応策について次のように提案した。

「私たちは、会社の方針について、古い考えに固執してしまっています。新しい市場に合わせてどう多角化していくかを検討すべきだと思います。古い製品は、私たちにしろ、競争相手にしろ、すべての企業で莫大な損失を出したのです。これは同分野の市場だけの話ではありません。古い製品ラインを拡大している会社など、世界中どこにもないのですから」

そしてドナは、レジリエントな人がよくやるように、問題解決モードへと移った。「支出を最小限に抑えれば、成長分野の製品を造るために、今ある工

場を整備できるでしょう。私たちは、今までと同じ製品を造ることが自分たちの仕事だという考え方を改めるべきです。それを宿命だと思う必要はないのです」

グループの他のメンバーは無表情のまま静かに座っていた。ただひとり、ケニーだけは、ドナの話に頷いていた。ケニーは、次のように主張した。
「それには私も賛成です。焦点を新しい製品に移す必要があるでしょう。しかしそれだけではなく、私たちは20年間、マーケティングと営業の慣習についてもきちんと目を向けてきませんでした。いまだに、どんなことをしてでも売ってやろうと意気込んで、どこかでひとりで取引を行っている、一匹狼の販売員がいるのです。彼らは、ひどく攻撃的で、既存の顧客からできるだけ長く歩合を得るということには、まったく関心がありません。しかし、顧客はそれを望んでいません。彼らは、販売員と関係を築くことを望んでいます。そこで、顧客の管理に長けた人間と、その人の取り組みを支える残りのメンバーとで構成される販売員チームを再編すべきだと思います」

部屋の中は静かだったが、平和ではなかった。緊張感が漂っているのは明らかだった。ドナとケニーは少数派だった。部屋にいた他のメンバーは皆黙ってはいたが、ふたりの提案に対して、反感とは言わないまでも、強い不承の意を表していた。そして、年配の副社長のひとりが話し始めるまで、彼らは黙ったまま首を横にし続けていた。
「君たちの提案は、今までにも話題になってきた。でも、それは理に適っていないのだよ。今君たちが提示したような類の営業戦略は、今まで一度も採用されなかったのだ。君たちは、なに、まだ5年か10年しかこの組織にいないではないか。今ここにいるメンバーの多くは、30年、あるいはもっと長いことここにいるのだよ。私たちは、君たちよりもこの会社のことをよくわかっている。会社にとって、何が役に立って、何が役に立たないか、従業員たちが将来どんな行動をするか、もしくはしないか、それに、取締役や投資家が何を求めているのか、よくわかっているのだよ。君たちの考えは、受け入れられることもなければ、役に立つこともない。この会社は、私が数十年前に工場の床に立ったときよりも前から続いている。そして私たちは、一度もそんな方法をとったことはないし、それはこれから先も同じだ」

このとき私たちは、あのサルの話を思い出し、表情が緩むのを抑えなければならなかった。ケニーとドナは、優れた問題解決能力を使って組織を救おうとしていた。しかし、比喩的に言えば、彼らの同僚や上司は彼らの足を掴んで引きずり下ろしていたのだ。そしてふたりがもう一度棒によじ登ろうとしたとき、彼らはふたりに向かって大きな声で吠えたのだった。
　なぜ彼らのアイデアが「愚か」なのか、なぜ役に立たないのか、誰ひとりとしてはっきりと述べることができなかったのは、ちょうどあの話の最終幕で、どのサルも実際に滝が落ちてくるところを見ていなかったのと同じだ。彼らはただ、目標に向かって登ることは受け入れてもらえないのを「知っていた」だけなのだ。
　これは要するに、企業風土の力だ。私たちにとって、この会社とのかかわりにおける皮肉さは、そこに居合わせた14人が、組織の中で最も高い地位にある重役を代表するメンバーであったというところにある。彼らが自分たちの風土を変える力を持たない限り、会社内の他の誰ひとりとして、それを変えることはできなかったのだ。
　私たちはこの話がハッピーエンドを迎えるよう願ったが、そうはならなかった。ケニーとドナは、あの討論会の後、3カ月から6カ月間組織に留まっていたのだが、彼らの革新的な考えが絶対に受け入れられないことが明らかになると、レジリエントな人が最後の手段として行うこと、すなわち、損失が少ないうちに手を引き、辞職するという選択をし、その後別の業界で高い地位の管理職に就いた。そして2001年末にかけて、私たちは、あの企業が破産の申請をしたことを知ったのだった。

企業風土を変えるためのレジリエンス・スキルの使い方

　さて、私たちは自分が身を置いている企業風土にどう挑むことができるのだろうか？　どんな組織においても、形式にとらわれないリーダーや革新的な人物の出現を目にするものだが、私たちはそうした人たちに対してレジリエンス・スキルを身につけてもらうよう訓練する機会に恵まれてきた。彼らとの意見交換を通して、たとえ地位や称号、もしくは年功といったものに付

随する公式に認められた権力を欠いていたとしても、自らが所属する部署や部門に重要な変化をもたらすことは可能であるということ、そしてその方法を学ばせてもらった。彼らは、現在の慣習が現実に即していないことを同僚に理解させるところから始めるのだ。

　私たちが初めてカールと出会ったとき、彼は新しい仕事の3カ月目に入っていた。彼は、虐待などの危険な状況に置かれた子ども向けのサービスに資金を回している大きな非営利の代理店において、助成金関連部署の長を務めていた。その仕事を始めた当初、彼は、自発性と楽観性を持つ人のグループの中で働けることを期待していた。彼は、この手の組織に惹かれるのはそういうタイプの人たちだろうと考えていたのだ。しかし、彼は間違っていた。蜜月期間が終わると、組織の真の風土が現れた。組織の人間の多くは疲れ切っていて、自分がかかわった子どもたちの生活を本当に変えられるかどうかについて、悲観的な姿勢だったのだ。そして、彼らの熱意を取り戻そうとするカールの試みは、冷笑をもって迎えられた。

　カールは、自分自身の感情を制御しない限り、彼のチームに変化を起こすことはできないと考えた。彼の最初の一歩は、この新しい立場が期待通りでないことに気づいたときに自身を悩ませた、彼の「大惨事」思考を大局的にとらえることだった。カールの「大惨事」思考は次のようなものだった。「俺には、部下にやる気を起こさせることなどできないだろう。そして、この仕事を辞めるか、もしくは燃え尽きてダメになってしまうだろう。でも、仕事を始めて6カ月も経たないうちに仕事を辞めるのは、俺の履歴にとって間違いなくよくない。この景気で、履歴に傷があったんじゃ、別の仕事を見つけるのは不可能だ。そしたら、俺たちはきっと支払いができなくなって、町の向こうの小さなアパートに引っ越さざるを得なくなる。あそこの学区はひどい。きっと子どもたちの教育に悪影響が出るだろう。そして妻は、絶対に俺を許してくれないだろうな。彼女にはもう、この仕事に変える時点で給料が減った分、いろんなことを諦めてもらっているんだ。今回のことで、俺たちの結婚生活にはさらにストレスが加わることになるんだ」

　彼は、「大局的にとらえる」スキルを使ってみると、自分の置かれた状況が、最悪のケースが示しているほど悲惨なものではないと考えられるように

なった。彼の履歴にちょっとした傷がつくことは確かなことだが、それ以前の彼の職歴はしっかりしていたし、仮に今の立場がうまくいかなかったとしても、最終的にはよい職に就けるだけの能力も持っていた。そしてたった1つ、彼にできたのは、彼の部署を再び活気づけるためにまとめていたプランがうまくいかなかった場合に備えて、どこかで開かれつつあるチャンスを見逃さないよう周りの動きによく注意を払うということだった。

　また、カールは、**すべての従業員について**「みんな皮肉っぽくて、悲観的で、やる気がない」と同一視し、過剰一般化の思考のワナに陥っていたことに気がついた。チームメンバーについてもっと注意深く考えてみると、彼直属の部下のふたりは、他のメンバーよりはいくらか活力があり、そのグループの中では形式にとらわれないリーダーのように感じられた。カールは、計画の一環として、ふたりに会って情報を集めることにした。なぜチームのやる気がこれほどまでに失われているのか？　この部署の助成金申請の成功を妨げている一番の障害は何か？

　その結果彼は、従業員の多くは、自分たちの助成金申請の質が問題なのではないと考えていることを知った。彼の部下はみな、市の予算決定は自分たちの力の及ぶところではない、という共通の考えを持っていた。「予算に余りがあれば、議会がこの活動にいくらかお金を出してくれるときもありますが、優先順位は高くないので、景気が悪いときにはどれだけよい申請書を書いてもお金が入ってくることはないんです」。そしてこの考えが、不備の多い、人をひきつけることのない申請書の提出につながっているのだった。「そう、とにかく、申請書の質は問題ではないんだ」と。

　カールは、彼の代理店が提供するサービスを担当している市の部局へ電話をかけ、粘り強い訴えによって、審議会の代表者から彼のグループに資金提供の過程について話をしてもらう手配をした。その話の中で、各助成金は広く見直され、毎年、申請書の評価に応じて資金がいくつかの代理店へ割り当てられていたことが明らかになった。カールは、部下との個別の面談をスケジュールし、1人ひとりに、なぜこの代理店に入ろうと思ったのかを聞き、さらに、自分自身とこの部署のために、来年にかけて何を達成したいと思うかを尋ねていった。彼らは皆で、自分たちのすべての野望を表したミッショ

ン声明を作成し、そのコピーは全員のデスクに配られることになった。

　カールは、「ネガティブな人」が、彼にとってのプッシュボタン、つまりレジリエントでない思考を助長する逆境であることを知った。彼は、チームの「泣き言」に出くわしたときに備えて、「リアルタイム・レジリエンス」の台本を用意した。

「彼らが悪い人間だということではない。彼らは、先がよく見えないためにやる気を失っているだけなんだ。俺の役目は、その打開策を考えて教えてやることだ。過剰一般化してはいけない。申請書を書いた人の人格ではなく、申請書の質に焦点を当てるんだ。最悪のシナリオは、仕事を辞めることだ。しかしこれは最後の手段であって、彼らを導くためにできることはまだたくさんある。一度助成金の申請に成功すれば、彼らはもっと希望を持てるはずだ」

　カールの部署の雰囲気が一夜にして変わるということはなかった。しかし、カールは長い時間をかけて、市政や予算の制限といった力の及ばないものから、仕事の質といった、自分たちでコントロール可能なものへと、部下の注意をシフトさせていくことに成功したのだ。私たちが最後にカールと話したとき、彼の部署は、申請を出した各四半期で市からの助成金を獲得しており、今まさに連邦政府の資金を求めるときが来たのだと、チームは確信していた。この時の彼は、部長職について3年目であった。

失業に対処すること

　失業がもたらす感情的、心理的な影響に関しては、文字通り、何百という数の研究論文が発表されている。人の持つ、仕事を通して家族を支え、その過程で社会に貢献するという能力は、人が人生の中に探し求める意義の核を成す部分である。そのため、解雇またはリストラされるというのは、逆境の中でもとりわけ恐ろしいものだ。それは、大きな氷山思考を攻撃し、深刻な「大惨事」思考を生み出してしまう。

　アンドリューはアメリカに来る前、しばらくオーストラリアの社会保障局で働いていた。解雇あるいはリストラされた人たちと面接をし、失業手当の

受給額を査定するのが彼の仕事だった。その当時は経済的に厳しい時代で、事務所には絶え間なく人が出入りしていた。

　アンドリュー以外の面接官は、皆、彼よりもずっと長くこの職に就いていた。仕事を始めて数カ月後、彼は、経験豊富な同僚が担当する面接を傍聴させてもらうよう申し出た。そのときのクライアントは、40代後半の男性で、会社全体のリストラによってミドルマネジャーのポジションを失っていた。彼ははっきりとものを言い、頭がよかった。自分の職歴を紹介した後、彼は、とにかくできるだけ早く仕事に戻りたいと語った。

　彼は、スーツを着ていた。面接を受けに来る人の非常に多くが、ジーンズにTシャツという出で立ちで現れ、むらのある職歴を見せ、労働人口の中に早く戻っていくことへの意欲のなさを、明らさまに表明するのだ。アンドリューはこのクライアントが明らかにやる気があったため、彼がすぐにフルタイム雇用の座について名簿から消えるだろうと考えていた。そのため、面接終了後、同僚が彼の方を向いて「俺たちはあの男に長いこと手当を払うことになるだろうな」と言うのを聞いて驚き、アンドリューは反論した。「まさか。彼ほどのやる気と学歴、それにあの賢さがあれば、あっという間に新しい仕事に就けますよ」。しかし、半年後も、彼はまだ失業中だった。ちょうどその頃、アンドリューは、彼が小切手を取りに来たところを見かけたのだが、彼の服にはしわがより、髪はとかされておらず、明らかに、何日も髭を剃っていない様子だった。

　アンドリューの同僚はどのようにして、自分の足で簡単に戻って行ける人とそうでない人とを、ここまで正確に予想することができたのだろうか？実は、その秘訣は、面接を受ける人から語られる「なぜ」思考、つまり解雇またはリストラされた原因に対するその人の考え方に、よくよく注意を払うということだったのだ。これまで見てきたように、レジリエントな状態を保てる人というのは、柔軟かつ正確な思考スタイルを持っていることが伺えるのだ。面接を受けにきた中でレジリエントだった人は、自分が仕事を失った原因の一端は景気の低迷にあるという認識を持っていた。彼らが問題を個人化することはなく、そのため、救いようのないうつ状態に陥ることもなかった。それでいて、彼らは自分の中にある原因の一部が何であるかを綿密に調

べ、それを改善するための行動を取ったのだ。総じて、彼らの柔軟性と正確さは、彼らをより長期的に問題解決モードに留め、仕事へと戻って行かせたということだ。

私たちが行っているエグゼクティブ・コーチングのクライアントのひとりであるスティーブンは、彼のレジリエンスが明らかに弱まっていたとき、彼の採用エージェントから紹介されてきた。彼はその1ヵ月前、ある企業コンサルティング会社で5年間務めてきたプロジェクトマネージャーの仕事から外された。その頃いくつかの経営難を経験していたその会社は、2年前に驚異的な成長を遂げて、新たに100人以上の増員をしていたのだった。

しかし今や、その規模を元に戻さざるを得ない状況になり、スティーブンはその犠牲者のひとりとなったのだ。採用エージェントから来た、再就職支援の専門家は、スティーブンが大きなストレスと不安を抱えているらしいこと、そして、彼のために用意した再就職の話が、1つも成就しなかったことを強調していた。

30代前半だったスティーブンには、妻と2歳の息子がいた。彼は、私たちに慣れると、自身を真に悩ませているものについて告白してくれた。「私は人生でこんなに落ち込んだことは一度もありませんでした。こう言うと、私が一生あの職に就いていたかった、あるいはあの会社にいたかったと言って落ち込んでいるように聞こえるかもしれませんが、そういうことではありません。ただ、まさかクビになるとは思っていなかったんです」

私たちは、彼の状況をもっと明確に見るため、彼にABCを行うよう促した。

A（逆境）：リストラされて、職を失った。
B（思考）：この仕事で、俺は年間4万5000ドルの収入を得ていた。妻も同じくらい稼いでいて、ふたりの貯金は貯まっているが、それでも、この仕事で得る収入は、うちの家計にとって、特に息子のために大事なものだった。そう、それから、俺よりも後に入ってきたのに仕事を続けられた人はたくさんいる。俺はきっと、何かひどい大失敗をしてしまったに違いない。
C（結果-感情）：気分の激しい落ち込み（1から10段階で9か10）

C（結果–行動）：消極的になり、無力感を感じ、絶望している。新しい仕事に就くチャンスを避けている。

スティーブンに B–C つながりについて説明しながら、彼が特定した思考を考慮したときに、自分の身に起こった結果が妥当であると思うかどうか尋ねてみた。「何かひどい大失敗」をしたと考えたとしても、職探しを続けることは可能なはずだ。「何かひどい大失敗をしてしまったに違いない」というスティーブンの思考は、「自尊心の喪失」思考であり、気分が落ち込むことは確かに予想できる。

しかし、彼の感情面の反応は、彼のティッカーテープ思考が原因で起こるものとしてはあまりにも強すぎるのだ。これにはスティーブン自身も同意していた。これはすなわち、「氷山を見つける」スキルを使うべきときであることを意味する。

ティッカーテープ思考：俺は何かひどい大失敗をしてしまったに違いない。

質問：それで、俺にとって一番困惑するのはどの部分なんだ？
スティーブン：それは……俺よりも後に会社に入ってきた大勢の人は仕事を続けているのに、俺だけリストラされたっていうことだ。要するに、俺が本当にへまをしたに違いないってことなんだ。それできっと、俺は前々からターゲットになっていたんだ。完全に無能な人間だと思われていたんだ。
質問：それは、俺にとって何を意味するんだ？
スティーブン：俺は、確かにあの中で一番野心家だったわけではないし、たぶん、一番熱心に働いていたわけでもない。でも、俺は仕事のことも会社のことも大事に思って気にかけていたし、俺はかなりいい仕事をしていたはずだ。クビになったなんて、俺にとっては驚きなんだ。

ここで、この最後の反応では、自尊心の喪失に関する表面に出ている思考についてはより多くのことが明らかにされたのだが、無意識層を漂う氷山思考の特定にまではこぎつけていないことに注意しよう。つまり、氷山の周り

を横方向移動しただけで、下方向には向かっていないのだ。そこで彼には、より深く掘り下げるための4つの質問のうちの1つを使うよう促した。

質問：俺にとって、それの最悪な部分はどこなんだ？
スティーブン：それは、言ってみれば、俺にとって最低限必要なものってことだ。そうだろう？　要するに、職があるっていうことだ。おまえは、会社のトップに上り詰めることはないだろうし、世界で一番高い給料を家に持って来ることもないだろうが、少なくとも、仕事は持っているべきなんだ。
質問：「べき」と言う時に意味するものは何なんだ？　俺は、どうして仕事を持っているべきなんだ？
スティーブン：俺はもう子どもじゃないんだ。子どもだったら、仕事で燃え尽きてしまったって問題ないだろうが、今の俺にとって仕事は、生涯の仕事を意味するんだ。妻はいい仕事に就いている。だから別に、「男は仕事、女は家事と育児」と言って俺が生活費を全部稼がなきゃならないなんていう考えに縛られているわけではない。でも、俺たちには子どもがいる。俺には家族がいるんだ。だから、俺はそこに貢献すべきだ。妻と息子は、俺の支えを頼りにすることができなきゃいけないんだ。
質問：もし俺が家族を支えることができなかったら、それは俺について何と言っていることになるんだろうか？
スティーブン：俺は、親になってまだそれほど経たないが、俺にとって親であることは世界で一番重要なことだ。俺は、父さんが俺にしてくれたようなことを、息子にしてやれる父親になりたいんだ。父さんはいつも、俺たちのためにそこにいた。おまえは父さんを信頼し、信じ、頼りにすることができた。父さんは、高校を卒業してからずーっと、定年退職するまでの55年間、同じ会社で働き続けたんだ。
質問：じゃあ、父さんがずーっと同じ会社で働いて、俺がそうならないことに、どんな意味があるんだ？
スティーブン：ああそうだ、そういうことなんだ。つまり俺は、二度と父さんのような父親にはなれない。これを埋め合わせるものは何もない。今となっては、もう絶対に、息子にとっていい父親にはなれないってことなんだ。

この最後の深い思い込みが明らかになったところで、スティーブンは「なるほど！」を得ることができた。仕事で得ていた収入を失ったことは確かに1つの理由だったが、スティーブンの中には、失業についてそれよりももっと深い意味が眠っていたのだ。つまりそれは、彼がよい父親ではないということ、そして、彼はもう二度とよい父親にはなれないということを意味していたのだ。
　これは、深刻な「喪失」思考の類であり、彼が感じた気分の激しい落ち込みを説明し得るものだった。そして当然、彼の尊厳が回復する見込みがゼロだとしたら、新しい仕事を探す意味もなくなるのだ。そして、再就職活動を展開する中で、不採用という経験がさらに彼の自尊心を打ち砕いていくことになる。
　それゆえ、再就職の面接を避けることは彼にとってよりよい選択だ、という結論で問題ないだろうか？
　もちろん、そうではない。それはまったくレジリエントではない。スティーブンの状況は、思考がどのようにしてレジリエンスを弱体化させるかということを非常に端的に描いている。事実、スティーブンの思考は、自己達成的予言を通して、彼を、彼の目指すところ、すなわち新しい職を見つけて家族を支えるというゴールとは、正反対の方向へと向かわせていたのだ。
　スティーブンは次に、「思い込みに挑む」スキルを用いて彼の「なぜ」思考を分析した。分析前の彼の円グラフは、「私は無能だ」という1つの思い込みがその大部分を占めていた。そして分析後の円グラフは、解雇の原因に対するより高い柔軟性と正確さが反映され、次頁のようになった。
　景気の低迷は、スティーブンも認めていたように、彼の会社が人員削減をすることにした主な理由だった。また、今の会社が以前とは違う規則によって動いていることも事実だ。その規則では、もはや不景気を乗り切り、社員全員を守ることはできないし、それを望むこともできないのだ。しかしスティーブンは、自分が解雇された一方で、自分よりも年功の少ない人たちが仕事を続けているという事実には向き合わなければならなかった。
　「思い込みに挑む」スキルで証拠を探るとき、スティーブンは、なぜ自分が

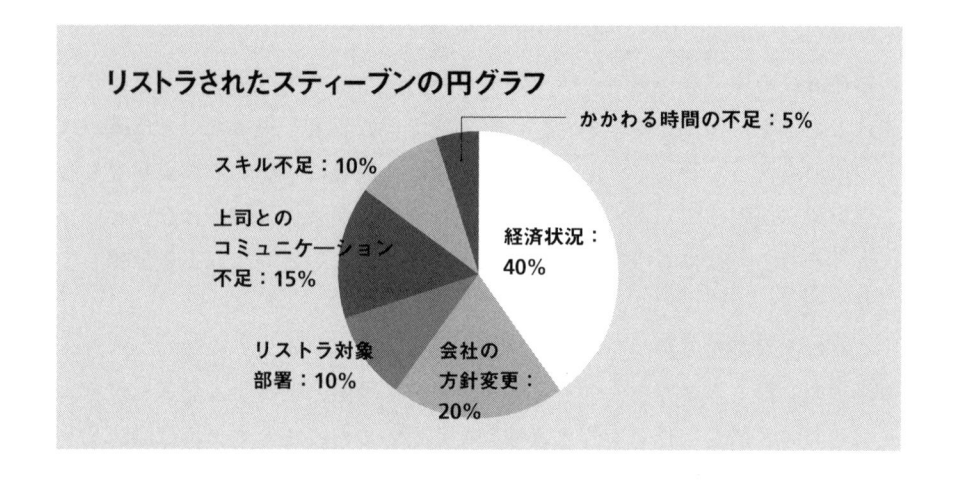

リストラされたスティーブンの円グラフ

- 経済状況：40%
- 会社の方針変更：20%
- リストラ対象部署：10%
- 上司とのコミュニケーション不足：15%
- スキル不足：10%
- かかわる時間の不足：5%

リストラの対象に選ばれたのかを考察した。その理由の一部は、彼の能力や業績と何の関係もなかった。それは単純なことで、仕事を失わなかった人たちがいた部署が、彼の部署よりも重要で、会社の経営を左右する利益を生み出していると考えられていたというだけのことだった。しかし、同じようにスティーブンよりも後に採用されたのに仕事を続けられた人が、彼と同じ部署にも何人かいたことは事実である。それはなぜだろうか？

これを「無能」のせいにするのは意味がない。無能という概念は、あまりにも多様な解釈が可能で、あまりにも不明瞭で、解決にならない。私たちは、逆境に関与しただろう彼の要素を正しく分析するため、もっと具体的になるよう促した。そして彼は、自分の仕事上のスキルを常に磨き続ける努力を怠ってきたという結論を出した。彼と同じ部署にいた他の人たちは、自ら求めて、会社経営に役立つスキルのトレーニングや開発を絶えず行っていたのだ。スティーブンには野心がなく、9時5時で働いていた。

もしかすると、彼の勤務時間がもう少し長ければ、彼は会社にとって有益な存在だとみなされていたかもしれない。そして最後に、スティーブンは、長い時間をかけていくつかの成功を収めていたにもかかわらず、それを上司に伝えていなかったことにも気づいた。自分が有益な存在とみなされていると考えたとき、スティーブンは、マインドリーディングの思考のワナに陥ってしまっていたのだ。

「思い込みに挑む」スキルは、スティーブンに思考を変えるための土台を与えた。しかし、彼にとって最も強力だったのは、速効スキル、とりわけ、「リアルタイム・レジリエンス」だった。スティーブンは、再就職あっせんセンターでのセッションに参加したとき、レジリエントでない思考で自分自身を苦しめていることに気がついた。

「俺は、ここにいる敗者たちと同じだ。ほら、ここに座ってあの男が履歴書の書き方について話すのを聞いている人たちを見てみろよ。俺たちは全員負け犬だ。俺たちは誰ひとり、仕事を持つことができないんだ」

　既に見たように、スティーブンの場合、こうした思考は、大きな悲しみと絶望感の原因となる、深い思い込み（氷山思考）と結びついていた。その結果、彼は再就職のためにすべきことを何もかも避けていた。しかしスティーブンは、レジリエントでない思考が彼を襲ったときに備えて、いくつかの強力なリアルタイム・レジリエンス反応を考え出した。

「これは、俺が負け犬だってことじゃない。俺は、父さんが生きてきたのとは全然違う世界を生きてるってことなんだ。いまどきのニューエコノミーには、雇用と解雇に浮き沈みがあって、ほとんど誰も、その影響を免れられないんだ。リストラにあったのは、俺が信頼できなくて頼りにもならない人間だってことじゃない。今本当に試されているのは、俺が新しい仕事を見つけるためにどれだけ必死になれるかってことだ。大事なのは、俺が次の仕事を見つけられたときに、前と同じ間違いをしないことだ。大勢の人がリストラにあって、大勢の人が再就職しているんだ」

　6週間後、スティーブンは新しい仕事に就いた。

仕事と家庭の両立

　ハーバード大学の社会学者、キャロル・ギリガンは、男子と女子の伝統的な育てられ方の間にある重要な違いを特定した。一般的に、幼い男の子は、競争力を持ち勝利を収めるよう励まされる。それと同程度に、幼い女の子は、そうしたことを追求しないように教えられ、代わりに、友情を築く力を

強化される。関係を傷つけるくらいなら、自身の成功を犠牲にする方がましだ、と。こうして学んできたことは大人になってもついて回るもので、男または女であることが何を意味するのかについての信念そのものを形作りながら、それが今度は私たちの自己イメージの中心部となっていく。

だからこそ、男性は、失業に直面したときに女性よりも強く打ちのめされる。失業は、彼らの成功という領域、すなわち、彼らが長い時間をかけて一番重きをおくよう学んできた領域を攻撃するのだ。しかし、私たちは移り変わるときの中で生きている。記録的な数の女性が労働人口に加わり、彼女たちもまた、仕事の重要性に対する信念を発展させてきた。仕事は、彼女たちの自己イメージの中で必須の要素となったのだ。しかしながら、人生の早い時期に学んだことは、私たちの根底にある思考の中でコード化されたまま残っているものだ。失業によって受ける打撃は男性の方が強い傾向にあるが、自分のキャリアと家族との関係を天秤にかける、仕事と家庭の両立という問題は、特に女性にとって困難な障害になる。

1974年には60%の女性が家にいることを望んでいたが、その数値は2001年までに53%まで減少した。しかし多くの女性は、仕事に意欲を燃やす大きな野心を持つ一方で、仕事と家庭との間に挟まれて迷っており、その心労は男性よりも女性の方が大きい。家にいて家族の世話をしたいと思っている女性の数は、男性の2倍だ。多くの女性が、成功へ向かう意欲と、家族を育みたいという欲求との間で板挟みになっているのだ。

私たちは、フォーチュン500社企業の巨大な営業部門と仕事をした際に、アンドレアと出会った。私たちいつもワークショップを始める前に、みなで時間を共有して何を成し遂げたいと思っているかを参加者たちに尋ねている。アンドレアは、断固とした口調でこう語った。

「どうか、私を助けてください。そうでないと、私は気が狂ってしまいます。私は、今まさに、困難に直面しているんです」

そして彼女は打ち明けた。

「私は、6年間今の仕事をしてきましたが、この仕事が大好きです。周りのみんなは信じられないようですが、本当なんです」

アンドレアは、電話営業を担当していた。相手企業の営業所に電話をか

け、その会社には一度も赴くことなく、社内の意思決定者を探し出し、その人に広告スペースを買ってもらうよう説得するのが彼女の仕事だった。きつい仕事で、その証拠に雇用定着率は低かった。

「誰にでもできる仕事でないことはわかっています。でも、私は人と話すのが大好きで、ノーと言われるまで、相手をどれだけ長く電話につなぎとめていられるか、ただそれを試すだけでも意欲を掻き立てられて、本当に好きなんです。それで、ノーと言われても、イエスに変えてやるって思うんです」

アンドレアはこの仕事が本当に得意だった。彼女は、ここ4年間に倍増した販売員30人の中で、最も高い売り上げを記録していた。しかし彼女の話はこれで終わりではなく、こう続いた。

「不本意ではありますが、私は、仕事を辞めることを考えているんです」

アンドレアは、彼女の生活における重大な問題について説明し始めた。

「この仕事をしていると、私は子どもたちと十分な時間を過ごせません。数年前まで、子どもたちがもっと小さかった頃はよかったんですが、今、子どもたちが私を必要として、彼らのためにやってあげたいことがあっても、それができないんです。本当は子どもたちをサッカーに送ってやりたいんですが、私は週末に取り引きをしている新規見込み客を見つけるために、土曜日の午前中は毎週仕事なんです。先日は、子どもの具合が悪くなったので、息子のために半日休みを取れるかどうか、営業部長に聞いてみました。でも、彼女はダメの一点張り。今月の売り上げ目標をまだ達成していないから、と。互いに根競べになりましたが、結局、彼女がうわてで、彼女の勝ちでした。私は、母に頼んで息子を病院に連れて行ってもらうしかなく、胸が裂けるくらい悲しい思いをしたんです」

私たちは、アンドレアにその日の状況を鮮明に思い起こしてもらい、逆境を説明し、ティッカーテープを探り出し、感情と行動の両面における結果を特定してもらった。

A（逆境）：子どもが病気で、病院に行く必要がある。しかし、部長から休みを取ってはいけないと言われた。

Part3 レジリエンス・スキルを実践する 351

B（思考）：あの子は、別に深刻な状態なわけじゃないわ。ただのインフルエンザだもの。それはわかってる。でも最近、こういうことが多すぎるのよ。仕事と家庭、両方の責任の間で板挟みになってしまっているの。ここでみんなが、私を機械みたいに扱うからよ。数を出せ、数を出せって……これじゃまるで、ここの中だけで生きている、ただのバカな機械みたいだわ。
C（結果-感情）：1から10の段階のうち5の怒り。1から10の段階のうち9の悲しみ。
C（結果-行動）：その日、残りの時間は仕事をするふりをしていた。売り上げは1つも出さなかった。

「原因を探る思考」、すなわち、仕事と家庭をうまくやりくりできない原因に対する彼女の説明は、部長が彼女を機械のように扱っているということだった。これは明らかな権利侵害思考であり、彼女が感じた怒りを説明するものだ。しかし、悲しみについてはどうだろうか？ それを説明するものはどこにあるのだろうか？

このように感情の強さを説明する思考を突き止められないケースでは、「氷山を見つける」スキルが役に立つ。そこでアンドレアはこのスキルを使うことにしたのだが、このとき、彼女にはこのプロセスを声に出して行ってもらい、私たちは彼女のガイド役をすることにした。

質問：職場の人たちが私を機械のように扱っているけれど、私にとって最悪なのは、どの部分なのかしら？
アンドレア：彼らは、私たちを人として尊重していないのよ。私たちのことを、ここでの仕事以外にも生活を持っている、完全な人間だとは見なしていないの。まるで、オフィス以外では存在していないみたい。仕事が終わったら溶けていなくなって、次の日仕事が始まるとまた復活する……。でも、そんなわけないでしょ。私には、こんなバカげた仕事よりもっとずっと大切な家族がいるのよ。

ここで、この筋の質問では、権利侵害について掘り下げ、怒りの経緯を浮

き彫りにするばかりで、本来悲しみを経験した人が表すはずの「喪失」思考をはっきりさせられないことに注意しよう。そこで、アンドレアは方針を変えた。

質問：ここ最近、こういうことがよくあるのよね。で、それは私にとって何を意味するのかしら？
アンドレア：よい母親でいることと、この仕事をきちんとやること、その両方を同時にうまくやるのは、私にはできないってことなのよ。
質問：「よい母親」でいるっていうのは、私にとって何を意味するの？
アンドレア：よい母親っていうのは、いつでも子どものためにそこにいるの。食事のときには必ず一緒にいて、絶対に夕飯を作るもの。そう、できあいのものですませるなんてあり得ないのよ。子どもの具合が悪いときは、その子のために自分のことは何もかも後回しにするの。よい母親は、家にいるべきで……。

アンドレアは、そこまで言いかけて、話すのをやめ、口をぽかんと開けて私たちを見た。
「なんということでしょう。自分の口から出てきたことが信じられません。これは、私の母の言葉です。そう、私の母は、昔ながらの専業主婦でした。毎朝、私たちのお弁当を詰めて、私たちが学校から帰るといつも家にいる、そんな感じでした。でも、妹と私は、自分たちの人生では同じようにしたい**とは思わなかった**んです。私たちはふたりとも働いています。それで、母から直接何か言われたことがあるわけでもないのに、母は本当はふたりが働いていることをよくは思っていないのではないかと、いつでも勘ぐっているんです」

質問：では、よい母親とは？
アンドレア：よい母親は、子どもたちを愛し、心配し、大切にする。子どもたちの具合が悪いときはそばにいてあげる。でも、専業主婦である必要はありません。よい母親も、金銭的に一家に貢献することはできると思います。

そうです。そう思うから、私はこの仕事をしているんです。それで実際、私は子どもたちを助けてあげられているんです。

質問：では、実際にはあり得ないことですが、もしも、私たちが、あなたが家にいることに対して給料や歩合を出してあげると言ったら、どうしますか？

アンドレア：（微笑んで）おそらくやりません。

質問：では、あなたにとって、仕事と家庭、どちらかを選ばなければならないことの、最悪な部分はどこなんでしょうか？

アンドレア：私は、今の職場での仕事が得意なんです。それを諦めたくはありません。毎日ベッドから出て、走ってエレベーターのボタンを押しに行くのは、仕事がしたいからなんです。それに、私が堂々としていられるのは、自分が金銭的に貢献していて、この世の中で何か得意なものを持っているからなんだ、と、子どもたちと一緒に過ごしているときに思うんです。そう思うことは、私に自信を与えてくれます。私には娘がひとりいるのですが、私は、女だって、望みさえすれば人生の中でどんなことでもできるんだということを、彼女に示してやりたいと思っているんです。

質問：では、仕事を続けることと、専業主婦になること、そのどちらかを選ぶことの、最も悪い部分はどこなんでしょうか？

アンドレア：どちらか1つを諦めなければならないことです。私は、この仕事をやりたい。でも、よい母親にもなりたい。その両方はできません。

　もはや、私たちは彼女の悲しみを理解することができる。アンドレアはこれを決断と考えていたのだ。そしてそれは、単純に仕事と家庭の間で決断するということではなく、ここで彼女自身に示された、彼女の深い思い込みの中でコード化されている、これらすべてのものの間での決断なのだ。彼女が自分自身に示した通り、よい母親というのは、子どもが病気のときや子どもに必要とされたときに、そばにいてやれる人なのだ。そして、この仕事はそれを許してくれない。

　とはいえ、よい母親はまた、金銭的に貢献し、子どもにとって、完璧で誇れる人間であり、質の高いお手本でもある。彼女が今の仕事を続けることを

選んだ場合、彼女自身が定めたこの定義によると、悪い母親ということになる。しかし、彼女が仕事を諦めることを選んだ場合にもやはり、彼女自身の定義によって、悪い母親になってしまうのだ。大きな喪失は避けられないため、高いレベルの悲しみが容赦なくついてくるというわけだ。

　私たちは、思い込みに挑むプロセスを手助けし、彼女が最初に特定した「原因を探る」思考（「部長が彼女を機械のように扱っている」）の１つに対して、代替思考を作るよう促した。さて、自分の氷山が明らかになると、彼女は実現できそうな解決策に気がついた。営業部長に、勤務時間をもっとフレキシブルにしたいと伝えてみたらどうだろうか？

　それなら、急に子どものために帰らなければならないことがあっても、その時間をあとで埋め合わせることができるのだ。これは良さそうに思えたが、経営陣の答えはノーだった。

　レジリエントな人ならばこの種の挫折にも屈することなくに進んで行くことができる。アンドレアは、自分の生活における２つの役割を両方とも満足に果たせる方法はないかと、もう一度考え、半日勤務を申し出るという新たなアプローチを試した。しかし、答えはノーだった。私たちはさらにコーチングを続け、「思い込みに挑む」スキルを使って彼女を激励した。そして結果的に、アンドレアは、自分が会社に対して望んでいるものを今いる会社からは得られないだろうと判断した（彼女をフォローするわけではないが、この判断には私たちも賛成であった）。

　アンドレアは、却下されてもめげることなく、自分を取り戻し、問題を解決するために「思い込みに挑む」スキルを使った。このプロセスは、10回に９回は望んだ通りの変化をもたらしてくれるものだ。また、10回に１回は、行き詰まってしまうこともあるだろう。

　しかし、レジリエントな人は、自分が目標を達成するためにできることをすべて試してみたかどうかがわかるし、何もかもがコントロール可能なわけではないこともわかる。そして、コントロール可能なものは、何としてでも手に入れようと努力する。

　アンドレアの場合、それは今の組織の外で別の営業職を求めることを意味していた。彼女はいくつかのオファーを受けたのだが、会社を検討する際の

彼女の優先事項は、休みを取ることに対する会社の心構えについてはっきりさせることであった。そうして彼女は自分にピッタリの会社を見つけたのだった。

まとめ

- レジリエンス・スキルは、仕事上のストレスへの対処、障害となる企業風土への対処、仕事と家庭の両立などに有効活用できる。
- 仕事上のストレスには「心を静めてフォーカシングする」スキルが有効だが、不安感が強い場合には「氷山を見つける」スキルを先に使う。
- 失業は極めて深刻な逆境だが、すべてのレジリエンス・スキルを駆使して乗り越えられる。
- 仕事と家庭の両立問題は、仕事と家庭それぞれに長年かけて築き上げた氷山思考がかかわる場合が多い。

Chapter 13
レジリエントな人生を送るために

　現代は本質的に悲劇の時代である。だからこそ我々は、この時代を悲劇的なものとして受け入れたがらないのである。大災害は既に襲来した。我々は廃墟のまっただなかにあって、新しいささやかな棲息地を作り、新しいささやかな希望をいだこうとしている。それはかなり困難な仕事である。未来に向かって進むなだらかな道は1つもない。しかし我々は、遠回りをしたり、障害物を越えて這い上がったりする。いかなる災害がふりかかろうとも我々は生きなければならないのだ。

　冒頭の一節は、1928年にD. H. ローレンスによって書かれたものだが、これは2001年9月11日以降の私たちの生活を描いているようだ。私たちは全員、あの日のできごとから計り知れないほどのさまざまな影響を受けた。愛する人を失った人もいる。同僚や知人を失った人もいる。そして、アメリカにいたほとんどの人は、亡くなった人たちのことを直接は知らなかったのだが、それでも、皆何かを失ったのだ。評論家や専門家たちは、失ったのは無垢な心だと言った。それに共感した人もいるし、共感しなかった人もいる。

　しかし私たちは先住民ではない。荒れ狂う時代を経験してきている──経済的にも、政治的にも。私たちの心はもともと無垢ではなかった。それでもやはり、私たちは何かを、尊い何かを、失ったのだ。正義感も安心感も失った。そして、突然、自分自身の死に対する関心を呼び覚まされたのだ。

　9.11のできごととその後の影響は、私たちの人生を覆っていたベールを引き剝がした。そして私たちは、その中身をつぶさに調べ始めた。これは、多くの人にとって初めてのことだった。私たちは立ち止まり、じっくりと内省した。そして、自分自身に大きな問いを投げかけた。自分は、どんな人間だろうか？　何を優先して生きているのだろうか？　本当に大切なことに時間

を使っているのだろうか？　なぜいつも、愛する人たち以上に仕事を優先し、それをよしとしているのだろうか？　この人生は、自分にとってどのような意味があるのだろうか？　そして、当然のこととして、これらの問いが、これまでずっと自らに問い続けてくるべきものであったことに気がついたのだ。

　こうした重要な問いの答えを見つけるために、レジリエンス・スキルを使うことができる。これまで見てきたように、レジリエンスは、幼少期の障害を乗り越え、日々直面する逆境の中を首尾よく進み、絶望的なトラウマから立ち直ることを可能にしてくれるものだ。レジリエンスは、9.11の余波の中にある私たちを救ってくれるはずだ。

　9.11は、愛する人たちとつながっているために、自ら働きかけなければならないことを気づかせてくれた。命はあまりにも短く、チャンスがそこにあるときに、手を伸ばして摑んでおかなければならないのだ。そのためには、自分がどのような人間であるのかをより深く理解し、未来の「自分」の形成を今なお促している力を自分自身でコントロールする必要がある。

　自分がどういう人間で、そしてどういう人間になりたいのか、それがわかるようになれば、人生の意義を創り出すことができる。レジリエンス・スキルの力を借りれば、愛する人たちとより親密な関係を築き、コミュニティへの積極的なかかわりを通して人生を意義と目的で満たすことができる。そしてまた、何か新しいことに挑戦するためにもスキルを活用できるのだ。

自分自身を創造する：今の自分となりたい自分を知る

　1960年代の反戦運動時代以来、多くの人たちが"自分探し"に夢中になってきた。実際に、その旅の手引きをする自己啓発本も数多くある。しかし、誤解しないでいただきたい。自己探求はレジリエントでいる上で必須となる部分（最初の３つの「自己発見スキル」を指す）ではあるが、ジョージ・バーナード・ショーの言葉を借りれば、アイデンティティというものは、歩道に落ちている硬貨のように「見つける」ものではない。それは、生涯の経験によって形作られるものなのだ。

自分がこうありたいと思う人間になれるよう、自ら働きかけ、それを成就させるために、どのようにレジリエンス・スキルを使えばよいのだろうか。まず初めに、自分がどんな人間かを認識しなければならないのだが、それはつまり、自分の深い思い込みや自分自身の価値、自分の世界、そしてその中での自分のいる場所についてよく知ることを意味する。

　自分自身を理想から遠ざけている思考はもとより、これまでずっと変わらずとってきた、自分自身にとって好ましくない行動を導く思考が何なのかを理解しなければならない。そして、それらの思い込みに挑まなければならない。あなたはもう、このプロセスを助けてくれる、ABCからリアルタイム・レジリエンスまでのすべてのスキルを知っている。これらのスキルを自分のものにすれば、自分で自分のアイデンティティを形成することができるのだ。

　アレンは、ニューヨークの大手広告代理店でシニア・アカウント・エグゼクティブを務めていた。彼は、ある1つの問題を解決するために、私たちのエグゼクティブ・コーチングを受けに来た。彼の抱える課題は、自分の攻撃性のコントロールであった。アレンは、絵に描いたような成功者だった。40代半ばで、18年間続く妻とは仲睦まじく、素晴らしい3人の子どもがいて、そして、仕事でも輝かしい成功を収めていた。彼はずっと、自分の攻撃的なふるまいについて、それは自分の強みであると考えていた。

「私は、社内で最多のクライアント数を持っています。お人好しにはできないことです。見込み客がライバル企業から離れるまでは手を緩めませんでしたし、必要なサポートスタッフを得るために電話で業務マネージャーに怒鳴りつけることもありました。なぜ私がフロアで一番広いオフィスを持っているかおわかりになりますか？　それは私が、この地区のマネージャーに面と向かって、このオフィスがもらえないのならここを去ると言ったからなのです」

　しかし、このところ、アレンの攻撃性は、彼の本来の野望や強い望みから、彼を引き離しているように感じるのだった。彼が会社の新入社員への指導を申し出ても、上司は真剣に受け止めてくれなかった。

「私は、自分のキャリアを還元したいと思う時期にいます。しかし、会社のみんなは、おそらくそれは正しい見方なのでしょうが、私の気性は指導者として不適切だと考えているんです。みんな私に、次世代の広告業者を『堕落』させてほしくないと思っているのです」

アレンはさらに続けた。

「それに、職場に限った話ではないんです。私は妻のことを本当に大事に思っています。妻は素晴らしい女性ですが、私のこの性格のせいで、彼女がいつも息苦しく感じているのではないかと思うのです。私は傲慢で支配的なので、そのことをいつか彼女が不快に思うようになるのではと、不安に思っています。子どもたちに対しても、私はいつも怒っているような気がします。殴ったことは一度もありませんが、怒鳴ることはしょっちゅうです。先日は、私が歩み寄っただけで子どもが少し萎縮したような気がしました。9.11のツインタワービルで起きたことは、私にも起き得たことでした。もしもあの朝、私が死んでいたら、家族や友人、同僚たちは、私に対してどんな思い出を持ったでしょう。それはさしずめ、彼らに指を差して、怒って顔を赤らめている偉そうな男といったところです。私は、そんなふうになりたくありません。私は、今までの自分が嫌いなんです」

最初の数回のセッションで、アレンは自分が「キレた」いくつかのできごとについて詳しく教えてくれた。それは、職場で、彼の妻や子どもたちに対して、近所の人に対して、PTAの会合で、そして、スポーツ試合で起こった。ある1つの感情（彼の場合は怒り）が、頻繁に、生活のあらゆる局面で起こる場合には、何らかの氷山思考が原因であると確信してよい。当然、「氷山を見つける」スキルの出番ということだ。彼は事前に、ABCをやっていた。

A（逆境）：PTAの会合で、他の親が学校の募金集めのアイデアを出した。俺はそれに反対だったため、みなの前で、大声で主張した。しかしPTAは、投票により募金計画を承認した。

B（思考）：俺はマーケティングについてよく知っているし、このアイデアが絶対にうまくいかないこともわかるんだ。みなが、俺でなくあのバカに票を入れたなんて、信じられない。

C（結果）：激しい怒り。しかし、家に帰る頃には、ひどく恥ずかしくなってきた。うんざりして部屋を飛び出し、ドアを乱暴に閉めた。

　これは、彼が人間関係を壊すときの典型例だ。彼は、生活のあらゆる局面で人とのつながりを壊してしまう。彼は、次のようにして、自身の氷山を見つけ出した。

アレンの質問：俺は、みんなが彼ではなく俺の言うことに耳を傾けるべきだと考えていたが、どうしてそれが、ここまで俺の心をかき乱すんだろう？
アレンの答え：それは、専門知識を持っているのが彼ではなく俺だからだ。俺が、最高に仕事のできる人間だってことを、みんなにはわからないのか？
質問：みんなが俺の仕事のことをわかっていないというのが事実だとしよう。それで、俺にとってその最悪な部分はどこだろう？
答え：みんなが俺の知識に対して敬意を払わず、必要ともせず、俺を尊敬しないことだ。こんな専門知識をタダで提供してもらえるっていうんだから、喜ぶべきなんだよ。
質問：俺の専門知識に敬意が払われないことは、何を意味するんだろうか？
答え：要するに、俺を尊敬されていないってことだ。俺がマーケティングについて話すかどうか以前に、まず敬意を払うべきだろう。俺は、生還者なんだ。それに、俺は大多数の人間よりも人生についてよく知っている。みんな、俺の言うことに耳を傾けるべき……いや違う……俺の助言を単に聞くだけでなく、俺の言う通りにすべきなんだ。

　アレンは、自分を極端なほどひどく腹立たせていたものが、権利侵害の氷山思考であったことを明らかにした。そして「思い込みに挑む」スキルを使ってその氷山思考（誰しも、彼の一言一句に耳を傾け、常に彼の助言に従うべきだという考え）が正確なものでないことを理解した。彼は、オフィスでのあらゆる特典を手に入れる絶対的な資格など持ってはいないし、上司が彼の要求の1つを承認しなかったからと言って、それが必ずしも権利の侵害ではないということに気づいた。

しかしアレンは、自分の氷山を避けようと意欲を燃やしていたとき、「リアルタイム・レジリエンス」を使うことに四苦八苦していた。「自分が不当に扱われたと感じると、その瞬間、怒りに支配されたような感じになるんです。そして怒りは、自分にとって役に立っている部分もあるんです。つまり、今までずっと、怒りの力で自分のほしいものを手に入れられてきたと思っているんです」
　アレンには、それほど大きな努力の要らない、速攻型スキルが必要だった。彼の怒りはあまりにも簡単に湧き上がり、「権利侵害」思考を明らかにしてそれに反論しようとする彼の意思を打ち砕いてしまうのだ。怒りの爆発の多くは、オフィスでの電話の最中に起こった。アレンは、もっとよい人間になるという目標を思い出すことができれば、怒りが湧き上がるのを避けられるだろうと考えた。
　そこで、彼は「心を静める」スキルのいくつかを実践してみることにした。彼は、自分が「怒りっぽい男（Anger Man）」であることを思い出すために、電話のそばに「A」という大きな文字を貼った。それから、パソコンの上には、自分の死後、皆の中にどういう人として記憶されたいかを思い出すために、「R.I.P（安らかに眠れ）」という文字の入った小さなサインをくっつけた。さらなる戦略の1つとして、本棚の上のちょうど自分の目の高さの位置に、家族の写真を置いた。彼の愛する人たちは、彼が変わりたいと思う大きな動機になっていたからだ。
　この作戦は成功した。アレンへのコーチングから数カ月後、私たちは彼の妻から手紙を受け取った。そこには、「アレンは生まれ変わった」と書いてあった。彼はめったに怒らなくなり、彼が怒るのはごく自然というときだけになった。彼は攻撃性を抑えることで、成功のために怒りは必要ないということを、自分自身で証明して見せたのだ。彼は、家族や同僚との関係にポジティブな変化を見出し、彼らの反応がまたさらに、彼によくなりたいという気持ちを起こさせたのだった。そしてついに、彼の氷山は姿を消した。そして実は、彼があまり怒らなくなったことで、彼を攻撃しようとする人の数は、かえって少なくなったのだった。
　あなたもまた、アレンのように、レジリエンス・スキルを使って自己改革

することができる。そして、自分の人生の意義——他者との親密なつながりから、あるいは、人生における新たなチャンスを摑みとることからもたらされる意義——を創り出すため、自ら働きかけることができるのだ。

働きかけることを通して人生の意義を創造する

「囚人番号119104」、これが、ナチスの強制収容所での彼の呼び名だった。収容されていた他の無数の人たち同様、「囚人番号119104」は、この世でこれ以上想像を絶するものはないというほど、ひどく過酷な状況で暮らし、労働を強いられていた。そしてほぼすべての囚人同様、彼の世界は小さく縮小した。彼はかつて、何百人もの生徒の前で講義を行い、学術会議で演説をするような、成功した精神科医であった。しかし今や、彼の世界は、ボロボロの服を収集すること、次の食事を探すこと、そして生き残るということで成り立っていた。彼の精神力はすべて、最後のタバコをスープと交換すべきかどうか、靴紐にするための針金をどうしたら見つけられるか、といった最も卑しい決断に集中させられていた。

終戦の後、「囚人番号119104」は、彼の経験を本に記した。彼は、自分の人生が転換したある日のできごとについてこう綴っている。

　　私は、毎日四六時中自分に強いられている状況にも、そうしたくだらないことばかり考えていることにも、ほとほとうんざりしてしまった。そして私は、自分の思考を無理やり別の主題に向かせるようにした。すると突然、私は暖かく心地よい講義室の少し明るい壇上に立っている自分に気がついた。私の目の前では、聴衆が布張りをした快適な椅子に座って私の話にじっと聞き入っているのだった。なんと私は、収容所の心理学について講義をしていたのだ！　その瞬間、私を虐げていたすべてのものが客観的に見え、科学という遠く離れた見地からそれらをとらえて叙述することができていた。これによって私はなんとか、その状況とその瞬間の苦しみを克服することに成功し、そしてそれらは、あたかも既に過ぎ去った過去のものであるかのように思われたのだ。そして、私

という人間と私の経験した苦しみは、私自身の手で進められる、興味深い心理学研究の対象となった。スピノザは、『エチカ』の中でこう述べていたように思う……。苦悩という感情は、その像を明確に描き出した途端、苦悩ではなくなるのだ。

「囚人番号119104」は、ロゴセラピーとして知られる治療法（実存分析）を見出した医師、ヴィクトール・フランクル博士であった。ロゴセラピーの目的は、患者の中にある中心的意義を引き出し、その人を正しい軌道へ戻すことだ。フランクルが自身の人生で最も力強い訴えを持って実証してみせたのは、意義の探求こそが私たちの存在の中核を成すものだということだ。意義の探求を欠けば、希望を諦めた囚人たちのように、人は道に迷ってしまう。意義を持っていることで、人は最悪な状況にも耐えることができる。つまり、レジリエントになれるのだ。

　囚人の多くは、乗り越え、立ち直り、そして首尾よく進む術を身につけたが、それだけでは足りなかった。真の意味での救済は、フランクルが習得したように、働きかけ、人生の意義を創造することによってもたらされるものなのだ。私たちの境遇は、フランクルの経験のように悲劇的なものではないが、私たちも、働きかけることによって大きな意義を創り出すことができる。私たちは、他者との親密な関係において働きかけることができ、新しい機会やコミュニティに対して働きかけることができ、仕事に意義を見出すために働きかけることができるのだ。

他者への働きかけによって人生の意義を創造する

　多くの人が、親密な関係を築くために四苦八苦している。もしかするとあなたは、長く関係を持っているパートナーに身をささげるかどうか迷い、不安や疑念を抱いているかもしれない。また、幼少期に両親の離婚を経験し、それを完全に「克服」できないまま今日に至り、あなた自身の結婚を目の前に、逃げ出したい衝動にかられているかもしれない。または、たとえ仕事がうまくいき、結婚生活が順調であっても、真の友情を感じられず、そうした

つながりを恋しく思っているかもしれない。「氷山思考を見つける」スキルは、あなたが築き上げてきた愛や献身についての思い込みを明らかにし、理想的な関係を築く上でその思い込みが、妨げとなるかどうかを見極めるのを助けてくれる。

　人は誰しも、関係性や親密さに関して根本的な信念を持っているが、その基礎は時に自分の両親の関係に対する認識から築き上げられる。そしてその思い込みは、独り歩きを始めるのだ。これらの氷山を正しく分析する唯一の方法は、証拠を客観的に見ることである。

　40歳の男性、ゴードンは、親密な関係に苦心していた。彼はいつも、女性に親しみを感じ始めると途端にうまく振る舞えなくなり、必ず女性を遠ざけてしまうのだ。相手の女性が去った後、彼は孤独と悲しみを感じ、再び関係を取り戻したいと思うが、いつも手遅れになってしまう。ゴードンは、親密さに対する深い思い込みを特定し、破壊的なパターンから抜け出せない原因を理解するため、「氷山を見つける」スキルを使うことにした。そしてスキルを実践した結果、彼の中核となる思い込みの1つが、「傷つきやすいことは弱さの証だ」というものであることに気がついた。そしてこの思い込みは、父親から教えられた言葉に起源があることもつきとめたのだった。

　ゴードンは、今後自分が望むような関係を築いていく気があるのなら、傷つきやすいということの意味について、理解を改めなければならないと知った。彼は、「思い込みに挑む」スキルを使って、傷つきやすいことイコール弱いことではないと、自分自身を説得した。そして実際に、彼が最も高く評価している男性の多くが感情豊かであることを知った。彼らは、自分の感情に正直で（テレビ映画を見て涙ぐむという類の感情表現ではなく）、パートナーに自分の感じていることを話し、また、パートナーの話にも耳を傾けていた。

　深い思い込みを特定し、それに挑むことで、ゴードンは人間関係を築く上でのアプローチの仕方を変えられた。彼はもはや、女性に親しみを感じ始めても、自分でその関係を妨害する必要はなくなった。つまり、彼の関係性は今や、努力次第でうまくいく可能性を持ったのだ。

　もしも、あなたがゴードンとまったく同様の苦しさを親密な関係の中に見出しているのなら、自分の思考や感情のパターン、そして自分が非常に傷つ

きやすい人間だと考える思考のワナに陥っていることを認識する必要がある。自分自身がどんな人間であるのか、「プッシュボタン」の弱みだけでなく強みについても理解できるよう、強力な自己認識ツールである「氷山を見つける」スキルを使ってみるといいだろう。自分の認識が現実的でないことに気づくのは、何をおいても必須のプロセスだ。ひと度、あなたを立ち止まらせている思考に挑んでしまえば、あなたは関係性の中でリラックスし、望むようなつながりを築くことができるだろう。

仕事での働きかけによって人生の意義を創造する

　レジリエントな人生のための働きかけとしては、仕事で新しい挑戦をするというのも1つの方法だ。その機会はさまざまな形でやってくる。興味深いプロジェクトや指導者としての立場における職務、もっとレベルの高い仕事、新しく刺激的な部署への異動、転職、まったく新しいキャリアのスタートなどがそうだ。

　もしあなたがこうしたチャレンジに惹かれながらも尻込みしているのなら、自分の判断材料としてティッカーテープを探ってみるとよい。私たちは、さまざまなトレーニングやエグゼクティブ・コーチングでサラリーマンたちとかかわる中で、こうした選択するときに、心の奥深くに眠っている根本的な思い込みが動きだすことを発見した。そのいくつかは、「私には、高い地位での責任をまっとうする資質がない」といった、自律性にかかわる氷山思考だ。また、当然、自発性や動機づけに関係するものもある。例えば、「昇進してそのポジションに就いた場合に要求される仕事量はあまりにも多い。この昇進を承諾したら、組織の言いなりになって働く奴隷になってしまう。自分が自分でいられるためには、今のまま、この低いポジションに留まるのが賢明だろう」といった思考だ。

　私たちは、アイデンティティに関する氷山が、働きかけを邪魔するという実例を見たことがある。シャロンというクライアントは、ロースクール（法科大学院）を受験するために、15年間務めてきた管理職の仕事を辞めることを検討していた。そのときシャロンは38歳だった。

「私は、今までの人生で、これほどまでにやりたいと思ったことはありませんでした。このことしか頭にないほどです。四六時中、自分がロースクールにいることを夢見ています。残りの人生は弁護士として生きていきたいと、強く思っていますが、できないんです。自分の今いる場所から飛び出せないでいるような感じです。私は、LSAT（法学大学院進学適性試験）を受験し、うまくいきました。そして、自分にぴったりだと思った地元のロースクールに出願し、合格しました。でも、今、それが現実になろうとするにつれて、とても苦しくなってきてしまったんです。自分を踏み留まらせているものが何かはわかりませんが、私は、仕事を続け、無難な道を進むようにと、自分に言い聞かせ続けているのです」

シャロンは、戸惑う瞬間のティッカーテープをこのように特定した。
「私は、今いる場所でうまくいっているの。波風を立てるべきじゃないわ。私の運命には起こり得ないことだってあるのよ」

そこで、このティッカーテープを「氷山を見つける」スキルのスタート地点とした。

シャロンは、自分の中核となる価値観を特定するプロセスで、リスクを冒すことに不安を感じていることに気づいた。
「うまくいっているのに、どうしてリスクを冒すのでしょうか。うまくいっていないのなら、それは確かに、思い切ってリスクを冒してもよいでしょう。何も失う必要がないのですから。でも、私には失うものがたくさんあるし、それを諦めるなんて、愚かなことに思えます」と彼女は語った。

シャロンが勝負に出ることを好まず、そして、この選択を、状況に基づいて適切に概念化したことは明らかだった。彼女は法律の学位はリスクが高いと考えたのだ。しかし、彼女にとってロースクールに行くという選択は、本当に大きな賭けだったのだろうか？　もしも彼女がLSATの勉強のために仕事を辞めていたのなら、それはそうだったかもしれない。つまり、合格するかどうかわからなかったのだから。しかし彼女は合格した。すると、今度は「卒業できるのだろうか？」という問いが生まれるのだが、彼女が選んだロースクールの卒業率を尋ねてみると、彼女が卒業できる見込みはかなり高いことがわかったのだ。このように、すぐ手の届くところに証拠があったに

Part3　レジリエンス・スキルを実践する

もかかわらず、問題の心臓部まで辿り着くには、思い込みの層の間を潜り抜けて行く作業を続ける必要があった。そして結局、彼女の懸念は、自分のアイデンティティの喪失と、社会に貢献する能力を失うことにも向けられていたことが明らかになった。

彼女は自分の深い思い込みを探り続けながら、もしもロースクールに行ってうまくいかなかったら、自分がひどくバカに思えてくるだろうと話していた。そして彼女は、この恐怖心を、成長過程で耳にしてきた言葉と結びつけた。

「私の父はいつも、私のことを、決して大物にはなれないだろうと言っていました。私は、マネジャーに昇格したとき、彼を黙らせました。もしも私が今のポジションを台なしにしていたら、父はきっとそれを大いに喜んだことと思います」

彼女はまた、自身のアンビバレントな部分が尊敬に関する思い込みによって助長されていたことにも気づいた。彼女は同僚たちから尊敬を得ていたのだが、いちからやり直して、トップに辿り着くまでの険しい道のりを再び苦労して進まなければならないことを思い、気に病んでいた。尊敬されるということが、彼女のアイデンティティにとって非常に重要なことであったため、彼女は、自分が尊敬を得られていると、自分自身に証明しなければならなかったのだ。

彼女は、氷山を見つける質問を順々に進めていき、自分の決断力のなさの根本原因を突き止める。

「私には、失敗する余裕がないんです。私は、可能な限りベストな人生を送りたいと思っています。今までずっと、これが私のモットーでした。私は38歳で独身。パートナーもいませんし、子どもを持つという将来も考えていません。法律を学びたいと思った理由の1つは、地元に何か還元できることがあると思ったからでした。そう、例えば、昔なじみの地域に小さな法律事務所を開くとか。法律の学位があれば、私は今できることよりずっと多くのことができるのではないかと考えたんです。でも、私はこうも考えてしまいます。もしもこの仕事を失い、その上それを何か別の有意義なものに置き換えることができなければ、そのときの私よりは、今の私の方が、多くのことが

できるかもしれない、と」

　これで、この決断が彼女にとって大きな賭けであったことは、私たちにもシャロンにも明らかになった。彼女にとって、危険にさらされていたのは、命令されることというより、むしろ、命令する権利だった。危険にさらされていたのは、仕事において他人より秀でるチャンスと高い社会的地位を得るチャンスだった。危険にさらされていたのは、自分が周りからどのように見られているかということと、自分自身がどんな人間であるかということに対する自己認識と、人生における彼女の世界と次世代に貢献するチャンスだった。そして、危険度を考慮することで、リスクはみな悪いものであるという氷山思考が、彼女を決断から遠退けたのだった。しかし彼女は、自分の警戒心が現実に基づいたものでないことがわかってきた。彼女の思考スタイルと氷山思考は、必要以上に彼女を抑制していたのだ。

　シャロンは、自ら働きかける決断をした。結果的に、彼女は2年前に法律の学位を取得し、現在は故郷の大企業で働いている。私たちが最後に彼女と話したとき、彼女は、数年以内には、十分な経験と現在のビジネス・パートナーたちの賛同を得て、小さな事務所を立ち上げたいと語ってくれた。

死別後の治癒のためのレジリエンス・スキル

　人生において、愛する人との死別を悼むことは、避けられない定めの1つだ。私たちはよく、そうした困難な変化の中にいる人を、レジリエンスが救えるのかどうかを尋ねられる。レジリエントに悲しむというのは、どのようなことを意味するのだろう。まず、死別の直後に思い込みの正確さを検証することには意味がないという私たちの見解を明確にしておきたい。
　先に指摘したように、人生におけるイベントは時に、あまりにも大きく、一義的な意味を持つために、反応を引き起こす原因が、そのイベントに対する解釈の仕方ではなくイベントそのものである場合がある。とは言え、レジリエンスには愛する人の死に対処するために果たせる役割がないと言っているわけではない。レジリエンスは、あなたと周囲の人とのつながりを保ち、

サポートを求められるよう助けることによって、悲嘆にくれるプロセスを和らげてくれるのだ。

　ジュリーとソフィーは、1日に何度も電話で話していた。それはいつも長い会話ではなかった。子どもたちを習いごとなどに送って行った後や迎えに行くまでのわずかな時間に、ちょっとした挨拶を交わすとか、子どもの言ったたわいもないことを共有するとか、夕飯の献立案を聞くとか、その程度のものだった。しかし、彼女たちが思い出せる限り長い間ずっと、姉妹が取り合う毎日の連絡は、紛れもなく2人の関係の一部だった。

　電話が鳴った時、ジュリーは、それはソフィーからだと思った。1時と言えば、子どもたちがご飯を食べている間に、「調子はどう？」と互いに尋ねることが常だった。しかし、電話の主は、ソフィーではなく母親だった。彼女は、ソフィーが事故で死亡したことを知らせるために電話をしてきた。姉の死に続く数週間は悲惨なものだったが、少なくとも最初の数週間は、葬儀の準備、知人や友人への連絡、ソフィーの夫や子どもの食事の世話など、やるべきことでいっぱいで、どんどん過ぎていった。ジュリーは悲しみで打ちのめされていたが、ほとんど何の感覚もなく、彼女の意識はソフィーの夫と子どもたちを助けることや、彼らが心の傷を克服できるよう手助けすることに集中していた。

　ソフィーの死から約2カ月後、ついにそれがジュリーを襲った。彼女は、その瞬間をこう思い出す。

「ある木曜日の午後でした。美しい日でした。子どもたちは小さな子ども用プールで遊んでいました。そして、カタログの入った郵便物が届いたんです。私はそのカタログに目を通して、ソフィーが好きそうな水差しに気づきました。いつもの癖で、電話に手を伸ばしました。そのとき突然、胃をぶたれたように感じました。息ができず、むせび泣きを始めました。そのいまいましい青い水差しを見たまま、どうしても涙を止められませんでした」

　ジュリーの姉の死は、彼女がこれまでに経験したことのない方法で、彼女の前に立ちはだかった。表向きには、彼女は持ちこたえていた。子どもたちのためにそうせざるを得なかった。しかし内面では、その痛みは耐え難いものだった。ジュリーは夫や友人を遠ざけるようになった。ソフィーの思い出

に触れる会話になると、彼女は静かに部屋を去った。ジュリーは母親が持ってきた、最後にみなが集まったときの写真を見ることができなかった。

　ジュリーが経験していることはどれも、人が悲嘆に暮れるときに経験する一般的なプロセスの一部だ。正しい愛し方がないように、悲嘆に暮れることに正しい方法などないのだ。そしてレジリエンスは、愛する人との死別で受けた傷を癒す助けにはなっても、痛みや怒りや悲しみを感じるのを防ぐことはできない。

　そもそも、そうするべきではないのだ。それは健全で、人間として普通の反応であるし、経験すべき大切なことだ。レジリエンス・スキルは、悲嘆の原因の一部である複雑な感情を克服しようとするときに、自分の感じていることを理解し、愛する人とのつながりを保つことを助けてくれる。そして、失ったものが何であれ、悲嘆によって自分の人生を生き続ける力が損なわれたとき、レジリエンスは、その力を取り戻す手助けとなるのだ。

　ソフィーの死後、約2カ月が経ったある日曜日、ジュリーと彼女の家族は、友人のジョージとウェンディにバーベキューに招待された。ジュリーの夫のデイビットは、静かな時間を友人と過ごすことをとても楽しみにしていたし、彼女のことをよく理解し気遣ってくれる仲間の中にいることは、ジュリーにとってもよいことだと思っていた。その朝のジュリーは比較的調子がよかったのだが、出発の準備ができた辺りから徐々に悪くなっていった。

　友人の家に着くまでに、彼女は泣くのをこらえなければならなかった。そしてウェンディの口から出てくるほとんどすべての言葉が、彼女の神経に触った。ジュリーは、落ち着いて、必死で慰めようとしてくれる友人たちの気持ちを受け入れたかったが、そのときの彼女は、感情から感情へと跳ねていくパチンコ玉になったような気分だった。この局面で、自分をサポートしたいと思っている人たちとの仲を裂く悲嘆の感情を食い止めるために、ジュリーがどのように「リアルタイム・レジリエンス」を使ったのか、紹介しよう。

ジュリーの思考：こんなふうに、何か不適切なことを言ったら粉々に壊れてしまうような、とんでもなく壊れやすい心を持っているみたいに扱われて、一体どうやって、リラックスして楽しめと言うのかしら。私を楽しませたい

なら、私のことをノイローゼの人みたいに扱うのをやめるべきだわ。

ジュリーのリアルタイム・レジリエンス反応：確かに、心が粉々になるのを心配されてはいるけど、それは別に、彼らが私のことをノイローゼの人みたいに扱っているわけではないわ。彼らはきっと、大切な人を失った人に、なんて声をかけるべきなのかわからなくて、気まずく感じているのよ。でも、私がもう少しリラックスして、姉のことを話しても大丈夫だということを知らせてあげれば、その気まずさはなくなるはずよ。

ジュリーの思考：私ったら、何を言っているのかしら。私はノイローゼなのよ！　髪の毛にまで痛みを感じるほど、ソフィーがいないことを寂しく思っているの。いつまでも、こんなふうに感じているわけにはいかないわ。早く立ち直って、前に進まなきゃ。ソフィーがそう望んでいるはずだわ。

ジュリーのリアルタイム・レジリエンス反応：ソフィーが望んでいるのは、私が自分自身に厳しくするのをやめることよ。悲嘆に暮れることは、立ち直るまでのタイムを競うものじゃないのよ。彼女は私の姉だった。私たちは、他の誰とも感じたことのない深い絆を共有していた。彼女がいない世界は、今までとはまったく違う世界で、私は前に進むことなんてできない。悲しくて、ふさぎ込んだっていいのよ。でも、ソフィーが私に、乗り越えるために誰かに助けを求めてもらいたいと思っているのは本当だと思うわ。この重荷をひとりきりで背負う余裕なんて私にはないんだから。

ジュリーの思考：でも、ウェンディが自分のお姉さんの話をしたとき、彼女は何を考えていたのかしら。彼女、あれ以上無神経になれると思う？　要するに、私が言いたいのは、自分の愛する美しい姉を失ったばかりの誰かに、自分の愛する美しい姉との素敵な関係なんて話すべきじゃないっていうことを知るためだったら、心理学の学位なんて必要ないってことなのよ。もう、私ってなんて間抜けなの？

ジュリーのリアルタイム・レジリエンス反応：もしかしたら、今のこの特殊な状況では、最適な話題じゃなかったかもしれないけど、彼女は彼女なりにできる限りのことをしてくれたのだと思うわ。彼女はその話を始めてから明

らかに気まずそうな様子だったけど、話を突然止めたら私がもっと不快に感じるだろうと思って、話しを止められなかったのよ。ほら、こんなにつらいんだから、私はみんなに、自分が何をしてほしいのか、きちんと伝えなきゃいけないわ。もし私が勇気をもって、自分の感じていることをもっとオープンにできたら、みんな私をもっとうまく助けてくれるはずよ。

　ジュリーは、姉の死後の数カ月間、「リアルタイム・レジリエンス」を毎日使った。ジュリーの場合、レジリエンス・スキルは他者に慰められることを自分自身に許す助けとなった。

　あなたの場合はどうだろうか。それは、自分が感じている深い悲しみを理解することや激しい怒りを引き起こす思い込みに挑むこと、または、愛する人に自分の感情を表現する力を失わせる深い思い込みを特定することの助けになるかもしれない。または、落ち着きを取り戻し、感情をコントロールするために、「心を静めてフォーカシングする」スキルを使うこともできるだろう。ただし、ここでのゴールは「普通に戻る」ことではないということを覚えておくのが肝要だ。正しいゴールは、自分自身を癒し、進むべき道の途中で迷っているときに、家族や友人に頼れるようになることなのだ。

レジリエントな国家

　この章の冒頭で、9.11の後に私たちのほとんど全員が何か大切なものを失ったと記した。私たちは、正義感や安心感を失った。正義とは、どのように世の中を見るかということを構成する本質的な要素の1つである。人は皆、「よいことはよい人の身に起こり、悪いことは悪い人の身に起こる」世界であると信じていたい。この「公正な世界」思考は非常に強力で、誰かが不幸に向かって進んでいることを知ったとき、人はその人がそれに値する人物だと見なす。それは、強姦などの罪の犠牲者を責めるという、多くの人に共通する傾向の基礎を形作っている。

　私たちのほとんどが、この「公正な世界」思考を持っている。しかし、9.11によってそれは打ち砕かれた。あの日仕事に向かった数千の人たちは、自分

を悲劇においやるようなことを何1つしていなかった。彼らはただ、生計を立てて、愛する人たちを支えるために出かけるという、私たちが毎日行っていることをしただけだった。私たちはあの日、正義感を、公明正大という感覚を、失ったのだ。

誰しも、世界が公正であると信じているだけでなく、「世界は基本的に安全である」という深い思い込みを作り上げている。少なくとも、自分の人生の上では安全であると自分自身を納得させている。それは、絶え間ない不安を持つことを防ぐもので、この世界でうまく機能していく上でとても有益な信念だ。心理学者は、もしその信念がぐらつくと、恐ろしい感情的結果が起こると考えている。

第1章で、心的外傷後ストレス（PTSD）について議論した。ベトナム戦争の戦闘兵士たちは、第二次世界大戦と比べて優位に高い率でPTSDを発症した。第二次世界大戦の戦いは、より従来型だった。前線というものが存在し、自分が前線にいるときには危険にさらされ、そうでないときには安全だった。敵は軍服を着ていて、安全を示す明らかな印と、危険を示す明らかな合図があった。

しかし、ベトナム戦争ではそうではなかった。前線がなかった。敵は軍服を着ていなかった。多くの同盟の兵士たちは、村の年老いた女性もベトコンの歩兵として生かしてはおけないという考えだった。彼らの安全に対する信念は激しく攻め立てられた。また、強姦された女性は、それが自分の家で起きた場合や知っている誰かによるものであった場合には、なじみの薄い場所で起きた場合や知らない人によるものであった場合と比べて、PTSDを発症しやすかった。誰しも、家は安全だと思い込み、知り合いはみな無害だと信じ込んでいるのだ。

世の中は公正かつ公平であるべきだ。誰しも安全に仕事に行けるべきだ。9.11は、私たちが日々うまくやっていく上で欠かせないこうした信念を破壊した。しかし、私たちは、正義や安全に関する基本的信念を蝕まれたのと同じように、それをまた、再構築できるものなのだ。

ブレンダは研究者であり、仕事上、カンファレンスのために飛行機に乗ることがあった。彼女は、9月末のカンファレンスに参加することを予定して

いたのだが、誰も、彼女の上司でさえも、9.11のテロの後で、彼女がそれを取り消していたのに気づかなかった。しかし、12月になっても彼女がまだ飛行機に乗ることを拒んでいたときに問題は起こった。上司が彼女の解雇を検討し始めたのだ。

ブレンダに会ったとき、私たちは、多くのアメリカ人にとって、世界は突然安全ではなくなり、予測不能なものになったのだと知った。ブレンダが彼女自身のために構成してきた、「悪いできごとは悪い人の身にだけ起こる」とか、「ああしたことは、私のような人間には決して起こらないだろう」といった幻想は、確かにただの幻想で、彼女は再び安全を感じる術を見出せずにいた。9.11の荒廃は彼女に、飛行機は今でも安全で、おそらく、前よりも安全だとか、道で通り過ぎるほとんどの人は基本的によい人だとか、郵便物を開いても伝染病にかかるリスクはないといった、基本的な事実を見失わせてしまった。

ブレンダは多くの人たちと同じように「大惨事」思考を始め、それをすればするほど生きづらくなっていった。ブレンダは不安をコントロールできるレベルにまで落とすために「大局的にとらえる」スキルを使った。そして、世の中には今でも正義や善良なものがあるという証拠を、毎日少なくとも1つ見つけるという課題を自身に課した。そうした証拠を見るよう自分自身に強いることによって、ブレンダは少しずつ、他者に対する基本的な信頼を再構築し、恐怖心を鎮めることができるようになった。

私たちの願い

9.11事件以降、アメリカは長い道のりを辿ってきた。毎日、少しずつ、自分たちの世界を再建してきた。人々は、仕事に行き、家に帰り、ドアをくぐりながら子どもたちの姿を見て、飛行機に乗って、安全に帰って来るという日常生活の中で、前よりももう少しだけ大きく働きかけながら、自分たちの信念を集め直している。

D. H. ロレンスの言葉を引用すれば、「それはかなり困難な仕事である。未来に向かって進むなだらかな道は1つもない。しかしわれわれは、レジリエ

ントな国民だ。われわれは乗り越え、首尾よく進み、回復しつつある――われわれは、今再び、働きかけつつあるのだ。われわれは必ず、生きて、繁栄するはずだ――いかなる災害がふりかかろうとも」

　私たちはともに、7つのレジリエンス・スキルを順々に進めてきた。仕事で秀でるために、親や子どもたちとの関係を深めるために、そして新しい経験を得るためにこのスキルを使った人たちの話を共有してきた。私たちがかかわってきた人たちの生活は、一夜のうちに劇的に変化したわけではない。彼らの生活は、彼らがこの本に書いてあることを実行し、よりレジリエントになるために献身したからこそ変化したのだ。私たちが一国家として行ってきたように、毎日、少しずつ、自らの考え方を変えることで、彼らの世界を再構築したのだ。

　彼らにできたのだから、あなたにもできる。

　私たちは、あなたがこの本を読み終えたとき、人生の困難をうまく対処し、意義や目的に満ちた豊かな人生を創造するために努力できる、あなた自身の能力に、より一層の自信を感じてもらえることを願っている。日常の中で1つひとつのスキルを使うとき、あなたは、自分自身が自らの生活をよりうまくコントロールしていることに気づくだろう。その日のできごとに身を任せる代わりに、**あなた自身が**、その責任を負っているだろう。

　大切なのは、スキルを毎日使うことだ。そうすれば、数週間のうちに、あなたはそのスキルが自分の第二の天性になったことに気づくだろう。そして、日常生活における基本的なアプローチの仕方に変化が起き、あなたはより幸せで、より楽観的になる。そうしてよりレジリエントな生活を送れば、愛する人たちとのつながりはさらに深いものとなるだろう。どんな人生にもさまざまな紆余曲折がある。しかしレジリエンスを持っていれば、どんな障害に直面しても、力強く前進し、豊かな人生を創り上げることができる。

　考え方を変えることで、人生は好転できるのだ。

まとめ

- 意義や目的に満ちた人生の創造には、自分自身の創造（自分自身のアイデンティティの形成）と、働きかけが重要である。
- 逆境を乗り越え、立ち直り、首尾よく進む術を身につけるだけでは足りない。人生の意義の創造は、人生で道に迷わないために不可欠な要素である。
- 人生の意義を創造するための働きかけには、他者との関係性のためのものと、仕事で新しい挑戦をするためのものがある。
- テロや自然災害などで「公正な世界」思考や世界の安全に対する信念が揺らいだときにも、スキルを使ってそれらを取り戻すことができる。

訳者あとがき

　本書は2002年に刊行された *The Resilience Factor: 7 Keys to Finding Your Inner Strength and Overcoming Life's Hurdles* の邦訳書だ。訳者が「レジリエンス」という概念に出会ったのは、ペンシルベニア大学大学院でポジティブ心理学を修学していた頃に遡る。同大学心理学部教授で、その祖でもあるマーティン・セリグマンの口から初めてその名称を耳にした途端、これはいつか日本でも多くの人に必要とされ、高く求められるテーマとなるだろう、そう直感した。以来の長い付き合いとなる。

　同時に、原書と、「ペン・レジリエンシー・プログラム（The Penn Resiliency Program; PRP）」というレジリエンスの実践トレーニングの存在を知るに及んだ。PRPは、かつてセリグマンに師事して臨床心理学を修めた3人の大学院生（著者のライビッチ含む）が開発した学校介入プログラムに端を発する。以来、PRPは着実に研究成果を上げ、著者のシャテーを中心に民間企業向けの研修プログラムとしても活用が始まった。2000年代に入り、20年以上にわたり大勢の研究者が関与しての徹底した多角的効果検証を経た介入研究の実績が世界中の教育機関や米国防総省により高く評価され、米陸軍などでの全面導入へと展開していった。この辺の経緯は、セリグマン著、拙訳、『ポジティブ心理学の挑戦』（ディスカヴァー・トゥエンティワン）にも詳しい。

　訳者自身、PRPには学校介入研究チームの一メンバーとして長らく従事したが、現地の学校で日々地道に行っている取り組みが瞬く間に世界最大規模の介入実践へと華々しい発展を遂げ、世界最強の「ザ・レジリエンス・トレーニング」と謳われるに至ったダイナミックなプロセスを目の当たりにし、よい意味で圧倒されることしきりであった。第一級のポジティブ心理学者らの傍らで、PRPという「本物のレジリエンス・プログラムの凄み」に触れる

機会を得たことは、訳者にとって一生の宝ともなった経験だった。

　本書は、PRPのエッセンスとして織り込まれているレジリエンスの哲学と実践について、ビジネス書的タッチでわかりやすく網羅した一冊であり、世界中のレジリエンスの研修現場で必読書となっている。教師や軍人に対して毎回100人単位で実施されるレジリエンスのトレーナーズ・トレーニングの現場で、本書が参加者たちの机の上にずらりと並べられている光景は実に圧巻である。

　ただ、PRPをめぐる背景事情を垣間見た者として（これは「思い込み」ではなく「最もあり得そうなケース」として）、本書を日本で紹介することは不可能ではないかと思ってきた。実際に、今日に至るまでの道程にはかなりの紆余曲折があった。諸機関における集中トレーニングに伴い、PRPに関する情報開示は厳しく統制された。日本からの問い合わせも絶えず少なくなかったが、PRPの知的財産権を有するペンシルベニア大学側は一切応じてこなかった。また、レジリエンスという分野の新規性や厄介さも相まってか（100を超える用語の定義が存在する分野というのも珍しい）、今日では信憑性に欠ける情報も混在して流布していると聞く。本書の刊行を機に、今後より一層レジリエンスのリテラシーが高まる中で自ずと是正されていく部分もあるだろうが、訳者自身も折に触れてこの分野の正しい情報の伝達に尽力していく所存だ。

　本書については編集の都合上、削除して差し支えないと判断された重複部分や事例を中心に当初の全訳原稿から割愛した。参考文献については書籍のみの掲載とし、一般読者にはアクセスの難しい学術論文は割愛した。各章末尾のまとめは読者の便宜を考え箇条書き形式にして工夫した。

　本書の刊行は「チーム・レジリエンス」の協力なしにはあり得なかった。草思社編集部の三田真美さんをはじめ、オフィスウィズトライアングルの伊藤史織さん、ポジティブサイコロジージャパンの黒川千秋さん、日本ポジティブ心理学協会の藤原弘美さんに厚い謝辞を述べたい。特に藤原弘美さんには最後まで献身的にお力添えいただいた。感謝の念に堪えない。

2015年5月
宇野カオリ

参考文献

●Chapter 1
John Gray (1992), *Men Are from Mars, Women Are from Venus*. New York: HarperCollins. ［邦訳『男は火星人女は金星人―すべての悩みを解決する恋愛相談Q&A』遠藤由香里、倉田真木訳、ソニーマガジンズ、2005］

W. Damon (ed.) (1989), *Child Development Today and Tomorrow*. The Jossey-Bass Social and Behavioral Science Series, 222-39, San Francisco: Jossey-Bass Inc., Publishers.

J. Herman (1997), *Trauma and Recovery*. New York: Basic Books. ［邦訳『心的外傷と回復』中井久夫訳、みすず書房、1999］

●Chapter 2
E. Werner and R. Smith (2001), *Journeys from Childhood to Midlife: Risk, Resilience, and Recovery*. Ithaca, NY: Cornell University Press.

Daniel Goleman (1995), *Emotional Intelligence*. New York: Bantam Books. ［邦訳『EQ―こころの知能指数』土屋京子訳、講談社、1998］

Eleanor H. Porter (1996), *Pollyanna*. New York: Puffin Books. ［邦訳『新訳 少女ポリアンナ』木村由利子訳、角川書店、2013］

●Chapter 3
Morton Hunt, *The Story of Psychology*. New York: Doubleday.

D. Hothersall (1984), *History of Psychology*. Philadelphia: Temple University Press.

Morton Hunt, *The Story of Psychology*. New York: Doubleday.

S. T. Fiske and S. E. Taylor (1984), *Social Cognition*. Reading, MA: Addison-Wesley. ［邦訳『社会的認知研究―脳から文化まで』宮本聡介、唐沢穣、小林知博訳、北大路書房、2013］

●Chapter 4
K. Scherer and P. Ekman (eds.), *Approaches to Emotion*. Hillsdale, NJ: Lawrence Erlbaum Associates.

M. Potegal and J. F. Knutson (eds.), *The Dynamics of Aggression: Biological and Social Processes in Dyads and Groups*. Hillsdale, NJ: Lawrence Erlbaum Associates.

The Nicomachean Ethics: Aristotle's challenge. ［邦訳『エチカ―倫理学（上／下）』畠中尚志訳、岩波書店、1951］

A. Beck, G. Emery, and R. Greenberg (1985), *Anxiety Disorders and Phobias*. New York: Basic Books.

J. LeDoux (1996), *The Emotional Brain*. New York: Simon & amp; Schuster. ［邦訳『エモーショナル・ブレイン―情動の脳科学』松本元、小幡邦彦、湯浅茂樹、川村光毅、石塚典生訳、東京大学出版会、2003］

●Chapter 5
A. T. Beck (1967), *Depression: Causes and Treatment*. Philadelphia: University of Pennsylvania Press.

A. T. Beck (1976), *Cognitive Therapy and the Emotional Disorders*. New York: International Universities Press. ［邦訳『認知療法―精神療法の新しい発展』大野裕訳、岩崎学術出版社 ; 新版、1990］

A. T. Beck, A. J. Rush, B. F. Shaw, and G. Emery (1979), *Cognitive Therapy of Depression*. New York: Guilford Press.［邦訳『うつ病の認知療法』坂野雄二訳、岩崎学術出版社；新版、2007］

J. Baron (1988), *Thinking and Deciding*. Cambridge: Cambridge University Press.

● Chapter 6

A. Beck, G. Emery, and R. Greenberg (1985), *Anxiety Disorders and Phobias*. New York: Basic Books.

● Chapter 7

T. Stewart (1957), *Stone Age Surgery: A general review, with emphasis on the New World. Annual Review of the Smithsonian Institution*. Washington, DC: Smithsonian Institution.

● Chapter 9

E. T. Higgins and A. W. Kruglanski (eds.), *Social psychology: Handbook of Basic Principles*. New York: Guilford Press.

R. Ornstein and C. Swencionis, (eds), *The Healing Brain: A scientific reader*. New York: Guilford Press.［邦訳『脳と健康―心とからだを守る脳』鈴木賢英訳、東京図書、1990］

D. Barlow and R. Rapee (1991), *Mastering Stress: A Lifestyle Approach*. Dallas, TX: American Health Publishing Company.

● Chapter 10

H. J. Markman, S. M. Stanley, and S. L. Blumberg (2001), *Fighting for Your Marriage*. San Francisco: Jossey-Bass.

J. M. Gottman and N. Silver (1999), *The Seven Principles for Making Marriage Work*. New York: Three Rivers Press.［邦訳『愛する二人別れる二人―結婚生活を成功させる七つの原則』松浦秀明訳、第三文明社、2000］

F. D. Fincham and T. N. Bradbury (1990), *The Psychology of Marriage*. New York: Guilford Press.

● Chapter 11

E. Gondolf (1985), *Men Who Batter*. Holmes Beach, FL: Learning Publications.

J. Levin and J. McDevitt (1993), *Hate Crimes*. New York: Plenum Press.

R. Baumeister (1997), *Evil: Inside human violence and cruelty*. New York: W. H. Freeman.

J. Bowlby (1988), *A Secure Base*. New York: Basic Books.（邦訳『母と子のアタッチメント―心の安全基地』二木武訳、医歯薬出版、1993］

M. Seligman, K. Reivich, L. Jaycox, and J. Gillham (1995), *The Optimistic Child*. New York: Houghton Mifflin.［邦訳『つよい子を育てるこころのワクチン―メゲない、キレない、ウツにならない ABC 思考法』枝廣淳子訳、ダイヤモンド社、2003］

● Chapter 13

Viktor E. Frankl (1959), *Man's Search for Meaning*. New York: Simon and Schuster.

カレン・ライビッチ Karen Reivich
ペンシルベニア大学ポジティブ心理学センタートレーニングプログラムディレクター。
世界最大規模で効果検証されたレジリエンスの集団介入プログラムである
ペン・レジリエンシー・プログラム（PRP）を基に、
学校や米陸軍、プロスポーツ団体などでトレーニングや研修をリードし、
その優れた指導力は高く評価されている。
ペンシルベニア大学大学院心理学博士課程修了（博士）。

アンドリュー・シャテー Andrew Shattè
アリゾナ大学医学部リサーチプロフェッサー。フェニックス・ライフ・アカデミー社社長。
ブルッキングス研究所エグゼクティブ教育センターフェロー。
民間におけるレジリエンス・トレーニングの研究開発や普及活動に長年従事している。
ペンシルベニア大学大学院心理学博士課程修了（博士）。

宇野カオリ Kaori Uno
跡見学園女子大学心理学部助教、法政大学国際文化学部講師、放送大学講師。
一般社団法人日本ポジティブ心理学協会代表理事。
ポジティブ心理学創始の地、ペンシルベニア大学で学び、
第一線のポジティブ心理学者たちに師事する。
現在、国内外で、ポジティブ心理学の学術研究および教育に従事する。
ペンシルベニア大学大学院応用ポジティブ心理学修士課程修了（修士）。
一般社団法人日本ポジティブ心理学協会（国際ポジティブ心理学会日本支部）
公式サイト　www.jppanetwork.org

レジリエンスの教科書

逆境をはね返す世界最強トレーニング

2015 © Soshisha
2015年6月3日　第1刷発行
2021年3月4日　第4刷発行

著者	カレン・ライビッチ、アンドリュー・シャテー
訳者	宇野カオリ
装幀者	albireo
発行者	藤田 博
発行所	株式会社草思社
	〒160-0022　東京都新宿区新宿1-10-1
	電話　営業 03(4580)7676　編集 03(4580)7680
本文組版	株式会社キャップス
印刷所	中央精版印刷株式会社
製本所	株式会社坂田製本

ISBN978-4-7942-2130-8 Printed in Japan　検印省略
http://www.soshisha.com/
造本には十分注意しておりますが、万一、乱丁、落丁、印刷不良などがございましたら、
ご面倒ですが、小社営業部宛にお送りください。送料小社負担にてお取替えさせていただきます。